『訓民正音』의 해체

언문 창제이념과 제자원리의 재조명

『訓民正音』의 해체

언문 창제이념과 제자원리의 재조명

이등룡

보고사
BOGOSA

머리말

강의를 위해서만이 아니라 연구의 필요에서 『訓民正音』을 가까이한 지 참으로 여러 해가 되었다. 그러나 처음부터 오늘과 같은 저술을 염두에 둔 것은 아니었다. 『訓民正音』과 이와 관련한 연구 결과에 관심을 기울이게 된 주된 이유는 중세국어 음운 체계의 확인을 위해서였다. 상고국어 연구의 기반을 위해 신뢰할 만한 중세국어 음운 체계가 필요하기 때문이었다. 문제는 학계에 소개된 중세국어 음운 체계가 하나로 정리되어 있지 않다는 데 있었다. 제시된 여러 체계 가운데 과연 어느 것이 필자가 필요로 하는 신뢰할 만한 체계인지를 가려내 보려는 생각에서 『訓民正音』을 가까이하게 된 것이다.

『訓民正音』에 대한 이해가 조금씩 더해지면서 애초에 예상하지 않았던 이상한 점이 눈에 들어오기 시작하였다. 「訓民正音解例」에서 만나는 제자원리에 대한 편찬자의 설명과 해석이 과연 언문 창제자의 제자원리에 대한 정확한 이해의 바탕에서 이루어진 것인지에 대한 의문이었다. 이는 곧 편찬자의 설명과 해석 상당 부분이 편찬자 자신들의 해석이요 해설에 지나지 않을 수도 있다는 의심이었다. 初聲 17자와 中聲 11자의 제자원리와 구성단위들의 상호관계에 대한 편찬자의 설명은 그들이 아직 '체계'라는 개념을 제대로 정립하지 못하고 있었다는 의심을 굳히게 하였다.

어떤 대상을 한번 의심의 눈으로 바라보기 시작하면 시간이 갈수록 그 정도가 더해지기 마련이어서 여간해서는 그 의심으로부터 자유로워지기 쉽지 않은 법이다. 신하들이 편찬한「訓民正音解例」의 상당 부분이 제자원리에 대한 충분하고도 정확한 이해를 바탕으로 이루어진 것이 아닐 수도 있다는 의심은 시간이 지남에 따라 점점 더해져 마침내『訓民正音』을 가까이하게 된 애초의 목적에서 벗어나 결국 오늘의 저술에 이른 것이다.

모든 분야에서 先學이 이루어놓은 업적은 소중한 자산이다. 그러나 그 자산에 너무 친숙해져 불편을 느끼지 못하게 되면, 그 소중한 자산이 오히려 우리가 무엇을 모르고 있는지 또는 무엇을 잘못 생각하고 있는지를 깨닫는 일에 장애가 되는 경우가 있다. 이 장애를 극복하고 끊임없이 낯설고 새로운 곳을 향하여 나아가려 노력하는 것을 무엇이라고 하는지 우리 모두 알고 있다.

2025년 7월
서울 인왕산 기슭 주시경마당
이등룡 삼가 씀

목차

머리말 … 5

1. 序說 …………………………………………………… 11
1.1. 들어가기 …………………………………………… 11
1.2. 『訓民正音』 편찬 배경과 성격의 재조명 …………… 18

2. 諺文 창제 관련 『世宗實錄』의 재검토 ………………… 35
2.1. 세종 25년 癸亥年 …………………………………… 35
   1) 是月上親制諺文二十八字 ………………………… 39
   2) 其字倣古篆 ………………………………………… 42
   3) 分爲初中終聲 合之然後乃成字 …………………… 46
   4) 凡于文字及本國俚語 皆可得而書 ………………… 46
   5) 字雖簡要 轉換無窮 ………………………………… 47
   6) 是謂訓民正音 ……………………………………… 48
2.2. 『韻會』 諺譯 ………………………………………… 55
2.3. 諺文制作反對上疏 …………………………………… 60
2.4. 『龍飛御天歌』 製進 ………………………………… 65
2.5. 『訓民正音』成 ……………………………………… 67
2.6. 諺文書 ………………………………………………… 71
2.7. 諺文廳 ………………………………………………… 72
2.8. 「東國正韻序」 ………………………………………… 81

3. 『訓民正音』 어제문의 재조명 ········· 84

3.1. 御制序 ········· 84
  1) 訓民正音(卷首題) ········· 85
  2) 國之語音 異乎中國 ········· 86
  3) 與文字不相流通 ········· 89
  4) 愚民 ········· 95
  5) 新制二十八字 ········· 96
  6) 欲使人人易習 便於日用耳 ········· 100

3.2. 例義 ········· 103
  1) 28자의 字形과 音價 ········· 105
  2) 終聲, 脣輕音 ········· 111
  3) 글자의 운용 ········· 113

4. 「訓民正音解例」의 해체 ········· 118

4.1. 〈制字解〉 ········· 118
  1) 正音二十八字 各象其形而制之 ········· 124
  2) 初聲凡十七字 - 제자원리의 재조명 ········· 144
    (1) 加畫之義 ········· 146   (2) 半舌音 ㄹ, 半齒音 ㅿ ··· 149
    (3) 脣音 ㅁ,ㅂ,ㅍ ········· 153   (4) 喉音 ㅇ,ㆆ,ㅎ,ㆁ ········· 157
    (5) 全濁 ㄲㄸㅃㅉㅆㆅ · 173   (6) 脣輕音者 ········· 183
  3) 中聲凡十一字 - 제자원리의 재조명 ········· 183
    (1) ㆍ,ㅡ,ㅣ의 제자원리와 체계상의 위치 ········· 184
    (2) ㅗ,ㅏ,ㅜ,ㅓ의 제자원리와 체계상의 위치 ········· 198
    (3) 起於ㅣ의 ㅛㅑㅠㅕ ········· 208

4.2. 〈初聲解〉 ········· 212

4.3. 〈中聲解〉 ········· 214
  1) 再出 ㅛㅑㅠㅕ의 음운론적 정체 ········· 215
    (1) 出於ㅣ ㅛㅑㅠㅕ의 제자원리와 체계상의 위치 ········· 217
  2) 起於ㅣ와 出於ㅣ의 상응 ········· 230

    (1) ㅛ(yo)~ㅚ(ö) ········ 232 (2) ㅠ(yu)~ㅟ(ü) ········ 233
    (3) ㅑ(ya)~ㅒ(ä) ········ 235 (4) ㅕ(yə)~ㅖ(e) ········ 240
    3) ㅘ,ㅝ,ㆇ,ㆊ의 음운구성 ···················· 244
  4.4. 〈終聲解〉 ·· 246
    1) 五音之緩急과 八終聲 ···························· 247
    2) 終聲八字可足用 ·· 247
  4.5. 〈合字解〉 ·· 256
    1) 合用並書 ·· 258
    2) 各自並書 'ㆅ,ㅆ,ㅇㅇ'의 음성적 실체 ········ 261
    3) 聲點 ·· 261
    4) •ㅡ起ㅣ聲과 이중모음 체계 ··················· 263
  4.6. 〈用字例〉 ·· 269
  4.7. 鄭麟趾 序 ··· 271

5. 언문 창제이념과 세종의 학문적 배경 ···················· 276

  5.1. 언문 창제이념의 재조명 ································ 276
  5.2. 세종의 학문적 배경 재조명 ··························· 288

참고자료

1. 諺文制作反對上疏文 ·· 297
2. 『訓蒙字會』凡例:諺文字母 ·································· 307

참고논저 ·· 311
찾아보기 ·· 314

原本
「世셰宗죵御엉製졩訓훈民민正졍音흠」 ················ 350
『訓民正音』 ·· 416

그림 목록

〈그림 1〉 ·· 193
〈그림 2〉 ·· 198
〈그림 3〉 ·· 201
〈그림 4〉 ·· 203
〈그림 5〉 ·· 205
〈그림 6〉 ·· 206
〈그림 7〉 ·· 226
〈그림 8〉 ·· 227

1. 序說

1.1. 들어가기

이 책은 『訓民正音』(속칭 해례본)에서, 특히 신하들이 편찬한 해설서로 여겨지는 「訓民正音解例」를 해체하여 언문 창제자의 제자원리에 관한 명제와 그것에 대한 신하들의 해설 또는 해석을 분리하여 다시 검토함으로써 세종 대에 창제된 언문 28자의 제자원리 및 창제이념과 목적을 재조명하려는 계획에서 이루어진 저술이다. 이와 같은 목적에서 『訓民正音』의 해체를 시도한 저술을 아직껏 본 적이 없다.

종래의 언문에 관한 논의 가운데서도 특히 제자원리 및 창제이념과 목적에 관한 많은 논의와 주장이 소개되어 있다. 그리고 그 논의와 주장들의 적지 않은 부분이 통설 또는 정설로 굳어진 형편이어서 비록 일부이기는 하지만 『訓民正音』에 관해서 더 논의할 내용이 별로 없을 것이라는 주장도 있다. 그러나 이 글의 필자는 생각이 전혀 다르다.

이제까지의 훈민정음 연구는 『訓民正音』에서 특히 신하들이 편찬한 「訓民正音解例」(이하 「解例」로 약칭한다)의 설명과 해석 그대로를 바탕으로 언문 28자의 제자원리를 구명하려 하였던 것이 일반적인 연구 경향이었다. 그러나 여기에 우리가 간과한 것이 있다. 언문 28자의 제자원리와 관련한 「解例」 편찬자의 설명과 해석이 곧 제자원리가 아닐 수도 있다는 가능성에 주목하지 않았다는 점이다. 제자원리와 제자원리에 대한 해석의 원리는 분명히 구별되어야 한다. 이는 천체의 운행을 과학적으로 연구하는 천문학과 천체 현상을 인간의 운명과 결부시켜 해석하는 점성학을 구별해야 하는 것과 같은 이유이다. 『訓民正音』을 해체하려는 것은, 언문 28자의 제자원리와 제자원리에 대한 「解例」의 해석을 분리하여 다시 검토함으로써 제자원리와 창제이념 본연의 모습에 한 걸음 더 가까이 다가가기 위한 생각에서이다.

 제자원리와 관련한 문제 외에도, 언문과 관련한 종래의 논의 가운데 다시 검증되어야 할 문제점이 적지 않음을 발견하였고, 아울러, 마땅히 논의되어야 할 대상들이 통설이나 정설에 가려 논의에서 밀려나 있는 것 또한 적지 않음을 발견하였다. 제자원리 및 언문 창제 이념과 목적에 대한 재검토가 반드시 있어야 하고 또한 아직껏 미해결의 장으로 남아있는 부분을 제대로 설명하기 위해서는 『訓民正音』 연구가 더는 통설이나 정설에만 안주하여서는 안 된다는 생각이 필자로 하여 이 책을 쓰게 만들었다. 다시 논의되어야 할 대상 몇 예를 보기로 한다.

 먼저 새 문자를 만든 주체가 누구인가에 대한 문제이다. 세종이 친히 창제하였다는 '親制說'과 집현전학사들의 협찬으로 만들었다는 소위 '協贊說'이 아직도 모두가 동의할 만한 결론에 이르지 못하고 있다. 『世宗實錄』을 포함한 세종 대의 자료는 한결같이 친제를 말하고 있으나, 그 후에 나온 자료들에는 협찬 또는 신하들이 만들었음을 암시하는 기록이 있어 문헌 자료만으로는 결론 내리기 쉽지 않게 되어 있다. 그러나 이 문제에 관한 해결 방법은, 지금까지 그래왔던 것처럼, 창제에 관하여 언급한 자료에서만 찾으려고 할 것이 아니라, 협찬의 주인공들이었을 집현학사들이 편찬한 「解例」 안에서 이 문제의 해답을 찾는 것이다. 이 책이 택한 방법이 바로 이것이다.

「解例」에 제시된 제자원리에 대한 설명과 해석이 표음문자로서의 형태와 제자원리, 그리고 그 글자가 표상하는 음가와 합리적으로 일치하여 논란의 여지가 없다는 것이 확인된다면, 세종과 신하들이 함께 새 문자를 만들었다는 협찬설은 논란의 여지가 없다. 그러나 만약 편찬자의 설명과 해석에서 자형-제자원리-음가가 문자 및 음운론적으로 서로 일치하지 않거나, 또는 제자원리에 대한 명확한 설명은 없이 오직 추상적 해석에 그친 부분이 확인되거나, 아니면 자신들이 제시한 제자원리나 규정에 모순되는 설명이나 해석이 보인다면 이는 세종과 함께 연구하고 논의하여 새 문자 체계를 만들었다는 협찬설은 설 자리를 잃는다.

필자는 이 책에서 「解例」 편찬자의 제자원리에 대한 설명과 해석이 자형-제자원리-음가에 문자의 면에서나 음운의 면에서 서로 어긋남이 있는지의 사실 여부를 가려내고 확인하는 데 주력하였다. 이는 새 문자 제자원리에 대한 통설이나 정설의 잘잘못을 검증할 수 있는 지름길이면서 아울러 제자원리에 대한 바른 이해를 위해서도 반드시 거쳐야 할 과정이다. 친제냐 협찬이냐의 문제는 단순히 창제의 주체가 누구인가를 확인하는 부차적 성격의 과제가 아니다. 창제의 주체가 누구냐에 따라 새 문자 창제의 이념과 목적에 대한 이해와 설명이 달라질 수 있기 때문이다. 언문 창제의 주체가 누구인가를 분명히 밝히는 문제 못지않게 생각해야 할 문제가, 『訓民正音』이 누구를 독자로 상정하여 편찬된 책인가이다.

　다음의 경우는, 새 문자를 '諺文' 또는 '(訓民)正音'에서 어느 것이 애초의 공식 명칭이었는가에 대한 논란이다. 이는 단순히 명칭의 선택에 그치는 문제가 아니다. 새 문자를 '언문' 또는 '(훈민)정음' 어느 쪽으로 인식하느냐에 따라 새 문자의 창제이념과 목적에 대한 해석이 전혀 다를 수 있기 때문이다. 이는 창제의 주체가 누구인가와 불가분의 문제이다. 그런데 학계에서는 물론, 일반에서도 '(훈민)정음'이 정식 명칭이고 '언문'은 속칭 또는 비칭이라는 인식이 통념이 되어 있다. 창제자가 왜 굳이 '諺+文'이라는 새로운 造語로서 새 문자를 이름하였는지에 대한 고찰을 볼 수 없다. '諺文'과 '正音' 두 명칭이 의미하는 바의 본질적 차이는 '文'과 '音'에 있다. 그 차이의 중요성, 그리고 그에 따라 새 문자의 창제이념과 목적을 어떻게 달리 해석할 수 있는지에 대한 논의가 있어야 했다. 세종은 '(漢)文'과 '漢音'을 명확히 구분하여 사용하였다. 그 기록이 실록에 보인다.

　이어서, 새 문자의 창제일에 관한 논란을 들 수 있다. 새 문자가 언제 완성되어 공식적으로 세상에 공포되었느냐에 관한 서로 다른 견해가 아직도 좁혀지지 않은 채 그대로이다. 이 문제는 창제와 관련한 당시의 상황을 파악하는 데 중요한 지침일 수 있다는 점에서 분명히 매듭지었어야 할 숙제였다. 오늘날 양력 10월 9일을 '한글날'로 정하여 훈민정음의 공식 반포일로 여기고 있다. 그런데 이날은 실은 새 문자에 관한 해설서로 여기는 『訓民正音』이 이루어져 편찬자의 우두머리인 鄭麟趾가 서문을 쓴 날 즉 正統十一年(세종 28년, 1446) 九月 上澣(양력으로 10월 9일)이다. 문제는 신하들이 편찬한 『訓民正音』첫 장에 "國之語音 異乎中國…"으로 시작하는 御製序文이 실려 있고, 이 서문에 '내가 새로 28자를 만들어 어리석은 백성이 일상에 편하게 쓰도록 한다'는 내용이 있어 이를 훈민정음의 반포문으로 간주하여 이날을 새 문자의 창제일로 삼은 것이다. 이와 같은 결정을 주도한 이는 물론 한글 학자들이었다.

『世宗實錄』에도 실려 있는 어제서문을 훈민정음 반포문으로 여기는 것에 문제가 없다고 생각할 수 있다. 그러나 한 나라에서 사용하게 될 새 문자에 관한 반포문이 신하들이 편찬한 책의 서문의 형식으로 실려 있다는 데 문제가 있다. 이뿐만이 아니다. 반포문은 곧 반포교서이다. 교서는 그에 따른 적합한 절차에 따라 내려지게 되어 있고, 또한 그 내용은 물론 교서로서 요구되는 형식을 갖추어야 한다. 그런데 『訓民正音』의 어제서문은 절차와 내용, 그리고 형식에서 교서로 간주하기 어려운 결정적 흠결을 보인다. 이에 대한 세밀한 검토와 고찰 없이 서둘러 이를 반포교서쯤으로 여겨 신하의 서문에 기재된 연월일을 새 문자 창제일로 결론 내리었다. 훈민정음 곧 한글 연구가 의외로 허술하게 이루어져 왔음을 보여주는 실증이다.

『世宗實錄』에는 "是月上親制諺文二十八字"(세종 25년 12월 말)라 하여 임금이 친히 언문을 창제하였다는 기록만 있을 뿐, 이를 반포하면서 아울러 있었을 유시諭示에 관한 기록이 전혀 보이지 않는다. 언문 창제 및 그것과 관련한 실록의 기록은 소략疏略하기 짝이 없다. 중요한 것은 새 문자 창제와 같은 중요한 사건의 기록이 그처럼 허술하게 처리된 배경과 이유에 대한 고찰이 있었어야 마땅하다. 새 문자의 창제 목적과 창제 이후의 새 문자 보급 사업, 그리고 그것과 관련된 사정을 바르게 이해하기 위해서 반드시 논의되었어야 할 과제였다.

끝으로, 『訓民正音』 연구의 중심이 되는 제자원리의 경우를 보면, 훈민정음 연구가 해결해야 문제들이 간단하지 않음을 절감하게 된다. 初聲의 경우, 우선은 신하들이 편찬한 「解例」에 문제가 있다. 〈制字解〉는 'ㄹ'과 'ㅿ'를 "異其體"라 하여 이들의 제자원리에 대한 설명을 아예 포기하였고, 'ㅂ,ㅍ'의 경우 기본자 'ㅁ'에 날개를 각각 두 개와 네 개를 붙인 원리를 설명하지 못한 채 이들의 제자원리를 加畫으로 처리하였다. 'ㅂ,ㅍ'은 'ㅁ'에 가획하여 제작한 것처럼 보이나 실제로는 가획으로 만든 글자가 아니다. 아직껏 'ㄹ,ㅿ,ㅂ,ㅍ'의 제자원리나 제작 과정에 대한 제대로 된 설명을 만나기 어렵다. 논의 자체를 만나기 힘들다.

中聲 11자 제자원리의 경우는 初聲의 경우보다 문제가 더 복잡하다. 〈制字解〉는 中聲 기본자 'ㆍ,ㅡ,ㅣ'를 天地人 三才의 상형으로 해석하였고, 오늘날의 거의 모든 훈민정음 연구에서 이 해석을 그대로 받아들여 재론의 여지가 없는 정설이 되어 있다. 天地人 三才의 상형은 해석의 원리이지 제자원리일 수 없다. 'ㆍ,ㅡ,ㅣ'의 자형과 이들이 표상하는 음가가 天地人 三才의 추상적 개념과 어떻게 연관되는지에 대한 합리적 설명을 제시하지 못하고 있기 때문이다. 오늘날 훈민정음 연구에서 제자원리와 제자원리에 대한 해석의 원리를 구분하지 않는 것은 「解例」와 별로 다르지 않다.

기본 3자를 제외한 나머지 8자 'ㅗ,ㅏ,ㅜ,ㅓ,ㅛ,ㅑ,ㅠ,ㅕ'의 경우는 문제가 한층 심각하다. 'ㅜ'의 경우를 예로 들면, 'ㅜ'는 'ㅡ + ㆍ'로 이루어진 글자이다. 그런데 이 두 글자의 합성의 결과인 'ㅜ'의 음가가 본래의 음가 /·/나 /ㅡ/와 전혀 다른 /u/이어야 하는 이유를 「解例」는 물론 오늘날의 어느 연구에서도 제대로 설명하지 못하고 있다. 'ㅛ, ㅑ, ㅠ, ㅕ'의 경우는 언급할 필요조차 없을 정도로 설명되지 않은 문제가 많다. 훈민정음 창제 당시의 中聲 체계를 재구再構한 연구에서 '·'의 위치를 보면 그 자리가 연구자마다 제각각이다. 훈민정음 연구의 현주소를 보여준다.

1940년, 이제까지 그 존재조차 알려진 바 없던『訓民正音』이 세상에 모습을 드러내었다. 이 새로운 자료를 바탕으로 이루어진 그간의 연구 업적은 그 양만으로도 다른 어떤 분야의 연구 성과와 비교하기 어려울 정도로 압도적이다. 학계의 권위에 의해 이루어진 초기의 연구 업적은 후학들에 이어져 통설로 자리 잡고 정설로 굳어져 이제는 『訓民正音』에 관한 연구는 새로 보탤 것이 별로 없다는 견해가 나올 정도이다. 이 글의 필자는 그러한 통념에 전혀 동감하지 않는다.

先學과 同學의 오랜 각고의 결실인 훈민정음에 관한 통설과 정설은 학계의 소중한 자신이고 존중받아야 업적임은 물론이다. 그러나 그 소중한 자산이 아무나 범접할 수 없고 도전받지도 않는 견고한 성채城砦가 되어서는 안 된다는 것이 필자의 외람된 생각이다. 우리에게 무엇보다 수중하고 중요한 것은 창제된 문자 체계의 제자원리 및 창제자의 창제이념과 목적이고 그것을 바르게 파악하고 이해하는 일이다. 그 목적을 이루기 위해 선학과 동학이 이루어놓은 업적의 기초가 되었던 자료『訓民正音』을 파헤쳐 다시 검토하고 검증하여 이에 대한 이제까지의 통설과 정설의 잘못을 가려내어 그 근거를 밝혀 바른 것을 제시하고 부족한 것을 메우는 일에 나서는 것이다. 이 책의 제목에 '해체'라는 말을 선택한 것은 바로 이런 연유에서이다.

1.2. 『訓民正音』 편찬 배경과 성격의 재조명

『訓民正音』이 편찬된 지 거의 500여 년간 그 존재조차 잊히어 있던 이 책이 1940년에 세상에 그 모습을 드러냄으로써 훈민정음에 관한 연구는 새로운 국면에 접어들게 되었다. 새로 창제된 문자 체계에 관한 기록들 가운데 오직 이 책의 「解例」에만 〈制字解〉를 비롯한 五解와 〈用字例〉가 들어있어 흔히 이를 '原本訓民正音' 또는 '解例本'이라 부르게 되었다. 『訓民正音』이 발견되고서야 「解例」는 비로소 그 존재와 내용에 접할 수 있게 되어 자연스럽게 언문에 관한 논의의 중심에 놓이게 되었다. 「解例」의 편찬자는 鄭麟趾를 비롯한 8명의 집현전학사들로 이들이 곧 「解例」의 서술 주체이다. 그러나 여기에 주의해야 할 점이 있다. 「解例」의 서술 주체가 편찬자들이라 해서 「解例」에 실려 있는 내용 모두를 편찬자의 것으로 생각해서는 안 된다는 점이다. 지금까지의 훈민정음 연구에서는 「解例」에 서술된 내용을 모두 편찬자의 것으로 여겨왔다. 어떤 연구자는 세종과 신하들의 공동 저작으로 보기도 하였다.

「解例」의 편찬은 세종이 편찬자들에게 내린 새 문자에 대해 해석하라는 명("遂命詳加解釋")에 따른 것이지만, 편찬 작업에 착수할 때 오직 새로 창제된 언문 28자만을 놓고 제자원리나 운용 규정을 해석 또는 해설할 수는 없는 일이다. 반드시 참고해야 할 어떤 원문이 있었을 것이니, 그것이 바로 鄭麟趾가 서문에서 언급한 "我殿下

創制正音二十八字, 略揭例義以示之, 名曰訓民正音"의 〈訓民正音〉이었을 것으로 추정된다. 이 책 또는 글이 오늘에 전하지 않아 그 내용을 알 수 없으나 "略揭例義"라 한 것으로 미루어 새 문자의 자형과 음가 및 제자에 관한 명제, 그리고 글자의 운용에 관한 규정이 서술되어 있었을 것은 짐작이 어렵지 않다. 그러나 이 책 또는 글에는 제자원리에 관한 복잡한 철학적 배경이나 聲音에 관한 깊이 있는 이론적 내용이 기술되어 있지 않았을 것이다. 왜냐하면, 이 〈訓民正音〉은 새 문자의 보급을 위한 교본의 성격을 지닌 것이므로 굳이 그럴 필요가 없었기 때문이다.

「解例」의 편찬이 세종이 내려 주었을 제자원리나 글자 운용에 관한 일종의 원문을 바탕으로 이루어졌을 것이므로, 세종의 글이 편찬자의 글과 함께 「解例」에 들어있을 것은 당연하다. 이는 『訓民正音』 행관行款의 특징에서도 알 수 있다. 『訓民正音』의 맨 앞에 실려 있는 어제문은 한 면이 7행 11자 大字로 되어 있으나 신하의 글인 鄭麟趾의 서문은 8행 13자(空格 포함)이고 글자도 어제문의 것보다 작아 임금의 글과 분명한 차이를 보인다. 그런데 이 두 글의 중간에 있는 「解例」는 8행 13자이지만 鄭麟趾의 서문에서처럼 한 칸 내려쓰지를 않았다. 「解例」가 신하의 글로만 된 것이었다면 같은 신하의 글인 鄭麟趾의 서문의 형식과 이런 차이를 두었어야 할 이유가 없다. 상위자의 글에 해당하는 원문에 하위자의 설명과 해석이 붙여진 경우, 하위자의 글을 원문에서 한 칸 또는 두 칸 내려 空格을 두는 것이 관례이다. 그런데 「解例」에는 이런 空格이 없다. 임금의 글이 포함되어 있기 때문이었을 것이다.

「解例」에서 세종의 생각이 담긴 부분과 편찬자의 해석이나 해설을 각각 확인하여 분리하는 일이 말처럼 쉬운 일일 수 없음은 굳이 설명할 필요가 없다. 물론 언문이 세종의 친제가 아니라 측근 신하들과의 협찬으로 이루어진 것이어서 「解例」는 임금의 생각과 신하의 생각이 하나로 융합된 것이므로 이를 임금의 원문과 신하의 해설이라는 두 층위로 분리해낼 수 있는 대상이 아니라고 할 수도 있다. 문제는 소위 언문의 창제 주체에 대해 친제냐 협찬이냐 하는 상반되는 주장의 대립이 해소된 뒤에라야 원문과 해설의 分別 문제를 논할 수 있다고 주장할 수 있다. 그러나 언문에 관한 거의 모든 기록이 일관되게 세종의 친제를 증언하고 있다는 사실 외에도, 「解例」 편찬자들이 실제로 세종의 제자원리를 충분히 이해하지 못하였음을 보여주는 증거가 「解例」 안에서 확인된다면 새 문자 창제의 협찬설은 더는 논의의 대상이 될 수 없다.

친제냐 협찬이냐 하는 문제를 판가름하는 데 도움을 얻을 수 있는 자료가 있다. 그것은 바로 崔萬理 등이 올린 「諺文制作反對上疏文」(이하 「상소문」으로 약칭한다)이다. 「상소문」에 임금이 조정 신료와 협의 없이 언문을 창제한 것을 언급하고 있다. 「상소문」에는 신하들의 협찬에 관한 어떤 시사示唆나 암시가 전혀 없다. 협찬이 있었다면 집현전 부제학인 崔萬理가 그 사실을 몰랐을 리 없고 「상소문」에 이를 언급하지 않았을 이유가 없다. 崔萬理 등의 「상소문」이 언문 창제와 관련한 문제의 이해에 역설적으로 도움을 주는 것은 이뿐만이 아니다. 세종 25년 겨울, 세상에 모습을 보인 새 문자 언문에 대한 최초의 評이 「상소문」에 나온다. "無稽之諺文", "今此諺文 不過新奇一藝耳" 등이 그것이다. 崔萬理가 누구였는가. 당대 최고 학자의 한 사람이라고 할 만한 집현전 부제학이 새 문자 체계에 대한 위와 같은 평가를 창제 당사자인 임금에게 올리는 상소문에 담았다면 분명히 그렇게 말할 수 있는 근거가 있었을 것이다. 「解例」에서 편찬자가 언명한 것처럼 正音의 사상 및 이론적 배경이 三才之道와 陰陽五行의 원리에 있고 중국 문자학의 상형이나 중국의 옛 글자 고전古篆을 본뜬 것이라고 애초의 敎本〈訓民正音〉에 간략하게나마 언급되어 있었다면, 「상소문」의 새 문자 체계에 대한 위와 같은 評은 생각할 수 없는 일이다.

『訓民正音』에 관한 연구는, 그것이 어떤 방법론에 의한 것이든, 이 책의 편찬 배경과 목적에 관한 논의를 외면할 수 없다. 지금까지 『訓民正音』에 대한 대부분의 연구에서 이 책의 성격을 새 문자 체계의 해설서로 규정하고 있으나 이 책의 편찬 배경과 성격에 대한 본격적인 논의를 만나기 쉽지 않다.

> 遂命詳加解釋 以喩諸人 於是 臣與集賢殿應敎臣崔恒 副校理臣朴彭年 臣申叔舟 修撰臣成三問 敦寧府注簿臣姜希顔 行集賢殿副修撰臣李塏 臣李善老等 謹作諸解及例 以敍其梗槪

위에 인용한 글에서 보는 바와 같이, 鄭麟趾는 「解例」의 서문에서 여러 사림("諸人")을 가르치라는 어명에 따라 자신과 신하들이 새 문자에 대한 해설과 용례를 지어 그 대강의 줄거리를 서술하였다고 하였다. 새 문자에 대하여 여러 사람에게 가르치기 위하여 『訓民正音』을 편찬하게 하였으면 당연히 이 책을 다량으로 印刊하여 널리 배포하도록 조처하였어야 함에도 실제로 이 책은 극소량만 인쇄되었을 뿐 널리 보급되지 않았다.

1940년 『訓民正音』의 출현은 우리의 고유 문자 언문을 연구하는 이들에게는 그야말로 큰 사건이었다. 그도 그럴 것이, 33장으로 된 이 책의 권두에 4장(7면)의 어제문과 鄭麟趾의 서문을 제외한 〈制字解〉를 비롯한 〈初聲解〉, 〈中聲解〉, 〈終聲解〉, 〈合字解〉 등의 5解와 〈用字例〉로 이루어진 「解例」는 그때까지 전혀 알려진 바가 없던 언문에 관한 전혀 새로운 자료였기 때문이다. 어제문과 鄭麟趾의 서문은 『世宗實錄』(권102, 세종 25년 癸亥 12월 庚戌)에 실려 있어 그 내용은 이미 알려져 있던 터여서 일찍부터 연구의 대상이 되어온 것이었으나, 「解例」는 해례본의 출현과 더불어 세상에 처음 모습을 보인 것이다. 따라서 해례본 발견 이후의 언문 연구는 새로 등장한 「解例」를 중심으로 새로운 국면에 접어들게 되었다.1)

『訓民正音』의 출현으로 『世宗實錄』(권113, 세종 28년 9월 甲午)의 "是月 訓民正音成 御製曰 國之語音 異乎中國"으로 시작하는 기사의 "訓民正音"이 문자명이 아니라 신하들에 의해 製進된 書名이라는 사실을 확인할 수 있게 되었다. 그리고 '訓民正音'이란 명칭이 세종 25년 12월에 언문의 창제를 공표하면서 함께 내놓았을 교본의 서명으로 처음 등장하였고 이 명칭이 세종 28년 9월 신하들에 의해 편찬된 해례본의 권두 서명으로 사용되었음을 알 수 있다. 2008년 경북 상주에서 이 책과 동일한 판본의 『訓民正音』(속칭 상주본)이 발견됨으로써 당시까지 유일본으로만 알려졌던 간송미술관 소장본 외

---

1) 새 문자 체계 언문의 명칭을 '訓民正音'으로 지칭하는 것이 학계의 관행이다. 이 책에서는 『訓民正音』은 책의 명칭으로, 새 문자 체계의 명칭은 꼭 그래야만 할 경우가 아니면 '訓民正音'이나 '正音'이 아닌 '諺文'으로 지칭한다.

에 한 책이 추가되었으나 이 책이 애초부터 극소량만 인쇄되어 널리 보급되지 않았다는 사실에는 변함이 없다.

『訓民正音』을 흔히 새 문자의 해설서로 규정하고 있다. 『訓民正音』이 새로 만든 문자의 해설서라면, 이 책은 새 문자의 제자원리 및 글자의 운용에 관한 이해를 돕기 위한 것이어야 함은 물론이다. 만약 이 책의 편찬 목적이 일차적으로 새 문자의 보급을 위한 것이었다면 이 해설서는 새 문자의 공표와 함께 세상에 나왔어야 마땅하다. 그런데 『訓民正音』은 새 문자의 창제가 공표된 세종 25년 12월로부터 거의 3년 가까운 세월이 지난 세종 28년 9월에야 이루어졌다. 『訓民正音』이 상식적으로 생각하는 새 문자의 해설서라면 그것이 문자 창제로부터 그렇게 한참 뒤에야 나오게 된 이유를 설명할 수 있어야 한다. 더욱이 이 책은 널리 보급되지도 않았다. 언문 창제와 관련된 당시의 어떤 기록에서도 그 이유를 확인할 만한 내용이 보이지 않는다. 바로 이런 까닭으로 『訓民正音』이 새 문자의 제자원리와 운용에 대한 해설서라는 통설에 동의하기 어려운 것이다.

문제는 해설의 주체와 해설의 성격이다. 새로 만들어진 문자에 대한 이해와 敎習의 편의를 위해 문자 창제자가 직접 해설서를 마련한 것이라면 그 해설서의 성격에 대한 별도의 논의는 필요치 않다. 그러나 『訓民正音』의 경우, 전체 33장 가운데 앞의 4장(7면)으로 된 어제문을 제외하면 나머지 29장(58면)으로 된 「解例」는 신하들의 편찬이라는 데 문제가 있다. 해석과 해설이 창제자가 아닌 다른 집필자에 의해 쓰인 것이다. 특히 「解例」는 제자원리에 대한 해석과 해설로 이루어져 있으면서도 정작 이를 위한 원문이 별도로 제시되어 있지 않다는 점에서 해설자가 새 문자 창제에 직접 참여하였는가의 與否

가 특히 중요하다. 해설자가 문자 창제에 직접 참여하였다면 해설자의 해석과 해설을 놓고 구태여 문제 삼을 필요가 없다. 그러나 만약 해설자가 문자 창제에 직접 참여하지 않았다면 해설자의 해석과 해설이 과연 창제자의 생각과 합치하는가에 대한 검증이 있어야 하는데 그것을 만날 수가 없다. 그런 검증을 거치지 않은 채 해설자의 해석과 해설을 있는 그대로 새 문자의 제자원리로 수용할 수는 없는 일이다.

『訓民正音』의 鄭麟趾 서문은 이 책(稿本)이 이루어진 때를 正統 11년(세종 28년 丙寅年, 1446) 九月 上澣으로 明記하였다. 그러나 刊記가 없어 언제 간행되었는지 알 수 없고, 또 이를 얼마나 인쇄하였고 어디에 배포하였는지에 대하여 이상할 정도로 기록이 없다. 鄭麟趾 서문은 「解例」가 세종의 명에 의해 집현전 대제학인 자신을 비롯한 집현전학사들이 편찬한 것임을 밝히고 있다. 그렇다면 이 책의 書名은 당연히 이 책을 편찬하도록 명한 세종이 지어 내렸어야 했을 터인데, 鄭麟趾의 서문과 『世宗實錄』 어디에도 '賜名曰 訓民正音'이 보이지 않는다. 이는 '訓民正音'이란 서명이 이미 세종이 지은 교본의 서명이었으므로 새삼스레 그 서명을 지어 내렸다는 '賜名曰 訓民正音'이 어느 기록에도 보이지 않는 것은 오히려 당연하다고 할 수 있다.

또한, 이 책을 간행하라는 '命刊行'은 물론 어디 어디에 반사頒賜하라는 어명이 보이지 않는다. 이런 점이 이 책과 거의 같은 시기에 편찬된 『龍飛御天歌』나 『東國正韻』과 분명한 차이를 보인다. 『訓民正音』과 『東國正韻』에 관한 기록들이 실록에 어떻게 기재되어 있는지 비교하여 『訓民正音』의 편찬 배경을 파악하는 데 참고한다.

『訓民正音』:
  ① 是月 上親制諺文二十八字 其字倣古篆 …中略… 是謂訓民正音 (『世宗實錄』 권102, 세종 25년 癸亥 12월 庚戌)
  ② 是月 訓民正音成 御製曰 國之語音 異乎中國 …以下 생략. 禮曹判書鄭麟趾序曰 …中略… 癸亥冬 我殿下創制正音二十八字 略揭例義以示之 名曰訓民正音 …中略… 臣鄭麟趾拜手稽首謹書(『世宗實錄』 권113, 세종 28년 丙寅 9월 甲午)

『東國正韻』:
  ③ 是月 東國正韻成 凡六卷 命刊行 集賢殿應敎申叔舟奉敎序曰 …中略… 書成 賜名曰東國正韻 仍命臣叔舟爲序(『世宗實錄』 권117, 세종 29년 9월 戊午)
  ④ 頒東國正韻 于諸道及成均館 四部學堂(『世宗實錄』 권122, 세종 30년 10월 庚午)

②와 ③은 똑같이 "是月 ○○○○成"으로 되어 있는데 ③에는 "命刊行"이 있으나 ②에는 그것이 없다. 또한, ③은 책이 이루어지자 임금이 책 이름을 '東國正韻'이라 지어 주고 신하에게 서문을 쓰게 하였다는 사실을 밝히고 있다. 그런데 ②에는 신하가 지어 올린 책 이름을 임금이 지어 주었다는 '書成 賜名曰 訓民正音'이 없다. 아울러 실록에 실린 鄭麟趾 서문이 어명에 따른 것인지 아니면 신하가 스스로 쓴 것인지도 밝혀져 있지 않다. 그뿐만이 아니다. ④에는 제진製進된 책을 어디 어디에 나누어 주라는 어명이 분명히 기록되어 있는데, ②에는 제진된 책(稿本)의 처리에 대한 언급이 전혀 없다. 책을 간행하라는 어명이 없었으니 그 책의 배포에 관한 언급이 없는

것은 당연하다. 그리고 ①의 "是謂訓民正音"에서 "謂"의 주어가 누구인지, 또 "訓民正音"이 새 문자의 공표와 더불어 당연히 마련되었을 교본의 書名인지 아니면 언문의 다른 문자명인지 명확히 말하기 어렵게 되어 있다. ②의 "名曰訓民正音"으로 미루어 "訓民正音"은 문자명이 아니라 "略揭例義"가 포함된 교본 성격의 書名으로 보아야 옳다. 그런데 鄭麟趾가 최종 감수한 『世宗實錄』에는 ①에서 보는 바와 같이 "是謂訓民正音"으로 기재되어 있고 ②에는 "名曰訓民正音"으로 되어 있어 "訓民正音"의 정체를 확인하는 데 혼선을 빚게 하고 있다.

『世宗實錄』 편찬을 감수한 최고위의 한 사람이었고 또한 최종 감수자 역시 鄭麟趾였다. 그런데 거의 비슷한 시기에 편찬되어 바쳐진 두 책 『訓民正音』과 『東國正韻』에 관련한 실록의 기술이 ①~④에서 보는 바와 같이 다르게 되어 있다. 『東國正韻』의 경우는 책이 이루어진 다음의 조처에 대하여 모든 점이 명확히 기술되어 있는 데 반하여 『訓民正音』의 경우는 당연히 있어야 할 것으로 기대되는 내용이 없다. 분명히 그럴만한 이유가 있었을 터인데 그것을 밝힐 근거를 찾기가 쉽지 않다. 한 가지 지적할 수 있는 것은, ②의 『訓民正音』은 애당초부터 여러 사람에게 널리 읽힐 것을 전제로 편찬된 책이 아니라는 점이다. 이 책이 다량으로 인쇄되고 배포되어 널리 읽혔다는 기록이나 물적 증거가 없다는 사실이 그와 같은 판단의 근거이다. 그렇다면 애초에 이 책을 편찬하게 한 목적이 무엇이었으며, 비록 소량이나마 어디에 쓰려고 인쇄하여 두었느냐가 풀어야 할 숙제다. 그 숙제의 답이 곧 이 책의 성격과 편찬 배경에 대한 답일 것이다.

鄭麟趾는 서문에서 어명에 의하여 「解例」가 편찬된 것임을 밝히고 있다. "詳加解釋以喩諸人"은 「解例」를 편찬하게 한 목적을 말한 것이다. "諸人"은 이 책의 독자인데, 이 책의 내용을 이해하기 위해서는 한문과 聲韻學 및 易理에 대한 상당한 수준의 소양이 필요하다. 어제서문에서 언급한 "愚民"으로서는 이 책을 읽을 수도 이해할 수도 없다. "命詳加解釋"의 목적은 崔萬理 등이 「상소문」에서 새 문자를 "今此諺文 不過新奇一藝耳"라든가 "無稽之諺文" 등으로 깎아내리고 헐뜯은 것을 반박하려는 데 있는 것으로 추정할 수도 있다. 그렇다면 이 책을 印刊하여 널리 보급하였어야 마땅한데, 이 책이 다량으로 간행되어 배포되었다는 기록도 증거도 없다. 그리고 『訓民正音』은 새 문자의 보급용 교본으로서도 적합하지 않다. 그렇다면 세종이 이 책을 편찬하게 한 본래의 목적은 무엇이었는가. 이에 대한 최소한의 수긍할 만한 설명이 있고서야 『訓民正音』에 대한 연구가 제대로 된 길에 들어섰다고 말할 수 있을 것이다.

『訓民正音』은 세종의 명에 의해서 편찬된 책이다. 그러면 세종은 어떤 필요에서 이 책을 편찬하도록 명하였는가. 어떤 내용의 책이든 책을 저술할 때는 목적이 있는 것이고 아울러 그 책의 독자를 염두에 두기 마련이다. 그러면 세종은 누구에게 읽힐 것을 상정하고 이 책을 편찬하도록 하였을까. 즉 세종이 생각한 이 책의 독자는 과연 누구였는가 하는 질문이다. 독자를 생각하지 않고 책을 저술하는 일은 상상하기 어렵다. 그렇다면, 『訓民正音』이 이루어져 바쳐졌을 때, 세종은 당연히 그 내용을 검토하고 수정할 것이 있다면 그에 대한 지시와 더불어 이를 印刊하여 배포하도록 조처했어야 당연하다. 그러나 세종이 실제로 취한 조처는, 비록 이에 관한 직접적인 기록은 없지만, 이 책을 극소량만 목판으로 인쇄하여 따로 보관하게 한 일이 전부였던 것으로 보인다. 애초부터 조정의 신하들은 물론 이 책을 읽어야 할 만한 식자층의 독자에게 읽히도록 계획한 것이었다면, 이 책을 印刊하는 일, 그리고 배포에 관하여 아무런 지시도 없이 오직 극소량만 인쇄해 두도록 하였을 이유가 없다. 그러면 이 책은 조선의 독자를 위한 책이 아니었다는 추정에 힘이 실린다.

그렇다면 세종이 신하에게 편찬하게 명한 이 책의 독자는 과연 누구였는가. 이에 대한 대답 그것은 바로 중국이었다. 조선이 자신만을 위한 새 문자를 만들어 쓰고 있다는 사실을 알게 된 중국이 그 이유나 목적 및 그 실체에 관한 자료와 설명을 요구할 경우, 이에 대한 대비의 필요성이 이 책을 마련하게 한 직접적인 동기이고 배경이었다는 결론에 이른다. 이제까지의 훈민정음 연구에 『訓民正音』이 누구를 독자로 상정하여 편찬한 책인가에 대한 논의를 볼 수 없다.

조선은 정치적으로나 문화적으로 중국과의 관계를 특히 중요하게 여기는 처지였다. 그 관계는 한문을 떠나서는 생각할 수 없는 "同文同軌"(「언문제작반대상소문」)의 관계라고 말한다. 그런데 느닷없이 다른 누구도 아닌 조선의 임금이 마치 그 관계를 저버리려는 뜻으로 오해할 수도 있는 조선만을 위한 독자적 문자를 창제한 것이다. 崔萬理 등이 「상소문」에서 '지금 별도로 언문을 만든 것은 중국을 버리고 오랑캐와 같아지는 것입니다'라 한 것은 당시로는 너무나 당연한 우려였다. 조선의 신하에게서 이런 우려가 나올 정도였다면, 중국의 입장에서 조선의 새 문자의 등장을 어떻게 볼 것인가를 추측하는 것은 그리 어려운 일이 아니었을 것이다. 신하들의 반대와 불만에 더하여 혹시 만에 하나라도 중국이 조선의 새 문자 창제와 사용을 정치적으로 문제 삼는 상황이 닥친다면, 새 문자는 물론 임금으로서의 정치적 입지가 매우 어려워질 수 있을 가능성에 대하여 세종이 아무 생각이 없었을 리 없다. 중국으로부터 있을 수도 있는 만약의 경우에 대한 대비의 필요성을 누구보다도 절실히 느꼈을 사람은 새 문자의 창제 주체인 바로 세종 자신일 수밖에 없다.

중국은 역사적으로 자신의 주변을 감싸고 있는 이민족, 즉 오랑캐들의 동태를 항상 의구심의 눈길로 예의 주시하고 경계하는 것을 게을리하지 않았다. 특히 중국은 주변의 민족들이 자신의 고유 문자를 만들어 쓰는 일에 무척 민감하게 반응하였다. 왜냐하면, 정치적으로나 문화적으로 중국의 영향 아래 있으면서 한자 외에 자신의 문자를 만들어 쓰는 주변의 민족으로 中原을 범하지 않았거나 범하려고 시도하지 않은 경우가 거의 없었기 때문이다.

중국은 시간이 지남에 따라 어떤 경로를 통해서든 조선의 새 문자에 관한 정보를 입수하였을 것이다. 그러나 그 문자라는 것이 한자를 대신하여 자신들의 國文을 위한 國字로서가 아니라 단순히 조선 및 중국의 한자와 외국어를 표음하기 위한, 反切을 대신하는 정도의 표음기호에 지나지 않는다는 결론에서 이를 구태여 문제 삼지 않은 듯하다. 중국이 이런 결론에 이르게 할 만한 일들이 있었음을 보여주는 기록들이 있다.『世宗實錄』권107, 세종 27년 乙丑(1445) 1월 辛巳(7일)조에,

> 遣集賢殿副修撰申叔舟 成均注簿成三問 行司勇孫壽山于遼東 質問韻書

라는 기사가 보인다. 집현전학사들을 요동에 보내 韻書에 관해 질문

하도록 하였다는 내용이다. 乙丑年(세종 27년, 1445) 1월이면 『訓民正音』 편찬이 이루어진 丙寅年(세종 28년, 1446) 9월의 약 20개월 전이다. 세종이 새 문자를 창제하고서 아울러 무엇을 준비하고 있었는지를 추측할 수 있는 기록이다. 이와 관련한 기록이 申叔舟 문집인 『保閑齋集』 부록의 行狀(姜希孟撰)에도 실려 있다.

> 本國語音註僞 正韻失傳 時適翰林學士黃瓚以罪配遼東 乙丑春 命公隨入朝使臣到遼東 見瓚質問音韻 公以諺字翻華音 隨問輒解 不差毫釐 瓚大奇之 自是往還遼東凡十三度
> 우리나라 한자음이 잘못되어 正韻이 제대로 전해지지 못하였다. 때마침 한림학사 황찬이 죄를 지어 요동에 유배되어 있었는데, 을축년(세종 27) 봄 공(申叔舟)에게 중국에 가는 사신을 따라 요동에 가 황찬에게 중국의 음운을 질문하라고 명하였다. 공이 언문으로 중국 음을 옮겨 질문을 곧바로 이해하여 조금도 틀림이 없으니 황찬이 이를 크게 기이하게 여겼다. 이로부터 요동에 열세 차례나 다녀왔다.

위의 기록은 세종이 당시의 중국 한자음에 상당한 관심을 보인 것으로 생각할 수 있게 한다. 그러나 위의 기사에서 눈길을 끄는 내용은, 결코 가까운 곳이 아닌 요동에 신하를 무려 열세 차례나 다녀오게 하였다는 대목이다. 혹자는 이를 단순한 과장으로 여긴다. 그러나 바로 이 기록에서 언문 창제 후의 세종의 깊은 속내를 읽을 수 있다는 점에 특히 주목할 필요가 있다. 『保閑齋集』에 각각 다른 이들이 쓴 묘지墓誌, 비명碑銘 등에도 같은 내용이 실려 있고 어떤 때는 申叔舟가 한 해에 무려 세 차례나 요동에 다녀왔다는 기록도 있다.

이 문집을 편찬하고 글을 남긴 이들은 비록 세종의 말년이지만, 申叔舟 등과 더불어 임금을 보필한 당사자들이다. 자신들이 직접 보고 듣고 겪었던 당시의 일들을 구태여 사실과 다르게 과장하여 기술했어야 할 이유를 찾을 수 없다.

유배되어 있는 황제의 신하에게 외국의 관료들이 한두 번도 아니고 십여 차례나 반복해서 드나들었다면 이런 정황이 북경에 보고되지 않고 또는 감지되지 않은 채 그냥 넘어갈 수는 없는 일이다. 황찬은 한자음을 놀라울 정도로 정확하게 표음할 수 있는 글자를 조선이 만들어 쓰고 있다는 사실을 알게 되었을 것이고 이 사실은 자연스럽게 북경에 전해졌을 것이다. 세종은 바로 이런 점을 염두에 둔 것으로 판단된다. 조선에 새 문자가 만들어졌다는 사실, 그러나 그것이 조선 한자음이나 중국 한자음을 바르게 적고 익히기 위한 것일 뿐이라는 점을 우회적인 방법으로 중국이 알게 함으로써, 한자 외에 조선에서 자신의 문자를 만들어 쓰는 것에 대한 중국의 의구심과 이에 따르는 있을지도 모를 중국과의 불필요한 정치적 마찰이나 오해의 위험을 사전에 감소 또는 예방하려는 대책을 세종은 궁리하였던 것으로 짐작할 수 있다. 요동이라는 전혀 가깝지 않은 외국 땅에 자신의 신하들을 이례적으로 여러 차례 보낸 것은 한자음에 관한 질문이라는 표면적인 이유 뒤에 정치적 목직이 숨어 있었던 것으로 해석된다.

한자를 國字로 사용하는 조선에, 그것도 다른 누구도 아닌 임금에 의해 전혀 새로운 문자 체계가 창제되어 쓰이는 것에 대한 조정 신료들의 불만이 생각보다 그 정도가 심한 것이었음은 崔萬理 등의「상소문」에 드러난 문투 文套만으로도 능히 짐작할 수 있다. 조선 한자음을 改正하기 위한『東國正韻』의 편찬과 더불어 중국 한자음의 正音

을 바르게 이해하기 위한 明의 韻書『洪武正韻』을 번역하는 사업에서 필요한 것이 字音을 정확히 표기하기 위한 표음기호였다. 표음 기능이 뛰어난 새 문자를 이용하여 이들 두 사업에 진력하는 모습을 보임으로써 세종은 새 문자 창제로 빚어진 신하들과의 갈등을 어느 정도 해소할 수 있기를 기대하였던 듯하다. 신하를 요동에 이례적으로 여러 차례 보내는 일이 세종에게는 一石二鳥의 효과를 기대할 수 있는 묘책이었다고 할 수 있다.

조선의 새 문자에 대해 중국이 어떤 반응을 보일까에 세종이 그처럼 신경을 썼어야 하는 그럴만한 이유가 또 있었다. 바로 왕위 계승에 관한 문제였다. 세종의 왕위 계승은 당시 조선의 정치를 지배하던 주자학적 명분과 의리에 맞지 않는 일종의 정치적 파행이었다. 어떤 심각한 결격 사유가 있어 부득이 세자를 폐하여만 했다면 그 후계는 당연히 次子이었어야 옳다. 그런데 이렇다 할 명분도 없이 바로 위의 형을 제치고 막내가 왕권을 이어받았으니 이는 정치적으로나 명분상으로나 문제가 될 불씨를 안고 있는 일이었다.

세종의 문제는 왕위 계승과 관련한 일에 그치지 않았다. 조선의 임금이 친히 새 문자를 창제한 것이다. 이는 중국의 심기를 불편하게 만들기에 충분한 사건일 수 있다. 중국을 정복하여 그 땅에 자신의 나라를 세운 인물이 몽고의 쿠빌라이(忽必烈) 곧 元의 세조였다. 그는 중국을 정복한 것에 그치지 않고, 따로 몽고新字(八思巴문자)를 만들어 공문서에 쓰게 함으로써 한자에 대한 중국인의 자존심에 깊은 상처를 안긴 인물이었다. 末子상속은 몽고의 전통 관습이다. 징기스칸의 대를 이어 可汗에 오른 것은 장자도 차자도 아닌 三子였다. 그리고 징기스칸의 末子인 툴루이의 둘째 아들 쿠빌라이가 元을 세워 몽고 帝國의 大統을 이었다.

　세종이 末子로서 왕위를 계승하였고, 또한 한자 외에 자신만을 위한 독자적인 문자를 창제하여 쓰게 하는 것을 중국의 입장에서 보면, 조선의 왕이 자신들이 그토록 미워하는 元의 세조 쿠빌라이를 쏙 빼닮은 모습이다. 세종으로서는 중국이 자신을 그런 시선으로 보게 되는 것을 경계하고 걱정해야 했을 것이다. 자신이 처한 상황을 잘 알고 있었던 세종으로서는 이에 대처할 방안을 마련하려 고심하였을 것임은 당연하다.

　새 문자 체계의 창제와 더불어 중국에 대한 대비책을 생각하지 않을 수 없었던 것이 세종의 처지였다는 점을 이해할 때, 신하를 요동에, 그것도 열세 차례나 보낸 이례적인 처사를 이해할 수 있게 된다. 중국이 조선의 새 문자에 관한 자료와 설명을 요구하였다는 기록이 없는 것으로 미루어 굳이 그렇게 할 필요를 느끼지 않았던 듯하다. 만약의 경우를 대비하여 준비하였던 『訓民正音』은 결국 본래의 목적대로 쓰일 기회를 얻지 못한 채 잊혀 있다가 책이 이루어진 때로부터 거의 500년이 지난 후에야 우연히 세상에 모습을 드러내었다. 이 책은 애초부터 조선 사람에게 두루 읽히기 위한 목적에서 편찬된 책이 아니었다. 『訓民正音』이 중국이 요구할 경우를 대비하여 편찬된 책이므로 그 記述, 특히 鄭麟趾 서문은 물론 이제문에도 중국을 의식한 내용이 있을 것은 자명하다. 이와 관련하여, 「解例」의 각 〈解〉마다 이례적으로 마련한 訣의 七言詩가 누구를 위한, 무엇을 위한 것이었는가에 주목하면, 이 책의 독자를 추정하는 데 도움이 될 것으로 믿는다.

　어명을 받아 「解例」를 편찬하면서 편찬자가 세종의 의도를 어떻게 이해하고 있었는지, 또 세종의 의도를 얼마나 충실히 반영하도록 노력하였는지 알아내기는 쉽지 않다. 그러나 편찬자는 언문 창제에 대한 자신들의 불만에 더하여 새 문자 체계에 대한 자신들의 이론이나 해석을 드러내 보이려는 속내를 굳이 감추려 하지 않았음을 「解例」의 기술에서 발견할 수 있다. 그 대표적인 예가 바로 終聲 8자 제한 규정을 내세운 일이다. 비록 강제 규정은 아닐지라도 이는 세종의 終聲 표기법을 따르지 않고 자신들의 주장을 내세운 경우이다. 표기법에 관한 규정은 단순한 선택의 문제가 아니다. 창제자만이 정할 수 있는 글자의 운용에 관한 규정이다.

2. 諺文 창제 관련 『世宗實錄』의 재검토

새 문자 체계 언문의 창제와 관련한 세종 당대의 기록이 이상할 정도로 적다. 그래서 언문에 관한 연구는 이러한 조건의 한계를 극복하는 일이 언제나 요구된다. 그나마도 지금까지의 대부분의 훈민정음 연구는 관련 자료의 字句 해석과 그에 따른 주석에 주력하였다. 새 문자를 교습하던 諺文廳에서 사용하였을 교본〈訓民正音〉이 그 모습을 드러낼 가능성을 기대할 수 없는 형편에서 우리가 할 수 있는 일은 무엇보다 먼저 언문 창제와 관련한 세종 대의 기록을 거듭 살펴 지금까지의 훈민정음 연구에서 간과하였거나 해석에 문제가 있다고 판단되는 부분을 다시 고찰하는 것이다.

2.1. 세종 25년 癸亥年

(『世宗實錄』 권102, 癸亥(1443년) 12월 庚戌(30일))

是月上親制諺文二十八字 其字倣古篆 分爲初中終聲 合之然後乃成字 凡于文字及本國俚語 皆可得而書 字雖簡要 轉換無窮 是謂

訓民正音

　위의 기사는 언문이 창제되었음을 알려주는 최초의 기록이다. 새 문자 언문의 창제와 관련한 실록의 기록은 적을 뿐만 아니라, 허술하기 짝이 없다. 그나마도 창제 배경이나 경위에 대한 최소한의 언급조차 없는 기록이다. 이제 이 기사의 내용을 두고 이제까지 시도되었던 여러 해석이나 해설들을 되짚어 보면서 아울러 기사의 문면에서 얻을 수 있는 당시의 정황을 좀 더 분명히 파악하는 일에 초점을 맞추어 살피기로 한다. 우선, 이 기사는 세종이 공표한 내용을 바탕으로 史官들이 작성한 史草를 세종의 사후에 실록 편찬자에 의해 편집된 기록이라는 사실을 분명히 해둘 필요가 있다. 편찬과정에서 어떤 내용이 삭제되고 수정되었는지 확인할 길이 막연하지만, 일부 내용에 대한 삭제 또는 변개가 시도되었다는 증거가 보인다.

　이 기사는 임금이 친히 28자로 구성된 '諺文'이라 지칭한 새 문자 체계가 창제되었음을 알려주고 있다. 그러나 새 문자를 만들어 세상에 내놓으면서 달랑 그 사실만 알렸을 리 만무한데, 이 기사에는 28자의 모습은커녕, 새 문자가 창제되었음을 공표하면서 어떤 형식으로든 있었을 임금의 말씀이 전혀 보이지 않는다. 또한, "分爲初中終聲 合之然後乃成字"와 같은 글자의 분류와 운용에 관한 중요한 정보의 출처가 어디인지에 대해서도 아무런 언급이 없다.

　한자가 國字로 사용되던 유일한 문자였던 이 나라에 언문이라는 고유 문자의 창제, 그것도 임금이 친히 만들었다는 중대한 사건에 관한 내용이 실록에 이렇게 허술하게 처리된 배경에는 새 문자의 등장을 둘러싼 우리가 모르는 어떤 상황이 있었지 않았는가 하는 의혹을 품게 한다. 새 문자 창제에 관한 기록이 단 두 行(『太白山史庫本』)에 그친 데 비하여, 언문 공표 약 두 달 뒤에 나온 崔萬理 등의 「상소문」이 4면에 걸친 67行인 것과 너무나 대조적이다. 상소문은 대체로 있는 그대로 실록에 싣는 것이 관례이다. 그러나 임금이 친히 만들었다는 새 문자에 관한 기사가 고작 두 줄에 그친 것은 아무래도 실록 편찬과정에서 史草의 상당 부분이 삭제되고 아울러 어느 정도의 변개가 있지 않았나 하는 의심을 떨치기 어렵다. 실제로 이와 같은 의심을 뒷받침하는 기록이 있다. 『世宗實錄』 편찬과정에서 史官들이 그들의 의사에 반하여 史草의 일부를 삭제하거나 먹칠하여 지웠다는 기록이 있다(『文宗實錄』 권12, 문종 2년(1452) 2월 丙戌(22일)).

> 始撰『世宗實錄』 許詡 金銚 朴仲林 李季甸 鄭昌孫 辛碩祖 等 分年撰修 皇甫仁 金宗瑞 鄭麟趾 摠裁監修 時史官多避忌 史草或有墨抹塗竄者 或只謄『承政院日記』 以塞責耳
> 『세종실록』 편찬에 착수하였다. 허후·김조·박중림·이계전·정창손·신석조 등은 연대(年代)를 나누어 찬수하고 황보인·김종서·정인지는 감수를 총재하였다. 이때 피하고 꺼리는 사관들이 많았다. 혹은 먹으로 史草의 字句를 지우거나 고쳐 감추고, 혹은 단지 『승정원일기』를 베껴 책임을 면하려 하였을 뿐이다.

위의 기사는, 실록 편찬과정에서 누군가 사초의 어떤 내용이 실록에 실리는 것을 꺼려 사관들에게 일부 내용을 지우거나 고치도록 압력을 행사하였음을 증언하고 있다. 압력을 행사한 당사자가 누구인지는 확인할 길이 없다. 물론 임금은 실록 편찬에 간여할 수 없다.

그렇다면 사초의 특정 내용이 실록에 실리지 않도록 사관들에게 압력을 넣은 인물은 실록 편찬을 감수하는 최고 책임자였던 皇甫仁, 金宗瑞, 鄭麟趾 등 당시 조정의 권력 실세들이었을 것임은 짐작이 어렵지 않다. 삭제되고 고쳐진 내용이 어떤 것인지 특정할 수는 없어도, 새 문자 창제에 관한 내용이 그 대상에 포함되었을 가능성은 충분하다. 임금이 손수 만들어 세상에 내놓은 새 문자의 출현과 같은 중요한 내용이 단 두 줄로 간략하게 처리되었다는 점이 그와 같은 추측을 뒷받침한다. 사초의 내용이 부분적이나마 삭제되고 변개되었다면, 특히 그것이 언문과 관련이 있는 내용이었다면, 그 주도자는 鄭麟趾였을 가능성이 크다고 하겠다. 鄭麟趾가 편찬을 주도한 「解例」의 기술에 세종의 뜻을 거스르는 내용이 있다는 사실에서 그러한 가능성을 생각할 수 있다. 새 문자 창제와 같은 중요한 일의 실록 기사가 왜 그처럼 허술하게 처리된 배경과 이유에 대한 논의를 볼 수 없다.

『世宗實錄』은 단종 2년에 3월에 완성되었으나 그 이전에 실록 편찬 감수의 책임자였던 皇甫仁, 金宗瑞는 계유정란癸酉靖亂(端宗 1년, 1453년 10월 癸巳(10일))으로 제거되어 편찬 감수의 실질적 최종 책임자는 鄭麟趾였다. 그러나 『世宗實錄』은 계유정란 이전에 거의 이루어진 상태였음을 『端宗實錄』(端宗 1년 1월 甲子(6일))의 기사로 알 수 있다. 『世宗實錄』 편찬에는, 앞서 「解例」 편찬에도 참여하였던 崔恒, 朴彭年, 成三問, 申叔舟, 그리고 언문반대상소에도 참여하였던 辛碩祖, 鄭昌孫 등도 실록 편찬에 참여하였다. 이와 같은 사실로 미루어, 언문 창제에 관한 내용이 실록에 단 두 줄로 그처럼 허술하게 처리된 것은 새 문자에 대한 실록 편찬자들의 불편한 속내가 반영된 것으로 추측할 수 있다. 참고로, 『文宗實錄』은 세조 1년(1455) 11월 (계유정란으로 황보인, 김종서가 제거된 지 약 2년에 뒤)에 편찬 완료되었다. 따라서 『文宗實錄』이 편찬될 때의 사관들은 자신들이 기록한 사초의 내용에 관하여 실록 편찬에 관여하는 권신權臣들의 부당한 압력을 받거나 그들의 눈치를 살필 필요가 없었던 때였으므로 『世宗實錄』 편찬 당시에 있었던 일에 관한 『文宗實錄』 기사의 신뢰성에는 문제가 없다고 판단할 수 있다. 이제 세종 25년(癸亥年, 1443) 12월의 실록 기사를 하나씩 나누어 다시 검토하기로 한다.

1) 是月上親制諺文二十八字

새 문자 창제를 알리는 기사는 12월 말에 실려 있다. "是月"(12월)을 양력으로 환산하면 이듬해 2월쯤 된다고 하여 새 문자가 창제된 때를 1444년으로 보아야 한다는 주장이 있다. 그러나 이듬해 2월에 崔萬理 등이 올린 「상소문」을 보면, 『韻會』를 언역하는 일이 이미 상당히 진척되어 거의 인쇄 단계에 이르고 있었음을 알 수 있다. 따라서 언문이 창제되어 실제의 운용에 들어간 것은 1443년 12월 훨씬 이전이었음이 분명하다. 그런데 세종은 왜 새 문자 창제를 굳이 한 해가 저무는 마지막 달에 가서야 공시화하였는지 그 이유를 짚어 볼 필요가 있다. 이제껏 이에 대하여 논의된 바가 없었다.

한자를 國字로 사용하던 조선에서 고유의 문자를 창제하면서 세종이 염려했던 일들 가운데 하나가 이 문제에 대한 중국의 반응이었을 것이다. 조선이 한자 외에 자신의 문자를 갖는 일을 중국이 달갑게 여기지 않을 것으로 생각하였을 것이기 때문이다. 「상소문」에도 조선이 한자 외에 독자적 문자를 갖는 것이 중국과의 관계에 이롭지 않을 뿐 아니라 중국이 이를 어떻게 여길 것인가에 대한 우려를 드러내 말한 것으로 미루어 중국에 대한 세종의 염려는 당연한 일이었다.

조선에서는 해마다 冬至使 또는 正朝使를 10월 중순쯤에 중국으로 보낸다. 이들을 통해 중국은 조선에서의 여러 가지 중요한 일들에 대한 정보를 얻는다. 주변의 나라들에서 오는 사신들을 통해 변방의 정보를 매우 적극적으로 얻으려 노력하는 것이 중국 외교정책 수행의 중요한 관행이었다. 중국이 알기 전에 새 문자를 백성들에게 보급하기 위한 시간을 가능한 한 최대한 확보해야 할 세종으로서는 그해 (1443년 계해년)에 중국으로 떠나는 사신들이 적어도 압록강을 넘어 북경에 도착할 즈음으로 새 문자 창제의 공식화를 늦추려 하였던 듯하다. 적어도 그해의 사신들은 조선에 새 문자가 창제되었다는 사실을 공식적으로는 몰랐으므로, 이 같은 중요한 사실을 중국에 알리지 않았다는, 나중에 혹시 있을지도 모를 중국의 추궁에서 자유로울 수 있다. 조선의 문자 창제에 관하여 혹시라도 중국이 정치적으로 문제 삼기 전에 『韻會』 언역을 비롯한 언문 보급 사업을 서두르는 세종을 崔萬理 등은 「상소문」에서 이를 문제 삼고 있다. 새 문자가 이미 만들어졌음에도 이를 굳이 한 해의 마지막 달에 늦추어 공식화함으로써 조선에 새 문자가 만들어져 쓰인다는 사실을 중국이 되도록 늦게 알게 하여 언문 보급에 필요한 시간을 최대한 확보하려던 것이 세종의 속셈이었던 것으로 추측할 수 있다.

"上親制"는 언문의 창제가 세종에 의한 것임을 분명히 밝힌 기록이다. 이러한 기록에도 불구하고 오늘날 적지 않은 연구자들이 언문은 세종 단독으로 창제한 것이 아니라 집현전학사들의 협찬 또는 보필에 의해 이루어진 것으로 주장하고 있다. 그러나 언문에 관한 세종대의 기록 어디에도 그러한 주장을 뒷받침할 만한 근거는 보이지 않는다. 세종을 보필하여 언문 사업에 참여한 申叔舟의 문집(保閑齋集)의 行狀(姜希孟撰), 碑銘(李承召撰), 그리고 崔恒의 문집(太虛亭集)의 碑銘(徐居正撰) 등에는 하나같이 언문이 세종의 친제인 것과 새 문자의 명칭이 '諺文'임을 분명히 밝히고 있다. 이들 문집에 글을 실은 인물들은 세종 말년에 조정에 나아가 세종을 보좌한 관리들로서 새 문자와 관련한 당시 조정에서 있었던 일들을 직접 보고 들은 증인들이다. 세종 당대도 아니고 세종의 사후 거의 25년이 지난 후의 기록에 언문 창제에 직접 참여한 신하들의 공적을 외면하고 굳이 사실과 다르게 기록했어야 할 이유나 근거를 찾아볼 수 없다.

"諺文二十八字"또한 끊임없는 논란의 대상이 되어 있다. '諺文'이 새 문자의 공식 명칭이 아니라 속칭 또는 비칭이라는 주장, 그리고 언문은 애초에 28자가 아니라 27자로 만들었으나 뒤에 'ㆆ'이 추가되었다는 주장 등이 그것이다. 이런 주장들은 아직도 수그러들 기미가 전혀 보이지 않는다. 이 문제는 〈制字解〉의 '正音'에 대한 논의에서 다루어질 것이다.

'諺文'을 새 문자의 속칭 또는 비칭이라 한다면, 새 문자 창제를 알리는 실록의 기사 첫머리에 새 문자의 명칭을 속칭 또는 비칭으로 기록하였다는 말이 되는데, 이런 추정은 전혀 상식에 어긋난다. 속칭 또는 비칭이라 할 만한 사물의 명칭은 공식 명칭이 상당 기간에 걸쳐 사용된 이후라야 등장하는 법이기 때문이다. 또한 '諺文'은 보통명사일 뿐이고 실록 기사 맨 뒤의 "是謂訓民正音"으로 미루어 언문의 공식 명칭이 '訓民正音'이었다고 주장하려면, 실록의 기사는 '是月上親

制諺文二十八字 名曰訓民正音'이라고 했어야 마땅하다. 그러나 실록에는 그렇게 기술되어 있지 않다. 언문이 창제되었음을 공식화한 때로부터 약 두 달 뒤에 나온「상소문」에 세종은 물론 崔萬理 등은 문자의 명칭을 오직 '諺文'으로 일관하였을 뿐, '訓民正音' 또는 '正音'은 전혀 사용하지 않았다. 또한, 앞에서 언급한 崔恒의 문집이나 申叔舟의 문집에서도 문자명으로서의 '訓民正音' 또는 '正音'은 보이지 않고 오직 '諺文'만 보인다는 사실을 외면해야 할 이유가 없다.

2) 其字倣古篆

훈민정음 연구에서 언문 28자의 제자원리로 "字倣古篆"을 내세우는 경우가 적지 않다. 이 문제에 대한 재검토가 절실히 요구된다. "其字"는 앞의 "諺文二十八字"를 가리키는 것이다. 문제는 "倣古篆"인데, 언문의 제자원리나 글자의 기원과 관련된 것으로 추정할 수 있는 이 一句의 출처가 분명히 드러나 있지 않다. 만약 이 字句의 출처가 어떤 형식으로든 세종이라면 "倣古篆"은 결코 가볍게 보아 넘길 수 없다. 그러나 그 출처가 세종이 아니라 언문을 처음 접한 당시 신하들의 추측성 견해를 기록에 남긴 것이라면 이를 구태여 제자원리나 기원과 연계하여 논의의 대상으로 삼을 필요가 없다. 그런데 "字倣古篆"의 출처가 세종이 아니라는 간접적인 증거가 崔萬理 등의「상소문」 첫째 항에서 발견된다.

儻曰 諺文皆本古字 非新字也 則字形雖倣古之篆文 用音合字 盡反於古

이 진술에서 "儻曰"(혹시라도/만일에…라고 말씀하신다면)에 특히 주목할 필요가 있다. 그 이유는 이 말에 이어 나오는 내용이 세종이 직접 언급한 것이 아니라, '만약에 그리 말씀하신다면'이라는 가정을 전제로 하는 진술이기 때문이다. 崔萬理는 이 같은 가정을 전제하고 자신의 반론을 펼치었다. 즉, 만약 임금께서 "諺文皆本古字"이므로 "非新字也"라고 말씀하신다면, 언문의 자형字形이 비록 "倣古篆"이라 할지라도 "用音合字 盡反於古"이기에 "新字"에 지나지 않는다는 것이다. 따라서 옛것에 근거를 두지 않고 만들어진 新字인 언문은 문자로서의 창제 기반을 제대로 갖춘 것이 아니라는 논리요 주장이다.

"儻曰"에 이어지는 진술이 어떤 형식으로든 세종이 직접 言明한 것을 인용한 것이었다면 이는 "儻曰"이 아니라 '上曰'이었어야 마땅하다. 그런데 「상소문」에서의 이 대목은 '上曰'이라 하지 않았다. 따라서 "儻曰"에 이어 나오는 내용은 세종이 직접 진술한 것이 아니다. 「상소문」에는 이곳 외에 "儻曰"이 한 번 더 등장한다. 다섯째 항에,

儻曰 諺文不得已而爲之 此變易風俗之大者 當謀及宰相下至百僚

이 내용 역시 '혹시라도 언문을 부득이 만들었어야 했다고 말씀하신다면'이라는 가정을 전제로 상소자의 생각을 펼쳐 말한 것이지 세종이 직접 말한 것을 옮긴 것이 아니다. 「상소문」 여섯째 항에, 신하들에게 직접 이르는 임금의 말씀에, "上覽疏 謂萬理等曰", "前此 上敎昌孫曰", "上又敎曰" 등 하나 같이 "上…曰"로 기술하였을 뿐 '上曰'이라 해야 할 내용을 '儻曰'로 대신한 경우가 「상소문」에 없다.

만약 백보百步를 양보하여, "儻曰 諺文皆本古字 非新字也"가 세종에게서 나온 것이라고 고집한다면,「상소문」첫머리,

> 臣等伏觀諺文制作 至爲神妙 創物運智 夐出千古

의 내용이 "字倣古篆"의 출처가 세종이라는 추정과 相反됨을 보인다. 즉 세종이 실록에 실린 대로 "其字倣古篆"이라고 언문 제작의 근원을 직접 밝혔다고 가정하면, 그것을 '신묘하고 글자를 만든 지혜가 아득히 먼 것에서 나온 것이어서 그 근원을 제대로 알 수 없습니다'라는 식으로 말할 수는 없다. 또「상소문」셋째 항에서, "今此諺文 不過新奇一藝耳"라 하였고, 다섯째 항에서는 새 문자를 "無稽之諺文"이라 하였다. 만약 세종이 어떤 형식으로든 언문의 제자 기반을 "字倣古篆"이라 하였다면 신하들이 이를 "無稽"나 "不過新奇一藝耳"로 규정하여 언문 창제를 근거 없고 부질없는 한낱 잔재주로 규정하여 임금을 공박할 수는 없는 일이다.

세종이 새 문자 언문이 창제되었음을 공표하면서 그것이 28자라는 사실만을 알렸을 리 없다. 반드시 28자의 자형을 음가 및 운용방법과 그에 따른 규정 등과 함께 발표하였을 것이다. 崔萬理 등「상소문」을 작성한 이들은 세종이 공표한, 오늘날 전하지 않는 그 글의 내용을 누구보다도 잘 읽고 검토하였을 사람들이다. 그런데 崔萬理 등 세종의 측근 신하들은 새 문자에 대한 자신들의 견해를「상소문」셋째 항에 아래와 같이 표명하고 있다.

> 而況諺文與文字 暫不干涉 專用委巷俚語者乎

'더구나 언문과 한자는 조금도 연관이 없으며 오로지 어리석은 백성의 저자거리 일상어에만 쓰일 것이지 않습니까.'라고 반문한 것이다. 이는 崔萬理 등은 언문이 한자와 전혀 관련 없이 만들어진 것이며, 새 문자가 오직 어리석은 백성만을 위한 근거 없이 만들어진 것임을 강조한 것이다. 「상소문」에 언문과 고전古篆과의 어떤 연관성을 지적하여 언급한 내용은 전혀 보이지 않는다. 그리고 「解例」에 '字倣古篆'에 관하여 전혀 언급한 바가 없다. 만약 세종이 어떤 형식으로든, 언문 28자가 고전을 본뜬 것임을 밝혔다면, 이에 대하여 「解例」 특히 〈制字解〉에서 한마디도 언급하지 않는다는 것은 상상할 수 없는 일이다.

"字倣古篆"의 출처는 세종이 아니다. 이는 새로 만들어진 문자를 처음으로 접한 당시 신하들의 새 문자의 모양에 대한 견해-"字倣古篆"-이 실록에 기재된 것에 지나지 않는다. 새로 문자가 만들어졌다면 그 생김새가 어떤지에 대한 언급은 당연하다. 당연히 언급되었어야 할 〈制字解〉가 아닌 「解例」의 끝에 실린 서문에서 새 문자의 모양이 어떻게 생긴 것인지 언급한 것을 두고 이를 제자원리나 글자의 기원과 연관 지어 해석하는 것은 순서에 어긋나는 일이다. 鄭麟趾가 「解例」의 서문에서 새 문자의 명칭을 "正音二十八字"라 하고 특히 그 제자의 기반을 "象形而字倣古篆"이라 한 것은 이 글을 읽게 될 중국을 의식하여 그리 한 것으로 해석된다. '象形'은 언문 관련 최초의 실록 기사에 보이지 않는다.

3) 分爲初中終聲 合之然後乃成字

『世宗實錄』기사 첫머리의 "上親制諺文二十八字"와 더불어 이 구절은 언문 기사 가운데 정보의 신뢰도가 가장 높은 내용이라고 할 수 있다. 글자의 분류와 운용에 관한 중요한 사실을 알리는 이 구절은 새 문자 창제자가 아니고서는 아무나 언급할 수 있는 내용일 수 없기 때문이다.「解例」〈合字解〉의 "初中終三聲 合而成字"는 표현만 약간 다를 뿐 위 구절과 같은 말이다. 실록의 기사가 비록 간략하지만, 成字와 표기에 관한 언급("皆可得而書")만 있을 뿐 成音에 관한 언급이 없다는 점에 주목하게 된다. 成音보다 成字 및 合字를 우선하여 중요시한 것이 바로 세종이다.『訓民正音』의 어제문 例義의 글자 운용에 관한 설명에서 "連書", "合用並書", "附書" 등 成字와 合字에 관한 기술을 成音에 관한 것에 우선하여 언급하였다는 점에 주목할 필요가 있다. 이는 언문 창제의 목적을 이해하는 데 참고할 사항이기 때문이다.

4) 凡于文字及本國俚語 皆可得而書

"文字及本國俚語"의 "文字"는 한자를 뜻하고 "本國俚語"는 조선의 諺語를 가리키는 표현이다. 언문으로 한자음 및 俚語를 모두 적을 수 있다는 말이다. "文字及本國俚語"에서 짚어볼 일은, "文字"가 "本國俚語"에 우선하였다는 점이다. 언문의 창제 목적이 諺語 표기를 우선으로 한 것이라는 인식에서였다면, 이 구절은 '本國俚語及文字'였을 것이다. 또한, 세종이 조선의 諺語를 과연 "本國俚語"라 하였을까 하는 의문이 든다. 실록의 이 표현이 史草의 것을 그대로 옮긴 것인지, 아니면 실록 편찬과정에서의 字句 변개인지 확인할 수는 없으나 "本國俚語"를 글자 그대로 세종이 선택한 표현이라고 여기기가 망설여진다. 자신이 만든 문자의 명칭을 '諺文'이라 한 사실과 '諺文'이 조선의 諺語를 위한 문자 체계라는 의미인 점에 주목하면 "俚語"는 세종이 아니라 史官 또는 실록 편찬자가 선택한 용어였을 가능성이 있다. 『訓民正音』 어제서문의 "國之語音"이 참고가 된다.

5) 字雖簡要 轉換無窮

"轉換"의 의미에 초점을 맞추고 아울러 이 구절 앞의 "皆可得而書"와 "轉換"을 연계하여 생각하면, 언문이 국어 표기를 위한 문자 체계이지만, 諺語의 표기 외에 외래어나 외국어 및 그 밖에 세상의 모든 소리를 적을 수 있는 표음기호로서의 뛰어난 기능을 "轉換無窮"이라 표현한 것이다.

"字雖簡要 轉換無窮"과 거의 일치하는 내용이 鄭麟趾의 「解例」 서문에도 보인다. "以二十八字而轉換無窮 簡而要 精而通"이 그것이다. 실록에는 "精而通"이 빠졌을 뿐 양쪽의 표현에 차이가 없다. 문제는 이 기술의 출처가 세종이냐 아니면 鄭麟趾이냐에 있다. 세종 25년에 기록한 史官의 史草에 훗날에 쓰인 鄭麟趾 서문의 것과 거의 같은 字句가 보이는 것을 단순히 우연의 일치로 보기 어렵다. 그렇다고 鄭麟趾가 사초를 참조하여 서문을 썼을 수도 없다. 『世宗實錄』 편찬이 착수된 때는 「解例」가 편찬되고 여러 해가 지난 뒤이다. 새 문자의 역할을 표음기호의 기능에 초점을 맞춘 표현이다. 따라서 이 구절을 포함한 세종 25년의 언문 창제에 관한 실록 기사는 鄭麟趾 등의 입김이 강하게 반영되었을 것으로 보인다. 『世宗實錄』 편찬 과정에서 사관들이 자신들의 의사에 반하여 내용을 삭제하거나 고쳤다는 『文宗實錄』의 기록을 상기할 필요가 있다.

6) 是謂訓民正音

세종 25년 12월의 실록에 처음으로 등장하는 "訓民正音"을 대부분의 훈민정음 연구에서 새 문자 체계의 공식 명칭인 것으로 여기고 있다. 그러나 이 견해가 과연 사실에 합당한 것인지에 대한 의문의 여지가 분명히 보인다. 무엇보다 '諺文'이라는 명칭 외에 처음부터 무슨 이유로 별도의 명칭을 필요로 하였는지에 대한 의문이다. 그것도 문자 체계의 명칭으로는 적합하다고 여기기 어려운 '訓民正音' 또는 '正音'을 '諺文'과 양립 또는 대체해야만 했던 이유에 대한 합당한 설명이 있었어야 했다. '諺文'은 속칭 또는 비칭이고, '訓民正音'이 공식 명칭이라는 견해가 오늘날 거의 定說이 되어 있다.

"是謂訓民正音"에서 "訓民正音"의 정체를 밝히기 위해 "是謂"부터 짚어볼 필요가 있다. 먼저 "是"의 지시 대상이 앞에 나온 글에서 오직 "諺文二十八字"만을 선택적으로 가리킨 것이라고 가정하면, "訓民正音"을 새 문자 체계의 또 다른 명칭이라고 생각할 수도 있다. 다음은 "是"가 어떤 원문에서 인용한 앞에 나온 진술을 포괄하여 지칭한 것이라면 "訓民正音"은 그 원문의 제목이라고 추단해야 옳다. 이어서, "謂"의 주어가 누구인가에 따라 "訓民正音"의 정체를 좀 더 명확히 파악할 수 있기를 기대할 수 있다. 만약 이 동사의 주어가 세종이라면, 이 기사의 "訓民正音"은 문자명일 수 없다. 세종이 '訓民正音'을 자신이 창제한 문자 체계의 명칭으로 사용하였다고 추정할 근거가 없기 때문이다. 따라서 이 기사의 "訓民正音"은 새 문자 언문을 공표하면서 새 문자의 자형 및 음가, 그리고 글자의 운용에 관한 여러 규정과 용례에 관하여 설명한 글의 제목이었다는 추단이 합리적일 것이다.

반면에, 동사 "謂"의 주어가 당시 세종의 신하들이라면, 교본의 표제인 '訓民正音'을 신하들이 새 문자 체계의 명칭으로 사용하였을 가능성이 있다. 『洪武正韻譯訓』서문의 "用訓民正音以代反切", "今以訓民正音譯之" 등은 "訓民正音"이 분명히 한자음 표기를 위한 표음기호의 명칭으로 사용되었음을 보여준다. 아울러, 崔恒의 문집(太虛亭集)과 申叔舟의 문집(保閑齋集)에 새 문자의 명칭이 '訓民正音'이 아닌 오직 '諺文'이라는 사실은 '訓民正音'을 문자명으로 사용한 이들은 세종 당대의 鄭麟趾, 申叔舟 등 일부 신하들이었다고 추정할 수 있다.

"訓民正音"의 정체를 밝히는 데「解例」서문의 "我殿下創制正音二十八字 略揭例義以示之 名曰訓民正音"이 중요한 단서를 제공한다. 여기의 "訓民正音"은 "二十八字"와 "略揭例義"를 아우른 것이므로 이는 글의 제목이어야 마땅하지 "略揭例義"는 제쳐놓고 오직 앞의 "正音二十八字"만을 지시한 문자명으로 해석하는 것은 합리적 추리이기 어렵다. 특히 "名曰"의 주어가 세종임은 재론의 여지가 없다. 그러나 세종 사후에 편찬된『世宗實錄』25년 말의 기사에서는 이 "名曰"이 "是謂"로 대체되어 "訓民正音"이 정확히 무엇을 가리키는 것인지를 판별하기 어렵게 만들어 놓았다. 鄭麟趾가「解例」서문에서 '諺文二十八字'라 하지 않고 "正音二十八字" 한 것 또한 문자명에 대한 혼란을 가중시키고 있다. "是謂訓民正音"의 "是"의 지시 대상을 좀 더 분명히 가리는 데 참고가 될 근거를 鄭麟趾의 서문의 "略揭例義以示之"의 "以示之"에서 찾을 수 있다.

"示之"의 "之"가 앞에서 기술한 내용 전부를 포괄하는 것이라면, "訓民正音"은 "二十八字"는 물론 "略揭例義"를 포함한 어떤 글의 제목이어야 마땅하다. 그러나 만약 "示之"가 앞의 내용 가운데 오직 "正音二十八字"만을 한정하여 가리킨 것이라고 해석한다면 "訓民正音"은 글의 제목이 아니라 문자명이라는 판단이 가능하다. 그런데 "以示之"의 "以"는 "之"의 지시 대상에서 "略揭例義"를 배제할 수 없게 한다. 그러므로 "示之"의 지시 범위가 앞의 "正音二十八字"에 한정하는 것이 아니라 "略揭例義"도 포함되어야 한다는 결론은 당연하다. 따라서 "名曰訓民正音"에서 "訓民正音"은 단순히 문자명이 아니라 새 문자 보급을 위해 마련한 교본의 성격을 띤 글의 제목이어야 한다는 결론에 이른다. "訓民正音"의 "訓民"은 교본을 통해 백성에게 "正音"을 가르친다는 뜻이고, "正音"은 새 문자의 체계 및 음가와 운용에 관하여 창제자가 세운 규범, 즉 '바른 규정'이란 의미로 해석하면 모든 것이 명료해진다. 그러면 "正音"의 "音"은 곧 임금의 말씀, 곧 규정을 뜻하고 "正"은 그 규정의 성격을 뜻하는 말이 된다. 이해를 돕기 위해 "訓民正音"을 '訓民綸音'으로 바꿔 보면 이 경우의 "正音"의 의미가 한결 명료해진다. 세종 당시에 '正音'이란 단어는 중국 한자음의 규범음이라는 뜻 외에 다양한 의미로 사용되고 있었다.

'訓民正音'이란 용어가 문자명으로서가 아니라 책의 제목으로 쓰인 경우가 『訓民正音』(해례본)이다. 이 책의 어제서문 국역본의 제목

「世宗御製訓民正音」과 협주의 "御엉製졩訓훈民민正정音픔이산그리라"에서 "訓民正音"이 임금이 지은 글의 제목임을 다시 확인할 수 있다. 문제는 세종 25년 12월 실록의 "是謂訓民正音" 및 鄭麟趾 「解例」 서문에서의 "名曰訓民正音"이라고 지칭한 책의 내용이 세종 28년 9월에 이루어진 『訓民正音』의 어제문(속칭 본문 또는 예의편)과 같은 것이냐 하는 점이다. 비록 전자의 실체가 오늘에 전하지 않아 그 내용을 알 수 없으나 그것이 교본의 성격을 지닌 글이나 책이었을 것임은 분명하다. 이에 비하여 후자 어제문은 내용은 물론 체재에서도 교본으로서 충분하지도 않고 또 적합하지도 않다는 것은 긴 설명이 필요하지 않다. 또한, 신하들이 편찬한 「解例」가 교본으로서의 실용적 체제나 내용을 갖추지 못한 것이라는 점 역시 설명이 필요치 않다.

어명에 의한 「解例」 편찬에 핵심적 역할을 담당하고 그 서문까지 쓴 인물이 집현전 대제학 鄭麟趾였다. 그러한 그가 자신이 총재總裁하고 감수한 실록에 새로운 문자 체계 창제에 관한 중대한 기사를 단 두 줄로 허술하게 처리하도록 하였을 뿐만 아니라, 세종에게 바쳐진 「解例」의 서문에서 "名曰訓民正音"이라 한 것을 세종이 볼 수 없는 실록에는 "是謂訓民正音"이라 하여 "名曰"을 "是謂"로 고쳐 놓아 "訓民正音"의 정체를 파악하기 어렵게 만들었다.

세종이 언문을 창제하여 이를 세상에 내놓을 때, 새 문자 체계의 보급을 위한 교본을 아울러 마련하였음을 짐작할 수 있게 해주는 기사(『世宗實錄』 권114, 세종 28년(1446) 12월 己未(26일))가 있다.

> 傳旨吏曹 …前略… 今後吏科及吏典取才時 訓民正音 並令試取 雖不通義理 能合字者取之

세종이 관리를 뽑을 때 訓民正音을 시험하게 하라고 이조에 이른 내용이다. 비록 제자원리에는 통하지 않더라도 合字에 능한 자를 뽑으라는 지시이다. 이 기사의 '訓民正音'은 교재의 이름이면서 또한 시험과목의 명칭이다. 만약 이 기사의 '訓民正音'이 해례본이라면 이 책으로는 새 문자의 合字 및 合用을 제대로 이해할 수도 습득할 수도 없음을 「解例」〈合字解〉를 보면 어렵지 않게 확인할 수 있다. 〈合字解〉에는 "二字三字合用並書"에 관하여 '·싸(地), 딱(隻), ·뜸(隙), 흙(土), ·낛(釣), 둛·때(酉時)' 등 불과 몇 단어만을 예시하였음 뿐, 정작 이들 合用並書가 정확히 어떤 음가를 나타내는 것이며, 또 어떤 철자법에 의한 합자인지 한 마디의 설명도 없다. 이와 비슷한 기사(『世宗實錄』권116, 29년(1447) 4월 辛亥(20일)) 역시 "訓民正音"이 해례본이 아닌 세종이 마련한 교본이었음을 짐작할 수 있게 한다.

> 傳旨吏曹 …中略… 自今咸吉子弟試吏科者 依他例試六才 倍給分數 後式年爲始 先試 訓民正音 入格者許試他才 各司吏典取才者 竝試 訓民正音

먼저 訓民正音을 시험하여 합격한 자에게만 다른 시험을 보게 할 것이며, 각 관아의 관리 시험에도 訓民正音을 시험하도록 하라는 어명을 이조에 내린 것이다. "先試 訓民正音"과 "竝試 訓民正音"의 "訓民正音"은 시험 과목명이다. 따라서 이는 곧 시험 준비를 위한 교재나 교본의 명칭이어야 한다. 만약 이 교본이 『訓民正音』(해례본)이었다면 이 책이 상당량 인쇄되어 시험 준비를 위한 교재로 사용되었을 터인데, 이 책이 그처럼 다량으로 印刊되어 교재로 사용되었다는 증거가 없다. 앞에서 언급한 바와 같이, 해례본은 극소량만 印出되었을 뿐이고, 또한 그 체재나 내용이 교습 또는 학습용 교재로서 전혀 적합하지 않다.

세종 대에는 상당한 수의 책이 어명에 의해 찬술되었고 그때마다 예외 없이 임금이 書名을 지어 내린 사실이 실록에 '賜名曰 ○○○ ○' 등으로 기록되었다. 『訓民正音』과 거의 같은 시기에 찬술된 『龍飛御天歌』, 『東國正韻』이 그 좋은 예이다. 그러나 『訓民正音』에 관한 실록 기사에는 물론, 鄭麟趾의 「解例」 서문에도 '賜名曰'은 보이지 않는다. 이는 세종이 지은 '訓民正音'이란 제목의 서책이 이미 존재하였기 때문이라는 이유 외에 달리 합리적으로 설명할 길이 없다. 그 책은 다름 아닌 교본 성격의 〈訓民正音〉이었을 것이므로 鄭麟趾 서문의 "名曰訓民正音"이 바로 이 교본의 書名이었을 것이다. 세종 대에 어명을 받아 신하가 찬술한 책이 바쳐지면 임금이 그 책의 이름을 지어 주는 것이 관행이다. '賜名曰'의 몇 예를 인용한다.

○ 編訖 賜名曰『三綱行實圖』(『世宗實錄』 권56, 세종 14년 6월 丙申)
○ 仍賜名曰『治平要覽』(『世宗實錄』 권93, 세종 23년 6월 癸巳)
○ 書旣成 賜名曰『明皇誡鑑』(『世宗實錄』 권93, 세종 23년 9월 壬戌)
○ 編訖 賜名『絲綸全集』(『世宗實錄』 권97, 세종 24년 9월 丁亥)
○ 歷三歲而成 凡三百六十五卷 賜名曰『醫方類聚』(『世宗實錄』 권110, 세종 27년 10월 戊辰)
○ 殿下覽而嘉之 賜名曰『龍飛御天歌』(「龍飛御天歌跋」, 正統 12년 2월 日)
○ 是月 東國正韻成 凡六卷命刊行 申叔舟奉敎序曰…書成 賜名曰 東國正韻(『世宗實錄』 권117, 세종 29년 9월 戊午)

위의 기록들로 미루어, 세종 28년 9월 『訓民正音』이 편찬되었음을 알리는 실록 기사 "是月 訓民正音成"과 관련하여 당연히 '賜名曰 訓民正音'이 있었어야 마땅하나 그것이 보이지 않는다는 것에서 이 책 이전에 이미 '訓民正音'이란 書名의 御製之書가 존재하였음을 추단할 수 있다.

세종이 새 문자 언문이 창제되었음을 공표하면서 그 사실과 그에 따른 내용을 口頭로만 발표하였을 리 만무하다. 분명히 어떤 형식으로든 글로써 그것을 공표하였을 것이다. 위에 인용한 실록의 이 부분은 문자로 된 어떤 기록에서 그 일부를 옮겨 놓은 것임이 분명하다. 그리고 그것의 일부가 「解例」에도 거의 그대로 인용된 것에서 새 문자 체계는 28자와 그 운용에 관한 내용이 어떤 형태로든 글로써 공표되었을 것임을 짐작할 수 있다. 그 글 내용의 양이 많고 적은 것은 중요하지 않다. 중요한 것은 새 문자와 그것의 운용에 관한 설명과 규정이 담긴 글의 존재이다. 그러나 실록에도 鄭麟趾의 서문에도 그 글의 존재에 관하여 명확하게 언급한 내용이 보이지 않는다. 오직 鄭麟趾의 「解例」 서문에 "我殿下創制正音二十八字, 略揭例義以示之, 名曰訓民正音."이라고 한 대목의 "略揭例義以示之, 名曰訓民正音"으로 미루어, '訓民正音'이라는 제목의 새 문자에 관한 글 또는 책자가 있었음을 추정할 수 있을 뿐이다. 이 '訓民正音'이라는 제목의 글 또는 책자는 세종 28년에 이루어진 『訓民正音』보다 거의 3년 앞서 나온 것이다. 그러나 안타깝게도 언문에 관한 이 최초의 글 또는 책자가 오늘에 전하지 않아 그 내용이 어떤 것이었는지 알 길이 없다.

국어를 전면적으로 표기할 수 있는 문자 체계를 창제한 당사자로서 세종이 가장 먼저 해야 할 일은 그 문자의 보급에 관한 일이었음은 두말할 필요가 없다. 문자의 보급을 위해서는 가르치는 사람과 배우는 사람 모두에게 우선하여 필요한 것이 교재이고 이것을 엮어 놓은 것이 곧 교본이다. 새 문자에 관한 최초의 교본을 마련할 수 있는 사람은 언문 창제자 외에 다른 어떤 사람일 수 없다. 그리고 그 교본의 표제가 '訓民正音'이었던 것이다.

언문 창제에 관한 최초의 실록 기사에 새 문자의 공표와 관련하여 당연히 있어야 할 창제자의 말씀이 전혀 보이지 않는다. 새 문자의 창제를 공표하면서 이를 사용할 백성을 향해 아무런 유시諭示도 없이 달랑 28자만을 내보였을 리 없다. 새 문자를 만든 취지와 이에 따른 당부가 분명히 있었을 터이고 이는 당연히 사초에 기록되었을 것이다. 그런데 정작 실록에는 임금의 말씀이 전혀 보이지 않는다. 실록 편찬과정에서 편찬자에 의해 그것이 삭제되었을 것으로 추측할 수 있을 뿐이다.

2.2. 『韻會』諺譯

(『世宗實錄』 권103, 세종 26년 甲子(1444년) 2월 丙申(16일))

命集賢殿校理崔恒 副校理朴彭年 副修撰申叔舟·李善老·李塏 敦寧府注簿姜希顔等 詣議事廳 以諺文譯韻會 東宮與晉陽大君瑈 安平大君瑢 監掌其事 皆稟睿斷 賞賜稠重 供億優厚矣

언문과 관련한 실록의 두 번째 기록이다. 이 기사는 적어도 기록상으로는 세종이 벌인 첫 번째 언문 사업이 韻書의 언역이었던 것임을 알려 준다. 이 기사에서 눈여겨볼 점은, 첫째로 세종이 『韻會』(『古今韻會擧要』로 추정)의 언역 사업에 대단한 열의를 가지고 있었다는 점이다. 이는 언역의 성격과 관련이 있음이 분명하다. 만약 언역된 운서가 훗날 세상에 모습을 드러낸 『東國正韻』과 같은 발음사전의 일종이었다면, 무슨 이유로 세자를 비롯한 세 명의 왕자에게 이 사업을 관장토록 하였겠느냐 하는 의문이 든다. 『韻會』의 언역이 한자의 注音을 목적으로 한 것이고 이 목적을 위해 세 명의 왕자가 필요하였다면, 일부의 주장처럼 이 언역 사업을 계승 발전시킨 것이라는 『東國正韻』 편찬에는 왜 앞에서의 왕자들 모두가 배제되었는지 그 이유를 설명할 수 있어야 한다. 한자음에 대한 남다른 이해가 세 왕자에게 『韻會』 언역 사업을 관장토록 한 이유였다면, 『東國正韻』 편찬에도 이들이 주도적 역할을 맡았어야 마땅한 데, 무슨 이유에서인지 후자의 사업에 왕자들은 전혀 참여하지 않았다. 이는 『韻會』 언역의 목적과 이 사업이 폐기된 후에 착수한 『東國正韻』의 편찬 목적 및 성격이 근본적으로 서로 같지 않았다는 것을 시사하는 것으로 해석할 수 있다. 그러나 학계의 통설은 『韻會』의 언역이 한자의 注音에 그친 『東國正韻』과 같은 한자음사전이라는 것이다.

　『東國正韻』이 개정된 표준 한자음사전에 머물러 일반적인 성격의 운서와 다른 것인데 비하여, 언역을 시도한 『韻會』는 단순히 한자의 注音에 그친 발음사전이 아니라 한자의 音은 물론 字釋과 주석도 언역한 책이었을 것이다. 언문을 깨친 사람이면 언역된 운서를 이용하여 스승 없이도 한자를 스스로 익힐 수 있고 나아가 초보적이나마 한문을 이해할 수 있는 길이 열린다. 한자와 한문을 배우고 싶어도 배울 기회가 주어지지 않았던 일반 백성들이 언역된 운서로 한자와 한문을 배우기 위해서는 먼저 언문을 배워야 할 터이니 운서의 언역은 곧 언문 보급을 위한 효과적인 방책이므로, 세종이 무엇보다 먼저 『韻會』의 언역 사업에 적극적이었던 것은 바로 이런 이유에서였을 것이다. 단순히 한자의 注音에 머물지 않고 『韻會』의 내용 모두의 언역을 위해서는 새로 만든 문자 체계를 정확히 운용할 수 있는 능력을 갖춘 사람이 필요하였을 것임은 물론이다. 세종의 언문 창제 과정을 가까이서 지켜보면서 필요한 도움을 제공하고 논의의 상대가 되었을 왕자들이야말로 운서의 언역 사업을 관장하는 일에 누구보다도 적임자였을 것임은 물론이다.

"以諺文譯韻會"의 "以諺文譯"을 한자에 새로 창제한 문자로 注音하는 것에 그치는 것으로 해석할 수도 있으나, 이를 운서의 字音은 물론 字釋과 주석 모두를 언문으로 옮기는 것으로 해석할 수 있는 근거가 崔萬理 등의 언문반대상소에 대한 세종의 답변에 보인다.

前此 上敎昌孫曰 予若以諺文譯三綱行實 頒諸民間 則愚夫愚婦 皆得易曉

'전에 임금께서 昌孫에게 말씀하시기를, 내가 『三綱行實』을 언문으로 번역하여 백성에게 나누어 주면 어리석은(한자와 한문을 모르는) 지아비나 지어미도 (책의 내용을) 알 수 있을 것이다.'라고 하였다. 여기서 "以諺文譯三綱行實"은 한문으로 된 『三綱行實』을 언문으로 모두 번역하는 것을 뜻하는 것이다. 단순히 한자에 注音하는 것이나 언문으로 구결을 붙이는 것에 머무는 것이었다면, 한자를 모르는

"愚夫愚婦"가 그 책을 읽을 수도 내용을 이해할 수도 없는 일이다. "以諺文譯"을 諺語로의 번역을 의미하는 것으로 해석할 때 비로소 세종이 『韻會』의 언역에 남다른 열의를 가지고 이 사업을 추진한 이유를 이해할 수 있게 된다. 이와 관련하여 한 가지 덧붙여 둘 일은, "以諺文譯韻會"와 "以諺文譯三綱行實"의 경우는 "以諺文譯"인 데 비하여, 『洪武正韻譯訓』 서문의 "今以訓民正音譯之"는 "以訓民正音譯"이었지 "以諺文譯"이 아니었다는 점이다. 여기서 우리는 '諺文'과 '訓民正音'의 역할이 서로 달랐음을 알 수 있게 된다. "以訓民正音譯"은 『洪武正韻』의 한자를 訓民正音으로 注音하는 것을 말하므로 이 경우의 訓民正音은 反切과 같은 표음기호에 머무는 것이다. 그러나 "以諺文譯"은 외국어로 된 내용을 諺語로 옮기는 것이다.

　『韻會』 언역 사업은 거의 마무리되는 단계에서 崔萬理 등의 언문 반대에 부딪혀 중도에 폐기되고 단순한 발음사전 성격의 『東國正韻』 편찬으로 사업의 방향을 바꾸어야 했던 것으로 보인다. 따라서 한자음사전 편찬사업에 굳이 왕자들이 참여해야 할 이유가 없게 된 것이다. 『韻會』 언역에 관한 실록의 기사 나흘 뒤에 실린 崔萬理 등의 「상소문」에 『韻會』 언역 사업을 서두르는 것에 대한 불만을 드러내었으나 그 속내는 사업의 진행 과정이 아니라 언역된 운서가 가져올 결과에 대한 우려에 있음을 「상소문」에서 어렵지 않게 감지할 수 있다.

　언문을 창제한 세종으로서 가장 먼저 서둘러야 할 일은 언문의 보급이다. 나라 안에서의 반대는 물론, 만에 하나라도 한자 외에 조선이 자신의 독자적 문자를 만들어 쓰는 것을 중국에서 알고 이를 못마땅하게 여겨 정치적으로 문제 삼을 경우를 걱정할 수밖에 없었던 세종으로서는 하루라도 빨리 새 문자를 널리 보급하는 일을 서둘러야 했을 것이다. 『韻會』 언역 사업의 표면적 명분이야 어떻든, 실질적으로 누구나 쉽게 이용할 수 있는 운서의 언역을 통해 언문을 보급하려던 것이 드러내 놓고 말하지 않은 목적이었다. 꽃들이 꽃잎 속에 꿀을 마련하여 벌과 나비를 불러들이고 그것으로 꽃가루를 전파하게 하는 자연 생태계의 번식 방법이 바로 『韻會』 언역 사업을 의욕적으로 펼친 세종의 언문 보급 전략이었던 것이다.

『東國正韻』은 세종 29년(1447) 9월에 완성되었고 이듬해 10월에 간행되었다. 책의 간행과 관련한 실록의 기사(『世宗實錄』 권117, 세종 30년 戊辰 10월 庚午(17일))에서 이 책에 대한 세종의 생각을 읽을 수 있다.

> 頒東國正韻于諸道及成均館 四部學堂 仍敎曰 本國人民 習熟俗韻 已久 不可猝變 勿强敎 使學者隨意爲之

새로 편찬한 운서의 한자음을 억지로 가르치려 하지 말고 한자를 배우는 사람이 전승 한자음을 선택하든 개정 한자음을 선택하든 각자의 뜻에 따르게 하라는 당부이다. 그렇다면 무엇 때문에 애써 이 운서를 편찬하게 하였는가 하는 의문이 생긴다. 명분은 혼란에 빠진 당시의 조선 한자음을 改正한다는 것이었지만, 그것은 그저 내세운 명분에 지나지 않았음을 당부의 내용에서 짐작할 수 있다. 실용적 목적이 아니었다면 이는 오직 정치적 목적이었다는 결론에 이른다. 언문에 대한 신하들의 강한 반대에 부닥친 세종으로서는 이를 폐기해야 하는 최악의 상황을 피할 수 있는 방책과 명분이 필요하였을 것이다. 그래서 생각해 낸 것이 『東國正韻』 편찬이었다. 혼란에 빠진 조선 한자음을 개정한다는 명분과 이를 위한 표음기호로서의 새 문자의 필요성을 내세움으로써 언문에 대한 반대의 기세를 어느 정도 누그러뜨릴 수 있다고 생각하였던 듯하다. 『韻會』 언역 사업을 중도에 폐기하고 『東國正韻』 편찬으로 사업의 방향을 바꿔야 했다는 것은 새 문자의 보급을 위한 사업이 창제자의 뜻대로 펼쳐지지 못하였음을 의미한다. 본격적인 언문 보급은 세조 대에 와서 刊經都監에서의 불경 간행 사업을 통해 펼쳐진다. 『韻會』 언역 사업의 중도 폐기는 당시 조정 신하들의 언문에 대한 거부 기세가 알려진 정도 이상으로 거세었다는 방증이다.

2.3. 諺文制作反對上疏

(『世宗實錄』 권103, 세종 26년 甲子(1444년) 2월 庚子(20일))

> 庚子集賢殿副提學崔萬理等上疏曰 臣等伏觀諺文制作 至爲神妙 創物運智 夐出千古 然以臣等區區管見 尙有可疑者 敢布危懇 謹疏于後 伏惟聖裁 …이하 생략

언문이 공식적으로 공표된 세종 25년 12월로부터 약 2개월 뒤, 그리고 『韻會』 언역 사업에 관한 실록의 기사 나흘 뒤에 집현전의 崔萬理 등이 「상소문」을 올린 것으로 실록에 기재되어 있다. 6개 항으로 된 「상소문」에는 세종의 답변, 그리고 상소를 올린 신하들에 대한 조처도 기록되어 있다. 「상소문」의 개별 조항의 내용에 관해서

는 본란에서 일일이 논의하지 않고,「解例」의 분석과 논의에 관련되는 부분만 해당하는 곳에서 검토의 대상으로 삼는다.「상소문」全文은 참고를 위하여 〈참고자료〉에 싣는다.

　상소를 올리게 된 이유를 '언문을 제작한 것을 보면 그 원리가 지극히 신묘하고 그 지혜의 깊이가 千古에 뛰어난 것으로 보이지만 자신들로서는 그것을 제대로 이해하지 못하는 것이 있어 상소를 올리니 거두어 주시기를 바랍니다.'라고 하였다. 문제는 이들이 보았다는 것이 단지 28자의 자형만을 보고 이런 말을 하였을 리 없다는 데 있다. 그들은 예시된 글자들의 형태와 그 음가는 물론 제자원리와 관련된 내용 및 글자의 운용에 관하여 기술한 어떤 글을 보고 그 내용이 신묘한 듯 보이나 그것이 의미하는 깊은 뜻을 제대로 이해할 수 없다는 점을 상소의 이유로 내세운 것이다. 도대체 그들이 보았을 글이 어떤 것인지는 확인할 수 없으나, 분명히 어떤 형식과 내용을 갖춘 글을 보고 이를 여럿이 검토한 뒤에 상소문을 작성하였을 것이 분명하다. 그 글은 鄭麟趾가「解例」서문에서 "癸亥冬. 我殿下創制正音二十八字 略揭例義以示之 名曰訓民正音"이라고 말한 바로 그 '訓民正音'이었을 것으로 추정된다. 임금이 창제한 새 문자에 관한 어떤 공식적인 기록도 본 일이 없으면서, 그 근거가 없고("實無所據") 그 원리가 황당하며("無稽之諺文") 한낱 신기한 잔재주에 불과할 뿐("不過新奇一藝耳")이라고 평할 수는 없는 일이다.「상소문」은 언문 반대 이유 가운데 첫째로, 언문 창제가 중국의 뜻에 어긋난다는 점을 강조하고 있다.

　　　我朝自祖宗以來 至誠事大 一遵華制 今當同文同軌之時 創作諺文

　　　　有駭觀聽 …中略… 若流中國 或有非議之者 豈不有愧於事大慕華

　　지성으로 중국을 섬기고 그 문물을 떠받들어 중국과 같아지는 터에 따로 글자를 만드니 참으로 해괴한 일입니다. 만약 중국이 이를 알고 잘못된 것이라 한다면 어찌할 것입니까 하는 내용이다. 언문을 반대하는 이유를 열거하는 항목의 두 번째에,

　　　　唯蒙古 西夏 女眞 日本 西蕃之類 各有其字 是皆夷狄事耳 無足道者 …中略… 今別作諺文 捨中國而自同於夷狄 是所謂棄蘇合之香而取螗螂之丸也 豈非文明之大累哉

라고 하여 "今別作諺文"은 "至誠事大", "事大慕華"에 앞장서야 할 조선의 임금이 중국을 버리고 몽고, 서하, 여진 등과 같은 오랑캐와 스스로 같아지려는 것이라고 하였다. 이는 곧 중국을 버리고 오랑캐를 닮으려는 것은 조선 임금으로서의 도리를 벗어난 것임을 지적한 것이다.

　　「상소문」은 실록에 실려 있지 않은 사실을, 어쩌면 실록 편찬과정에서 삭제되었을지도 모르는 언문을 둘러싼 임금과 신하 사이에 벌어졌던 당시의 심상치 않았던 대결 국면 실상의 일면을 어느 정도나마 헤아려 볼 수 있게 해준다. 즉, 당시 언문을 둘러싸고 임금과 신하들 사이에 생각 이상의 상당한 정치적 갈등이 있었다는 것과 아울러 세종의 왕권이 생각보다 훨씬 허약했다는 사실을 짐작할 수 있게 해준다. 특히 위에 인용한 一句 "捨中國而自同於夷狄"은 조선의 신하가 자신의 임금을 향하여 입에 올릴 수 있는 표현의 한계를 넘은 극

언이라 할 수 있는 성격의 말이다. 만약 선왕 태종과 같은 강력한 왕권 아래였다면, 이런 투의 상소는 생각하지도 못하였을 것이다. 「상소문」 전체에 흐르는 불손하고 도를 넘는 과격한 표현, 그리고 임금의 힐문詰問에 대한 신하들의 방자한 말대답은 당시 세종의 왕권이 어떠한 형편이었는지를 여실히 보여주고 있다. 반면에 이는 당시 臣權의 위세가 상대적으로 얼마나 드셌는지를 짐작할 수 있게 한다. 또한, 「상소문」에서 내세운 반대 이유를 보면, 이는 단순히 집현전 관리들의 소수 의견을 대변한 것에 불과한 것이 아니라 당시 사대부들의 언문에 대한 강한 거부감을 등에 업고 있음을 짐작할 수 있다.

「상소문」과 그에 관련된 신하들에 대한 세종의 태도는 일부 내용에 대한 힐문에 그친 비교적 냉정하고 온건한 것이었다. 분노를 표출하고 일을 크게 벌이기보다는 오히려 가볍게 처리함으로써 신하들과의 불필요한 마찰을 빗겨 가려는 통치권자로서의 인내와 금도襟度를 엿볼 수 있다. 일을 크게 벌일 경우, 자신의 왕권은 물론 새 문자의 앞날에 전혀 이로울 것이 없음을 잘 알고 있었기 때문이었을 것이다. 특히 '중국을 버리고 오랑캐와 같아지는 것이라'는 조선의 임금으로서 신하에게서 들을 수도 없고 또 들어서도 안 되는 망발에 세종은 전혀 대꾸하지 않고 못 본 척 넘기는 슬기를 보였다.

「상소문」에는 오직 중국을 걱정하고 오로지 중국에서 멀어짐을 경계하는 내용이 주를 이루고 제 나라의 말을 적는 문자가 없음을 안타까워하거나 문자로부터 소외되어 무지의 어둠에서 살아가는 절대다수의 백성들이 겪는 고통에 대해서는 한마디의 언급도 없다. 만약 오늘날 학계의 통설처럼 언문 창제의 궁극적 목적이 당시 혼란스러운 조선 한자음을 개정하여 그것을 바르게 적기 위한 正音 즉 反切

을 대신하는 표음기호를 만든 것이고 또한『韻會』언역이 단순히 한자의 注音만을 위한 사업이었다면「상소문」에서 세종의 문자 창제의 노력과 그 결과물을 굳이 "不過新奇一藝耳", "無稽之諺文"과 같은 극단적 표현으로 깎아내렸어야 할 이유가 없다.

「상소문」은 조선의 건국 초기, 왕권에 맞서는 臣權의 위세를 보여준다는 점에서도 주목할 만한 기록이다. 성리학의 사상과 이념에 기초하여 건국한 조선은 절대왕권에 의한 전제정치가 아닌, 왕권과 臣權의 分權에 의한 견제와 균형을 이루려는 儒道정치의 이념을 표방하여 세운 나라였다. 문자의 독점은 곧 정보의 독점이고 정보의 독점을 권력의 독점과 유지의 근간으로 삼는 사대부의 처지에서 보면, 자신들이 지배하는 백성에게 정보에 쉽게 접근할 수 있는 문자를 갖게 한다는 것은, 자신들이 누리던 정보의 독점 체제를 위협하는 용납할 수 없는 일이다.

언문의 등장으로 조선에 한문 외에 새로운 문자언어가 출현한다면, 사대부로서는 이를 신권의 약화로 이어질 가능성을 염려하지 않을 수 없다. 이러한 가능성에 대한 우려와 두려움이「상소문」에 열거한 여러 반대의 저변에 깔리어 있음을 어렵지 않게 감지할 수 있다. 언문 창제를 臣權의 관점에서 본다면, 신하들과의 협의는커녕 신하들 모르게 백성들 누구나 쉽게 익히고 사용할 수 있는 새 문자를, 그것도 임금이 직접 만든 일은 民權의 신장을 통해 사대부의 권력 기반을 견제하려는 불순한 정치적 의도에서 비롯한 것일 수 있다고 의심할 만한 일이다.

언문 창제 당시 조선 사대부의 의식에는 조선은 중국과 "同文同軌"였으므로 중국어의 방언쯤으로 여기고 있는 조선말을 위해 따로 문자를 만든다는 일은 상상할 수 없는 일이었다. 조선의 사상적 정치적 배경은 조선이 독자적 문자 체계를 갖는 일에 전혀 우호적 환경이 아니었음을 「상소문」이 증언하고 있다.

2.4. 『龍飛御天歌』 製進
(『世宗實錄』 권108, 세종 27년 乙丑(1445년) 4월 戊申(5일))

議政府右贊成權踶 右參贊 鄭麟趾 工曹參判安止等進『龍飛御天歌』十卷 箋曰 …中略… 證諸古事 歌用國言 仍繫之詩 以解其語

"歌用國言"이라 하였다. 이는 노랫말을 한문이 아닌 국어로 지었다는 뜻이다. 그리고 한시로 歌詞를 풀이하였다고 하였다. 신하들이 편찬한 『訓民正音』이 이루어진 때가 세종 28년 9월이지만, 언문과 관련된 사업들은 이보다 앞서 진행되고 있었음을 알 수 있다. 어떤 인물들이 龍飛御天歌의 국문가사를 직접 지었는지에 대한 기록이 없어 알 길이 없지만, 이 책을 만들어 올린 기록에 이름을 남긴 權踶, 鄭麟趾, 安止 등이 그 주인공이었을 가능성은 거의 없다고 생각된다. 그들이 언문으로 그만한 글을 지을 준비가 되어 있었을 것으로 추단할 흔적이 보이지 않기 때문이다. 한문에 능하면서도 언문에 큰 관심을 가지고 서둘러 습득한 사람들이 佛僧들이었다. 언문으로 불경을 번역하는 일의 필요성을 잘 알고 있었기 때문일 것이다.

언어의 여러 형식 가운데 가장 정제整齊된 것이 詩歌이다. 창제된 새 문자 언문으로 지어진 최초의 글이면서 시가의 모습을 갖춘 龍飛

御天歌의 국문가사가 이를 대역對譯한 漢詩를 거느리는 모양을 한 것은 당시의 통념으로는 파격이었다. 세종은 국문가사를 통해 언문으로 이루어진 조선의 문자언어가 중국의 문자언어인 한문과 당당히 어깨를 겨룰 만한 것임을 보이고자 하였음이 분명하다. 어떤 연구에서는 龍飛御天歌의 노랫말은 먼저 한시로 지었고 이를 국문으로 번역한 것이라고 주장하지만, 龍飛御天歌와 관련한 기록들은 국문가사가 먼저 이루어졌음을 분명히 증언하고 있다. 당시에는 국문가사가 한문보다 이해하기 어려웠기에 이를 한역하여 그 뜻을 풀이하였는데, 이와 관련한 기록들이 잘못된 것으로 판단할 근거는 보이지 않는다. 이와 비슷한 경우로, 훗날 鄭澈의 국문으로 된 松江歌辭를 당시의 識者들이 漢譯하여 읽었다는 사실을 참고할 수 있다.

"불휘기픈남ᄀᆞᆫ ᄇᆞᄅᆞ매아니뮐씨"로 시작하는 제2장의 가사에는 단 하나의 한자나 한자어가 쓰이지 않았다. 이 책을 받아보기 전까지 당시 조선의 지식인 누구도 이런 일이 있을 수 있으리라고는 상상하지 못하였을 것이다. 이런 정도의 시가를 지을 수 있는 국문이라면 장차 한문과 맞설 수 있는 모습으로 발전하는 것은 시간문제일 것임을 사대부들이 예감하지 못하였을 리 없다.

龍飛御天歌의 국문가사를 지은이는 한 사람이 아니었던 것으로 추정된다. 개별 가사들에 나타나는 문체와 표기법에 보이는 약간의 차이는, 비록 그것이 두드러진 것은 아니라 할지라도, 전체 가사가 한 사람에 의해서 이루어진 것이 아니었음을 짐작하기에 충분하다. 그리고 그 가사를 지은이들은 공식적으로 그들의 이름을 남길 만한 신분이 아니었던 듯하다.

龍飛御天歌는 조선왕조 창업을 찬양하는 노래이다. 그런데 그 가사를 이제 막 창제된 언문을 사용하여 지음으로써 새로 만든 문자의 역량을 보란 듯이 내보였다. 국문으로 된 가사는 어휘, 어법, 표기법 및 문체의 면에서 국어가 한문 못지않은 문자언어로서 발전할 수 있음을 실증적으로 보여주었다. 비록 正書法의 확립을 보여주는 단계까지에는 이르지 못하였지만, 국문가사에 사용된 철자법에 표음적 표기에서 한 단계 더 나아간 형태적 표기를 시도한 것에서 언문 창제의 목표가 단순히 국어의 문자화에 머무는 것이 아니라, 궁극적으로 국어의 문자언어화 즉 국어를 한문과 아울러 쓸 수 있는 문자언어로 만들려는 것이었음을 알 수 있다.

2.5. 『訓民正音』成

(『世宗實錄』 권113, 세종 28년 丙寅(1446년) 9월 甲午(29일))

> 是月訓民正音成 御製曰 國之語音 異乎中國 與文字不相流通 故愚民有所欲言 而終不得伸 其情者多矣 予爲此憫然 新制二十八字 欲使人易習 便於日用耳 ㄱ牙音如君字初發聲 並書如虯字初發聲 … 이하 생략
>
> 禮曹判書鄭麟趾序曰 有天地自然之聲 則必有天地自然之文 所以古人因聲制字 以通萬物之情 以載三才之道 而後世不能易也 …이하 생략

세종 28년 9월에 『訓民正音』(해례본)이 이루어졌음을 알리는 기사이다. 이 기사의 "訓民正音成"은 어명에 따른 찬정지서撰定之書가

이루어진 사실을 알리는 것일 뿐, 새 문자 체계의 완성 및 이의 반포를 알리는 기사가 아니다. 이 기사에는 『訓民正音』의 간행이나 배포에 어떤 조치가 있었는지에 대하여 아무런 언급이 없다. 『世宗實錄』에는 물론 다른 어떤 기록에도 이 책의 간행과 관련한 기록이 보이지 않는 것이 『龍飛御天歌』나 『東國正韻』 등의 다른 찬정지서의 경우와 다르다.

실록은 "訓民正音成"에 이어 "御製曰"이라 하여 "國之語音 異乎中國"으로 시작하는 어제문을 싣고 있어, 마치 세종이 이 책을 받아보고 어제문을 지어준 것처럼 보이게 되어 있다. 어제문에 이어서 "禮曹判書鄭麟趾序曰"의 서문이 실려 있다. 그러나 이 서문의 본문에 해당하는 「解例」에 관해서는 무슨 연유에서인지 실록에 一言半句의 언급이 없다. 1940년, 『訓民正音』이 세상에 모습을 드러내기 전까지 누구도 이 책의 존재에 관하여 짐작조차 하지 못하였다. 『世宗實錄』의 최고 및 최종 감수 책임자는 鄭麟趾였다. 그런데 자신이 쓴 서문은 실록에 싣도록 하면서 정작 이 서문의 본문을 싣지 않은 것은 그렇다고 하더라도 그 존재와 내용에 관하여 최소한의 언급은 있었어야 마땅함에도 그것을 끝내 외면하였다.

만약 『訓民正音』이 조선의 독자를 위해 편찬된 책이라면, 자신의 명을 받아 신하들이 지어 올린 책의 내용이 다른 것도 아닌 자신이 창제한 문자 체계에 관한 것이므로 잘못 설명하였거나 부적절한 해설이 보이면 이를 수정하고 보완하라는 지시가 있었을 것은 당연하다. 그러나 이 책을 받아 본 세종으로부터 어떤 언급이나 지시가 있었다는 기록이 전혀 보이지 않는다. 이와 더불어, 실록에 「解例」에 관한 언급이 전혀 없다. 이 책의 편찬 목적이 표면상 내세운 "詳加解

釋 以喩諸人"이 아니라, 중국에서 조선의 새 문자와 관련한 자료의 요구가 있을 경우를 대비하려는 것이 사실상의 편찬 목적이었음을 이해하면, 이 책과 관련한 이해하기 어려운 의문들이 일부나마 정리될 수 있으리라 믿는다.

"御製曰"로 시작되는 어제문은 『訓民正音』의 권두에 그대로 실려 있으므로 3장의 어제문에서 그 내용을 검토하고 논의할 것이다. 다만 실록의 어제문에 "欲使人易習"이 해례본에는 "欲使人人易習"으로, 鄭麟趾 序의 "吾東方禮樂文物", "故智者不崇朝而會"가 해례본에는 "吾東方禮樂文章", "故智者不終朝而會"로 달리 기록되었다. 또한, 해례본에는 편찬에 참여한 신하들의 이름 앞에 小字로 '臣'을 붙였으나 실록에는 그것이 없다.

해례본이 이루어진 丙寅年(1446)에 앞서 교본으로서의 御製之書 訓民正音이 존재했었음을 추측할 수 있는 기록이 『世祖實錄』 권20, 세조 6년 5월 癸卯(28일)조에 보인다.

> 禮曹啓 訓民正音 先王御製之書 東國正韻 洪武正韻 皆先王撰定之書 吏文又切於事大 請自今文科初場試講三書

예조에서, 선왕(세종)이 지은 책 『訓民正音』, 그리고 어명을 받아 신하가 지어 올린 『東國正韻』, 『洪武正韻譯訓』을 문과 초장에 시강 試講할 것을 주청하는 내용이다. 여기의 『訓民正音』은 "先王御製之書"로, 그리고 『東國正韻』과 『洪武正韻譯訓』은 "先王撰定之書"로 그 지은 주체를 분명히 달리하여 밝히고 있다. 문제는, 여기의 『訓民正音』(御製之書)이 곧 鄭麟趾를 비롯한 집현전학사들에 의해 세종

28년 9월에 이루어진 『訓民正音』(해례본)이었을 것으로 단정할 수 있느냐이다. 왜냐하면, 알려진 바와 같이 鄭麟趾는 『訓民正音』 서문에서 「解例」가 어명에 의해 자신을 비롯한 여러 신하가 지은 것임을 분명히 밝히고 있기 때문이다. 비록 권두에 짧막한 어제문이 실려 있기는 하지만, 『訓民正音』(해례본)은 어디까지나 撰定之書이지 御製之書로 보기 힘들다. 만약 "訓民正音 先王御製之書"를 해례본의 권두에 실린 어제문만을 가리키는 것이라 한다면, 불과 석 장 반(7면) 분량의 어제문을 "文科初場試講"을 위한 御製之書로 규정하였다고 판단하는 것은 아무래도 무리일 듯싶다.

만약 "文科初場試講"에 쓰인 교재가 『訓民正音』(해례본)이었다고 가정하면, 여러 수험생이 사용할 수 있도록 이 책을 상당량 인쇄하여 배포하였을 것이다. 그런데 이 책이 여러 권 인쇄되어 배포되고 사용되었다는 흔적은 보이지 않는다. 이 책은 애초에 극히 적은 양만 印刊되었을 뿐이다. 그 이유는 이 책의 편찬 목적에 있다. 애초부터 여러 사람이 이용하도록 편찬된 책이 아니었기 때문이다. 그렇다면 문제의 "文科初場試講"에 쓰인 교재는 세종이 직접 저술한 교본〈訓民正音〉이었을 가능성이 크다. 다만 그 책이 오늘에 전하지 않아 그 정체에 대하여 말하기 어려운 형편이다. 오직 鄭麟趾의 「解例」 서문에 "略揭例義以示之, 名曰訓民正音"라 한 것에서 이 책의 존재를 미루어 짐작할 뿐이다.

선행 연구에서 "是月訓民正音成"의 "訓民正音"을 書名이 아니라 새로 만든 문자 체계의 명칭으로 오해한 근본적인 이유는, 만약 "訓民正音"이 책 이름이었다면, 기사에 당연히 '賜名曰 訓民正音'이 있어야 하는데 그것이 없기 때문이었을 것이다. 결국, 이 기사의 "訓民

正音"을 문자 체계의 명칭으로 속단하고, 세종 28년(1446년 丙寅) 九月 上澣(양력으로 10월 9일)을 언문이 창제된 날(한글날)로 여기게 된 것이다.

2.6. 諺文書

上數臺諫之罪 以諺文書之 命宦官金得祥 示諸義禁府承政(『世宗實錄』 권114, 세종 28년(1446) 10월 甲辰(10일))

命首陽大君持數臺諫之罪諺文書數張示之曰 卿等未知予意而來 若詳觀此書則可知矣(『世宗實錄』 권114, 세종 28년 10월 丁未(13일))

위의 두 기사는, 『訓民正音』이 이루어진 병인년 9월 상순으로부터 불과 한 달 뒤의 일들에 관한 기록이다. 기사는 그즈음에 언문이 이미 궁중에서 公用에 사용되고 있었음을 보여주고 있다. 『訓民正音』의 어제서문에서 언급한 것처럼, 새 문자가 "愚民"의 "便於日用耳"에 머문 것이 아니라 임금의 일상 업무에서도 적극적으로 사용되었음을 알 수 있다. 이 기사들은 해례본이 이루어진 세종 28년 9월 이전에 적어도 궁중에서는 언문 보급이 상당히 진척되어 있었음을 알 수 있게 한다. 궁중에서의 언문 보급은 물론 諺文廳을 통해 이루어졌을 것이다.

2.7. 諺文廳

(『世宗實錄』 권114, 세종 28년 丙寅(1446년) 11월 壬申(8일))

命太祖實錄入于內 遂置諺文廳 考事迹添入龍飛詩 春秋館啓 實錄 非史官不得見 且諺文廳淺露 外人出入無常 臣等深以謂不可 上卽 命還入內 令春秋館記注官魚孝瞻 記事官梁誠之抄錄以進

이 기사는 우리에게 언문과 관련한 두 가지 사실을 알려 준다. 하나는, 세종 28년 11월 당시 대궐 안에 언제 설치되었는지에 대한 기록은 없으나 諺文廳이란 이름의 기구가 이미 설치 운영되고 있었다는 사실, 그리고 이곳에 이 기구와 직접 관련이 없는 外人의 출입이 무상하였다는 사실이다. 특히, "外人"이라 함은 이 기구에 소속된 관원이 아닌 이들을 가리키는 말이다. 그렇다면 外人들이 무슨 일로 이곳에 자주 드나들었다는 것인가. 짐작하건대, 『龍飛御天歌』편찬과 관련된 일, 특히 국문가사를 짓는 일에 관련하여 출입하는 外人들이었을 것으로 추측할 수 있다. 그러나 소수의 이들 몇 사람들, 특히 주어진 임무를 수행하기 위해 출입하는 것을 "外人出入無常"이라 하였다면 이는 아무래도 적절한 표현일 수 없다. 그러면 이 무상으로 출입하는 사람들 대부분은 새로 만든 문자 체계인 언문을 배우러 오는, 또는 배우도록 보내진 궐내의 여러 부서에 소속된 사람들, 아마도 직급이 별로 높지 않은 다수의 하급 관원이나 궁인들이었을 것으로 추측할 수 있다. 실록에는 諺文廳의 설치에 관한 기록이 보이지 않는다. 이 기구가 분명히 어명에 의해 궐내에 설치되었고 운영되었을 것임에도 실록은 이에 관한 일을 외면하였다. 애초에 史草에 기록되지 않았던 것이 아니라 실록 편찬과정에서 제외되었을 것으로 생각된다.

언문이 창제되고 곧바로 궐내에 언문을 가르치고 배우는 기구가 설치 운영되고 있었음을 추측할 수 있게 하는 증언이 있다. 崔萬理 등의「상소문」(세종 26년 2월 庚子(20일)) 다섯째 항에, '서둘러 하급관리 십여 인에게(언문을) 가르치고 배우게 하며'("驟令吏輩十餘人訓習")라는 대목이 그것이다. 앞에서 인용한 실록의 "外人出入無常"을 이해할 수 있게 하는 내용이다. 여러 사람에게 언문을 가르치려면, 가르치는 사람과 배우는 사람을 위한 장소와 기구가 필요하다. 또한, 배우는 사람들이 이용할 교재가 있어야 했을 것이니, 그것이 오늘에 전하지 않는 교본〈訓民正音〉이었을 것이다.

위의 실록 기사에서 "遂置諺文廳"을 諺文廳의 설치로 해석하여 이 기구가 설치된 때를 세종 28년 11월로 추정하기도 하는데, 이는 '置'를 잘못 해석한 데서 비롯된 오해이다. 이 글자는 '설치하다'와 더불어 '비치하다'의 뜻이 있다. 이 기사는 궐 밖 춘추관에 있는『太祖實錄』을 궐 안의 諺文廳에 두고 이를 참고하여 龍飛詩(漢譯詩)에 사적事跡을 넣도록 하라는 어명이지 諺文廳의 설치에 관한 지시가 아니다.

언문을 창제하고서 세종이 가장 먼저 서둘러 착수한 일은 당연히 새 문자를 보급하는 일이었을 것이다. 이를 위해서는 우선 가르치고 배우는 데 필요한 교본을 마련하는 일이고, 다음은 가르치고 배우는 데 필요한 공간의 확보와 이를 운영하는 기구의 설치였을 것이다. 그곳이 곧 諺文廳이고 거기서 언문을 가르치고 배우는 일과 더불어 龍飛御天歌를 짓는 일을 매듭짓게 한 것이다.

세종 26년 2월 丙申(16일)조의 『韻會』 언역 사업에 관한 기사에서 이 사업의 착수를 명한 때, 즉 세종 26년 2월 이전에 이미 諺文廳이 설치되어 있었음을 알 수 있는 기록들이 있다. 『世宗實錄』 권123, 세종 31년(1449) 1월 戊申(27일)조에, 세종이

> 初賢老與崔浣同在諺文廳 相從已久
> 처음 賢老가 최읍과 더불어 같이 언문청에 있어서 상종한 지 이미 오래였다.

고 하였다. 그리고 두 달 뒤 3월 丙午(26일)조에 李賢老와 諺文廳에 관하여 세종은

> 予本不知賢老 初置諺文廳時 賢老亦與焉 乃始知之
> 내가 본디 賢老를 알지 못하였는데 언문청을 처음 설치할 때에 賢老도 참여하여 비로소 알았다.

고 하였다. 위 두 기사는 세종이 李賢老(애초의 이름은 李善老였으나 훗날 賢老로 改名)를 처음 안 것이 諺文廳을 설치할 때였고 그를 알게 된 지 꽤 오래였음을 말하고 있다. 그런데 세종 26년 2월 丙申(16일)의 『韻會』 언역 사업에 관한 실록 기사에, 崔恒, 朴彭年, 申叔舟 등과 더불어 李善老를 언역 사업에 참여토록 命한 사실이 기록되어 있다. 이는 곧 세종이 李善老를 이 언역 사업이 시작되는 세종 26년 2월 이전에 이미 알고 있었음을 뜻한다. 세종이 李善老를 처음 알게 된 것이 諺文廳을 처음 설치할 때였으므로, 諺文廳의 설치는 세종

26년 2월 『韻會』 언역 사업이 시작되기 이전이라는 결론에 의문의 여지가 없다. 그러므로 세종 28년 11월 8일 실록 기사의 "遂置諺文廳"은 결코 諺文廳의 설치로 해석될 수 없다. 諺文廳 관련 기록으로 미루어 이 기구의 설치는 언문 창제의 일이 일단 매듭지어진 직후였음을 짐작할 수 있다. 세종이 새 문자 체계를 창제하고 곧 諺文廳을 설치하였다는 사실은 그때 이미 새 문자의 운용에 대한 검증이 완료되었다는 것을 의미한다.

언문의 창제와 諺文廳의 설치, 그리고 그 운용의 검증이 세종 26년 2월 이전에 매듭지어졌으므로 비로소 새 문자 보급을 위한 사업에 착수할 수 있었을 것이다. 그 사업들 가운데 하나가 바로 세종 26년(1444) 2월의 『韻會』 언역이었던 것이다. 『世宗實錄』에 諺文廳에 관한 언급이 네 번 등장한다. 그러나 그것 모두 신하가 아닌 세종이 직접 언급한 일들에서이다. 그런데 실록에 諺文廳이 어떤 목적으로 언제 어디에 설치되었는가에 대한 기록이 전혀 보이지 않는다. 실록 편찬과정에서 삭제되었다고 추정할 수밖에 없다. 諺文廳이 세종 26년 2월 이전에 이미 설치되어 운영되었다는 것은, 언문 창제의 공표가 비록 두 달 전인 세종 25년 12월 말일로 실록에 기록되어 있지만, 언문이 창제되어 실질적으로 보급되고 사용되기 시작한 것은 공표 이전이었음이 분명하다. 이를 반증할 어떤 근거도 발견되지 않는다.

諺文廳과 관련한 논의에 正音廳을 그냥 지나칠 수 없다. 오늘날 이 두 기구에 대해서 세종 당시 궐내에 설치되어 운영되던 諺文廳이 곧 正音廳이었을 것이라는 추정이 거의 정설로 굳어져 있다. 이는 '正音'이 '諺文'의 공식 명칭이라는 견해에서 비롯된 결과로 보인다.

'諺文'과 '正音'의 의미가 어떻게 다른가에 대한 명확한 이해의 결여가 결국 하나의 기구에 서로 다른 두 공식 명칭이 부여되었다는 이해하기 힘든 결론에 이르게 한 것이다.

『世宗實錄』에 諺文廳에 관한 언급이 보이는 것과 달리 正音廳에 관한 기록은 『文宗實錄』에 처음 등장한다. 실록에 따르면 正音廳은 궐 안에 있던 기구였는데 『世宗實錄』에는 이에 관한 기록이 전혀 보이지 않는다. 따라서 正音廳의 정체에 대한 정보는 오직 『文宗實錄』의 기록에 의존할 수밖에 없다. 문종 즉위년(1450) 10월 戊戌(28일)조의 기사(『文宗實錄』 권4)를 통해 正音廳이 무엇을 하던 곳이었는지를 어느 정도 짐작할 수 있다.

> 但信眉及正音廳之事 若等尋常言之 然信眉職號 旣已改矣 正音廳則非今日所建 曾已設置也 況別無其弊乎 若等之意 必以予爲好佛欲印經而然也 然予則暫無好佛之心 …中略… 如大君等輩印經之事 吾何禁之 …中略… 請須命罷 …中略…
>
> 다만 신미(信眉)와 정음청의 일을 너희들이 예사롭게 말하나 신미의 직호는 이미 고치었고, 정음청은 오늘에 세운 것이 아니라 일찍이 이미 설치한 것이다. 하물며 폐단도 별로 없지 않은가. 너희들의 뜻이 필시 내가 불교를 좋아하여 불경을 찍으려는 것이라 하지만 나는 잠시도 불교를 좋아하는 마음이 없다. …중략… 大君 등이 불경을 찍는 일과 같은 것을 내가 어찌 금하겠는가. …중략… 청컨대 모름지기 (정음청) 파하도록 명하소서 하였다. …중략…
>
> 完慶 孝瞻等曰 正音廳 臣等聞命以來 信殿下不爲印經而設也 …중

2. 諺文 창제 관련 『世宗實錄』의 재검토   77

략…
안완경·어효첨 등이 말하기를, 정음청은 신 등이 명을 들은 이래로 전하께서 불경을 찍기 위하여 설치한 것이 아니라는 것을 믿습니다.

위의 기사의 내용만으로는 正音廳이 정확히 언제 누구에 의해서 설치되었는지 확언하기 어렵다. 다만 이곳에서 佛僧과 大君들이 불경을 印出하고 있었다는 사실을 알 수 있다. 儒臣들이 끈질기게 正音廳의 혁파를 요청하는 이유가 바로 이곳에서 불경을 간행하고 또한 이로 인해 궐내에 있는 이곳에 佛僧들이 출입하는 것을 용납할 수 없기 때문이라는 점이 드러난다. 아울러 正音廳이 언문과 직접 연관이 있음을 짐작할 수 있게 하는 언급이 없다는 점에 주목하면, 正音廳과 諺文廳이 두 개의 다른 이름을 가진 하나의 기구였을 것이라는 추정은 성립하기 어렵다는 결론에 이른다. 같은 해 11월 辛丑(1일)조(『文宗實錄』권4)의,

> 大司憲安完慶啓曰 …中略… 請亟革罷. 上曰 正音廳 非予所設也 大君輩 欲印書籍 因往監之 …中略… 近者憲府與諸大臣 屢言不可 予欲革之 然今印《小學》未畢 待畢革之
> 대사헌이 아뢰기를 …중략… 청컨대 (정음청을) 빨리 혁파하소서 하니, 임금이 말하기를, 정음청은 내가 설치한 것이 아니다. 대군들이 서적을 인쇄하고자 하여, 이로 인하여 가서 감독하는 것이다. …중략… 요즈음 사헌부와 대신들이 여러 차례 불가하다고 말하니 내가 이를 혁파하고자 한다. 그러나 지금 『小學』을 인쇄하는 일을 끝내지 못하였으니 끝내기를 기다려 혁파하겠다고 하였다.

위의 기사 역시 앞의 기사에서와 마찬가지로 正音廳이 문종이 설치한 기구가 아니라는 사실과 대군들이 이곳에서 서적을 印出하고 있다는 사실, 그리고 대신들이 正音廳의 혁파를 거듭 요청하므로 임금이 이를 따르겠다는 뜻을 밝히었음을 알 수 있다. 이 기사에서 正音廳에서 불경 외에 『小學』을 간행하고 있다는 언급이 눈길을 끈다. 이로 미루어 正音廳의 '正音'은 부처를 비롯한 聖賢의 '바른 말씀'을 뜻하는 용어로서 쓰인 것이고, 正音廳은 주로 불경을 위주로 하는 經典을 간행하는 기구였던 듯하다. 그렇다면 수양대군이 주관하여 찬술한 『釋譜詳節』을 간행한 곳이 校書館일 터이지만 正音廳이었을 가능성도 생각해 볼 일이다.

문종 즉위년 12월 丁亥(17일)조(『文宗實錄』 권5),

> 上謂承政院曰 近日正音廳 畢印《小學》其鑄字 當下鑄字所 然聞本所窄狹 無可藏之處 仍置正音廳 令鑄字所官吏 往來監掌 何如
> 임금이 승정원에 이르기를, 근일에 정음청에서 『小學』을 인쇄하기를 마쳤으니 활자는 당연히 주자소에 내려 주어야 한다. 그러나 들으니 주자소가 비좁아 둘 만한 곳이 없다고 하니, 그대로 정음청에 두고 주자소의 관리로 하여금 왕래하면서 맡아 보게 하는 것이 어떠하겠는가.

라는 기사, 그리고 문종 즉위년 12월 癸巳(23일)조(『文宗實錄』 권5)의 '임금이 尙衣院提調에게 명하여 공장工匠을 거느리고 正音廳에서 갑옷 만드는 일을 감독하라고 명하였다'는 기사("命鄭苯 提調李思任 領工匠 監造唐體甲于正音廳")는 正音廳이 이때 이미 그 본래의 명칭과는 거리가 먼 기구로 전락하였음을 보여주고 있다.

正音廳은 단종이 즉위한 뒤에도 얼마간 존속하였다. 단종 즉위년 (1452) 6월 己卯(18일)조(『端宗實錄』 권1)에, '사약 가운수가 진급하지 못한 것에 불만을 품고 首陽大君을 가리켜 원망하고 正音廳을 비난하였다는 기사("司鑰可雲秀以不得陞職 怏怏指斥世祖 謗訕正音廳")로 미루어 正音廳에서의 불경 간행에 수양대군이 간여하였음을 짐작할 수 있다. 正音廳은 단종 즉위년(1452) 11월 2일에 혁파되었다.

훗날 왕위에 오른 수양대군 세조는 刊經都監을 설치하여(세조 7년, 1461) 불경을 본격적으로 간행하였다. 단종 때 혁파되었던 正音廳은 刊經都監이란 이름으로 다시 태어났으니 正音廳은 刊經都監의 사실상의 前身이었던 셈이다. 세종은 언문이 창제되자 궁중에 諺文廳을 세워 궁중의 人員들에게 언문을 가르치게 하였고, 문종 때에는 正音廳에서 주로 불경을 간행하였던 듯하다. 언해된 불경은 良家의 부녀자를 위한 것이었다. 그들을 통한 언문의 보급이 가장 현실적이고 효과적인 방법이라 판단하였기 때문이었을 것이다. 세조는 정음청의 혁파로 잠시 멈추어졌던 불경 간행사업을 더욱 적극적으로 펼침으로써 부왕의 뜻을 이어 언문 보급에 힘썼다. 儒臣들이 정음청과 刊經都監을 못마땅하게 여긴 것은 당연하다.

正音廳은 단종 때(1452), 그리고 刊經都監은 성종 2년(1471)에 폐기되었다. 그러나 諺文廳은 반정으로 즉위한 중종 1년(1506)에서야 혁파되었다. 正音廳이 혁파된 지 54년 뒤의 일이다. 언문 창제 초기에 諺文廳과 正音廳의 언문 보급을 위한 역할과 그 이바지한 바에 대한 정당한 평가가 있어야 할 것이다. 諺文廳이 궁중 안의 구성원에게 언문을 교습하는 기구였던 반면에, 正音廳은 諺解한 經典으로 일반 백성에게 언문을 보급하려는 목적에서 설치한 기구였던 듯하다. 언문 보급이라는 공통의 목적으로 설치된 기구였지만 그 대상이 달랐다. 諺文廳과 正音廳은 한 기구의 별칭이 아니었다.

　諺文廳 및 正音廳과 관련하여 되짚어 보아야 할 일이 있다. 궁중에 설치되어 운영되던 두 기구가 어떤 목적으로 언제 설치되었는가에 대한 기록이 보이지 않다는 점이다. 어명에 따라 설치되었을 이 두 기구에 관한 내용이 史草에 기록되지 않았을 리 없을 터인데, 실록에 이것이 실리지 않았다는 사실은, 실록 편찬과정에서 그 내용이 제외되었다고 해석할 수밖에 없다. 문제는 그 내용의 배제가 실록 편찬자가 의도한 것이었는가, 아니면 단순한 기사 편집의 결과일 뿐이었는가 하는 점이다. 이와 관련하여 다시 주목해야 할 점이 있다. 그것은 언문 창제와 관련한 최초의 실록 기사가 그 해(癸亥年)의 마지막 달 마지막 날 마지막 기사로 처리되었다는 사실이다. 새 문자의 창제에 관한 공표가 과연 그해의 마지막 달에 있었느냐는 것은 논의 대상일 수 없다. 그러나 그 공표가 한 해의 마지막 날에 공표되었을 리는 만무하다. 물론 실록에 기재된 기사의 날짜가 그 내용의 실제 날짜와 반드시 일치하는 것은 아니다. 그러나 문제는 실록 편찬자가 새 문자의 창제와 같은 중요한 사건의 공표 사실에 관한 기사를 왜 굳이 한 해의 마지막 날 기사에 싣도록 편집하였느냐에 있다.

　한 나라에서 모든 백성이 사용하기 위한 새 문자의 창제는 단순히 그 사실을 공표하면 그만인 일이 아니다. 이의 보급을 위한 후속 조처가 반드시 있었을 것이다. 백성을 위하여 새로 문자를 만들었으면, 그것도 다른 누구도 아닌 임금이 손수 만든 것이라면, 그것의 보급을 위한 조처, 즉 교육용 교재의 준비 및 교육 장소의 마련과 같은 일이

뒤를 이었을 것은 당연하다. 그런데 실록에는 그와 같은 후속 조치에 관한 기록이 전혀 보이지 않는다. 무어라 변명하여도 실록 편찬자가 그런 내용을 의도적으로 배제하였다는 혐의를 피하기 어렵다. 그런데 새 문자 창제의 공표에 관한 기사를 한 해의 마지막 날에 싣게 되면 문자 창제의 공표 뒤에 나온 후속 조처에 관한 기사는 실을 여지가 없게 된다. 그렇다고 그와 같은 기사를 해를 넘겨 다음 해의 기사로 처리할 수도 없는 일이다. 따라서 언문 창제의 공표 기사를 한 해의 마지막 날 마지막 기사로 싣게 되면 그 뒤의 후속 조처에 관한 기사는 자연스레 무시되어 그냥 넘길 수 있게 된다. 『世宗實錄』편찬에는 『訓民正音』편찬에 참여한 崔恒, 成三問, 申叔舟 등이 참여하였고, 실록 편찬의 최종, 그리고 최고 감수자는 鄭麟趾였음을 다시 상기할 필요가 있다. 고작 두 줄로 허술하게 기록된 실록의 언문 창제 기사(세종 25년 12월)의 편집에서 새 문자의 창제를 둘러싸고 세종과 신하들 사이의 기록에 드러나 있지 않은 불편한 기류의 한 면을 읽을 수 있다.

2.8. 「東國正韻序」

(『世宗實錄』 권117, 세종 29년(1447) 9월 戊午(29일))

前略… 定爲九十一韻二十三母 以御製訓民正音定其音 又於質勿諸韻 以影補來 因俗歸正 舊習譌謬 至是而悉革矣 書成 賜名曰東國正韻 仍命臣叔舟爲序 …中略… 自正音作而萬古一聲 毫釐不差 實傳音之樞紐也 …이하 생략

이 기사에서 먼저 눈여겨볼 것은 "以御製訓民正音定其音"의 '御製訓民正音'이다. 申叔舟는 세종이 창제한 문자를 '訓民正音'으로 지칭하였다는 점이다. 이어지는 "自正音作而萬古一聲"의 '正音'은 '訓民正音'을 줄인 말이다. 새 문자의 명칭을 '諺文'이라 하지 않았다. 한자음을 표음하는 데 사용하는 표음기호를 '諺文'이라 할 수 없는 일이다. 申叔舟는 '正音'과 '諺文'의 본질적 차이가 무엇인지를 충분히 알 만한 사람이었다. '正音이 만들어진 이래 萬古의 한 소리라도 조금도 차이가 없이 실로 소리를 전하는 가장 핵심적 구실을 한다.'라고 하여 세종이 창제한 새 문자를 '正音'으로 규정하여 그 본질적 역할이 文을 구성하는 단위 글자로서보다는 표음기호의 기능에 있음을 특히 강조하였다는 점에 주목할 필요가 있다.

『東國正韻』 편찬을 주도하고 서문을 쓴 申叔舟는 『洪武正韻譯訓』 편찬에도 참여하여 서문을 썼으므로(단종 3년(1455) 2월) 『東國正韻』 서문과 아울러서 살펴볼 필요가 있다. 申叔舟의 문집 『保閑齋集』에 실린 서문에서 언문 관련 부분만 인용한다.

> 我世宗莊憲大王 留意韻學 窮研底蘊 創制訓民正音若干字 四方萬物之聲 無不可傳 …中略… 用訓民正音 以代反切 其俗音及兩用之音 又不可以不知 則分注本字之下

세종에 의해 창제된 문자 체계를 "訓民正音"으로 明記하였을 뿐 그 문자 체계의 명칭을 '諺文'이라 하지 않은 것은 『東國正韻』 서문에서와 같다. 문제는 '訓民正音二十八字'라 하지 않고 "訓民正音若干字"라 하였다는 점이다. 그 이유의 바탕을 "四方萬物之聲 無不可

傳"에서 볼 수 있다. '세상의 모든 소리를 전하지 못하는 것이 없다.'
라고 언명함으로써 그 "若干字" 역할이 무엇인지를 분명히 하였다.
"用訓民正音 以代反切"이 "若干字"의 역할을 말해주고 있다. 표음
기호는 표음하는 대상의 필요에 따라 기호의 종류나 수를 증감할 수
있고, 또 자형을 변형하여 사용할 수도 있기에 그 종류와 숫자를 반
드시 일정하게 정하지 않아도 된다. 실록의 기사(세종 25년 12월 말)와
「解例」의 鄭麟趾 서문의 "轉換無窮"은 바로 이를 말하는 것으로 해
석할 수 있다.

3. 『訓民正音』어제문의 재조명

3.1. 御制序

『世宗實錄』(권113, 세종 28년 丙寅年(1446) 9월 甲午(29일))에 『訓民正音』이 이루어졌음을 알리는 기사("是月訓民正音成 御製曰 國之語音異乎中國…")가 실려 있으나 어제서문과 鄭麟趾의 서문만 싣고 「解例」는 보이지 않는다. 따라서 본란에서의 『訓民正音』은 1940년에 발견된 속칭 해례본(세종 28년 丙寅年(1446) 九月 上澣)이다. 논의에 참고하기 위해 『月印釋譜』 권두에 실린 「世宗御製訓民正音」의 국역을 함께 인용한다.(傍點은 생략)

訓民正音
國之語音. 異乎中國. 與文字不相流通. 故愚民. 有所欲言而終不得伸其情者. 多矣. 予. 爲此憫然. 新制二十八字. 欲使人人易習. 便於日用耳

나랏말ᄊᆞ미中國에달아文字와로서르ᄉᆞᄆᆞᆺ디아니ᄒᆞᆯ·ᄊᆡ이런젼ᄎᆞ로어린百姓이니르고져홇배이셔도ᄆᆞ춤내제ᄠᅳ들시러펴디몯홇노미하

나라내이룰爲ᄒᆞ야어엿비너겨새로스믈여듧字ᄅᆞᆯ밍ᄀᆞ노니사ᄅᆞᆷ마다
ᄒᆡ여수ᄫᅵ니겨날로ᄡᅮ메便安킈ᄒᆞ고져훓ᄯᆞᄅᆞ미니라

1) 訓民正音(卷首題)

『訓民正音』은 발견 당시에 책의 표지와 뒤이은 두 장이 낙장이 된 채였다. 따라서 원본에 卷首題가 어떻게 되어 있었는지 알 수 없다. 다만 卷尾題가 '訓民正音'인 것으로 미루어 卷首題도 같았을 것으로 추정할 수 있다. 여기서 분명히 짚고 넘어가야 할 일은, 이 책의 제목 '訓民正音'이 이때 처음 사용된 書名이냐는 점이다. 만약 그렇다고 한다면, 신하가 제진한 책의 이름을 지어 주는 것은 책을 짓도록 명한 임금이어야 한다. 그러면 "是月訓民正音成"으로 시작하는 세종 28년 9월의 실록 기사에 당연히 '賜名曰 訓民正音'이라는 기록이 있었어야 옳다. 그러나 실록에는 그런 기록이 보이지 않는다. 이는 곧 '訓民正音'이라는 제목의 글이나 책이 이전에 이미 존재했었다는 것을 의미한다. 국역본의 협주에서 풀이한 「世宗御製訓民正音」의 '訓民正音'을 살펴볼 필요가 있다.

製ᄂᆞᆫ글지슬씨니御製ᄂᆞᆫ님금지ᄉᆞ샨그리라訓은ᄀᆞᄅᆞ칠씨오民은百姓
이오音은소리니訓民正音은百姓ᄀᆞᄅᆞ치시논正ᄒᆞᆫ소리라

"御製ᄂᆞᆫ 님금 지ᄉᆞ샨 그리라"에서 '글'은 문자가 아니라 '書' 또는 '文'이다. 따라서 '御製'는 '訓民正音'이 어제문 또는 御製之書임을 알게 한다. 만약 '御製'를 '임금이 만든 글자'를 의미하는 것으로 해

석한다면, "님금지ㅅ샨그리라"의 '지ㅅ샨'은 '밍ᄀᆞᆯ샨'이었어야 마땅하다.

2) 國之語音 異乎中國

이 서문에서 첫 번째로 만나는 문제는 '國之語音'의 의미이다. 이 어구의 의미를 놓고 그동안 여러 해석이 분분하였다. '語音'의 지시 대상이 문제였고 또한 중국의 무엇과 다르다는 것이냐가 문제였다. '語音'을 조선의 한자음으로 해석하여 그것이 중국 한자음과 다르다는 것으로 풀이하기도 하는데, 그리되면 뒤의 '문자로 서로 통하지 않는다'("與文字不相流通")와 말뜻이 서로 어긋난다. 왜냐하면, 중국 안에서도 한자는 그 음이 지역에 따라 서로 달라서 말로써 통하지 않는 경우가 있지만, 문자로는 서로 통하기 때문이다. 이를 굳이 조선 한자음으로의 해석을 고집한다면, 『論語』를 중국 한자음이 아닌 조선 한자음으로 읽으면 그 뜻이 통하지 않는다고 하는 것이나 다를 바가 없다. 따라서 이 어구를 조선의 한자음이 중국과 달라 문자로 통하지 않는다는 뜻으로 해석할 수 없다. 申叔舟의 『東國正韻』 서문에 "國之語音 異乎中國"을 해석하는 데 참고할 만한 진술이 보인다.

矧吾東方表裏山河 自爲一區 風氣已殊於中國 呼吸豈與華音相合歟 然則語音之所以與中國異者 理之然也 至於文字之音則宜若與華音相合矣 然其呼吸旋轉之間 輕重翕闢之機 亦必有自牽於語音者 此其字音之所以亦隨而變也

하물며 우리나라는 山河의 안팎이 스스로 한 구역이 되어 풍토와 기질이 이미 중국과 다르니 호흡이 어찌 중국음과 서로 합치될 것인가. 그런즉, 말의 소리가 중국과 다른 까닭은 이치가 당연하다. 한자의 음에 있어서는 마땅히 중국음과 서로 합치될 것 같지만 호흡의 돌고 도는 사이에 가볍고 무거움과 닫히고 열리는 동작이 역시 반드시 말의 소리에 저절로 끌려 이것이 한자의 음이 또한 따라서 변하게 된 까닭이다.

위의 글에서 조선의 語音이 중국과 다르다고 하였고, 조선 한자음의 경우는 '文字之音' 또는 '字音'으로 기술하여 '語音'과 '字音'을 분명히 구별하였다.

어제문의 국역에서는 "國之語音"을 "나랏말쏨"으로 언역하였다. 이 어구의 해석과 관련하여, 자연히 '말쏨'의 뜻, 특히 '말'과의 의미 차이에 주목한 논의도 적지 않다. '말쏨'은 '말'에 어원을 알 수 없는 접미사 '쏨/숨'이 연결된 어형이다. 고려가요 「雙花店」에 두 어형, '말숨'과 '말'이 함께 쓰인 경우가 있어 그 뜻의 차이를 이해하는 데 참고가 된다. 가사의 1연에서 해당 부분만을 옮긴다.

  雙花店에 雙花사라 가고신딘
  回回아비 내 손모글 주여이다
  이 말숨미 이 점 밧긔 나명들명
  다로러거디러 죠고맛감 삿기광대 네 마리라 호리라 〈樂章歌詞〉

'말숨'이 '나명들명'에 연결되어 발화의 실제 상황을 나타내주고 있다. 이에 비하여 뒤에 오는 '말'은 '말숨'의 출처를 암시하는 것일 뿐, 삿기광대의 실제 발화를 의미하는 것이 아니다.

"國之語音 異乎中國"을 해석하는 데 참고할 만한 기사가 실록(『世宗實錄』 권64, 세종 16년 甲寅 4월 己酉(2일))에도 보인다.

> 望曰 中國 朝鮮 三綱五常 共是一般 但語音不通耳
> 오망(鄔望, 요동의 중국관리)이 말하기를, 중국과 조선은 삼강·오상을 함께 옳게 여기는 것이 일반이나, 단지 語音만이 서로 통하지 않을 뿐이다.

"國之語音"(나랏말쏨)의 "語音"은 조선의 말소리 즉 음성언어를 가리킨다. 그것이 중국의 음성언어와 다르다는 것이다. 여기에는 고유어는 물론 음성언어로 실현되는 외래어인 한자음도 포함된다.

"異乎中國"의 "異"에 주목할 필요가 있다. 어떤 사물이든 그 정체를 파악하기 위한 첫 단계는 무엇이 같고 무엇이 다른가를 인지하는 일에서 시작한다. 조선의 어음이 중국의 어음과 다르다는 사실을 서문의 첫머리에서 言明한 것은 조선의 정체성에 대한 인식과 더불어 조선의 어음을 바탕으로 하는 문자 창제의 필요성을 밝힌 것이다.

언어는 문화의 뿌리이다. 언어가 다르면 문화가 다른 것은 이 때문이다. 漢字는 중국어를 바탕으로 이루어진 문자이다. 따라서 한자와 한문은 중국 문화의 뿌리이고 그 뿌리를 바탕으로 중국 문화가 성장하고 꽃을 피운 것이다. 조선어를 위한 문자를 만들겠다는 것은 조선 문화의 뿌리 즉 중국과 다른 조선 문화의 독자적 정체성 수립을 위한 토대를 마련하겠다는 것을 의미한다. 세종은 조선의 諺語를 바탕으로 하는 문자 체계 즉 언문을 창제함으로써 조선의 문화적 자립을

위한 과감한 첫걸음을 내디디었다. 다른 누구도 아닌 조선의 임금이
"國之語音 異乎中國"(나랏말ᄊᆞ미 中國에 달아)이라는 선언은, 조
선을 위한 문자 창제와 그것을 바탕으로 이루어나갈 조선의 앞날에
대한 더할 나위 없이 깊고 강한 신념의 표출이었다. 조선의 지식층은
조선의 문물제도가 중국과 같아야 한다는 생각에 갇히어 자신이 누
구이고 조선이 중국과 어떻게 다른가에 대한 인식이 뚜렷하지 않은
사람들이었다. 그러한 조선의 사대부가 세종의 언문 창제를 환영하
지 않은 것은 당연하다.

3) 與文字不相流通

이 구절의 '文字'는 중국의 문자언어 즉 한문을 의미한다. 일부
연구자는 이를 한자로, 심지어는 한자음으로 해석하기도 한다. 문자
즉 한문은 중국의 음성언어(中國之語音)를 바탕으로 이루어진 중국의
문자언어이다. 그런데 조선의 음성언어(國之語音)가 중국과 다르니
한문을 모르는 사람들은 한문 즉 문자로 서로 통할 수 없음은 당연하
다. 서문에서 세종은 조선의 語音에 맞는 문자언어가 필요한 이유를
밝히었다. 중국에 그들의 어음을 바탕으로 만든 문자언어(漢文)가 있
듯이, 조선에도 조선의 어음에 바탕을 둔 문자언어가 필요한 이유를
세종은 서문의 첫 부분에서 밝힌 셈이다. 세종의 언문 창제의 목적을
두고 서로 다른 여러 견해가 있으나 그 답은 이미 어제서문 첫머리에
드러나 있다.

이 구절의 의미를 정확히 해석하기 위해서 당시의 문헌에 쓰인 '文
字'의 의미를 조금 더 살펴볼 필요가 있다. 우선 세종이 사용한 이

말의 용례를 실록에서 볼 수 있다. 『世宗實錄』 권51, 세종 13년 辛亥年 3월 丙寅(2일)조에,

上謂工曹判書鄭招曰 …中略… 我國之人明於算數 詳知方圓之法者蓋寡 予欲擇解文字通漢音者 入朝習算何如

세종이 말씀하신 "解文字通漢音"에서의 '解文字'는 중국의 문자언어인 한문을 해득한다는 뜻이니, 여기의 '文字'를 이 굳이 한자로 그 뜻을 좁혀 해석할 필요가 없다. 그리고 '通漢音'은 중국어로 의사를 통할 수 있음을 의미한다. 이 기사의 '漢音'이 곧 중국의 음성언어를 뜻한다는 것을 이해하면 어제서문의 "國之語音"이 조선의 음성언어 이외의 다른 의미일 수 없다는 것을 알 수 있다. 그래야 "異乎中國", 즉 중국의 음성언어와 다르다는 文意가 분명해진다. 『世宗實錄』에서 '文字'가 글, 즉 한문의 의미로 쓰인 예 몇을 추가한다.

○ 君徒以文字而能察臣之奸佞 自古未有也(『世宗實錄』 권2, 세종즉위년 11월 乙亥)
○ 其以文字召之(『世宗實錄』 권3, 세종 1년 3월 庚午)
○ 譯學之人 不解文字 只詳語音者 謂之只通(『世宗實錄』 권49, 세종 12년 8월 甲戌)

첫째 기사는, 임금이 단지 신하의 '文字' 즉 글로써 그 사람됨을 살피려 해서는 안 된다는 내용이다. 다음 기사는 지방에 있는 자를 '文字' 즉 편지를 보내 불러오라는 내용이다. 마지막 기사의 '文字'

도 한자가 아닌 한문을 가리키는 것이다. "解文字"와 "詳語音"에서 '文字'는 문자언어인 한문을, 그리고 '語音'은 음성언어인 중국어를 가리킨다. 한문은 해득하지 못하고 단지 음성언어인 중국어만 통하는 역관을 '只通'이라 한다는 것이다.

"與文字不相流通"은 조선의 음성언어가 중국의 음성언어와 다르므로 중국의 음성언어를 바탕으로 이루어진 중국의 문자언어인 '文字'(漢文)로는 서로의 뜻이 '流通'이 안 된다는 것을 말한 것이다. 여기서 '相'은 중국인과 조선인과의 사이를 말하는 것일 수 없다. 조선인과 중국인과의 의사소통을 위해 조선에 새 문자가 필요한 것이 아니기 때문이다. 그렇다면 이는 조선인들 사이를 말하는 것이다. 文字 즉 한문을 모르는 사람은 한문으로 서로 유통할 수 없다는 뜻이다. 문제는 무엇을 유통할 수 없다는 것인가이다. 뒤에 오는 "故愚民. 有所欲言而終不得伸其情者. 多矣."의 '所欲言'일 듯싶지만, 그럴 경우, '流通'보다는 '疏通'이었어야 文意가 자연스럽게 이어진다. 그렇다면 '疏通'이 마땅한 곳에 굳이 "流通"을 선택한 이유가 있었을 것이다. 그 이유에 대하여 생각해 볼 필요가 있다.

'疏通'과 '流通'은 얼핏 유의어처럼 보인다. 그러나 이들의 의미에 본질적 차이가 있다는 점에 주목할 필요가 있다. '疏通'은 그 주체가 무엇이든 '막히지 않고 통하는 것'이 의미의 중심이다. 무엇이 통하느냐는 그리 중요하지 않다. 반면에 '流通'은 통하되 무엇이 통하는가에 의미의 무게가 실린 말이다. 국역본에서는 "流通"을 "스뭇디"로 옮겼고, 협주에서는 "흘러스ᄆᆞ출씨라"하였다. 당시의 국어로서는 '流通'과 '疏通'의 말뜻을 변별하여 나타낼 만한 방법이 없었던 듯싶다. "흘러스ᄆᆞ출씨라"는 글자 풀이에 지나지 않으므로, 이에 기대어 '流通'과 '疏通'의 의미를 유의어로 판단하지 않도록 주의가 요구된다. 「解例」〈制字解〉의 "聲虛而通, 如水之虛明而流通也."(正音解例:2ㄱ)는 '聲'이 '通'의 주체임을 보이고 이를 '水의 流通'에 비유하였다. 이 말뜻의 핵심을 파악하는 데 참고가 된다.

'流通'하면 우선 재화財貨의 유통을 생각하게 된다. 이는 생산을 전제로 한다. '疏通'에는 이런 전제가 필요치 않다. 생산이 없으면 유통도 없다. 생산품이 최종적으로 소비에 이르게 하는 활동을 경제에서는 '유통'이라 한다. 그러나 유통이라는 영역이 오직 재화에만 한정된 개념은 아니다. 재화와 더불어 한 개인의 생존은 물론 사회나 국가, 나아가 하나의 문명이 존립하기 위한 필수 요소의 하나가 정보다. 정보란 '개인이나 집단이 생존에 필요로 하는 모든 경험과 知的 자산의 총체總體'라고 정의하여 큰 잘못이 없을 것이다. 이 정보가 재화와 더불어 일찍부터 유통의 대상이 되어 왔음은 인류 文明史가 증언하고 있다. 일찍이 서양의 로마제국, 그리고 동양의 몽고제국은 정보가 제국의 존립에 얼마나 중요한 요소인가를 잘 알고 있었기에, 두 제국의 통치자들은 정확한 정보의 신속한 유통을 위해 상상을 초월하는 노력을 기울였다는 사실을 우리는 알고 있다.

그런데 재화나 정보의 생산과 유통에서 흔히 지나치기 쉬운 점이 있으니, 바로 유통은 저장이라는 절차가 필수적 요건이라는 사실이다. 저장할 수 없거나, 또는 최소한의 일정 기간 저장이 어려운 재화를 유통한다는 것은 기술적으로 어렵거나 불가능하다. 그런데 유통을 위한 저장의 필요성은 재화에만 국한되는 일은 아니다. 정보의 유통에도 저장의 수단이 요구된다.

현존 인류의 먼 조상들은 그들 삶의 필수 요소인 정보의 저장을 위해 여러 가지 방법을 고안하였고, 좀 더 효율적인 방법을 찾는 노력의 최종 단계에서 나온 결실이 문자였고 문자언어였다. 혹자는 문자언어가 음성언어로부터 파생 발전한 언어형식에 불과한 것으로 생각한다. 문자의 본질이 정보의 저장과 유통을 위한 수단의 필요에서 이루어낸 인류만의 발명품이라는 사실에 주목하면, 음성언어와 문자언어의 본질적 차이를 확인하는 것이 그렇게 어려운 일만은 아닐 것이다.

음성언어에 의한 정보의 저장은 時·空의 제약을 받는다. 이에 더하여, 음성 또는 음향을 통한 의사의 소통, 나아가 정보의 교환은 인간에게만 주어진 능력은 아니다. 포유류의 짐승들은 물론 물고기, 심지어는 풀벌레들에게도 발성기관의 소리를 이용한 의사소통의 능력이 있다는 것은 상식이다. 따라서 발성을 통한 의사소통 능력은 인간만의 전유물이 아니라 인간 이외의 일부 생명체에게도 주어진 자연현상으로 이해하는 것이 옳다. 그런데 음성언어의 한계를 넘어 정보의 저장과 유통 수단을 확보하려는 인류의 끊임없는 갈구渴求와 그것에 따르는 노력은 마침내 時·空의 제약을 넘을 수 있는 시각기호 문자의 발명과 이를 바탕으로 하는 문자언어를 이루어 내었다.

문자의 발명은 음성언어에 머물던 인류에게 문자언어를 기반으로 하는 문명의 길을 열어주었다. 그러나 음성언어가 현존 인류 모두에게 고르게 베풀어진 자연의 선물인 데 비하여, 시각기호인 문자를 고안하여, 음성언어와 다른 언어형식인 문자언어를 가짐으로써 발전된 문명과 문화를 누릴 수 있게 된 집단은 상대적으로 그 수가 제한적이다. 음성언어를 문자화하였다 하여 그것이 곧 문자언어가 되는 것은 아니다. 비록 음성언어를 문자화-시각기호화-하였어도 그것은 어디까지나 음성언어일 뿐이기 때문이다. 음성언어만으로 만족할 수 없는 복잡한 정보의 양적 증가와 지적 욕구에 따른 필요성에 의해 음성언어와 별도의 문자언어를 형성 발전시킨 것은 일부 소수의 언어 집단에 한정되었다.

지구상의 수천의 음성언어 가운데 오직 일부의 언어 집단만이 자신만의 문자언어를 소유하고 발전시켜 왔다는 사실을 우리는 알고 있다. 한층 발전된 문자언어를 소유하려는 욕구와 노력은 좀 더 가치 있는 정보의 창출과 그것을 저장하기 위한 효율적인 수단을 확보하려는 필요에서 출발한 것이다. 음성언어의 본질이 정보의 소통에 머무는 데 비하여, 문자언어의 본질은 정보의 소통과 더불어 정보의 저장과 유통에 있음을 분명히 변별하여 인식하는 일이 세종의 새 문자 체계 창제의 목적을 이해하는 첫 단추이어야 할 것이다.

"與文字不相流通"에서의 '流通'이 "所欲言"의 단순한 의사소통에 머무는 것이 아니라 정보의 유통을 의미하는 것이라는 결론으로부터 세종의 언문 창제와 관련한 일들의 여러 의문을 풀 수 있는 소중한 실마리를 얻게 된다. 이는 곧 새 문자 창제가 단순히 조선의 음성언어 및 한자음, 그리고 외국어를 표기할 수 있는 표음기호 성격의 글자 마련을 우선의 목표로 한 것처럼 보이지만, 실은 국어의 문자언어화가 '궁극의 목표'이었음을 이 '流通'에 내포된 말뜻에서 발견할 수 있다. 새 문자의 명칭을 '諺語'에 굳이 '文'을 붙여 '諺文'이라고 한 것에서 세종의 언문 창제가 조선의 음성언어를 단순히 문자화하는 데 머무는 것이 아니라, 중국의 (漢)文과 같은 정보를 저장하고 유통하는 문자언어를 이룩하려는 데 있었음을 새삼 깨닫게 한다.

'疏通'이라는 단어의 선택이 오히려 더 자연스러울 수 있는 문맥에 굳이 '流通'을 선택한 것은 세종이 문자의 본질을 정보의 저장과 유통의 수단으로 인식하였음을 보여주는 증거이다. 세종은 새 문자를 국어의 음운을 분석하여 표음문자로 만들었으면서도, 글자의 표음 기능과 더불어 合字 및 合用과 같은 글자의 운용, 즉 철자를 통한 표의 기능을 처음부터 매우 중요하게 생각하였음이 분명하다.

새 문자 운용의 실제를 최초로 보인 龍飛御天歌의 국문가사에 형태음소적 원리에 의한 표기를 시도함으로써 비록 표음문자이나 단순히 표음만을 위한 기능이 전부가 아니라, 철자를 통한 표의 역할을 함께 수행하게 함으로써 새 문자 창제의 궁극적 목표가 어디에 있는 것인지를 실증적으로 보여주었다. 이제까지의 훈민정음 연구에서는 표음기호를 통한 음성언어의 문자화와 언어의 문자언어화의 차이의 중요성에 대하여 별로 주의를 기울이지 않았다. 그 결과, 세종의 새 문자 창제의 목적과 언문의 성격을 조선의 음성언어와 외래어를 '소리대로 적기'만을 위한 단순한 표음기호로 규정하고 문자의 표의 기능을 소홀히 여기는 잘못에 이르게 되었다.

4) 愚民

현대에서와 같은 사회 모든 계층의 구성원을 위한 公교육 제도가 없던 시대의 사회에서는 동서양을 막론하고 피지배층은 거의 문맹으로 살아야 했다. 특히 자신의 언어에 맞는 고유의 문자가 없던 조선에서는 한자로 구성된 한문이 國文의 지위를 차지하였으므로 모든 중요 정보는 오직 한문으로만 저장되고 유통되었다. 한자·한문은 남의 나라말을 바탕으로 이루어진 글자이고 글이다. 따라서 이것을 배우고 싶어도 배울 수 없는 계층의 사람들은 그들의 능력이나 의사와는 상관없이 문자로 된 모든 정보로부터 철저히 소외된 채 무지의 굴레에 갇혀 살아야 했고, 그로 인한 불이익과 불평등을 감내해야 하는 부류의 백성이 곧 이 서문의 "愚民"이다.

愚民은 그들의 삶을 보다 향상된 형편으로 이끄는 데 필요한 정보로부터 소외된 사회적 조건의 부류일 뿐, 정보를 독점한 지배층의 구성원보다 육체적으로나 지적으로 열등한 인간 조건을 지니고 태어난 존재가 아니다. 그들은 다만 무지하다는 이유만으로 그들에게 씌워진 사회적 불평등의 굴레를 숙명으로 받아들여야만 했던 상대적 약자였을 뿐이었다. 崔萬理 등의 「상소문」에서도 "則不知文理之愚民"이라 하여, '文理를 모르는' 즉 글을 모른다는 것을 愚民의 조건으로 규정하였다. 어제서문에서 새 문자의 창제 목적이 우민을 위한 것임을 밝힌 것은 실제에서, 그리고 서문을 읽을 독자를 생각해서도 당연하고 필요한 명분이었다.

5) 新制二十八字

"新制"라는 단어의 선택을, 한자, 이두 및 구결 등 당시 조선에서 표기에 사용되던 문자와는 다른 새로 만든 것임을 드러내 말하려는 것으로 해석할 수 있다. 그러나 "新制"는 새로 문자가 만들어졌다는 사실을 알리는 표현일 뿐이다. 새로 만든 문자의 성격을 나타내는 말로서는 전혀 합당하지 않다. 세종 25년 12월의 실록 기사에도 엄연히 "上親制諺文二十八字"라 하여 새 문자를 '諺文'이라 하였는데, 정작 서문에서 이 용어를 쓰지 않고 그냥 "新制"라고만 해야 했던 것은, 세종이 이 글을 보게 될 중국을 의식한 것에서 그 연유를 찾을 수 있을 것이다. 자신이 창제한 문자의 명칭을 당당히 밝히지 않고, 기존에 사용하던 것과 다르게 새로 만든 것에 지나지 않는 것이라는 의미로 받아들이도록 조선의 독자적 문자 창제의 의미를 가능한 한 축소하려는 뜻이 '諺文'을 대신하여 "新制"라고 한 속뜻일 것이다.

어제서문과 뒤이은 例義에서 새 문자 체계가 二十八字의 구성임을 분명히 밝히고 있다. 그런데 崔萬理 등의 「상소문」에 "二十七字 諺文"이라고 한 것, 그리고 언문의 창제가 공표된 지(세종 25년, 1443) 약 80년이 지난 뒤(중종 22년, 1527)에 崔世珍이 편찬한 『訓蒙字會』 부록에서 "諺文字母俗所謂反切二十七字"라 한 것에 근거하여, 언문은 애초에는 27자로 만들어졌으나 후에 'ㆆ'이 추가되어 28자가 되었다는 소위 '언문27자說'을 제기하고 있다. 이런 가설은 언문이 창제되었음을 알리는 실록 기사(세종 25년 12월)의 "是月上親制諺文 二十八字"는 실록 편찬과정에서 '二十七字'를 수정한 것이라는 주장으로 이어진다.

『訓蒙字會』 편찬 당시에는 이미 국어 표기에 'ㆆ'이 쓰이지 않은 상태였으므로 『訓蒙字會』의 기술을 '언문27자說'의 근거로 삼는 것은 적절하지 않다. 여기서 한 가지 특히 유의해야 할 점은, 언문이 창제될 당시 몇 자로 구성된 문자 체계였느냐는 문제와 어느 특정한 시기, 특정한 표기 대상에 몇 자가 사용되었느냐는 별개의 문제라는 점이다. 오늘날 사용되는 한글 字母의 수가 24자라 하여 한글이 애당초 24자의 문자 체계였다고 주장할 수 없는 것처럼, 『訓蒙字會』에서 언문 字母가 27자였다고 하여 언문이 창제 당시에 27자의 문자 체계였다고 주장하는 것은 무리다. 崔萬理 등의 언문제작반대상소

당시에 진행되던 『韻會』 언역에 정확히 언문의 어떤 글자들이 동원 되었는지, 또 어떤 글자가 사용되지 않았는지 알 수 없다. 『韻會』 언역에 27자만이 사용되었기에 27자로 말했을 가능성이 있다. 세종 은 「상소문」에서 27자라 한 것을 굳이 지적하여 28자로 고쳐 주지 않았다. 사용되는 字母의 수는 표기 대상에 따라 가변적인 것을 알고 있었기 때문이었을 것이다. 『東國正韻』과 『洪武正韻譯訓』에 동원 된 字母의 수가 각기 다르다는 것이 이를 말해주고 있다.

오늘날 사용되는 한글 字母는 24자이지만 문자 체계 자체는 창제 당시와 전혀 변함이 없는 28자 체계이다. 다만 오늘날의 표기에는 28자 가운데 넉 자(ㆆ, ㆁ, ㅿ, ㆍ)가 사용되지 않을 뿐이다. 그런데 그 넉 자를 흔히 '消失문자'로 규정하는데 이는 잘못이다. 문제의 넉 자 는 누가 의도적으로 사용에서 배제한 것이 아니고 또한 전란 통에 없어진 것도 아니다. 단지 사용할 필요가 없기에 사용되지 않을 뿐이 므로 이 넉 자는 '消失문자'가 아니라 오직 '不用문자'일 뿐이다.

국어 음운 체계에 일부 음소가 더는 존재하지 않는다고 하여 이런 음소에 대당對當하던 문자들이 자동으로 함께 사라지는 것은 아니다. 음운 체계는 변하여도 문자 체계는 쉽게 변하지 않는 보수성을 특징 으로 한다. 현재의 국어 음운 체계가 세월이 지남에 따라 변하고 또 는 표기법이 변하여 언제 다시 그 넉 자 모두, 아니면 'ㆆ, ㅿ'이나 'ㆍ'가 국어 표기에 필요하게 될지 누구도 모르는 일이다. 문제는 언 문 28자가 개별 글자들의 단순한 집합체가 아니라 하나의 체계를 이루고 있다는 사실이다. 언문 28자의 문자론적 체계의 특성에 대해 주의를 기울이지 않으면, 자연히 그 체계를 지배하는 원리와 제약 조건을 간과하게 되고, 이는 결국 언문이 애초에는 28자가 아니었는데 나중에 어떤 글자가 추가되었다는 식의 문자 구성에 대한 자의적 해석이나 주장으로 이어질 수 있다. 언문 28자의 구성은 다른 어느 문자에서도 볼 수 없는 독특한 구성 원리에 따른 하나의 체계를 이루고 있는 문자 체계이므로 언문 28자의 문자론적 구성을 이해하기 위해서는 무엇보다 먼저 '체계'라는 개념에 대한 명확한 이해가 요구된다.

앞에서, 조선이 따로 자신만의 문자를 만들어 사용하려는 의도 및 새 문자에 관한 자료와 그에 대한 설명을 중국이 요구할 경우를 대비한 준비물의 성격을 지닌 것이 『訓民正音』이라고 하였다. 그러므로 새 문자의 이름을 '諺文'이라 公言하는 것은 당시 중국과 조선의 정치·문화적 관계를 고려할 때 이는 부담을 느끼는 일이었을 것이다. 崔萬理 등이 「상소문」에서 조선이 따로 문자를 만들어 쓰는 것은 "捨中國而自同於夷狄"이라며 임금의 처사를 비난하고 그 잘못을 지적하기를 주저하지 않은 사실로 미루어 볼 때, 중국을 의식한 서문에서 '諺文'의 사용을 자제한 것은 오히려 당연하였다고 할 수 있다. 당시 조선의 처지에서 보면 崔萬理 등이 결코 부당한 말을 한 것은 아니었다.

'文'은 중국의 문자로서 중국 문화와 그들 정체성의 상징과도 같은 말이나. 중국만이 文의 주인이이야 힌다는 중국인의 통념에서 볼 때, 조선이 '諺文'이라는 자신만의 文을 따로 만들어 쓰려 한다는 것이 어떤 오해를 불러올 수도 있을지 세종이 모를 리가 없었을 것이다. 어제서문에 '新制諺文二十八字'라고 했어야 마땅함에도, 끝내 '諺文'을 빼고 "新制"에 머문 것에서, 그리고 「解例」와 鄭麟趾 서문에서 한결같이 문자의 명칭 '諺文'이 배제된 것에서 적으나마 『訓民

正音』의 성격을 읽을 수 있다.

6) 欲使人人易習 便於日用耳

'人人易習'에서 '人'을 거듭하여 '人人'이라 한 것은, 한자가 특정 소수의 특권층에 독점된 문자임에 반하여 새 문자는 신분 여하를 막론하고 누구나 배울 수 있는 문자임을 에둘러 말한 것이다. 실록(太白山史庫本)에는 "欲使人易習"으로 되어 있다. '人人易習'과 '人易習'은 그 의미하는 바가 같을 수 없다. 국역본에 "人人"인 것으로 미루어 세종이 볼 수 없는 실록의 기록은 편찬과정에서 고쳐진 것으로 보인다.

해례본에는 '耳'가 '矣'로 잘못 보사補寫되어 있다. '便於日用耳'는 새 문자 창제의 목적을 밝힌 것으로 해석할 수 있고, 또 실제로 많은 연구자가 그렇게 해석하고 있다. 군왕이 시도하는 일에 편민便民에 우선하여 내세울 수 있는 명분도 흔치 않으니 이 一句는 오히려 당연하게 보인다. 崔萬理 등의 「상소문」에 대한 답변에서 세종은 '便民'을 세 번이나 언급하였다. 국역본에서는 이를 "날로뿌메便安킈ᄒ고져훓ᄯᄅᆞ미니라"로 번역하였다. 종지사終止詞 '耳'(ᄯᄅᆞᆷ)를 눈여겨볼 필요가 있다.

'新制二十八字'는 오직 문자 없이 살아가야 하는 백성의 일상을 편안케 하자는 것일 뿐 결코 國字의 지위를 차지하고 있는 한자를 대신하겠다는 의도가 아님을 서문의 마지막 구절에 그것을 '耳'로 나타내 보인 것이다. 즉, 조선에서 새 문자가 창제되어 쓰여도, 지금까지의 한자의 역할과 지위에 어떤 변혁을 꾀하려는 것이 아니고 문자 없이 살아오던 일반 백성의 일상에 사용하는 것일 뿐임을 다짐한 것이다. 「解例」〈用字例〉에 보인 어휘가 그것을 입증하고 있다. 그러나 세종이 언문을 창제한 다음에 추진한 첫 번째로 功力을 들인 龍飛御天歌의 국문가사를 보면 단순히 '백성의 일상을 편하게 할 따름이다.'라고 한 것과는 거리가 먼 것임을 알 수 있다. 그렇다면 서문을 맺는 이 구절은 이 서문을 읽을 상대 즉 중국을 의식하여 표현한 것으로, 이는 세종의 문자 창제의 뜻 전부를 그대로 드러내 말한 것이 아니다. 새 문자의 창제를 반대하는 조선의 사대부를 의식한 것이라 말할 수도 있겠으나, 이 글의 독자가 그들이 아니었음은 이 글이 널리 읽히도록 조처하지 않았다는 사실에서 알 수 있다. 물론 언문의 일차적 목표는 백성의 "便於日用"에 있었다고 말할 수 있다. 그러나 오직 便於日用에만 머무는 것이 새 문자 창제의 궁극적 목표가 아님은 龍飛御天歌의 국문가사가 실증하고 있다.

"耳"와 더불어 살펴야 할 말이 "日用"이다. 이는 公用보다는 私用에 가까운 뜻을 지닌 말이다. 즉 元의 세조가 새 문자를 만들어 공용에 쓰게 한 것과는 달리, 조선의 새 문자는 공용 문자인 한자의 지위와 역할을 대체하거나 분담하지 않는 단순한 日常의 私用에 쓰기 편하게 하는 것에 지나지 않는다는 점을 분명히 함으로써 조선의 독자적 문자 창제의 의도에 외구심을 품을 수도 있은 중국을 안심시키려는 의도가 '耳'와 함께 '日用'에 들어있다.

어제서문을 새 문자 언문의 반포문 즉 일종의 반포교서로 여기어, 鄭麟趾 서문의 끝에 기재된 "正統十一年九月上澣"(양력으로 1446년 10월 9일)을 오늘날 언문 창제 반포일로 삼아 기념하고 있는데 이는 전혀 이치에 맞지 않는다. 그 이유는 첫째로, 이날은 신하가 『訓民正

音』의 서문을 쓴 날에 지나지 않는다. 또한, 어제서문이 반포문의 성격을 띤 것이었다면 당연히 글의 끝에 '正統十一年○月○日'과 같은 글을 쓴 날이 명기되어 있어야 교서로서의 형식을 갖춘 것이 된다. 그런데 그것이 없다. 신하의 서문 끝에 기재된 연월일이 반포교서에 필요한 요건을 대신할 수는 없다. 내용만으로는 어제서문을 반포문으로 여길 수도 있겠으나 임금의 교서가 합당한 형식요건을 갖추지 않았다면 그것은 교서일 수 없다.

둘째로, 새로 문자가 창제되었음을 알리는 언문의 공표가 교서의 형식을 갖추어 반포되면 이는 곧 언문이 國字로서의 지위를 갖게 되는 것을 의미한다. 그리되면 각종 공문서에 한자와 더불어 언문이 쓰일 수 있게 된다. 조선이 공식적으로 한자 이외에 조선의 독자적 國字를 갖는다는 사실을 문서로 공식화하면, 이런 형식의 글을 본 중국이 이를 문제 삼을 수 있게 스스로 빌미를 제공하는 일이 된다. 이뿐만 아니다. 조선의 사대부들이 이를 결코 가만히 보고 있지만 않았을 것이다. 연월일이 기재되어 있지 않아 교서로서의 형식상의 요건을 갖추진 않은 문서를 근거로 문제를 제기할 만큼 중국의 외교가 서투르지 않다는 것을 세종이 모를 리 없었을 것이다. 물론 세종의 생각은 언문을 조선의 國字로 사용하는 것이었다. 그러나 당시 조선과 중국의 관계에서, 특히 세종의 왕권은 언문을 國字로 사용하는 일을 적극적으로 추진할 만한 형편이 못되었다.

셋째, 이 어제서문이 언문의 반포문이었다면 당연히 새 문자의 명칭이 글 안에 明記되어 있어야 마땅하다. 그런데 서문에 그것이 없다. 오직 "新制二十八字"라고만 하였다. 이는 내용의 면에서도 반포문으로는 적절하지 않다. 언문은 세종 25년(1443) 12월 이전에 만들어져 이미 비공식적으로 사용되고 있었다. 다만 공식화를 늦추었을 뿐이다. 『世宗實錄』 권102, 세종 28년 丙寅年(1446) 九月 甲午의 기사 "是月訓民正音成"은 문자로서의 '訓民正音'이 아니라 어명을 받아 신하가 편찬한 『訓民正音』이 이루어졌음을 알리는 기사일 뿐이므로 丙寅年 九月 上澣이 언문 창제를 공표한 날일 수 없음은 재론의 여지가 없다.

조선에 한자 외에 새 문자가 창제되어 쓰이게 되는 일은 결코 예사로운 일이 아니다. 그렇다면 이와 같은 중대한 사실이 반포라는 형식을 통해 공표되었을 것이 당연함에도 『世宗實錄』과 기타 어느 기록에도 새 문자의 공표에 관한 공식적 기록이 없이 오직 세종 25년 12월 말의 실록 기사에 "是月上親制諺文二十八字"라고 한 것이 전부다. 실제로 새 문자 창제에 관한 공식 발표가 없었는지, 아니면 실록 편찬의 책임자가 이를 고의로 실록에 싣지 않도록 하였는지는 확인할 수가 없다. 이유야 어떻든 언문 창제에 관한 실록의 기록은 당연히 있어야 할 내용이 빠진 허술하기 짝이 없는 것으로 미루어 史草의 기록이 실록에 충실히 옮겨지지 않은 것으로 판단할 수 있다.

3.2. 例義

어제문에서 '例義'라고 할 수 있는 부분을 흔히 '本文' 또는 '예의편'이라고도 하나,[2] 과연 이를 본문으로 삼아 「解例」를 편찬하였을

---

[2] 오늘날 흔히 '例義'라고 하는 어제문을 '本文'으로 규정한 것은 『한글갈』(최현배,

지 다시 생각해 볼 필요가 있다. 어제문이「解例」의 본문으로 규정할 만한 적절한 내용을 갖춘 것이라고 보기 어려운 점이 적지 않기 때문이다.「解例」앞에 실린 어제문을「解例」의 본문이라고 한다면, 당연히 제자원리와 관련한 최소한의 명제들이 明示되었어야 마땅한데, '例義'라는 말에 걸맞은 제자원리에 관한 이렇다 할 명제들이 거의 보이지 않는다. 28자의 자형과 그 음가 및 終聲과 連書의 제자, 그리고 合用, 附書 및 聲點 등 글자의 운용에 관한 간략한 설명과 규정이 전부다.

  어제문에는 '例義'라는 용어가 없다. 이 말의 출처는 鄭麟趾「解例」서문의 "癸亥冬. 我殿下創制正音二十八字, 略揭例義以示之, 名曰訓民正音."의 "略揭例義"인 듯하다. 만약 그렇다면, 어제문의 例義가 세종이 癸亥年(세종 25년 12월)에 언문 창제를 공표할 때의 "略揭例義"가 바로 그것이라는 말이 되는데 이는 시간상으로 앞뒤가 맞지 않는다. 왜냐하면, 예의편의 음가는 동국정운식 한자음으로 예시되었고, 23字母 체계도 같다. 이로 미루어 해례본의 例義는 동국정운식 한자음 개정이 시작되었을 즈음이 아니면 마무리 단계에 쓰인 것으로 보인다. 그러므로『東國正韻』편찬이 착수되기 훨씬 전(세종 25년)에 쓴 "略揭例義"의 "例義"가 해례본의 例義와 같은 것이었을 것으로 추단할 수 없다. "略揭例義"에서 28자가 어떻게 배열되었고, 그 음가는 어떻게 예시되었으며, 글자의 운용에 관한 규정은 어떠하였는지 알 길이 없다. 새 문자 언문이 창제되었음을 공식화하면서 당연히 이와 함께 마련되었을 교본은 전하지 않고 오직 훗날

1942)에서였다.

신하들이 편찬한 『訓民正音』만이 전하므로 例義나 「解例」에서 "略揭例義"의 일부분이나마 추려낼 수 있기를 바랄 뿐이다.

1) 28자의 字形과 音價

初聲 17자, 中聲 11자, 도합 28자의 자형을 보여준다. 그런데 各自並書 6자는 자형을 보여주지 않고 음가만 예시하였다. 글자는 28개인데 예시된 음가는 34이다. 各自並書 6자뿐만 아니라 脣輕音 역시 'ㅇ'을 連書하여 만든다는 기술에 그치고 자형은 보여주지 않았다. 各自並書와 脣輕音이 17자 체계에서 배제되었다는 사실은 언문 28자의 구성이 어떤 원리나 기준을 바탕으로 이루어진 것인가를 알 수 있게 해준다는 점에서 그 시사하는 바는 매우 중요하다.

새 문자는 당시 국어 음운을 분석한 바탕에서 만든 음소문자로 여겨지고 있다. 그렇다면 'ㅸ' 및 'ㅆ', 'ㆅ' 등도 初聲 17자 체계에 포함되었을 법한데 이들은 제외되었다. 문제는 이에 머물지 않고 15세기 국어의 음소 목록에 포함되어 있었을 것으로 보기 어려운 'ㆁ', 'ㆆ' 등이 28자에 포함되었다는 사실이다. 이는 세종이 수립한 당시 국어의 음운 체계가 어떤 모습이었든 그것이 새 문자 체계 수립의 절대적 기준이 아니었을 것으로 해석할 수 있게 한다.

음소문자라 하면, 우선은 그 체계의 구성단위가 음소 체계의 것과 1:1로 대응하는 것으로 기대하게 되는데, 初聲 17자만 놓고 보더라도, 그것이 당시 국어의 子音 체계와 일치한다고 말하기 어렵게 되어 있다. 현재로서는 언문 창제 당시 국어의 음소 체계가 정확히 어떤 모습이었는지 확언하기 어려운 형편이므로, 언문 28자 체계와 15세기의 국어 음소 체계의 대응 관계에 대하여 생각할 때에는 그 둘 사이에 항상 일정한 거리를 두고 이들을 각각 별개의 체계로 접근해야 할 필요를 느낀다. 세종은 例義에, 자형과 음가를 예시한 28자와, 자형은 없이 음가만 언급한 것을 구분함으로써 문자 체계에 포함되는 글자와 포함되지 않은 글자들을 갈라놓는 어떤 기준이 있음을 보여주려 하였음이 분명하다.

우선, 예시된 자형과 음가에 대한 記述上의 특징을 牙音으로 분류된 'ㄱ,ㅋ,ㆁ'의 경우에서 보기로 한다.

  ㄱ.牙音.如君字初發聲
   竝書.如虯字初發聲
  ㅋ.牙音.如快字初發聲
  ㆁ.牙音.如業字初發聲

위의 기술에서 특별히 눈길을 끄는 것이 있으니 그것은 다름 아닌 구점句點이다. 'ㄱ'과 '牙音', 그리고 뒤이은 음가에 대한 설명 역시 각각 구점으로 분리되었다. 하나의 통합된 구절로 기술할 수도 있는 것을 두점讀點도 아니고 굳이 구점을 동원하여 셋으로 분리한 의도가 무엇인지 생각해 볼 필요가 있다. 세종이 별다른 생각 없이 일일이 구점을 찍는 불필요한 수고를 택하였으리라고 상상하기 힘들다.

'ㄱ,ㅋ,ㆁ'과 '牙音'을 각각 구점으로 분리하여 놓았다는 것은 이들이 우선 독립적으로 분리하여 인식할 개체이지 어떤 분류 기준에 맞추어 하나로 묶어 인식하여야 할 대상이 아니라는 점을 보여주기 위한 것으로 이해할 수 있다. 만약 이들을 하나의 분류 단위의 틀에 묶어 인식해야 할 대상으로 여겼다면, '牙音'이란 용어를 각각의 글자마다 따로 언급하여 굳이 같은 용어를 반복하여 표시하는 번거로움을 택했어야 할 이유가 없다.

위 기술에서의 구점의 문제를 좀 더 명확히 이해하기 위해 어순을 '牙音.ㄱ.如君字初發聲'과 같이 바꿔 보면, '牙音'과 'ㄱ' 사이에 구점을 넣어 굳이 이들을 분리해 기술해야 할 필요를 발견하기 어렵다는 것을 알게 된다. '牙音ㄱ'이라고 하였다면, 이는 'ㄱ'이 곧 牙音 계열에 속하는 字母임을 직접 明示하는 것이므로 이들의 관계를 굳이 구점으로 분리하여 기술할 필요가 없다.

'ㄱ.牙音'은 'ㄱ'과 '牙音'의 관계가 독립적이라는 것을 보여주려고 구점으로 서로를 분리하였고 이 같은 기술은 뒤이은 'ㅋ', 'ㆁ'에도 각각 '牙音'을 글자마다 반복하여 明示함으로써 그와 같은 기술의 의도를 분명히 드러내 보인 것으로 이해된다. 만약 애초에 어순을 '牙音.ㄱ.如君字初發聲'과 같이 배열할 생각이었다면 '牙音' 아래의 구점은 배제하고 'ㄱ' 아래의 구점은 두점으로 대체하여 '牙音ㄱ·如君字初發聲'과 같이 기술하는 것이 훨씬 합리적이라고 할 수 있다. 이를 원문의 "ㄱ.牙音.如君字初發聲"과 비교해 보면 이와 같은 기술 형식을 통해 세종이 무엇을 말하려 하였는지 그 의도를 짐작할 수 있을 것이나.

세종은 初聲 17자 가운데 'ㄹ.半舌音'과 'ㅿ.半齒音'의 두 경우를 제외하곤 五音 즉 '牙音', '舌音', '脣音', '齒音', '喉音'을 각각 3번씩 거듭하여 표시하였다. 자형과 음가를 예시하는 例義의 "ㄱ.牙音.如君字初發聲"에 보이는 어순과 구점의 사용, 그리고 문체의 면에서도 바람직하지 않은 동일한 용어의 중복을 보인 기술 형식에서 언문 初聲 17자와 중국 운서의 분류 체계와의 관계를 다시 생각해야 할 필요성을 발견한다. 언문 창제에 중국 운음학의 분류 체계를 참고하였으나 그것이 곧 언문 初聲 17자의 불가결의 제자 기반이 아니었음을 암시하는 것으로 해석할 수 있다.

흥미롭게도, 신하들이 편찬한 「解例」〈制字解〉는 初聲 첫 글자를 "牙音ㄱ·象舌根閉喉之形."(正音解例:1ㄴ)으로 기술하였다. '牙音'과 'ㄱ' 사이에 구점도 두점도 넣지 않았다. 같은 대상을 세종은 'ㄱ.牙音.'으로, 신하는 '牙音ㄱ·'으로 달리 기술하였다. 이는 새로 만든 문자의 제자 기반에 대한 서로의 인식에 분명한 차이가 있었음을 보여주는 증거일 수 있다. 새 문자에 대하여 세종과 신하의 인식에 어떤 차이가 있었는지를 좀 더 분명히 알아보기 위해, 글자와 음가에 대한 例義의 기술을 〈制字解〉의 기술 방식에 따라 재구성하여 비교해 본다.

例義	制字解식 기술
ㄱ.牙音.如君字初發聲	牙音ㄱ·如君字初發聲
並書.如虯字初發聲	並書·如虯字初發聲
ㅋ.牙音.如快字初發聲	ㅋ·如快字初發聲
ㆁ.牙音.如業字初發聲	ㆁ·如業字初發聲

글자와 음가의 예시를 애초에 制字解식으로 기술하였다면, 예의에서 보는 바와 같이 '牙音'을 3번씩 반복할 필요가 없이 한 번으로 충분하다는 것을 알 수 있다. '牙音'이 'ㄱ,ㅋ,ㆁ'의 분류 단위이기 때문이다. 또한, 글자와 그 음가의 설명이 자연스럽게 이어진다는

점에서도 制字解식 기술이 더 바람직하다고 할 수 있다. 그런데 세종은 그렇게 하지 않았다. 국역본에서는 "ㄱ.牙音."을 "ㄱ는엄쏘리니"로 풀이하였다. 국역본에는 구두점이 사용되지 않았다. 만약 例義가 制字解식으로 '牙音ㄱ'이었다면, 이를 '엄쏘리ㄱ는'으로 언해하였을 것이다. "ㄱ는엄쏘리니"와 '엄쏘리ㄱ는'의 차이에 주목하면, 새 문자 창제 기반에 대한 세종과 신하의 인식이 어떻게 달랐는지를 이해하는 데 참고가 될 것이다. 만약 일부의 주장처럼, 새 문자를 임금과 신하가 머리를 맞대고 함께 만들었다면, 하나로 엮은 책의 바로 앞과 뒤에 각각 "ㄱ.牙音."과 "牙音ㄱ·"에서 보는 바와 같이 동일한 대상을 이처럼 서로 다르게 기술하였다는 것은 이해하기 힘들다.

中聲 11자에서도 "·. 如呑字中聲"에서와 같이 글자와 그 음가의 설명을 구점으로 분리하였다. 呑字中聲은 '·'의 음가를 참고하는 기준으로 제시한 것이다. 語音을 나타내는 글자의 형태는 一定한 것이지만 그 음가가 고정된 것은 아니다. 국어를 바탕으로 만든 글자가 중국어에서는 그 음가가 국어와 같지 않다는 점을 『四聲通考』 범례에서 지적하였다.

> 今訓民正音 出於本國之音 若用於漢音 則必變而通之 乃得無礙 …中略… 中聲爲ㅏ之字 則讀如ㅏ·之間 …中略… ·則 · 一之間 …中略… 然後 庶合中國之音矣

'ㅏ'와 '·'의 음가가 本國之音과 漢音에서 각각 어떻게 다른가를 기술한 것이다. 바로 이와 같은 사실을 알고 있는 세종은 글자와 그 음가의 예시 사이에 구점을 넣어 둘의 관계에 일정한 거리를 둠으로써 'ᆞ'의 음가를 참고하게 하였을 뿐 呑字中聲을 'ᆞ' 음가의 절대기준으로 규정한 것이 아님을 알 수 있다.

中聲은 11자가 예시되었다. 'ㅛ,ㅑ,ㅠ,ㅕ'의 음가는 「解例」의 起於ㅣ의 기준으로는 분명히 이중모음이다. 各自並書와 脣輕音의 글자는 初聲 17자에 포함하지 않았으면서 이중모음 넉 자는 中聲 11자에 포함하였다는 것은 분명히 균형을 잃은 모습이라고 할 수 있다. 各自並書 6자는 음가만 예시하고 자형은 보여주지 않았는데, 이중모음에는 하향이중모음도 있는데 유독 상향이중모음의 경우에만 자형과 음가를 예시하였다는 점 역시 이례적이라 할 만하다. 그렇게 처리한 데에는 분명히 그럴만한 이유가 있었을 터인데 아직껏 이에 대한 음운론적으로나 문자론적으로 수긍할 만한 설명을 만나기 힘들다. 이와 관련한 본격적인 논의는 〈制字解〉의 中聲에 관한 명제, 그리고 〈中聲解〉의 명제와 이에 대한 논의에서 펼치기로 하고 여기서는 잠정적으로 가설을 제시하는 것에 머문다.

음가의 문제를 잠시 제쳐놓고 자형의 면 즉 문자론적으로만 접근하면, 各自並書나 脣輕音의 글자를 初聲 17자 체계에서 배제한 이유는 설명이 어렵지 않다. 이들은 단일 자소로 구성된 글자가 아니기 때문이다. 그렇다면, 이중모음의 음가를 지닌 'ㅛ,ㅑ,ㅠ,ㅕ' 넉 자가 中聲 11자의 구성단위에 포함된 것은 이들이 단일 자소이기 때문이라고 설명할 수 있다. 그러나 이러한 설명은 이중모음과 단일 자소의 관계를 설명하기 어렵다는 문제가 있다. 그러면 'ㅛ,ㅑ,ㅠ,ㅕ' 넉 자는 예시된 음가와는 별도로 문자 체계에 포함될 수 있는 또 다른 음가를 지닌 글자임을 말하는 것이라는 가정이 가능하다. 이를 바꾸어 말하면, 이들 'ㅛ, ㅑ, ㅠ, ㅕ' 넉 자의 음가는 제시된 東國正韻式 음가 외에 다른 음가 즉 고유어에서는 이들이 이중모음 외에 단모음을 나타내는 글자인 것으로 해석할 수 있다는 말이다. 글자는 하나이지만 음가는 이중적이었다는 가설을 제시하는 것이다. 즉 'ㅛ, ㅑ, ㅠ, ㅕ' 넉 자는 起於ㅣ에 의한 이중모음으로서가 아니라 단모음의 음가를 지닌 단일 자소로서 中聲 11자에 포함된 것이라는 가설이다.

'ㅛ, ㅑ, ㅠ, ㅕ'의 이중모음으로서의 음가와 단일 자소로서의 자형이 서로 어긋나는 문제를 합리화하기 위해 아직도 일부 연구에서는 '二其圓者'(⋯, ː)의 먼저의 것을 'ㅣ'의 변용變容으로 해석하여 이들 자소의 구성을 'ㅣ+(ㅗ, ㅏ, ㅜ, ㅓ)'로 분석하기도 하는데, 그렇다면 'ㅗ, ㅏ, ㅜ, ㅓ'도 '•+(ㅡ, ㅣ)'와 같은 복합 구성으로 볼 수 있게 되어, 이들 또한 이중모음이어야 한다는 문제에 부닥친다. 분명히 해둘 것은, 'ㅗ, ㅏ, ㅜ, ㅓ'는 물론 'ㅛ, ㅑ, ㅠ, ㅕ' 역시 단일 자소이지 결코 복합 자소가 아니라는 점이다. 이 문제는 「解例」의 이와 관련된 부분에서 논의할 것이다.

2) 終聲, 脣輕音

例義에는 初聲 17자와 中聲 11자의 모습은 제시하였으나 終聲은 따로 제시하지 않았다. 그럴 필요가 없음이 "終聲復用初聲"에 드러난다. 成字가 初·中·終聲 세 단위의 구성이지만 終聲은 따로 만들지 않고 初聲을 終聲에 쓰도록 한 것은, 終聲이 음성적으로 初聲의 異音일 수 있으나 이들을 하나의 소리 단위로 인식하여 終聲을 위한 글자를 따로 만들지 않은 것이다. 이는 새 문자 창제자가 음성의 인식 단위인 음소라는 개념을 확립하고 있었음을 보여주는 것이다. 그러나 언문 28자를 음소문자라 하여 28자로 이루어진 문자 체계가 곧 당시 국어의 음소 체계 그대로일 것이라는 속단은 경계해야 한다. 15세기 당시 국어 음운 체계의 실상을 정확히 확인하기 어려울 뿐 아니라 세종이 수립하였을 당시의 음소 체계가 정확히 어떤 모습이었는지 이 또한 확증이 쉽지 않기 때문이다.

"終聲復用初聲"은 제자에 관한 설명일 뿐이라는 견해와 제지의 설명이면서 글자의 운용에 관한 규정이라는 해석이 있다. 물론 그와 같은 다른 해석에는 각기 나름대로 일리가 있지만, 내용 자체는 終聲의 제자에 관한 설명이다. 운용에 관한 규정이기도 하였다면 〈初聲解〉나 〈終聲解〉에 이에 대한 언급이 있어야 하는데 初聲과 終聲의 관계에 대해서는 오직 〈制字解〉에서만 설명과 해석을 하였다. 적어도 「解例」 편찬자는 終聲에 관한 이 기술을 제자에 관한 설명으로 이해하였던 것 같다. 그러나 "復用"은 이 설명을 글자의 운용에 관한 규정으로 해석할 수도 있게 한다. 이어서 脣輕音 연서에 관한 설명으로 이어진다. 연서에 관해서는 〈制字解〉와 〈合字解〉에서만 언급하였을 뿐 〈初聲解〉에는 이에 관하여 아무런 언급이 없다.

"終聲復用初聲"이라 하였지만 〈終聲解〉에 終聲 표기를 8자로 제한하는 규정이 등장한다. 어떤 일에 관한 것이든, 운용과 관련하여 하나의 규정을 정하려면 그 규정의 적용 기준과 범위를 明示해야 한다. 그런데 例義에는 初聲을 終聲에 다시 쓰는 규정을 적용하는 기준에 관하여 아무런 설명이 없다. 初聲을 모두 終聲에 써야 하는 강제 규정인지, 아니면 初聲 17자 가운데 어느 특정한 글자만 終聲에 쓸 수 있다는 제한 규정인지, 그것도 아니면 필요한 경우에는 初聲

17자에서 어느 것이나 쓸 수 있다는 허용 규정으로 해석할 수 있는지 "終聲復用初聲"만으로는 終聲 표기에 쓸 수 있는 初聲 운용의 적용 범위를 판단하기 어렵게 되어 있다. "ㅇ連書脣音之下, 則爲脣輕音"은 글자의 운용에 관한 설명으로 생각할 수도 있으나 제자에 관한 설명으로 보는 것이 합당할 듯하다.

3) 글자의 운용

例義에서 글자의 운용에 관한 설명은 "初聲合用則並書, 終聲同"으로 시작해서 四聲의 加點에 관한 설명으로 끝을 맺는다. 글자 운용에 관한 내용을 요약하면, '合用→附書→成音→加點'의 순으로 되어 있다. 여기서 주목할 것은 그 기술의 순서이다. 合字의 형식인 附書가 合字에 우선하는 것은 문제가 되지 않으나, 合用並書가 다른 규정에 앞서 언급된 것은 예사로 볼 일이 아니다. 내용의 성격으로 볼 때, 合用이 附書는 물론 成音의 뒤에 오는 것이 순리일 것임에도 그 순서에서 合用並書에 관한 설명이 다른 것에 우선하였다.

「解例」〈合字解〉에는 "初中終三聲合而成字"에 이어 附書에 관한 설명과 例示가 따르고 이어 合用에 관한 "初聲二字三字合用並書"와 語例를 제시하고 四聲의 加點에 관한 설명이 뒤를 이었다. 즉 '成字→附書→合用→加點'의 순서로 기술하여 例義에서의 순서와 다르게 되어 있다. 글자의 운용에 관한 기술에서도 언문 창제자와 「解例」는 차이를 보인다. 그렇다면, 세종이 글자의 운용에 관한 설명에서 合用並書를 굳이 附書나 成音보다 앞에 내세움으로써 무엇을 말하고자 한 것인지 그 뜻을 헤아려 볼 필요가 있다.

글자의 운용에 관한 설명, "初聲合用則並書, 終聲同."을 보면 이상한 점이 눈에 띈다. 당연히 있어야 할 中聲合用이 보이지 않는다. 初聲과 終聲의 合用을 설명하는 자리에 세종은 무슨 이유에서인지 中聲合用을 외면하였다. 그런데 신하들은 그들이 편찬한 「解例」의 〈初聲解〉와 〈終聲解〉에 初聲合用과 終聲合用에 대해서는 전혀 언급하지 않았으면서도 〈中聲解〉에서는 中聲合用에 관하여 상당한 지면을 할애하여 상술詳述하였다. 새 문자의 운용에 대하여 창제자와 신하들의 시각이 서로 달랐다는 사실의 일면을 보여주는 合用에 관한 記述에서, 도대체 세종과 신하들은 왜 유독 合用에 관하여 그렇게 서로 다른 태도를 보인 것일까 하는 의문이 든다. 이 의문은 初·終聲合用並書는 오직 諺語 표기에만 필요한 것이고 한자음 표기에는 初聲에도 終聲에도 合用並書가 소용되지 않는다는 사실에서 그 답을 찾을 수 있을 것이다.

東國正韻式 한자음에도 소위 '以影補來'라 하여 '質', '勿' 등을 '짏', '뭃'로 표기하여 終聲에 'ᇙ'이 쓰인 예가 있으나, 이는 어디까지나 특수한 경우를 위한 일시적 방편에 지나지 않으므로 이를 근거로 한자음 終聲 표기에 合用並書가 쓰였다고 말할 수는 없다. 한자음 표기에는 初聲에도 終聲에도 合用並書가 쓰이지 않는다. 이에 비하여, 中聲合用並書는 諺語에는 물론 한자음 표기에 두루 쓰인다. 그렇다면 세종이 例義에서 合用並書에 관하여 오직 初·終聲合用만을 언급하고 굳이 中聲合用에 관하여 아무런 언급을 하지 않은 채 넘어간 의도는 새 문자 언문이 국어, 특히 諺語 표기를 우선적 목표로 하여 만든 것임을 보여주기 위한 것이라는 해석 외에 달리 합당한 설명을 찾을 수 없다.

例義에 보여주는 字母 체계가 東國正韻과 같고 또한 그 음가 역시 東國正韻式 한자음에 따른 것임을 근거로 새 문자는 反切을 대신하여 한자음 표음을 주된 목적으로 만든 것이라는 주장을 정당한 것으로 여길 수도 있다. 그러나 당시 언문 반대의 분위기가 심상치 않은 상황과 더불어 중국을 의식하여 세종은 언문 창제의 진정한 목적을 어제문에 직접적으로 드러내 말할 수 있는 형편이 아니었다. 그리하여 오직 어제문의 문맥 속에 쉽게 눈에 띄지 않도록 새 문자 창제의 본래 목적에 대한 자신의 속내를 에둘러 언급하는 방법을 택한 것으로 보인다. 그 첫째가 바로 서문 첫머리 "與文字不相流通"의 '流通'이다. 특별히 주목의 대상이 될 듯싶지 않은 이 단어를 통해, 새 문자 창제가 정보의 저장과 유통을 위한 수단으로서의 문자언어를 이루기 위한 것임을 시사하고, 다음으로, 例義의 글자 운용에 관한 기술에서, 고유어에만 쓰이는 初·終聲의 合用을 다른 것들에 앞서 언급하고 한자음 표기에 그 기능 부담이 훨씬 큰 中聲合用을 건너뜀으로써 언문 창제가 諺語의 표기를 우선으로 한 것임을 간접적으로 내보였다. 외래어인 한자나 외국어의 표기는 언문의 전용轉用이지 그것이 곧 언문 창제의 궁극적 목표가 아님을 글자의 운용에 관한 설명에 눈에 띄지 않게 담은 것이다. 〈合字解〉에서와 같이 附書나 成音 다음에 왔어야 할 合用에 관한 설명을 글자 운용에 관한 서술이 가장 앞에서 언급한 것이 별다른 생각 없이 그렇게 한 것이 아니었다.

例義의 글자 운용에 관한 기술에서 배제된 中聲合用을 「解例」편찬자는 〈中聲解〉에서 보란 듯이 "二字合用者 ㅘ,ㅝ,ㆉ,ㆌ"를 포함하여, "一字中聲之與ㅣ相合者十", 그리고 "二字中聲之與ㅣ相合者四" 등 도합 18자를 빠짐없이 들어 보이고 그에 따른 설명과 해석까지 붙이는 수고를 마다하지 않았다. 〈合字解〉에서는 初聲 및 終聲合用의 운용이나 음가에 관해서 좀 더 상세한 설명이 필요함에도 기대와는 달리 아무런 설명 없이 오직 "初聲二字三字合用並書"와 語例 셋, "中聲二字三字合用"과 語例 둘, 그리고 "終聲二字三字合用"과 그 語例 셋 등, 고유어의 語例 몇을 보이는 것에 그쳤다. 이는 〈初聲解〉와 〈終聲解〉에 合用에 관하여 아무런 설명이 없고, 〈合字解〉에서 단지 語例 몇을 보인 것에 그친 부실한 처리는 〈中聲解〉에서 中聲合用에 관하여 상술한 것과 분명한 대조를 이루고 있다.

언문과 그 창제에 관한 많은 연구에서, 새 문자는 세종이 단독으로 만든 것이 아니라 신하들의 '보필' 내지 '협찬'으로 이루어진 것이라는 주장이 여전히 이어지고 있다. 그런데 어제문 例義의 서술에 보이는 合用과 이에 대한 「解例」에서의 처리는 서로 분명한 차이를 보인다. 신하들의 보필과 협찬으로 임금과 신하들이 함께 새 문자를 만들었다면 이런 일은 상상하기 어렵다.

어제문 특히 例義에서 주목해야 할 일은 제자원리에 관한 명제가 거의 없다는 점이다. 象形 또는 字倣古篆이나 그 밖에 제자원리와 관련하여 있을 법한 어떤 직접적인 진술도 보이지 않는다. "終聲復用初聲"이라 하여 終聲을 위한 글자를 따로 만들지 않았음을 밝힌 것과 脣輕音을 위한 連書에 관한 것이 전부다. 독자인 중국을 의식하고 쓰는 글이었기에 자신이 만든 문자임에도 그 명칭을 바로 밝히지 않고 단지 "新制"에 머문 것, 그리고 새 문자 창제의 목적을 "便於日用耳"라고 해야 하는 형편에서 제자원리에 관한 깊이 있는 진술은 적절하지 않다고 세종은 판단한 듯하다. 비교적 적은 양의 어제문에서 새 문자는 조선의 諺語를 문자언어로 만들기 위한 것이라는 점을 별로 주목받지 않을 단어 "流通"의 선택과 글자의 운용에 관한 의도적으로 선별한 대목 "初聲合用, 終聲同"을 통해 함부로 드러내 보일 수 없는 자신이 말하고자 한 바를 세종은 훌륭히 잘 담아 내었다.

언문을 창제하는 과정에서 자형을 최종적으로 확정하는 데 이르기까지는 그 과정이 순탄하지 않았을 것이었음은 상상하기 어렵지 않다. 어떤 제자원리에 의해 만들었건, 최종의 자형을 확정할 때 初·中·終聲者로 이루어진 합자가 보여주는 구성단위들의 시각적 조화와 균형을 중요시하였을 것임을 물론이다. 언문 28자 자형의 남다른 특징을 말하라면, 무엇보다 자형의 단순함과 글자들 사이의 변별성이 또렷하여 시각적으로 인지의 효율성이 뛰어나다는 점을 들 수 있을 것이다.

문자로서 한글의 우수성을 말할 때, 일반적으로 각각의 자형과 그것이 표상하는 음운 자질과의 연관성이 우수하다는 점을 자랑으로 내세운다. 그러기에 어떤 이는 언문을 자질문자로 규정하기도 한다. 글자 하나하나가 수많은 실험과 수정을 거친 각고刻苦의 결정체임을 이해하면, 어제문에서 '내 이렇게 저렇게 만들어 거듭 고치고 다듬어 마침내 28자를 만들었느니라.' 하고 그 제자원리나 제작 과정을 몇 마디 말로 밝히기 어렵다. 어떤 연구자는 언문이 불과 몇 개월 내지는 길이야 일 년을 크게 넘지 않았을 것으로 추정하지만, 이 글의 필자는, 언문은 계획에서 완성까지 적어도 오륙 년 이상의 시간이 걸렸을 것으로 추정한다.

4. 「訓民正音解例」의 해체

4.1. 〈制字解〉

〈制字解〉는 첫머리에,

> 天地之道, 一陰陽五行而已. 坤復之間爲太極, 而動靜之後爲陰陽. 凡有生類在天之間者, 捨陰陽而何之. 故人之聲音, 皆有陰陽之理, 顧人不察耳. 今正音之作, 初非智營而力索, 但因其聲音而極其理而已. 理旣不二, 則何得不與天地鬼神同其用也.

라 하여, "正音之作"의 철학적 배경과 원리에 대하여 太極에서 비롯한 陰陽五行의 원리에 의한 것이고 聲音 역시 이 원리를 따르는 것이므로 正音도 "陰陽之理"와 '聲音之理'를 기반으로 만든 것이라 하였다. 正音의 제자원리가 陰陽五行의 원리에 의한 것임을 천명闡明한 〈制字解〉의 序言은 아마도 「解例」 편찬자 가운데 최고 책임자였던 鄭麟趾가 썼을 것이다. 鄭麟趾의 호가 學易齋인 것에서 짐작할 수 있듯이, 그는 스스로 당대 최고의 易學者임을 자처하던 터였으므로 위에 인용한 글의 주인이 鄭麟趾였을 것으로 추정하는 데 무리가 없을 듯하다. 여기서 분명히 해둘 것은, 正音 제자원리가 "陰陽之理"에 있다 한 것은 어디까지나 鄭麟趾의 해석이고, 그 해석의 이론적 기반은 性理學을 집대성한 『性理大全』에 있다는 점이다. 세종이 새 문자를 어떤 이론이나 원리에 바탕을 두고 창제하였는지를 직접 언급한 자료는 아직껏 확인된 것이 없다. 만약 陰陽五行의 원리가 "新制二十八字" 제자원리의 기반이었다면 어제문에 이에 대한 언급이 있었을 법한데 제자원리의 이론적 배경에 관한 언급은 어제문에 전혀 나타나 있지 않다. 그런데 신하의 서문에서 "象形而字倣古篆"이라 하여 그것을 대신하고 있다.

세종이 언문 28자의 창제를 공표하면서 이와 함께 내놓았을 교본의 성격을 띤 글을 직접 본 사람들이 있었을 것이니 그들이 바로「상소문」을 올린 집현전의 崔萬理 등일 것이다. 그렇다면「상소문」에 제자원리에 관한 어떤 언급이 있을 것이다. 그들은 세종의 글에 대한 자신들의 솔직한 견해를「상소문」첫머리에 아래와 같이 진술하였다.

> 臣等伏觀諺文制作 至爲神妙 創物運智 夐出千古 然以臣等區區管見 尙有可疑者 敢布危懇 謹疏于後 伏惟聖裁

언문 제자의 배경이 되었을 어떤 이론이나 원리를 자신들의 지식과 사고 체계로는 전혀 이해하고 수용하기 힘든 것이어서 그것이 도대체 어디에서 온 것인지 알 수 없다는 말이다. 만약 세종이 공표한 새 문자에 관한 설명의 글에 새 문자 제자의 배경이「解例」의 서두에서 밝힌 바와 같은 "陰陽之理"에 근거한 것이라는 내용이 있었다면, 그런 내용의 글을 보고서 「상소문」 서두에 '아득한 옛것에서 나온 것으로 생각되나 잘 이해하지 못하겠다'는 식의 자신들의 무지를 상소문의 첫머리에 드러내 보였을 수는 없는 일이다. 또한, 「解例」의 서두에 언급한 陰陽五行의 원리가 세종의 언문 제자원리의 배경이었다면, 세종이 그와 같은 이론적 근거를 들어 신하들의 무지를 조목조목 나무라지 않았을 이유가 없다. 결국 「解例」의 서두를 장식한 제자원리의 이론적 배경을 "陰陽之理"라 한 것은 편찬자, 특히 鄭麟趾의 해석이라는 결론에 이른다.

〈制字解〉에 관한 논의에 들어가기에 앞서, 「解例」의 성격에 대한 견해를 정리해 둘 필요가 있다. 「解例」가 새 문자 체계에 대한 순수한 해설서인가 아니면 편찬자의 해석과 그에 따른 설명이 주를 이루는 해석서인가 하는 문제를 정리하는 일이다. 지금까지 「解例」의 성격에 대한 통설은 해설서라는 데 별다른 이견이 없는 듯하다. 「解例」가 해설서이든 해석서이든 이를 위해서는 본문이 있어야 하는 법인데 「解例」의 본문이 과연 어떤 것이었는지 그 실체를 분명히 제시할 수 없다는 데 문제의 어려움이 있다.

비록 「解例」 본문의 실체를 밝혀 제시할 수는 없지만, 「解例」의 성격을 해설서로 규정하게 되면, 그 해설은 근본적으로 본문에 수렴하는 것이므로 해설서의 내용은 언문 창제자 세종의 제자원리와 그것에 따른 규정을 풀이한 것에서 크게 벗어난 것일 수 없다. 실제로, 「解例」의 내용을 기술된 그대로 수용하면서 그것에 대한 이해를 깊게 함과 아울러 이해의 폭을 넓히는 데 주력해온 것이 이제까지 대부분의 『訓民正音』 연구가 보여주는 모습이다. 이에 반하여, 「解例」

의 성격을 해설서로서보다 해석서로 보게 되면, 그 내용은 해석자 자신의 이론과 관점에 따라 본문을 해석한 것이므로 그것이 본문의 저자 즉 세종의 생각에 반드시 부합해야 할 필요는 없다. 그러므로 해석의 결과는 당연히 해석자에 귀속하게 된다. 바꾸어 말하면, 「解例」를 편찬자의 저작물로 보는 것이다.

「解例」의 성격에 관한 판단에 도움을 주는 내용이 鄭麟趾 서문의 一句에 보인다.

臣與集賢殿應敎臣崔恒 … 臣李善老等 謹作諸解及例 以叙其梗槩

이 진술에서 특히 눈길을 끄는 것이 "謹作諸解及例"의 "謹作"-'삼가 지었습니다'-이다. 鄭麟趾는 "諸解及例", 즉 制字解를 비롯한 다섯 解와 用字例를 자신의 서문에 언급한 집현전학사들과 더불어 '삼가 지었다'고 하였다. 이로써 鄭麟趾는 「解例」를 지은 주체가 자신들임을 분명히 밝혔다. 혹자는 「解例」를 새 문자를 창제한 후 세종이 신하들과 함께 지은 것으로 추정하기도 한다. 만약 「解例」가 세종과 신하들의 합작이라면 "謹作"이란 표현은 전혀 합당하지 않다. 鄭麟趾의 서문 어디에서도 「解例」 편찬에 세종이 간여하였음을 직접 언급한 내용이나 암시가 없다. 이는 申叔舟가 『東國正韻』 서문에서 '하나의 聲母와 하나의 韻母를 정함에 있어 모두 상감의 재가를 받았다'("一聲一韻 皆稟宸斷")고 하여 세종이 이 운서의 편찬에 직접 간여하였음을 밝힌 것과 대비된다.

만약 「解例」가 새 문자 체계에 관한 세종이 내놓았을 최초의 어떤 글을 토대로 하여 해설한 것이라면, "諸解及例"를 자신들이 '삼가 지었다'고 말하는 것은 적절하지 않다. 어떤 원문을 누가 어떤 식으로 해설하든 그 내용은 근본적으로 원문의 저자에 귀속하는 것이므로 그 원문에 대한 해설을 '加解說'이 아니라 "謹作"이라고 표현할 수는 없는 일이다. 그러나 해석의 경우는, 원문 해석을 위해 해석자가 동원한 원리나 해석자 자신의 이론에 근거하여 이루어 놓은 것이므로 그것을 해석자 자신이 '삼가 지었다'고 말할 수 있다. 서문에서 "諸解及例"가 자신들의 "謹作"임을 분명히 밝혔으므로「解例」의 성격을 해설서이기보다는 해석서로 규정하는 것이 이치에 맞는다.

『訓民正音』을 받아본 세종으로부터「解例」의 내용에 대한 수정과 보완에 관한 어떤 지시가 있었다는 기록이 없는 점, 그리고 오직 극소량만 印刊하였을 뿐 이 책이 널리 읽히도록 조처하지 않았다는 사실은『訓民正音』의 편찬 목적과 성격을 이해하는 데 참고되어야 할 사항이다.『訓民正音』이 이루어졌음을 기록한 실록의 기사(세종 28년 9월)에 "國之語音"으로 시작하는 어제서문이 실려 있고 이 책의 편찬을 주도한 鄭麟趾의 서문이 실려 있으나 정작 서문의 본문에 해당하는「解例」에 관해서는 일언반구의 언급조차 없다는 사실 역시「解例」의 성격을 이해하는 데 참고해야 할 사항이다.

『訓民正音』이 발견된 후, 이에 관한 최초의 연구서라 할 수 있는 『한글갈』(최현배, 1942)에서 "「訓民正音解例」에 나타난 鄭麟趾 무리의 한글 학설"을 소개하고 있다(셋째 가름 첫째 조각). "鄭麟趾 무리의 한글 학설"에서 "학설"은 곧 새 문자에 대한 그들의 해석을 가리켜 말한 것으로 이해함이 옳다. 남의 글에 해설을 붙인 것을 '학설'로 규정할 수는 없는 일이다.

〈終聲解〉에서 終聲 표기에 관한 규정을「解例」편찬자들이 언문 창제자의 뜻과 달리 자신들의 생각대로 8자로 제한하는 규정을 정하여 "八字可足用也"라 한 것은 해설서로서는 있을 수 없는 일이다. 또한「解例」를 해설서로 규정할 수 있으려면 적어도 본문과 그것에 대한 해설을 식별할 수 있는 체재로 이루어졌어야 마땅한데, 아쉽게도「解例」는 어느 부분이 세종의 원문에서 비롯한 것이고 어느 것이 편찬자의 설명과 해설인지 전혀 구분할 수 없게 되어 있다.「解例」의 이와 같은 서술 체재는「解例」를 해설서로 보기 어렵게 하는 요인들 가운데 하나이다.

「解例」의 성격이 해설서가 아니라 편찬자의 해석이 주를 이루는 해석서, 즉 신하들의 저작물이라는 입장이「解例」를 해체하려는 본 저술의 전제가 된다. 따라서 이 책은「解例」에 기술된 모든 내용이 곧 언문 창제자인 세종의 제자원리요 설명일 것이라는 견해에 동의하지 않는다.『訓民正音』에서 특히「解例」의 해체를 통해 비록 작은 조각이나마 세종의 어떤 원문에서 비롯된 것으로 판단할 수 있는 부분을 확인함으로써 세종의 언문 창제이념과 제자원리에 한 걸음 더 가까이 다가갈 수 있기를 바랄 뿐이다.

「解例」의 성격을 파악하는 일에서 특히 유의할 점은, 제자원리와 그 원리 대한 해석의 원리는 분명히 별개의 것으로 구별해야 한다는 것이다. 즉〈制字解〉에 언급된 제자와 관련된 원리들의 적지 않은 부분이「解例」편찬자의 해석의 원리일 가능성이 크므로 이것을 곧 언문 창제자의 제자원리인 것으로 속단하는 일을 경계한다. 해석자의 해석의 원리를 새 문자 창제자의 제자원리로 받아들였을 때 빚어지는 결과가 어떤 것일지는 긴 설명이 필요치 않다. 일찍이『한글의 起源』(李相伯, 1957:25)에서「解例」의 제자원리에 대한 진술을,

다만 陰陽五行說과 方位音階의 交變에 依한 說明에 이르러서는, 當時에는 極히 神妙 深奧하다고 생각했겠지만 오늘날 우리로 볼 것 같으면 或은 煩瑣 或은 附會 한갓 論理의 遊戲에 빠진 듯한 느낌이 없지도 않으니, 이로써 或 實際的으로는 中國 『韻會』에 맞추고 理論的으로는 當時의 가장 深奧한 天地理法의 說明과 一致시킬 수 있을지도 모르나, 지금 우리로서 冷靜히 이것을 熟讀하여 보면, 그것은 要컨대 文字製作後 그 理論的 根據를 有力하게 하고 그 淵源을 深奧하게 하고 그 說明을 精巧히 하기 위하여 借用 또 附加한 要素라고 볼 것이오, 所謂 文字制作의 根本의 直接動機로 볼 發音器官의 「象形」과 同一한 重要性으로 論할 수는 없다.

라고 비평하였다. 위의 글은 한글의 제자원리에 대한 陰陽五行과 方位音階에 의한 설명이 「解例」 편찬자의 해석임을 지적한 것이다.

1) 正音二十八字 各象其形而制之

〈制字解〉는 서두에서 陰陽之理와 聲音之理가 正音 제자원리의 바탕임을 밝히고,

正音二十八字 各象其形而制之.

라 하여 二十八字의 각 글자는 상형의 원리로 만든 것이라고 언명하였다. 뒤이어 初聲 17자의 경우, 발성 및 조음기관의 상형으로 기본자 'ㄱ, ㄴ, ㅁ, ㅅ, ㅇ' 다섯을 만들고 나머지는 기본자에 가획加畫하여

만든 것으로 설명하였다. 주목할 것은 새 문자의 명칭을 창제자가 사용한 '諺文'이 아닌 '正音'으로 대체하였다는 점이다. 그렇게 한 데는 그럴만한 이유가 있었을 것이다. 이미 잘 알다시피 '正音'은 중국에서 한자의 표준음을 가리키는 용어로 사용되고 있었다. 明의 운서 『洪武正韻』의 범례에서,

    五方之人皆能通解者 斯爲正音

이라 하여 '正音'을 중국의 모든 지역 사람들에게 두루 통할 수 있는 표준음으로 정의하였다. 그러나 이 정의는 조선에서 새로 만들어진 문자 체계에 적용할 수는 없다. 고유의 문자가 없던 조선에 正音이라고 규정할 문자의 표준음이 있었을 수 없기 때문이다.
  그러면「解例」편찬자는 '正音'을 어떻게 인식하고 있었는가를 살펴볼 필요가 있다. 먼저「解例」편찬에 참여하였고 聲韻學에 조예가 깊었던 申叔舟는 『東國正韻』 서문에서,

    自正音作而萬古一聲 毫釐不差 實傳音之樞紐也

라고 하여 萬古의 어떤 소리도 한 치의 어긋남이 없이 전하는 "傳音"의 기능에 초점을 맞추어 正音의 성격을 규정하였다. 正音으로 『東國正韻』의 개정된 한자음을 정확히 전할 수 있게 되었다는 것이다. 正音의 역할에 대한 申叔舟의 이런 견해는 『洪武正韻譯訓』 서문에도 그대로 되풀이되었다.

我世宗莊憲大王 留意韻學 窮研底蘊 創制訓民正音若干字 四方萬物之聲 無不可傳

　세종대왕이 창제한 "訓民正音若干字"로 세상의 모든 소리를 전하지 못할 것이 없게 되었다는 말이다. 여기서도 訓民正音의 역할을 모든 소리를 "傳"하는 것으로 본 것이다. 서문은 이에 덧붙여,

　　用訓民正音以代反切 其俗音及兩用之音 又不可以不知

라고 하여, 훈민정음이 한자음 표음 방법인 反切을 대신하여 반드시 알아야 할 한자음-正音과 俗音-을 적는 데 쓴다고 하였다. 훈민정음이 反切을 대신하는 표음기호임을 말한 것이다. 이 서문을 쓴 단종 3년(1455) 2월로부터 약 70년 뒤, 崔世珍이 지은 『訓蒙字會』 범례 부록의 「諺文字母俗所爲反切二十七字」에서도 언문 字母의 역할을 표음 수단인 반절과 같은 것으로 말하였다. 다만 崔世珍이 새 문자의 字母 명칭을 '正音'이 아니라 '諺文'이라 한 것은, 『訓蒙字會』에서의 '正音'은 표준 한자음을 위한 용어이기에 '正音'을 피해야 했고, 또한 당시에 '諺文'이 한글의 속칭으로 통용되었기 때문이었을 것이다. 정조 11년(1787)에 간행된 『正音通釋』도 그 서문에서,

　　我世宗大王刱諺書 以解中華之反切 無不合者

라고 하여 세종대왕이 창제한 "諺書"로 중국 한자음의 반절을 정확히 표음할 수 있다고 하였다.

申叔舟와 더불어 「解例」, 『東國正韻』 및 『洪武正韻譯訓』 편찬에 참여한 成三問 역시 「直解童子習序」(『成謹甫先生集』)에서,

我世宗文宗慨然於此 旣作訓民正音 天下之聲 始無不可書矣

라 하여 훈민정음으로 세상의 모든 소리를 적지 못할 것이 없다고 하였다. 훈민정음의 표음 기능에 대한 인식이 申叔舟와 같았음을 보여준다. 「解例」 편찬을 주도한 鄭麟趾는 正音의 역할에 대하여 그 서문에서,

雖風聲鶴唳 鷄鳴狗吠 皆可得而書矣

(사람의 말소리는 물론이지만) '비록 바람 소리, 학의 울음소리, 닭 우는소리, 개 짖는 소리일지라도 모두 적을 수 있다' 하였다. 正音의 표음 기능에 초점을 맞추고 있는 것은 申叔舟, 成三問 등과 다름이 없음을 알 수 있다. 이제 '諺文'과 '正音'은 새 문자의 단순히 서로 다른 명칭인가, 아니면 이들은 혼동해서는 안 되는 분명히 변별되어야 하는 개념의 술어인가 하는 문제에 대한 논의가 필요하다.

먼저 '諺文'과 '正音' 두 단어가 朝鮮에서 창제된 새 문자의 명칭으로 사용되는 경우에 국한하여 이들 두 용어의 의미가 어떻게 구별되어야 하는지를 살피기로 한다. 먼저, 두 단어의 중심 의미가 각각 '文'과 '音'에 있다는 점에서 논의를 출발한다. 중심 의미의 다름이 두 단어의 의미상의 차이를 결정짓는 핵심 요소인 것이다. 우선 音은 그 출처가 무엇이든 청각기관에 감지되는 모든 종류의 소리를 의미

한다. 말소리는 音의 한 종류에 불과하다. 音을 통해 의미를 전달하고 전달받는 것이 말소리의 기능이다. 반면에, 文은 말의 의미를 저장하고 전달할 수 있는 시각기호이다. 文은 音과 달리 시간과 공간의 제약을 받지 않고 그 기호에 담긴 의미를 저장할 수 있는 기능이 있다는 점이 音과의 본질적 차이이다.

'正音'은 원래 중국의 한자음 및 음률의 표준음을 이르는 술어이나 「解例」는 이를 세종이 창제한 문자 체계를 이르는 용어로 사용하였다. 〈制字解〉첫머리의 "今正音之作"과 "正音二十八字, 各象其形而制之", 그리고 「解例」의 끝에 붙여진 鄭麟趾 서문의 "我殿下創制正音二十八字"에서 새 문자의 명칭을 '諺文'이 아니라 '正音'으로 일관하였다. 이는 곧 「解例」 편찬자가 새 문자의 역할을 일차적으로 조선 및 중국 한자음의 표준음을 표기하기 위한 표음기호로 수용하려는 자신들의 생각을 드러내 보인 것으로 해석할 수 있다.

반면에, '諺文'은 조선의 諺語를 일차적 대상으로 하여 그것을 문자화하고 이에서 한 걸음 더 나아가 국어를 문자언어로 만들기 위한 문자 체계임을 보이기 위하여 새 문자 창제자는 그 명칭을 '諺語의 文' 즉 '諺文'이라 한 것이다. 신하들이 굳이 '諺文'이 아닌 '正音'을 선택해야만 했던 이유를 독자인 중국을 의식한 것에 더해서, 새 문자의 목적과 역할에 대한 신하들의 생각이 근본적으로 세종과 달랐던 것으로 해석할 수 있다.

15세기의 조선은 앞선 시대와 마찬가지로 두 개의 언어, 즉 음성언어로서의 국어, 그리고 중국의 문자언어인 한문을 자신의 문자언어로 사용하는 이중 언어 사회였다. 세종이 나라의 말소리를 바탕으로 문자를 창제하면서 그 명칭의 중심 의미를 音에 두어 '正音'이라 하지 않고 文에 두어 '諺文'이라 한 것은, 새 문자의 역할이 단순히 음성언어의 문자화에 머무는 것이 아니라 諺語를 문자언어로 만들려는 것임을 문자의 명칭에 들어내 보이려는 뜻에서였다고 해석할 수 있다. '諺文'이라는 단어를 만들어 사용함으로써 세종은 문자 창제의 궁극적 목표가 어디에 있는지를 그 명칭을 통해 보이려 하였음을 알 수 있다.

그런데 「解例」는 새 문자의 명칭을 '諺文'이 아닌 '正音'이라 하였다. 물론 그래야 했던 이유가 있었을 것이다. 우선은 '諺文'이 중국의 비위를 거스르는 용어일 수 있다는 점에서 이를 피해야 할 필요가 있다고 생각하였을 것이다. '文'은 중국의 글자이면서 자신의 글을 의미하는 용어이다. 자신의 정체성과 다름이 없는 '文'을 주변의 오랑캐가 그들의 諺語를 위한 글자를 만들어 '諺文'이라 한다면 중국이 이를 못마땅하게 여길 것임은 짐작이 어렵지 않은 일이다. 세종이 어제서문에서 새로 만든 문자의 명칭을 분명히 드러내 말하지 못하고 "新制"라고만 해야 했던 까닭을 「解例」 편찬자가 짐작하지 못하였을 리 없다.

중국을 의식한 것 외에도, '諺文'이란 용어가 못마땅한 것은 조선의 지배층이었음은 물론이다. 文은 조선 사대부의 생명줄이라고 해도 괴언이 아닐 만큼 그들에게는 자신들의 특권과 지위를 누리게 하고 지켜주는 기반이요 버팀목이었다. 그런데 백성들이 사용하는 조선의 諺語를 文으로 만들어 자신들이 독점하고 있는 (漢)文과 함께 나라의 문자로 사용하게 되면, 조선은 사실상 漢文과 諺文이라는 두 개의 文을 갖는 것이 된다. 조선의 지식층인 양반사대부로서는 이와 같은 상황은 결단코 용납할 수 없는 일이었다. 언문을 만든 임금에게 그것을 폐기하라고 강권할 수는 없어도 '諺文'이라는 이름의 문자 체계를 그대로 수용할 수는 없는 일이었다. 또한, 당시 지식인들에게 '諺字'나 '諺書' 정도가 아닌 '諺+文'의 조합은 마치 마소에 갓을 씌운 것처럼 받아들이기 몹시 거북한 용어로 느껴졌을 것 역시 짐작이 어렵지 않다.

　'諺文'을 대신하는 용어로 '(訓民)正音'이 선택되었다. 언문이 창제되었음을 공표하면서 함께 내놓은 새 문자에 관한 글의 제목이 '訓民正音'("我殿下創制正音二十八字, 略揭例義以示之, 名曰訓民正音")이었으므로 '諺文'을 대신하는 명칭이면서 아울러 표음기호로서의 의미를 나타내는 '(訓民)正音'을 선택하여 무리가 없을 것으로 판단하였던 듯싶다.

　여기서, 음성언어의 문자화를 위한 표음기호의 기능과 문자언어를 위한 철자의 역할에 대해 잠시 생각해 볼 필요를 느낀다. 표음기호를 사용하여 음성언어를 소리대로 표기하는 것을 언어의 문자화라고 한다. 그러나 표음기호를 통해 음성언어가 비록 문자화되었다 할지라도 그것은 어디까지나 문자화된 음성언어일 뿐 그것이 곧 문자언어가 되는 것은 아니다. 문자언어의 역할과 필요성 및 가치는 시간과 공간의 제약을 받지 않고 정보를 저장하고 그것을 유통할 수 있으며 아울러 그것을 활용하여 새로운 지적 자산을 창출하는 축적된 자산이라는 데 있다. 따라서 문자언어는 그 본래의 역할에 알맞게 그 구성단위의 형식이 항상 일정한 모습을 유지하여야 하고 이에 따른 구성 형식의 규범화가 필요하게 된다. 철자에 따른 형태소의 규범화와 그 구성의 규범 즉 문법과 어휘 및 문체의 면에서 음성언어와 다른 모습을 갖추게 된다.

서양의 알파벳이나 한글 같은 표음문자가 표의문자이면서 단어문자인 한자보다 문자의 기능 면에서 우월한 이유는 표음기호의 기능을 담당하면서 동시에 철자를 통한 표의 기능을 아울러 수행할 수 있다는 데 있다. 언문 28자는 표음기호의 역할과 더불어 철자라는 자소의 운용을 통해 형태소의 모습과 그 의미를 효율적으로 나타낼 수 있는 표의 기능을 함께 수행하기 위해 만들어진 문자 체계이다. 철자법이 중요한 이유가 바로 여기에 있다. '正音'이 새 문자의 역할을 대상 언어의 정확한 표음에 있음을 보이기 위해 선택된 술어인 데 비하여, '諺文'은 국어의 표음과 더불어 국어를 문자언어로 만드는 문자임을 나타내기 위해 만들어진 술어였다. 표음과 철자의 역할을 분별하지 않은 채 '표기'라는 통합된 개념에서 언문의 기능과 역할에 접근하면 '(訓民)正音'이 공식 명칭이고 '諺文'은 속칭 또는 비칭이라는 잘못된 인식에서 헤어나기 힘들다.

〈制字解〉와 鄭麟趾의 서문은 正音을 二十八字로 규정하였다. 그러나 〈初聲解〉의 訣에서 "二十三字是爲母"라 하여 字母 즉 初聲을 17자가 아니라 23자로 기술하였다. 언문의 初聲이 17자인데, 東國正韻은 23字母이고, 洪武正韻譯訓은 31字母인 것에서 보듯, 표음기호의 구성이 표음 대상마다 그 수를 달리할 수 있음은 당연하다. 〈制字解〉에서 '諺文二十八字'가 아닌 "正音二十八字"라 한 것은 결과적으로 잘못된 기술이다. 표음기호로서의 正音은 28자로 그 구성단위를 한정할 수 있는 구성체가 아니기 때문이다. 언문이 28자로 구성된 문자 체계인 것에 비하여, 正音은 체계의 개념을 엄격히 적용하지 않아도 되는 표음기호의 집합체일 뿐이다. 언문 28자는 그 체계에 구성단위의 편의(便宜)한 출입이 쉽사리 허용되지 않는 하나의 완결된 체계이나 正音은 표기 대상에 따라 동원되는 구성단위의 수가 가변적이라는 점에서 諺文과 변별된다.

申叔舟의『東國正韻』서문에는 이 韻書 편찬에 사용한 正音의 정확한 숫자에 대한 언급 없이, 다만 "九十一韻二十三母"로 그 음을 정하였다고만 하였다. 그런데『洪武正韻譯訓』서문에서 申叔舟는,

   我世宗莊憲大王 …中略… 創制訓民正音若干字

라 하여 '訓民正音二十八字'라 하지 않고 "訓民正音若干字"라 하였다. 한편, 成三問의「直解童子習序」에서도,

   學者苟能先學正音若干字

에 正音을 28자가 아닌 "若干字"라 하였다. 이 두 사람의 글에 새 문자의 수를 "若干字"로 같게 표현한 것이 우연의 일치일 수도 있다. 그러나 이들은 자신들의 글 어디에서도 세종이 창제한 문자를 '諺文'이라 지칭하지 않고 오직 '(訓民)正音'으로 지칭하였고, 글자의 수도 二十八字가 아닌 "若干字"라고만 하였다. 이를 단순히 우연의 일치라고 할 수 있을지 의문이다.

申叔舟와 成三問은 적어도 文과 音의 차이를 준별할 수 있는 사람들이었다. 그들이 '諺文'이란 술어를 쓰지 않고 오직 '(訓民)正音'으로 일관한 것은 '諺文'의 文과 '正音'의 音의 차이에 대한 분명한 인식에서 비롯한 것으로 보아야 한다. 正音을 二十八字라 하지 않고 "若干字"라 한 것으로 미루어 申叔舟, 成三問은 正音의 본질을 제대

로 이해하고 있었음을 알 수 있다.

　세종은 어제문의 서문에서 문자를 "流通"의 수단, 즉 정보를 저장하고 유통하기 위한 수단으로 인식하고 있음에 비하여, 신하들은 새 문자를 단순히 표음과 "傳音"을 위한 기호로 그 역할을 한정하려 하였다. 새 문자 체계를 諺語의 문자언어화를 위한 철자 위주의 단위로 인식하면 언문이고, 한자의 注音이나 말소리를 소리대로 적는 표음 위주의 단위로 인식하면 正音인 것이다. 龍飛御天歌와 月印千江之曲의 국문가사에 음소적 표기와 더불어 형태를 고정시킨 형태론적 표기 원리를 보인 것에서 세종이 표음과 철자를 구별하였음을 알 수 있다. '諺文'은 '(訓民)正音'의 속칭도 비칭도 아니다. 언문 28자를 국어의 문자언어화를 위한 문자 체계로, 그리고 "(訓民)正音若干字"는 표음만을 위한 표음기호들의 집합으로 이해하면 '諺文'과 '正音' 두 술어에 대한 논란을 정리하는 데 참고가 될 것으로 믿는다.

　'諺文'과 '正音'의 차이를 좀 더 실제적인 예에서 그것을 확인할 수 있다. 언문 28자 체계에 各自並書 6자가 배제된 사실에서 그것을 볼 수 있다. 初聲 17자는 단일 字素로만 구성된 체계이다. 이에 비해 各自並書 'ㄲ, ㄸ, ㅃ, ㅆ, ㅉ, ㆅ' 등은 重合자소이다. 'ㄱ'과 'ㄲ'은 음소로서는 대립하는 자소일 수 있지만, 음소 표시의 기능을 배제한 철자의 단위인 지소외 형태만으로는 이들은 대립하지 않는다. 이 두 글자는 'ㄱ'이라는 형태를 공유하지만, 이들이 대립하는 단위임을 보여주는 변별요소가 없으므로 'ㄱ'과 'ㄲ'은 하나의 자소 체계 안에서 공존할 수 있는 단위일 수 없다.

　初聲 17자 체계에 各自並書가 배제되었다는 사실은 初聲 17자 체계가 당시 국어의 자음 체계만을 바탕으로 하여 이루어낸 체계가 아니었음을 추정할 수 있게 한다. 언문 初聲 17자 체계에는 各自並書 6자가 배제되었으나 正音 初聲 구성에 이들 各自並書 6자가 당당히 자리 잡고 있다는 사실(初聲解, "二十三字是爲母")은 初聲 17자 체계를 음소 체계로서보다는 먼저 자소 체계로 이해해야 할 필요가 있음을 알게 한다. 어제문 例義에서 初聲 17자의 자형과 그 음가를 예시하면서 各自並書 6자의 경우는 음가만 예시하였을 뿐 그 자형은 보여주지 않았다는 사실에서 세종이 자소 체계와 음소 체계를 분명히 구별하였음을 알 수 있다.

한자음 표기를 위한 반절법 외에, 자소와 표음기호를 구분하여 사용하는 다른 예를 영어사전에서 볼 수 있다. 영어사전의 모든 표제어의 철자는 자소 또는 자소의 결합으로 이루어져 있고 이에 곁들여 〔 〕 또는 ( ) 안에 그 철자의 음성 정보 즉 발음을 별도의 기호로 표시하고 있다. 예를 들면, rain, rein, reign은 자소의 구성이 약간씩 다른 단어들이다. 철자를 달리하여 형태소의 다름을 보인 것이다. 그러나 이들의 음성 정보는 오직 〔reɪn〕으로 같게 표시되어 있다. 제공된 음성 정보만으로는 이들의 의미가 각기 어떻게 다른 단어인지 알 수 없다. 이 단어들을 구성하는 철자의 단위가 자소인 데 비하여, 〔 〕 안의 r, e, ɪ, n은 발음기호일 뿐이다. 이들은 알파벳 字母의 일부를 발음기호로 전환하여 사용한 것에 지나지 않는다. 발음기호도 자소의 범주에 든다. 다만 기능의 면에서 철자의 단위를 자소로, 표음의 단위를 발음기호라 하여 이들을 구분하는 것이다. rain, rein, reign과 〔reɪn〕에서 전자를 언문 표기로, 후자를 正音 표기로 대응시켜 보면 '諺文'과 '正音'의 차이를 이해하는 데 도움이 될 것이다. 그러나 ten〔ten〕은 철자와 발음의 표기가 같은 경우이다. 이런 경우를 통해서 '諺文'과 '正音'의 본질적 차이를 변별하지 못하는 이유를 이해할 수 있다.

오늘날 영어 음소의 수는 알파벳의 수 26보다 훨씬 많다 보니 사전에 표시되는 발음기호에 알파벳의 형태를 약간씩 변형하거나 아예 알파벳에 없는 기호를 사용하여 발음을 표시하기도 한다. potential〔pətenʃəl〕, judge〔dʒʌdʒ〕 등에서 그것을 볼 수 있다. 正音의 경우에서도 글자의 수를 "若干字"라 하면서, 漢音의 齒聲을 나타내기 위하여 'ㅅ,ㅈ,ㅊ'을 'ㅅ,ㅈ,ㅊ,ㅅ,ㅈ,ㅊ' 등으로 변형하여 필요한 표음기호로 추가하여 사용하였다. 'ㅅ,ㅈ,ㅊ' 등과 같은 변형은 이들을 언문으로서가 아니라 正音으로 사용하는 경우에만 허용될 수 있는 일임은 물론이다.

표음문자의 경우 자소의 일차적 기능은 말소리의 인식 단위인 음소의 표사表寫에 있다. 자소 그 자체만으로는 표의 기능을 기대하기 어렵다. 그러나 자소들의 결합, 즉 철자의 형식을 통해 의미 단위인 형태소를 시각적으로 인지할 수 있게 함으로써 자소에 표음을 위한 기능과 더불어 표의를 위한 역할이 주어지는 것이다. 세종은 자신이 만든 글자에 표음과 더불어 철자를 통한 표의로 음성언어인 조선의 諺語를 문자언어로 만들 수 있다는 것을 알고 있었다. 그리고 그것을 자신이 긴여한 龍飛御天歌와 月印千江之曲의 표기에 형태소를 고정시킨 철자법으로 자소의 표의 기능을 보여주려고 하였다. 비록 실험적 성격을 띤 것이었으나 세종이 시도한 표기법은 분명 국어의 문자언어화를 위한 첫걸음이었다. 표의문자인 한자와 더불어 문자생활을 해온 세종이 새로 문자를 만들면서 문자의 표의 기능의 중요성은 외면한 채 오직 글자의 표음 기능에만 주목하여 언문을 창제하였을 것으로 상상하기 어렵다.

한문 외에 언문에 의한 또 다른 문자언어의 출현을 용납할 수 없는 사대부로서는 새 문자를 단순한 발음기호 正音으로 그 성격과 역할을 한정하는 방법으로 새로운 문자언어의 등장을 막으려 하였고 그러한 목적을 향한 신하들의 결의는 세종을 강하게 압박하였던 것으로 짐작된다. 새 문자를 둘러싼 세종과 신하들의 대립 즉 언문과 정음이 대립하는 상황에서 세종이 한발 물러서는 모습을 보인 정황의 흔적이 『釋譜詳節』에 보인다. 마침 중궁인 昭憲王后가 훙서薨逝하자 고인의 추천追薦을 위해 어명으로 首陽大君을 중심으로 『釋譜詳節』을 편찬하게 하였는데, 그 서문(月印釋譜, 釋譜詳節序:5ㄴ-6ㄱ)에 正音의 역할에 관한 진술이 있어 당시 새 문자의 立地가 어떠하였는지를 파악하는 데 도움을 얻을 수 있다. 이해의 편의를 위해 해당 본문과 협주 및 국역을 모두 인용한다. 협주는 띄어쓰기를 적용한다.

又웅以잉正졍音홈으로就쭝加강譯역解갱ᄒᆞ노니
又웅는 쪼 ᄒᆞ논 ᄠᅳ디라 以잉는 ᄡᅥ ᄒᆞ논 ᄠᅳ디라 正졍音홈은 正졍ᄒᆞᆫ 소리니 우리나랏 마ᄅᆞᆯ 正졍히 반ᄃᆞ기 올히 쓰논 그릴ᄊᆡ 일후믈 正졍音홈이라 ᄒᆞᄂᆞ니라 就쭝는 곧 因힌ᄒᆞ야 ᄒᆞ듯ᄒᆞᆫ ᄠᅳ디니 漢한字ᄍᆞᆼ로 몬져 그를 ᄆᆡᇰᄀᆞᆯ오 그를 곧 因인ᄒᆞ야 正졍音홈으로 ᄆᆡᇰᄀᆞᆯᄊᆡ 곧 因힌ᄒᆞᆫ다 ᄒᆞ니라 加강는 힘드려 ᄒᆞ다 ᄒᆞ듯ᄒᆞᆫ ᄠᅳ디라 譯역은 翻편譯역이니 ᄂᆞ미 나랏 그를 제 나랏 글로 고텨 쓸씨라
쏘正졍音홈으로ᄡᅥ곧因힌ᄒᆞ야더翻편譯역ᄒᆞ야사기노니

이 글에서 우선 주목하게 되는 부분은 협주에 기술한 正音의 성격

과 그 역할에 관한 규정이다. 이 부분을 따로 보기로 한다.

正音은 正ᄒᆞᆫ 소리니 우리나랏 마ᄅᆞᆯ 正히 반ᄃᆞ기 올히 쓰논 그릴ᄊᆡ 일후믈 正音이라 ᄒᆞᄂᆞ니라

正音에 대한 이러한 규정에서 우선 문제가 되는 것은 "우리나랏 말"을 어떻게 해석하느냐이다. 먼저, 조선의 음성언어, 즉 『訓民正音』 어제서문의 "國之語音"과 같은 의미로 해석할 수 있다. 그럴 경우, 그 의미가 "正히 반ᄃᆞ기 올히 쓰논 그릴ᄊᆡ"와의 연결에 문제가 드러난다. 조선의 諺語는 "正히", "반ᄃᆞ기", "올히"에서처럼 같은 의미의 말을 세 번씩이나 거듭하여 강조해야 할 정도로 규범음에 대한 절실한 요구가 있은 것이 아니었기 때문이다. 그렇다면 그러한 정확한 표음을 위한 기호 즉 正音이 필요했던 첫 번째 대상은 '變'과 '訛'가 심했던 조선의 한자음-國之字音-이었을 것으로 추정할 수 있다. 협주에서는 이를 "漢한字ᄍᆞᆼ로 몬져 그를 밍ᄀᆞ로 그를 곧 因인ᄒᆞ야 正졍音ᅙᅳᆷ으로 밍ᄀᆞᆯᄊᆡ"라 하였다. "正音으로 밍ᄀᆞᆯᄊᆡ"는 正音으로 注音한다는 것이다. 正音의 역할이 한자의 注音에 있음을 말한 것이다. 따라서 이 협주에서의 "正音"과 "우리나랏 말"의 관계는 문제를 안고 있다. 이는 '正音'과 '諺文'이 동의어가 아니라는 데서 기인한 문제이다.

『釋譜詳節』에 나오는 모든 한자는 東國正韻式 한자음으로 注音되었다. 서문의 협주에서 이를 "譯"이라 하여, "譯은 翻譯이니 ᄂᆞ믹 나랏 그를 제 나랏 글로 고텨 쓸씨라"라고 풀이하였다. 여기의 "ᄂᆞ믹 나랏 글"은 한자이고 "제 나랏 글"은 바로 正音이다. 그리고 외래어

인 한자음을 正音으로 고쳐 적는 것을 "翻譯"이라 하였다. 여기서 '남의 나라 글을 제 나라 글로 고쳐 쓰는 것'이라는 주석에 특히 주목할 필요가 있다. 왜냐하면, 正音으로의 '翻譯'과 언문으로의 譯, 즉 '諺譯'을 같은 의미로 볼 수 있는가 하는 문제가 있기 때문이다. 이를 바꿔 말하면, '以正音譯'과 '以諺文譯'이 동의어인가 하는 문제이다.

언문 창제자인 세종 외에 새 문자 체계에 관하여 이해가 가장 깊었던 인물들 가운데 한 사람이 首陽大君이었을 것이다. 그러기에 협주에서 正音과 관련하여 首陽大君이 진술한 내용에 특별히 주목하는 것이다. 보는 바와 같이, 『釋譜詳節』 서문에는 언문에 대한 언급은 없이 오직 正音에 대해서만 그 역할을 규정하고 있다. 그러면 언문에 대한 首陽大君의 인식은 어떠한 것이었는지 궁금하지 않을 수 없다. 그런데 이러한 궁금증을 다소나마 풀어줄 실마리가 위에 인용한 서문에서 발견된다.

"又以正音就加譯解"의 여덟 字는 마지막 글자 "解"를 제외하고 앞의 일곱 字는 그 각각의 뜻이 협주에서 모두 풀이되었다. 문제는 마지막 글자 "解"의 풀이만 보이지 않는다는 점이다. 국역에는 "譯解"를 "翻譯ᄒᆞ야 사기노니"로 두 글자를 서로 다른 의미의 동사 '번역하다'와 '사기다'로 각각 풀이하였다. 그런데 협주에서 "譯"에 대한 주석 "譯역은 翻펀譯역이니 ᄂᆞ미 나랏 그를 제 나라 글로 고텨 쓸씨라"로 풀이하였으므로 뒤이어 "解"에 대한 주석도 있어야 당연함에도 이를 외면한 채 협주를 마무리하였다. 본문의 여덟 글자에서 무슨 이유로 "解" 한 글자만 협주에서 배제하였는지 그 까닭을 그냥 지나칠 수 없다.

협주에서의 正音에 관한 규정에 따르면, 남의 나라 글을 제 나라 글로 고쳐 쓰는 '翻譯'에 사용되는 글은 正音이지만("正졍音흠으로 밍ᄀᆞᆯ씨") 正音으로 남의 나라 글을 제 나라말로 새기는(解) 역할까지 한다는 설명은 없다. "翻譯"은 正音이 맡은 몫이다. 그러나 "解"(사기다)는 제 나라말로 새겨야 하므로 正音이 아니라 언문이 그 일을 맡아야 한다는 것이 수양대군의 正音과 언문의 역할에 대한 인식이었던 것으로 보인다. 만약, 남의 나라 글을 제 나라 글 또는 말로 새기는 일도 正音으로 하는 것이라면, '解갱는 ᄂᆡ미 나랏 그를 제 나랏 말로 사길씨라'와 같은 "解"의 주석을 협주에 넣지 않았어야 할 이유가 없다. 위 서문의 주석을 통해서, 수양대군은 남의 나라 글을 제 나라 글로 고쳐 쓰는 것("譯:翻譯")과 남의 나라 글을 제 나라의 말로 새기는 것(解)이 다르다는 것을 암시하고 있음을 알 수 있다. 즉 전자('고쳐 쓰는 것')에 필요한 제 나라 글을 正音이라고 하는 데 반하여, 후자('새기는 것')에 필요한 글은 언문이라는 것이 正音과 언문의 차이에 대한 首陽大君의 인식이었음을 유추할 수 있다.

문제는 『釋譜詳節』에 '諺文'이란 용어를 쓸 수 없었다는 데 있었던 듯하다. 남의 나라 글(漢文)을 正音이 아닌 언문으로 새긴다는 주석을 넣을 수가 없었기에 아예 "解"의 주석만을 협주에서 제외한 것으로 생각된다. 이런 해석 말고는 본문의 여덟 글자 가운데 오직 "解"의 주석만을 협주에서 배제한 이유를 달리 찾을 수가 없다. "解"의 주석, '解갱는 ᄂᆡ미 나랏 그를 제 나랏 글로 사길씨라'가 협주에 있었다면, 이때의 '제 나랏 글로 사기는 것'은 '翻譯'이 아니라 '諺譯' 즉 언문으로 새기는 것인데, 首陽大君은 '諺文' 또는 '諺譯'이란 용어의 사용을 자제할 수밖에 없었던 것으로 보인다.

『釋譜詳節』을 지을 때(세종 28년 3월 경)에 새로 만든 문자 언문은 이미 문자로서의 지위와 역할을 正音에게 내주고 언문은 뒷전으로 밀려났을 정도로 신하들의 언문에 대한 불만과 거부감이 상상 이상으로 컸던 것으로 짐작된다. 새로 창제된 문자를 언문으로서가 아닌 正音이어야 한다는 신하들과의 대립이 빚은 정치적 상황이 '諺文'이란 용어의 사용을 어렵게 만든 것이다. 새 문자를 둘러싼 왕권과 臣權이 대립한 당시의 정치적 긴장 국면이 실록에 전혀 나타나 있지 않다. 실록 편찬과정에서 편찬을 주도한 權臣들에 의해 모두 걸러졌을 것이다. 언문 창제와 관련한 『世宗實錄』의 기록이 상식으로는 도저히 이해할 수 없을 정도로 소략하게 기술된 것이 결코 우연의 결과로 보이지 않는다.

위에 인용한 협주에서의 "翻譯"에 다시 주목한다. 왜냐하면, 당시에 이 단어와 함께 '以諺文譯'이란 표현이 쓰였으므로, '翻譯'과 '諺譯'의 의미를 각각 어떻게 이해하는 것이 옳은지 분명히 해둘 필요가 있기 때문이다. 세종 26년 2월에 '議事廳에 나아가 『韻會』를 諺譯하라'는 어명 "詣議事廳 以諺文譯韻會"(『世宗實錄』 26년 2월 丙申條)에 "以諺文譯" 즉 '諺譯'이 보이고, 또한 이 어명이 있은 나흘 뒤, 崔萬理 등이 올린 諺文制作反對上疏에 대한 세종의 답변에서 신하에게 이르는 말 가운데, "予若以諺文譯 『三綱行實』 頒諸民間 則愚夫愚婦 皆得易曉"의 대목에도 "以諺文譯"이 보인다.

『韻會』 언역에 대한 어명 "以諺文譯韻會"의 "以諺文譯" 즉 '諺譯'을 언문으로 한자에 注音하는 것에 그치는 일로 해석하기도 하는데, 만약 한자음을 正音으로 고쳐 적는 일이라면 "以諺文譯"이 아니라 정음으로의 翻譯 즉 '以正音譯'이라 했어야 옳다. 위에 인용한 수양대군의 『釋譜詳節』 서문에서의 "翻譯"에 대한 주석 "漢한字쫑로 몬져 그를 밍ᄀᆞᆯ오 그를 곧 因인ᄒᆞ야 正졍音흠으로 밍ᄀᆞᆯ씨 … 譯역은 翻편譯역이니 ᄂᆞ미 나랏 그를 제 나랏 글로 고텨 쓸씨라"가 그것을 말해주고 있다. 또한, 세종의 "以諺文譯『三綱行實』"의 "以諺文譯"이 한문으로 된『三綱行實』의 한자를 正音으로 注音하는 것에 그치는 것이라면, 한자를 모르는 "愚夫愚婦"에게 그 책이 전혀 소용없는 것임은 구태여 설명이 필요 없다. "以諺文譯" 즉 '諺譯'은 한문을 포함한 남의 나라 글을 제나라 말로 새기는 것이고, '以正音譯' 즉 '翻譯'은 남의 나라 글자의 소리를 正音으로 고쳐 적는 일이므로 '諺譯'과 '翻譯', 그리고 '以諺文譯'과 '以正音譯'은 그 의미하는 바가 같을 수 없다.

세종은 『韻會』를 언문으로 "以諺文譯"하라고 하였지 (訓民)正音으로 翻譯하라고 하지 않았다. 또한, 申叔舟가 주도하여 편찬한 『東國正韻』이나 『洪武正韻譯訓』은 한자음을 (訓民)正音으로 표음하는 것이었을 뿐 字釋이나 주석까지 제공하기 위한 것이 아니었다. 『東國正韻』이나 『洪武正韻譯訓』은 以(訓民)正音譯이었을 뿐, 以諺文譯이 아니므로, 申叔舟의 두 책의 서문에 오직 '(訓民)正音'만 등장할 뿐 '諺文'이 전혀 보이지 않는 것은 이 때문이다. 韻書의 字音과 더불어 字釋이나 주석까지 우리말로 옮긴다면 당연히 언문으로 해야 한다.『韻會』의 "以諺文譯"과 "以諺文譯『三綱行實』"이 바로 그것을 말하는 것이다.

해례본의 어제서문에 세종은 자신이 만든 문자 체계를 '諺文'이라 이르지 못하고 "新制二十八字"로 표현하였다. 이때 이미 '諺文'이란 명칭을 공식적으로 사용하기 어려운 상황이지 않았나 생각된다. 물론 이 책의 편찬 목적으로 미루어 그럴 수밖에 없었을 터이지만, 신하들이 편찬한 「解例」는 버젓이 "正音之作", "正音二十八字" 등, '正音'으로 일관하였고, "諺語", "國語"라는 용어를 쓰면서도 '諺文' 은 끝내 사용하지 않았다. 언문을 배척하는 신하들의 위세에 결국 세종은 한발 물러서야 했고 그런 의사 표시를 『釋譜詳節』을 통해 간접적으로 드러내 보이도록 한 것이다. 首陽大君은 본인의 생각과는 관계없이 『釋譜詳節』 서문에 '諺文'을 언급할 수 없었던 것이다. 언문과 正音의 차이를 잘 알고 있었을 수양대군이 협주에서 오직 正音에 관하여서만 언급하고, 언문이 필요한 글자 "解"의 주석은 아예 제외한 점, 그리고 『釋譜詳節』의 표기법과 서술 체재가 龍飛御天歌 및 月印千江之曲의 국문가사와 분명히 다르다는 점 등은 새 문자 언문을 둘러싼 당시의 대립 국면이 반영된 것으로 해석된다.

　새 문자 언문의 역할에 대하여 세종과 신하들과의 사이에 형성되었던 갈등과 대립의 상황에서 세종이 스스로 뜻을 굽히고 한 걸음 물러서는 태도를 『釋譜詳節』을 통해 보이도록 한 것이다. 이는 어디까지나 정치적 조처였다. 훙서한 昭憲王后의 명복을 비는 제의祭儀 성격의 『釋譜詳節』 편찬에 왕세자(훗날 문종)의 참여가 너무나 당연함에도 정작 왕세자를 바쁘다는 이유로 배제하고 둘째인 首陽大君으로 그 일을 주도하게 하였다. 신하들의 위세에 맞서지 못하고 한발 물러서는 모습을 보이는 일에 미래의 권력인 왕세자를 끌어들이는 것을 세종은 원치 않았던 것이다.

　훗날 왕위에 오른 수양대군 세조는 한자 학습서 『初學字會』에 註를 다는 일을 서두르라고 지시하였다(『世祖實錄』 권14, 세조 4년 戊寅 10월 己巳(15일)). 그 지시에 '正音'이 아닌 '諺文'이 사용되었다.

傳于承政院曰 頃者 判書崔恒 參議韓繼禧以諺文註初學字會 事未就而二人俱丁憂

『初學字會』에 註를 달라는 것을 "以諺文註"라고 하였지 '以正音註'라고 하지 않았다. 『釋譜詳節』 서문 협주의 正音에 관한 진술이 새 문자에 대한 수양대군 본인의 생각을 그대로 드러내 보인 것이라면 세조는 당연히 '以正音註'라 했어야 마땅하다. 首陽大君 곧 세조가 '諺文'과 '正音'의 역할이 어떻게 다른 것인지 정확히 알고 있었음을 알 수 있다.

〈制字解〉 서두의 "今正音之作"과 뒤이은 "正音二十八字" 등에 사용된 '正音'이 『龍飛御天歌』의 협주에도 보인다.

凡書地名 漢字之難通者 又卽以正音之字書之 人名地名 亦皆放此
(1:6)

한자로 적기 어려운 북방 野人들의 지명, 인명 등을 正音으로 표기한다는 것이다. 正音이 외국어 표기에 쓰이는 것을 언급한 가장 이른 기록이다. 세종 25년 12월의 실록 기사, 그리고 약 2개월 뒤의 「상소문」에는 새 문자를 오직 '諺文'으로만 지칭한 것으로 미루어 문자명 '(訓民)正音'은 이보다 뒤에 사용되기 시작한 것으로 추정된다.

"正音二十八字, 各象其形而制之"는 正音의 제자원리를 상형으로 규정한 것이다. 새 문자의 제자원리로 '象形'이란 술어가 쓰인 것은 〈制字解〉가 처음이다. 만약 언문반대상소를 올린 신하들이 상소문을 작성하기 전에 보고 읽었을 언문에 관한 세종의 글에 상형에 관한 언급이 있었다면, 그들이「상소문」에 이 원리에 관하여 아무 말 없이 그냥 넘어갔을 리 없다. 세종 25년 12월의 실록 기사는 "上親制諺文二十八字 其字倣古篆"이라고 하여 언문이 古篆을 본뜬 것이라고 하였으나 '象形'은 보이지 않는다. 이를 두고「解例」에서의 '象形'은 후에 추가된 원리라고 해석하기도 한다.「상소문」에 '象形'이 언급되지 않은 것으로 미루어 세종이 언문 창제를 공표하면서 내놓았을 최초의 교본〈訓民正音〉에 새 문자의 제자원리에 관하여 구체적으로 언급하지 않았던 듯하다. 새 문자의 제자원리를 둘러싸고 있을 수 있는 공연한 논란을 피하려는 뜻에서였을 것이다.

〈制字解〉지면紙面의 상당한 부분이 易理에 따른 해석이 차지하고 있다는 사실은 주목할 일이다. 易理 해석은「解例」편찬자의 것임이 분명하고, 또한, 해석은 어디까지나 해석일 뿐이므로 이를 제자원리에 관한 논의에 섣불리 끌어들이는 것을 경계할 필요가 있다. 이는 곧 제자원리와 제자원리에 대한 해석의 원리를 엄격히 구별해야 할 필요를 말하는 것이다. 다음에 중요한 일은, 제자원리에 대한 명제나 설명 가운데 과연 어느 것이 세종의 것이고, 어느 것이 편찬자의 해석과 설명인지를 가려내어 살피는 일일 것이다. 우리의 주된 관심은 세종의 제자원리이지 제자원리에 대한「解例」편찬자의 해석이 아니다.

2) 初聲凡十七字-제자원리의 재조명

'初聲'이란 술어가 세종에 의한 것임은 어제문 例義의 "終聲復用初聲"에서 알 수 있다. 初聲을 위한 글자가 17이었다 하여 당시 국어의 자음 체계가 17음 체계였을 것이라고 속단하기 어렵다. 언문을 창제할 당시 세종이 확인한 국어의 음소 체계가 정확히 어떤 모습이 었는지 아직 단정하여 말할 수 있는 형편이 아니다.

해례본, 특히「解例」를 해체하고 분석하는 주된 목적이 28자로 이루어진 문자 체계의 구성 및 제자원리에 대한 세종의 생각에 한 걸음 더 가까이 다가가려는 데 있지만, 그렇다고 언문 제자의 기반이 되었을 당시 국어 음소 체계의 재구를 시도하려는 것은 아니다. 표음 문자일지라도 문자 체계에 관한 논의에 음소 체계에 관한 문제를 너무 밀착시키는 일을 경계하기 때문이다. 이 둘 사이의 관계에 일정한 거리를 두지 않으면, 문자 즉 자소와 이를 통해 표상되는 음소가 언제나 1:1의 관계일 것으로 오해할 수 있고, 그것에 따르는 불필요한 논란이 있을 수 있기 때문이다.

〈制字解〉는 기본자 'ㄱ,ㄴ,ㅁ,ㅅ,ㅇ'을 "牙音ㄱ, 象舌根閉喉之形. 舌音ㄴ, 象舌附上齶之形. 脣音ㅁ, 象口形, 齒音ㅅ, 象齒形. 喉音ㅇ, 象喉形."으로 서술하여 이들이 발성 및 조음기관의 움직임이나 모양을 본떠 만든 것으로 설명하였다. 그런데 鄭樵의 六書略에 수록된「起一成文圖」에 언문 다섯 기본자와 너무도 닮은 자형들이 보인다. 세종이「起一成文圖」를 참고하였는지는 확인할 길이 없다.「解例」에서 初聲의 제자원리를 상형으로 설명한 것이 편찬자 자신들의 해석인지 아니면 세종이 언문 창제를 공포하면서 함께 내놓았을 새 문자에 관한 글 교본〈訓民正音〉의 진술을 참조한 것인지 확인할 수 없다.

"牙音ㄱ, 象舌根閉喉之形"의 설명처럼 과연 혀뿌리로 목구멍을 막았을 때 혀의 모양을 본떠 'ㄱ'을 제작하였을 것으로 믿기가 망설여진다. 또한, "脣音ㅁ, 象口形"에서 입술의 모양이 과연 사각형인 가 하는 의문도 외면하기 힘들다. 그러나 "舌音ㄴ, 象舌附上齶之形" 과 "喉音ㅇ, 象喉形"은 의문의 여지가 없으므로 初聲 기본자의 제자 원리에 대해 문제를 제기하기보다는 〈制字解〉의 기술을 우선 있는 그대로 받아들이기로 한다. 기본자의 상형의 원리에 못지않게 중요 한 것이 뒤에 나오는 가획의 원리다.

(1) 加畫之義

〈制字解〉는 初聲의 경우, 기본자 'ㄱ, ㄴ, ㅁ, ㅅ, ㅇ' 다섯과 여기에 획을 더하여 만든 9자, 그리고 가획의 원리와 무관하다는 'ㆁ, ㄹ, ㅿ' 등 모두 17자의 제작에 대하여 설명하고 있다. 획을 더하여 만든 9자 는 그 가획의 원리가 소리의 세기 "厲"에 따른 것이라 하여 "ㅋ比ㄱ, 聲出稍厲, 故加畫. ㄴ而ㄷ, ㄷ而ㅌ, ㅁ而ㅂ, ㅂ而ㅍ, ㅅ而ㅈ, ㅈ而 ㅊ, ㅇ而ㆆ, ㆆ而ㅎ, 其因聲加畫之義皆同."으로 설명하였다. 그러 나 획을 더하지 않고 만들었다는 'ㆁ, ㄹ, ㅿ' 3자는 "異", "異其體"라 고만 하였을 뿐 이들의 제작 과정에 대해서는 이렇다 할 설명 없이 그냥 넘어갔다. 이는 기본자를 제외한 初聲 12자의 제작에 대한 설 명이 과연 제자원리에 대한 확실한 이해를 바탕으로 한 것인지 의문 을 갖게 한다.

가획의 기준이 되는 厲에는 "稍厲" 외에도 "最不厲", "不厲" 등으 로 소리의 세기를 구별하였다. "ㄴㅁㅇ, 其聲最不厲"라 하였으나, "ㄴ而ㄷ"에 적용된 소리 세기의 기준과 "ㄷ而ㅌ"에 적용된 소리 세 기의 기준이 과연 어떻게 얼마나 같거나 다른 것인지에 대한 설명은 없다. 단지 "厲"와 "稍厲", 그리고 "最不厲"와 "不厲"라고만 하였을 뿐, 그 차이에 대한 어떤 구체적 기준을 제시하지 않은 채, "其因聲加畫之義皆同"으로 가획의 원리에 대한 설명을 마무리 지었다.

厲의 기준만이 문제가 아니다. 'ㅇ'에 뚜껑을 얹은 'ㆆ'은 厲에 따른 가획으로 처리하고, 같은 ㅇ에 꼭지를 붙인 'ㆁ'은 "異"라 하였다. 'ㅇ'에 세로꼭지를 붙여 소리의 방출을 표상한 'ㆁ'도 가획으로 제작된 글자이다. 다만 그 가획이 "厲"에 의한 것이 아닐 뿐이다. 또한, 'ㅅ'에 뚜껑을 얹은 'ㅈ'은 가획이고 같은 'ㅅ'에 밑을 댄 'ㅿ'은 "異其體"로 규정하였다. 또 'ㅈ'과 'ㆆ'에 꼭지를 붙인 'ㅊ'과 'ㅎ'은 둘 다 가획의 원리를 따른 것이라면서 왜 'ㅇ'에 꼭지를 붙인 'ㆁ'만 "唯ㆁ爲異"로 처리하지 않으면 안 되었는지에 대한 합당한 설명이 없다. 앞에서 분명히 "其因聲加畫之義皆同"이라 말해놓고 바로 다음 줄에 "無加畫之義焉"이라 하며 앞에서 제시한 제자원리를 간단히 뒤집었다. 그리고 이에 대해서 아무런 변명도 없이 서둘러 제자원리에 대한 易理 해석으로 넘어갔다. 따라서 〈制字解〉의 "厲"에 의한 "加畫之義"는 제자원리에 대한 「解例」 편찬자의 해석의 원리이지 세종의 제자원리라고 보기 어렵다.

가획으로 제작된 글자들에 보이는 공통된 특징에서, 가획이 글자에 뚜껑을 얹거나 밑을 댄 가로획의 형태, 그리고 꼭지를 붙인 세로획의 형태로 나뉘어 있음을 볼 수 있다. 'ㆆ,ㄷ,ㅈ,ㅿ' 등이 전자에 해당하고 'ㆁ,ㅊ,ㅎ' 등이 후자에 해당한다. 가로획은 소리의 방출을 막는 표지로, 세로획은 반대로 소리의 방출을 나타내는 표지로 선택된 것이다. 그런데 정작 異其體라 할 만한 'ㅂ,ㅍ'은 가획으로, 그리고 가획이 분명한 'ㅿ'은 'ㄹ'과 함께 "異其體"로 처리하는 등 가획의 기준에서 일관성을 찾기 힘들게 되어 있다.

우선 'ㄴ→ㄷ→ㅌ'부터 살펴본다. 'ㄴ'에 뚜껑을 얹어 'ㄷ'을 만든 것은 소리의 방출을 막는다는 것을 보이기 위한 것으로 보면 이해가 쉽다. 'ㄴ'에 뚜껑을 얹어 'ㄷ'을 만들었으니 다음은 'ㄷ'에 위로 향한 세로꼭지를 붙여 소리의 방출(有氣音)을 보이는 방법으로 이어지는 것이 순리일 것이다. 그러면 그 자형은 'ᅚ'(ㅌ)이 된다. 막힌 소리 'ㄷ'이 꼭지를 통해 소리가 방출되는 것을 보이기 위한 것이니 가획의 뜻을 잘 반영한 자형이 된다. 문제는 이렇게 만든 글자 'ᅚ'은 그 뜻이 고약한 한자 'ᅚ'과 모양이 너무도 똑같다는 데 있다. 이 글자를 그대로 쓴다는 것은 아무래도 거북하므로 변형이 필요하다. 방법은 세로꼭지를 'ㄷ'의 안에 넣는 것이다. 결과는 'ㅂ'을 옆으로 누인 모양이 된다. 그런데 이 형태는 'ㅍ'과도 비슷하여 혼동을 피하기 어려운 모양이다. 또한 'ㄸ'과도 비슷한 모양이어서 이것 역시 선택할 바가 못 된다. 남은 방법은 'ㅌ'이 최선이었다.

다음은 'ㄱ→ㅋ'이다. 'ㄱ'에 꼭지를 붙여 그 소리의 방출을 보여야 했다. 그러나 'ㄱ'에 세로꼭지를 붙인 글자는 합자에서 문제가 생긴다. 즉 '국'이라는 합자의 형태에서 이것이 '구+ㄱ'인지 아니면 '그+k^h'인지 구별하기 어렵게 된다는 문제가 있다. 따라서 'ㄱ'에 붙이는 세로꼭지를 'ㄱ' 안쪽에 넣는 수밖에 달리 방법이 없다. 결과는 ㄲ과 흡사한 자형이 된다. 이것 역시 취할 바가 못 된다. 따라서 ㅌ의 경우와 같이 세로꼭지를 가로 뉘어 ㅋ을 만드는 것이 최선이었다.

가획의 뜻을 살리는 것도 중요하지만 더욱 중요한 것은 가획에 따라 만든 글자가 서로 분명한 변별적 특징을 보이는 자형이어야 한다는 점이다. 세종은 새 문자의 제작에서 음가에 대한 고려 외에 자형의 변별성을 중요시하였다. 다른 어떤 문자들에서도 보기 힘든 언문 글자들의 자형이 보여주는 뚜렷한 변별성이 이를 말하여주고 있다. 결과적으로 이 기준에 잘 맞지 않게 된 글자가 'ㆁ'과 'ㅿ'이다. 'ㅿ'의 경우, 붓으로 쓸 때, 初聲에 쓰인 경우도 그렇지만 특히 終聲의 위치에 'ㅿ'인지 'ㆁ'인지 구별이 어렵게 되어 있다. 'ㆁ'을 'ㅜ' 밑에 쓰는 경우를 예로 들면, '풍류風流'의 '풍'이 푸+ㆁ인지 푸+ㅇ인지 식별이 어렵다. 이를 피하려 애써 'ㆁ'을 옆으로 옮겨 쓰면 거의 '풍'처럼 보이는 예가 15세기 문헌에 보인다. 이 두 글자가 오래 쓰이지 못하게 된 것은 그 자형에도 원인이 있지 않았나 싶다.

(2) 半舌音 ㄹ, 半齒音 ㅿ

初聲 17자 가운데 그 제자원리를 밝히기 어려웠던 것 가운데 하나가 'ㄹ'이었을 것이다. 「解例」는 이를 "象舌之形而異其體"라 하였다. 半舌音 'ㄹ'은 어두에서 舌音 'ㄴ'과 쉽게 넘나드는 音이다. '러울'(獺,「解例」, 用字例), '넝우리'(獺,『訓蒙字會』-初, 上:10), '낛'(釣,「解例」, 合字解), '락시'(鉤,『新增類合』上:15) 등에서 그 예를 볼 수 있다. 또한, 舌音 'ㄷ'은 初聲에서 半舌音으로 실현되는 현상에서 두 音의 음운론적 연관성을 볼 수 있다. 중세어에 '-다가, -더니, -다' 등의 어미가 음운론적 조건에 따라 '-라가, -러니, -라' 등으로 교체되는 현상은 잘 알려져 있다. 〈終聲解〉에서 "如入聲之彆字, 終聲當用ㄷ, 而俗習讀爲ㄹ, 盖ㄷ變而爲輕也."라고 하여 한자음의 終聲 'ㄷ'이 'ㄹ'로 실현되는 현상을 언급하였다.

『東國正韻』 서문에 조선 한자음의 변화(ㄷ>ㄹ)에 대한 언급이 있다. "質勿諸韻, 宜以端母爲終聲, 而俗用來母, 其聲徐緩, 不宜入聲,

此四聲之變也. 端之爲來, 不唯終聲, 如次第之第, 牧丹之丹之類, 初聲之變者亦衆. …中略… 又於質勿諸韻, 以影補來, 因俗歸正, 舊習譌謬, 至是而悉革矣"라 하여, 終聲에서의 端母(ㄷ)가 來母(ㄹ)로 변한 '質·勿'의 경우를 들고, 終聲에서뿐만 아니라 初聲에서도 이와 같은 변화가 있음을 말하면서 '次第'의 '第', '牧丹'의 '丹'을 예로 들었다. 終聲에서의 'ㄷ>ㄹ'의 문제를 'ㄹ'(來母)에 'ㆆ'(影母)를 붙이는 소위 '以影補來'(ㅭ)로 절충하는 방법을 시도하였으나 결국 대세의 흐름을 막지는 못하였다. 국어에서 한자음 終聲 'ㄷ'은 'ㄹ'로 자리를 굳혔고, 初聲에서도 '次第'는 [차례]로, '牧丹'은 [모란]으로 15세기 국어에서의 'ㄷ>ㄹ'의 변화가 그대로 오늘에 이어지고 있다.

初聲을 위한 글자를 만들면서 세종이 가장 고심한 것이 'ㄹ'과 'ㅂ'이 아니었을까 생각된다. 글자의 모양에 그 고심의 흔적이 보이기 때문이다. 'ㄹ'의 경우, 「解例」는 'ㅿ'과 더불어 "異其體"로 처리하였을 뿐 다른 어떤 설명도 없다. 「解例」 편찬자가 이들의 제자원리를 제대로 설명할 수 없음을 스스로 인정한 것이다. 새 문자 창제에 「解例」 편찬자가 어떤 형태로든 참여하였다면 "異其體" 운운하는 것은 있을 수 없는 일이다.

半齒音으로 분류된 'ㅿ'의 경우는 齒音 'ㅅ'에 밑을 막아 소리가 입안에 머무는 것을 보이는 형태이면서 그 자형에 齒音의 기본자 모습을 유지하고 있으므로 별로 문제될 것이 없다. 그러나 半舌音 'ㄹ'의 경우는, 그 글자에 舌音의 기본자 'ㄴ'과 함께 'ㄷ'의 모습도 반영해야 한다는 문제를 가획으로 해결하기 어렵다는 고충이 있었을 것은 짐작할 만하다. 舌音 기본자 'ㄴ'에 뚜껑을 얹어 'ㄷ'을 만들었고, 'ㄷ'에 세로꼭지를 붙인 것이 'ㅌ'인데 이를 그대로 받아들일 수 없어 결국 'ㅌ'에 이르게 된 것이니 'ㄴ'이나 'ㄷ'에 또다시 가획하여 半舌音을 나타내는 글자를 만들 수 있는 길을 찾기란 쉽지 않은 일임은 짐작이 어렵지 않다.

세로획이든 가로획이든 기본자 'ㄴ'에 가획하여 半舌音을 나타내는 글자를 만들 방법을 찾기 어려우니 남은 선택은 舌音 'ㄴ'과 'ㄷ'을 하나로 결합하는 방법을 생각할 수도 있었을 것이다. 그러나 이들을 어떤 방법으로 결합하든 합자의 자형으로는 初聲 17자 체계의 일원이 될 수 없다. 따라서 'ㄴㄷ'과 같은 合用並書의 형태는 고려의 여지가 없다. 그렇다면 'ㄴ'과 'ㄷ'을 하나의 형태로 융합하는 방법을 찾아야 한다. 그 하나가 'ㄴ'에 'ㄷ'을 얹어 'ㅌ'과 같이 만드는 일인데, 'ㅌ'은 'ㄷ'에 가획하여 이미 만들어 놓은 글자이므로 이 방법 역시 고려의 대상이 될 수 없다. 또 다른 방법은 'ㄷ' 위에 'ㄴ'을 얹어 'ㅌ'과 같은 자형을 만드는 것이다. 이 형태는 'ㄴ'과 더불어 'ㄷ'의 모습을 지닌다는 점에서 선택할 여지가 있어 보인다. 'ㄴ:ㅌ'은 그 형태만으로 'ㄱ:ㅋ'에서와 같은 대립을 보인다는 점에서 고려해 볼 만한 후보였을 것이다. 새 문자를 창제하는 과정에서 세종은 여러 형태의 자형을 만들어 보고 그 선택 가능성을 여러모로 시험하고 또 검토에 검토를 거듭하였을 것이다. 그런데 'ㅌ'이 'ㄴ'과 'ㄷ'이 융합된 형태로 보인다는 점에서 半舌音을 위한 글자로서는 그럴듯하게 보이기는 하지만, 이는 또한 단순히 두 개의 'ㄴ'자를 위아래로 포개놓은 連書의 형태로 볼 수도 있다는 문제점을 안고 있다. 'ㅌ'을 오직 'ㄴ'과 'ㄷ'이 융합된 형태로만 볼 것을 강요할 수는 없는 일이다.

어떤 어려운 문제에 맞닥뜨려 그 해결 방법을 찾지 못해 오랫동안 고심하는 경우, 이를 타개할 방법을 멀리서 구하는 대신 가까이에서 간단한 발상의 전환만으로 뜻밖의 해결책을 얻는 경우가 있다. '窮卽 變 變卽通'(『周易』)이라 하지 않았는가. 'ㄴ'과 'ㄷ'의 또 다른 융합 방법이 그것이다. 'ㄷ'의 생긴 그대로의 형태를 마냥 고집할 것이 아니라 'ㄷ'자를 옆으로 돌려놓는 생각의 전환으로 'ㄱ'을 얻고 이를 'ㄴ' 위에 얹으면 'ㄹ'이 된다. 'ㄹ'과 'ㄴ'은 'ㄴ'이라는 형태를 공유하면서 동시에 'ㄱ'을 변별 형태로 가지므로 'ㄴ:ㄹ'은 나무랄 데 없는 대립의 조건을 갖춘 글자들의 짝이 된다. 문자 체계에 들어갈 수 있는 자격을 충분히 갖춘 새 글자의 탄생이다.

혹시 'ㄹ'을 'ㄱ+ㄷ'의 결합으로 볼 수도 있는 가능성을 지적할 수 있지만, 이는 半舌音이라는 음운 조건과 전혀 맞지 않을뿐더러 半舌音을 위한 글자에 'ㄱ'이 있어야 할 이유가 없다. 만약 'ㄹ'을 'ㄱ+ㄷ'의 결합으로 보려 한다면 'ㅁ'도 'ㄴ+ㄱ'의 맞물림으로 보아야 한다는 주장과 만나게 된다. 'ㄴ'과 'ㄷ'을 모두 아우르는 半舌音의 자형으로 'ㄹ'보다 더 나은 형태를 생각해 내기 어렵다. 'ㄹ'은 세종의 창의성을 유감없이 보여준 글자 가운데 하나이다. 「解例」편찬자가 'ㄹ'의 제작 과정을 제대로 밝히지 못하고 이를 "異其體"로 처리할 수밖에 없었던 것은 별로 이상한 일이 아니다.

어떤 연구에서는 'ㄹ'을 이와 비슷한 자형을 가진 다른 나라의 문자에서 가져온 것으로 보기도 한다. 물론 그랬을 수도 있다. 그러나 단순히 자형의 유사성에 근거하여 이 글자의 기원을 말하는 것은 'ㄹ'자에 담긴 이 글자의 음운론적 성격을 외면한 주장이다. 어느 나라 문자에서 'ㄹ'과 같거나 아니면 이와 유사한 글자가 있다 하더라도, 半舌音을 위한 글자에는 舌音 'ㄴ'과 'ㄷ'의 음운론적 연관성이 드러나야 한다는 제자원리의 필요에 따라 만든 글자가 곧 'ㄹ'이라는 점에 주목하면, 다른 나라의 문자를 모방한 것이라는 'ㄹ'자의 기원에 관한 주장에 관심을 보여야 할 이유가 없다.

제자원리와 관련하여, 언문 28자, 특히 初聲 17자의 기원에 관한 여러 주장이 끊이지 않고 있다. 다른 나라, 다른 문명권에서 사용한 글자들에서 언문의 'ㄱ'이나 'ㄴ, ㄷ, ㅇ' 등과 거의 유사한 형태를 찾아내기는 그리 어렵지 않을 수도 있다. 비교적 단순하고 기본적인 형태의 특징을 지닌 언문 글자와 다른 나라 글자와의 형태적 유사성에 주목하여 그 기원을 논하려 한다면 끝이 없을 것이다. 중요한 것은, 개별 글자의 제작 방법뿐만이 아니라, 하나의 체계를 이루고 있는 28자의 구성 원리이다. 그것은 곧 자형의 형태적 대립과 음운적 연관성이다. 'ㄴ:ㄷ', 'ㄴ:ㄹ', 'ㄷ:ㄹ'은 이 두 조건을 흠잡을 데 없이 충족하고 있다.

「解例」는 'ㅿ'을 "象齒之形而異其體", "無加畫之義"로 설명하였으나 기본자 'ㅅ'의 밑을 막아 그 소리가 입안에 머무는 것을 표상하려는 것이 이 글자의 제작 의도이다. 'ㅿ', 'ㅁ'과 'ㅇ'은 닫힌 공간을 모습을 보이는 글자들이다. 그 형태적 특징의 공통점에서 이들의 음성적 자질의 공통점을 볼 수 있는 것은 우연이 아니다.

(3) 脣音 ㅁ, ㅂ, ㅍ

'ㄹ' 다음으로 세종을 힘들게 했던 제자가 바로 'ㅁ'에서 'ㅂ'을 만들어내는 일이었을 것이다. 'ㅁ'자는 거의 정4각형 모양이다. 소리가 밖으로 방출되지 않고 입안에 머무는 것을 보이려는 뜻을 담은 닫힌 공간의 형태이다. 이처럼 닫힌 형태의 기본 글자에 'ㅁ' 외에 'ㅇ'이 있고 'ㅅ'에 가획한 'ㅿ' 역시 닫힌 공간의 형태이다. 따라서 'ㅁ'과 같은 형태의 글자에 획을 더하여 새 글자를 만들려면 닫힌 형태 안에 가획하는 것은 좋은 방법일 수 없다. 글자의 모양이 옹색해지는 것은 물론, 글자의 음운적 특성을 보이기 어려워진다는 문제가 있기 때문이다. 세종은 이 점을 잘 이해하였던 듯하다.

'ㅁ'의 경우는 한쪽이 열린 'ㄱ'(→ㅋ)이나 'ㄷ'(→ㅌ)의 경우와 다르므로 오직 글자의 밖에 가획하는 방법을 택할 수밖에 없다. 그런데 'ㅁ'에서 소리의 방출을 나타내는 [p]에 합당한 글자를 만들기 위해 ㅇ이나 ㅊ, ㅎ의 경우처럼 'ㅁ'의 위에 세로꼭지를 붙이는 방법이 있다. 그런데 세종은 이 방법을 택하지 않았다. 이 방법을 택하면, [읍]을 나타내는 글자의 형태가 '움'이 되어 이것이 '으+p'인지 아니면 '우+ㅁ'인지 식별이 어렵게 된다. 문제는 'ㅁ'이 사방이 막힌 닫힌 공간의 형태라는 데 있다. 어떤 형식으로든 이 구조의 제약을 극복해야 소리의 방출을 시각적으로 드러내 보이는 형태를 얻을 수 있다. [p], [pʰ]을 위한 글자를 만들어야 하는 세종의 고심은 바로 기본자 'ㅁ'의 구조적 특징과 그에 따른 제약을 어떻게 극복 또는 활용하여 원하는 목적을 이루느냐에 있었을 것이다.

이 문제를 해결하기 위해 또 한 번 발상의 전환을 시도한 세종의 창의력을 다시 보게 된다. 半舌音을 위한 글자를 만들기 위해 'ㄷ'자를 옆으로 돌려 'ㄱ'으로, 그리고 이것을 'ㄴ' 위에 얹어 'ㄹ'을 만들었듯이, 가획에만 매달리지 않고 4개의 면으로 이루어진 형태의 'ㅁ'에서 어느 한 면을 이동시켜 변형을 꾀하는 방법으로 문제를 해결하였다. 즉 'ㅁ'에서 윗변을 아래로 끌어내려 'ㅂ'과 같은 형태를 만들면, 아랫부분은 기본형 'ㅁ'을 유지하면서 윗부분은 위로 터져 열린 형태가 된다. 'ㅁ'을 변형하여 소리의 방출을 나타내는 형태로서 나무랄

데 없는 자형이다.3) 여기서 반드시 주의 깊게 살펴야 할 것이 있다. 'ㅁ'의 윗변을 아래로 이동시키되 그 가로획의 위치는 'ㅁ'의 세로 높이의 1/3 지점에 멈추었다는 점이다. 높이의 1/2인 중간까지 내려오게 하여 우리가 흔히 보는 'ㅂ'의 형태가 되게 하지 않았다. 그 이유는 짐작이 어렵지 않다. 윗변을 높이의 1/3 정도까지만 끌어 내렸으면, 이번에는 밑변을 위로 1/3 지점까지 끌어 올릴 수 있어 'ㅁ'을 정확히 세로로 3등분한 사다리꼴 모양의 글자를 추가로 얻을 수 있게 된다. 그러나 이는 中聲의 'ㅒ'(ㅑ+ㅣ)와 흡사한 모양이어서 中聲과의 합자는 물론 자형의 생명인 변별성에 문제가 있다. 이런 문제를 사다리꼴의 글자를 옆으로 누이는 방법으로 간단히 해결하였다. 이렇게 하여 얻은 글자가 바로 'ㅍ'이다. 'ㅂ'이 위로만 터진 모양인 데 비하여, 'ㅍ'은 기본자의 양쪽이 옆으로 터진 모양이어서 마치 소리의 방출이 'ㅂ'의 배가 되는 모습이다.

'ㅁ'의 윗변은 아래로, 아랫변은 위로 각각 높이의 1/3씩 이동하여 얻은 'ㅂ'과 'ㅍ'은 기본자 'ㅁ'에 획을 더한 것이 아니라 기본자의 획을 움직여 옮겼음에도 그 기본자의 형태 'ㅁ'을 어김없이 유지하였다는 점, 그리고 가획이 아닌 기본자의 획을 옮기는 방법만으로 자형에서 'ㅁ:ㅂ'의 대립, 그리고 'ㅂ:ㅍ'의 대립을 훌륭히 보여줄 수 있다는 것이 이 두 글자의 자랑이다. 기본자의 획을 약간 옮기는 것만으로 마치 획을 덧붙인 모양을 보이는 결과를 끌어내었다는 것은 'ㅁ'의 형태적 특징에 대한 세종의 깊은 이해가 있었기에 가능한 일

---

3) 'ㅂ'의 자형에 관한 논의에서 이 글자의 형태는 이 글의 것이 아니라 〈制字解〉 및 〈用字例〉에 등장하는 'ㅂ'자를 참조해야 한다.

이다.

　혹자는 'ㅂ'을 'ㄴ'에 가로획을 넣어 만든 글자라고도 한다. 그러나 'ㄴ'은 기본자가 아니고 또한 그 출처도 알 수 없다. 또 어떤 연구자는 'ㅁ' 양쪽에 날개를 붙인 글자로 보기도 한다. 그러나 날개를 2개씩이나 달아야 하는 이유를 설명하지 못하는 한계가 있다. 더군다나 'ㅍ'의 경우는 4개의 날개를 붙인 이유를 설명할 수 있어야 한다. 'ㅁ'으로부터의 'ㅂ, ㅍ'은 가획으로 설명되지 않는 자형들이다.

　「解例」는 "ㅁ而ㅂ, ㅂ而ㅍ …中略… 其因聲加畫之義皆同"이라 하여 이들의 제자원리를 가획으로 처리하였다. 「解例」 편찬자는 'ㄹ'은 물론 'ㅁ'에서 'ㅂ'과 'ㅍ'을 제작한 방법과 과정을 전혀 파악하지 못하였다. 가획이 아니라 획을 옮겨 만든 'ㅁ→ㅂ→ㅍ'은 그 형태에서 결코 혼동할 수 없는 또렷한 자형의 변별성을 보이면서 동시에 이들이 나타내는 흡의 대립을 명확히 보여준다는 점에서도 'ㄹ'과 더불어 세종의 뛰어난 창의력을 유감없이 보여주는, 그리고 언문을 빛내주는 걸작들이라 할 수 있다.

　'ㅂ'자의 가장 두드러진 형태적 특징이 바로 글자 안에 있는 가로획의 위치에 있음은 앞에서 언급하였다. 글자 안의 가로획이 위로부터 1/3되는 지점에 머물다 보니 마치 가로획을 어깨에 걸쳐 놓은 듯하여, 글자의 중간 허리에 자리 잡았을 경우의 형태보다 전체적으로 균형을 잃은 약간 껑충한 모습이다. 그러나 이런 형태적 특징이 바로 이 글자의 제작 방법을 보여주는 것이므로 결코 아무 생각 없이 보아 넘길 일이 아니다. 「解例」에는 'ㅂ'이 단독으로 9번, 合字나 並書 또는 連書의 형태로 41번 나온다. 이렇게 여러 번 쓰였음에도 단 하나의 예외도 없이 어느 경우에나 'ㅂ'의 가운데 가로획이 위로부터

1/3 되는 곳에 고정된 형태적 특징을 유지하였다. 이를 우연의 결과로 보기 힘들다. 글자를 새기는 작업자에게 내려진 이 글자에 대한 특별한 작업 지침이 없었음에도 특정 글자의 이런 형태적 특징이 그렇게 일관된 모습으로 새겨졌다는 것은 상상하기 어렵다.

'ㅂ'자의 이러한 특징적 형태는 세종 대에 印刊된 문헌들에 하나같이 그 모양에 흐트러짐이 없다는 사실에 주목할 필요가 있다. 『龍飛御天歌』, 『釋譜詳節』, 『月印千江之曲』(上), 『訓民正音』의 「解例」 등 어느 것에도 예외가 보이지 않는다. 그런데 『月印釋譜』에 실린 「世宗御製訓民正音」과 「釋譜詳節」 및 「月印千江之曲」에는 앞선 원본에 보이던 이 글자의 특징이 보이지 않기 시작한다. 『世宗實錄』(太白山史庫本, 세종 28년 9월 甲午)에 실린 訓民正音 어제문의 'ㅂ', 그리고 『世宗實錄』 樂譜 龍飛御天歌 국문가사의 'ㅂ' 역시 세종 당대의 문헌에 보이는 그 특징적 형태를 볼 수가 없다. 해례본은 발견될 당시 책 맨 앞의 두 장이 떨어져 없는 상태였다. 이 부분을 보사補寫한 이는 「解例」에 반복해서 등장하는 'ㅂ'자의 특징적 형태에 주목하지 못하고 흔히 보는 'ㅂ'으로 써넣은 것을 볼 수 있다.

(4) 喉音 ㅇ, ㆆ, ㅎ, ㆁ

初聲 17자 가운데 발성기관을 상형하여 만들었다고 확언할 수 있는 글자가 'ㅇ'이다. 세종이 관찰한 발성기관 목구멍의 모양은 'ㅇ'이었다. 喉音의 나머지 글자들을 기본자 'ㅇ'에 획을 더하여 만들었을 것은 짐작이 어렵지 않다. 'ㅇ, ㆆ, ㅎ'의 제자 과정을 살펴보면, 기본자 'ㅇ'에 뚜껑을 얹어 소리의 방출을 막은 것을 나타낸 성문폐쇄음 'ㆆ'을 만들고 여기에 위로 향한 세로꼭지를 얹어 소리의 방출을 나타낸 'ㆆ'을 만든 것이다. 〈制字解〉는 이 과정을 가획으로 설명하였다.

　언문은 애초에 'ㆆ'이 없는 27자였으나 후에 'ㆆ'이 추가되어 28자가 되었다는 주장이 있다. 그러나 'ㆆ' 없이 'ㅇ'에서 곧바로 'ㅎ'을 제작하였다고 생각한다면, 'ㅎ'은 문자 체계상 대립의 짝이 없는 외톨이가 된다. 언문 28자는 체계를 떠나서 생각할 수 있는 문자 체계가 아니다. 舌音 'ㄴ, ㄷ, ㅌ'의 경우, 'ㄷ'을 거치지 않고 'ㄴ'에서 곧바로 'ㅌ'을 만들었다고 생각할 수 없고, 齒音 'ㅅ, ㅈ, ㅊ'의 경우에도 'ㅈ' 없이 'ㅅ'에서 'ㅊ'으로 건너뛰는 과정은 생각할 수 없는 일이다. 'ㄴ→ㄷ→ㅌ'의 경우에서처럼 喉音도 'ㅇ→ㆆ→ㅎ'의 단계를 밟은 것이고, 'ㆁ'도 'ㅇ'에 꼭지를 얹어 제작된 것이다. 'ㆁ'은 聲韻學에서는 牙音으로 분류되나 제자의 면에서는 喉音으로 분류할 수 있다.

　당시 국어에 음소 /ㆆ/이 존재했었느냐의 문제는 음운 체계에서 논의할 문제이다. 문자 체계의 구성을 음운 체계에 맞추어 이들이 반드시 1:1의 대응 관계를 보이는 것이어야 한다는 생각에 갇히면 설명에 무리가 따른다. 세종이 창제한 것은 28자로 구성된 문자 체계이다. 앞에서(§3.2.1) 문자 체계와 음소 체계에 일정한 거리를 유지하면서 두 체계의 관계를 살펴야 할 필요성을 강조하였는데, 바로 문자 체계의 구성단위로서의 'ㅇ, ㆆ'과 이들의 음가와 관련한 문제에서 그 필요성이 다시 대두된다.

　初聲 17자 가운데서 음운론적 성격과 관련하여 비교적 많은 논의의 대상이 되어 온 것이 喉音 'ㅇ, ㆆ, ㅎ'이다. 이들 가운데서 특히 'ㅇ'이 과연 다른 음소들과 대립하는 음운론적 단위 즉 음소인가, 아니면 단순히 모음으로 시작하는 음절임을 보이기 위한 철자의 수단으로 만든 문자 체계상의 단위인가에 대해 많은 논의가 있다.

'ㆁ'은 聲韻學의 분류에서는 '不淸不濁의 牙音'이지만 喉音의 'ㅇ'과 불가분의 관계에 있음을 〈制字解〉에서 언급하고 있다("ㆁ雖在牙而與ㅇ相似"). 어제문 例義에 "ㄱ.牙音"으로 기술된 것이 「解例」에서는 "牙音ㄱ"이라 하였듯이 동일한 대상에 대한 서로 다른 記述上의 차이가 의미하는 바에 다시 주목하면, 창제 과정에서 제자의 토대와 음의 분류가 그 기반을 반드시 같이하는 것이 아니었음을 이해하는 데 도움이 될 것이다.

「解例」는 喉音 'ㅇ,ㆆ,ㅎ'과 'ㆁ'에 대한 설명에 유달리 많은 지면을 할애하였다는 점에 주목할 필요가 있다. 후음과 관련한 「解例」의 설명들을 아래와 같이 정렬하여 그 내용을 검토하기로 한다.

① 喉音ㅇ, 象喉形. …中略… ㅇ而ㆆ, ㆆ而ㅎ, 其因聲加畫之義皆同, 而唯ㆁ爲異.(制字解, 正音解例:1ㄴ-2ㄱ)

② 喉乃出聲之門, 舌乃辨聲之管, 故五音之中, 喉舌爲主也.(制字解, 正音解例:3ㄱ)

③ ㄱㄷㅂㅈㅅㆆ, 爲全淸. ㅋㅌㅍㅊㅎ, 爲次淸 …中略… ㆁㄴㅁㅇㄹㅿ, 爲不淸不濁.(制字解, 正音解例:3ㄴ)

④ 唯牙之ㆁ, 雖舌根閉喉聲氣出鼻, 而其聲與ㅇ相似, 故韻書疑與喩多相混用, 今亦取象於喉, 而不爲牙音制字之始.(制字解, 正音解例:3ㄴ-4ㄱ)

⑤ 唯喉音次淸爲全濁者, 盖以ㆆ聲深不爲之凝, ㅎ比ㆆ聲淺, 故凝而爲全濁也.(制字解, 正音解例:4ㄴ)

⑥ 且ㅇ聲淡而虛, 不必用於終, 而中聲可得成音也.(終聲解, 正音解

例:18ㄱ-ㄴ)

⑦ 五音之緩急, 亦各自爲對. 如牙之ㆁ與ㄱ爲對, 而ㆁ促呼則變爲ㄱ而急, ㄱ舒出則變爲ㆁ而緩. …中略… 喉之ㅇㆆ, 其緩急相對, 亦猶是也.(終聲解, 正音解例:18ㄴ)

⑧ 初聲之ㆆ與ㅇ相似, 於諺可以通用也.(合字解, 正音解例:22ㄴ)

喉音의 기본자 'ㅇ'의 제자는 ①의 "象喉形"에, 그리고 그 성격은 ②의 "喉乃出聲之門"에 잘 드러나 있다. ④에서 疑母 'ㆁ'은 喩母 'ㅇ'과 소리가 비슷하여 서로 혼용되고 역시 목구멍의 모양을 본뜬 것이나 牙音 글자 제작을 위한 기본자로 삼지 않았다고 하였다. 聲母 체계에서 牙音에 속하는 'ㆁ'이 'ㅇ'과 더불어 목구멍을 본떠 만들었다고 한 것에서 初聲 17자가 애초부터 韻書의 聲母 체계를 바탕으로 제작된 것이 아니었음을 알 수 있다.

'ㅇ'과 비슷한 소리는 'ㆁ'에 국한된 것이 아니다. ④에서 'ㆁ'이 'ㅇ'과 "相似"라 하였는데 ⑧에서는 'ㆆ'과 'ㅇ'이 "相似"라 하였다. 'ㆁ'과 'ㅇ'이 相似(명제 A)이고 'ㆆ'과 'ㅇ'이 相似(명제 B)라면 이 두 명제로부터 'ㆁ'과 'ㆆ'이 相似(명제 C)로의 연역을 기대할 수 있으나 ①~⑧에는 이에 대한 있을 법한 어떤 추론도 없다. 'ㆁ'과 'ㆆ'이 모두 목구멍을 상형한 기본자 'ㅇ'에서 만든 것이라 하였으면서도 'ㆆ'은 'ㅇ'에 가획한 것으로 설명하였고 'ㆁ'은 "爲異"라 하여 가획에 의한 제자가 아닌 것으로 처리하였다. 「解例」는 'ㅇ, ㆆ, ㆁ' 세 音의 상호관계를 오직 "相似"로만 설명하였을 뿐, 이들이 서로 어떻게 다른 소리인지를 보여주는 '相異'에 대한 설명은 제시하지 않았다. 韻書에 기댄 지식만으로는 이들의 相異를 제대로 설명할 수 없었기 때문이었던 듯하다.

喉音에 관한 서술 ①~⑧ 가운데 특히 ②에 주목할 필요가 있다. 목구멍(喉)을 "出聲之門"이라 한 것의 "出聲"을 오늘의 관점에서 해석하면 이는 곧 發聲을 말하는 것이다. 특히 목구멍을 門에 비유하고 이를 "出聲之門"이라 하였다는 것은 발성기관의 구조적 특성과 그 기능에 대해 상당한 관찰과 이해가 있었음을 보여준다. 오늘날 음성학에서 목청을 구성하는 부분을 '聲門'이라 하는 것과 일치한다는 점이 흥미롭다. ②에서 주목할 대상은 여기에 그치지 않는다. 뒤이은 "舌乃辨聲之管"이 그것이다. "出聲"이 오늘날 음성학에서의 발성에 해당하는 것이라면 "辨聲"은 조음에 해당하는 개념이다. 이로써 목구멍으로부터의 出聲인 'ㅇ'과 그 소리를 일시적으로 막은 'ㆆ'은 出聲의 범주에, 그리고 'ㅇ'을 "舌根閉喉"의 조음으로 그 소리를 코로 나오게 한 "聲氣出鼻"의 'ㆁ'은 辨聲으로 정리할 수 있다.

'ㅇ'은 聲門에서의 발성이고 그 소리를 일시적으로 폐쇄한 'ㆆ'은 'ㅇ'으로부터의 발성이 순간적으로 멈춰진 것에 그치므로 'ㆆ'은 음성적 자질 이상의 음운 단위에 포함되지 않는다. 이에 비해 소리의 방출이 멈추었던 기관을 열어 그 소리가 방출된 'ㅎ'은 'ㆁ'과 더불어 "辨聲" 즉 변별적 자질을 지닌 음소로 규정할 수 있다. 이로써 'ㅇ'은 비록 'ㆁ'과 비슷한 소리이지만 음운론적으로 대립하는 음소가 아니며, 'ㆆ' 역시 'ㅎ'과 음운론적으로 대립하는 음소가 아니지만, 이들은 문자론적으로 대립하는 자소이다. 음소의 층위에 들지 않는 'ㅇ, ㆆ'이 버젓이 初聲 17자 체계에 자리하고 있다는 사실이 문자 체계로서의 언문의 성격을 이해하는 데 도움을 준다.

喉音 'ㅇ'에 소리의 방출을 표상하는 꼭지를 붙여 제작된 글자 'ㆁ'

은 음운론적으로 牙音 'ㄱ'과 대립하는 음소이나, 문자론적으로는 'ㅇ'과 대립하는 자소이다. 「解例」는 'ㅇ'과 'ㆆ', 그리고 'ㅇ'과 'ㆁ'의 "相似"만을 언급하였을 뿐, 이들의 相異-변별적 자질-에 대해서는 직접적인 설명은 마련하지 않았으나, 이들을 ③에서 'ㆆ'은 全淸, 'ㅎ'은 次淸으로, 'ㆁ'과 'ㅇ'은 不淸不濁으로, 그리고 ⑦에서 'ㆁ'과 'ㄱ', 그리고 'ㅇ'과 'ㆆ'은 終聲에서 緩急의 상대가 된다고 하였다.

②의 "喉乃出聲之門, 舌乃辨聲之管"에서 특히 주목하게 되는 것이 "門"과 "管"이다. 門은 出入을 위한 장치이다. 소리의 출입을 개폐開閉의 관점에 門에 비유한 것이다. 管의 의미는 분명 '대롱'의 뜻으로 둥글고 긴 통 모양의 형태를 가리키는 것이다. 입안의 혀를 흔히 가로 놓인 둥글넓적한 형태로 생각하는데, 여기서는 이를 길둥근 형태가 특징인 대롱 즉 管에 비유하였다는 점에 주목하게 된다. 소리와 관련한 기관을 하나의 기관인 것으로 여기는 것에 머물지 않고, 목구멍(喉)을 발성기관의 門으로, 조음기관으로서의 혀(舌)를 管으로 보아 이를 각각 "出聲之門"과 "辨聲之管"으로 나누었다. 이는 발성 및 조음에 관련된 기관의 생체 구조와 그 기능에 대한 이해가 오늘날 해부학을 통해 얻은 현대 음성학 지식에 비견할 만한 수준에 이르고 있었음을 보여주는 괄목할 만한 명제이다.

「解例」에서 조음기관으로서의 혀의 역할에 관한 설명은, 〈制字解〉의 "牙音ㄱ, 象舌根閉喉之形", "舌音ㄴ, 象舌附上齶之形"(正音解例:1ㄴ), "唯牙之ㆁ, 雖舌根閉喉聲氣出鼻"(正音解例:3ㄴ) 등으로 이들은 모두 初聲에 관한 것들이고, "ㆍ舌縮而聲深", "ㅡ舌小縮而聲不深不淺", "ㅣ舌不縮而聲淺"(正音解例:4ㄴ-5ㄱ) 등은 中聲의 조음과 관련한 설명들이다. 〈中聲解〉에 "ㅣ於深淺闔闢之聲 並能相隨

者 以其舌展聲淺而便於開口也"(正音解例:16ㄴ)라는 설명, 그리고 〈合字解〉에 "ㅇ連書ㄹ下 爲半舌輕音 舌乍附上腭"(正音解例:22ㄴ) 등으로 初聲과 中聲의 여러 소리를 구별하여 발음하기 위한 혀의 작용을 설명하였다. 말소리를 위한 혀의 움직임을 "舌根閉", "舌附", "舌縮", "舌展" 등으로 설명하였으나 왜 혀를 대롱(管)에 비유하였는지에 대하여는 아무런 설명이 없다.

당연히 기대되는 설명 없이, 〈制字解〉는 "喉乃出聲之門, 舌乃辨聲之管"을 전제하고 이어서 "故五音之中, 喉舌爲主也"라는 결론을 내려 喉·舌에 관한 설명을 맺는다. 이와 같은 결론의 근거는 이 두 명제의 앞에 제시되어 있다. 喉와 舌을 각각 "喉邃而潤, 水也", "舌銳而動, 火也"(正音解例:2ㄱ-ㄴ)라 하여 五行의 '水·火'에 결부시키고, 이어서 이들을 "然水乃生物之源, 火乃成物之用, 故五行之中, 水火爲大"라 하여 '五音(牙,舌,脣,齒,喉)에서 목구멍(水)과 혀(火)가 발성과 조음의 主가 된다'는 결론을 내렸다. 이는 易理의 五行에 따른 해석이다. 문제는 「解例」가 이 두 명제 "喉乃出聲之門"과 "舌乃辨聲之管"을 易理에 기댄 해석에 그침으로써 이 명제들의 본뜻에 대한 충분한 설명을 제시하지 않았다는 점이다. 이는 이 두 명제가 「解例」 편찬자에게서 나온 것이 아니라는 추단을 가능하게 한다.

목구멍을 "出聲之門"이라 하여 소리가 나오는 곳을 門에 비유한 것과 달리, 혀를 "辨聲之管"이라 하여 대롱에 비유한 것은 설명이 필요하다. 입안의 혀는 둥글넓적한 가로놓인 형태이다. 그러나 혀의 안쪽 끝부분부터는 가로 놓인 형태가 아니라 목구멍의 아래쪽으로 내려가는 세워진 형태이다. 따라서 혀뿌리 곧 舌根은 눈으로 직접 보기 어려워 그 형태적 특징을 쉽게 확인해 볼 수 있는 기관이 아니다. 혀뿌리는 인두咽頭로 이어져 아래의 후두喉頭에 연결되는 구조이다. 인간의 목(頸部)이 길둥근 형태이듯 그 안의 기관들도 같은 형태 즉 길쭉한 대롱의 모양으로 되어 있다. 聲門에서 나온 말소리는 후두의 위쪽 인두를 따라 곧바로 올라가면 비강鼻腔으로 나와 비음鼻音이 된다. 이때 혀뿌리를 위로 올려 연구개軟口蓋의 입구를 막아 그 소리가 입안으로 유입되지 않고 위로 올라가게 된다. 이러한 조음 과정을 반영하여 만든 글자가 'ㅇ'에 세로꼭지를 붙인 'ㆁ'이다.

　연구개 끝의 목젖이 코로 통하는 길을 막고 입으로 통하는 길을 열면서 聲門에서 나온 소리가 90도로 꺾여 입안으로 들어와 밖으로 방출되는 소리의 터짐을 형상화한 글자가 바로 'ㄱ'임을 이해하면 이 글자의 형태와 그 소리와의 관계를 좀 더 분명하게 이해할 수 있을 것이다. 〈制字解〉에 "牙音ㄱ, 象舌根閉喉之形."이라 하였는데, 과연 이 설명이 편찬자의 관찰에서 비롯한 것인지 의심이 든다. 聲門에서 나온 소리는 둥근 대롱 형태의 통로를 따라 올라오다 혀뿌리 상단 부분에서 둘로 갈라진다. 하나는 위로 수직으로 올라가 비강으로, 다른 하나는 혀뿌리에서 직각으로 꺾여 입안으로 향한다. 이와 같은 'ㄱ' 형태의 통로를 거치는 소리의 진행 경로를 현대 음성학에서 '音聲導管'(vocal track)이라 하여 그 형태를 역시 管에 비유하고 있다.

　「解例」는 'ㅇ'과 'ㆁ' 및 'ㅇ'과 'ㆆ'의 相似에 관한 언급만을 반복하였을 뿐, "出聲"과 "辨聲" 두 기준의 대립을 통한 'ㅇ'과 'ㆆ' 그리고 'ㅇ'과 'ㆁ'의 相異에 대해서는 아무런 해설 없이 易理에 기댄 해석으로 이들에 대한 설명을 매듭지었다. 이는 「解例」 편찬자가 두 명제 "喉乃出聲之門"과 "舌乃辨聲之管"에 담긴 말소리의 생성("出

聲") 원리와 그 變容("辨聲") 과정에 대한 음성학적 지식을 제대로 갖추고 있지 않았음을 보여주는 것이다. 그렇다면 이들 두 명제는 세종에게서 비롯한 것으로 추단할 수밖에 없다. 이는 곧 세종이 聲韻學에 관한 지식은 물론, 신하들이 갖추지 못한 높은 수준의 음성학적 지식을 아울러 갖추고 있었음을 보여주는 것이다. 이와 같은 추단은 우리에게 오랫동안 궁금하게 여겼던 의문에 대한 해답의 실마리를 제공한다. 그 의문은 다름 아닌 崔萬理 등의「상소문」과 申叔舟의「東國正韻序」에서 만나는 것들이다.

「상소문」마지막 조항, 세종이 신하들을 꾸짖어 묻는 말에, '또 너희가 韻書를 아느냐? 四聲과 七音을 알며, 字母가 몇인 줄 아느냐? 내가 운서를 바로잡지 않으면 누가 이를 바로잡겠느냐("且汝知韻書乎 四聲七音 字母有幾乎 若非予正其韻書 則伊誰正之乎")라는 대목이 있다. 비록 임금이 자신의 신하들을 꾸짖어 묻는 것이지만, 그 어투가 마치 어린아이를 나무라는 듯하다. 상소를 올린 신하들의 학문이 비록 임금에 미치지 못하는 수준이라 하더라도 명색이 집현전학사들인데 아무려면 운서를 접한 적이 없어 한자의 四聲과 七音에 대해 전혀 무지하였을 리야 있었겠는가. 그러함에도 세종이 단순직 하급관리도 아닌, 상당한 수준의 학문적 소양을 갖춘 신하들을 이처럼 기볍게 대할 수 있었다는 것은, 세종의 학문이 신하들의 학문과 비교하기 어려울 정도의 높은 경지에 이르고 있었음을 보여주는 것으로 판단할 수 있다.

申叔舟는 중국어를 포함하여 여러 외국어에 능통하였을 뿐 아니라, 韻學에도 남다른 조예가 있었기에 조선 한자음을 개정하는『東國正韻』편찬의 책무가 맡겨졌을 것이다. 그러함에도 실제의 개정

작업에서 申叔舟는 세종의 의견이나 가르침을 일일이 구해야 했다는 것("一倂一分 一聲一韻 皆禀宸斷")은, 달리 말해 세종의 聲音에 관한 지식과 이해가 자신의 그것에 견줄 바가 아닌 정도의 높은 수준이었음을 실토한 것이다. 세종의 신하들은 『性理大全』등 그들이 접할 수 있는 서책을 통해 중국 韻學을 연구하고 그에 대한 지식과 이해의 폭을 넓힐 수 있었을 것이다. 그러나 세종은 聲韻學에 관하여 서책을 통한 연구와 이해에 머무르지 않고 발성 및 조음 과정에 대한 관찰과 실험 및 분석을 학문의 한 영역으로 생각하여 이를 오랫동안 깊게 연구하였고 이러한 연구로부터 축적된 지식의 바탕이 있었기에 언문 28자와 같은 독창적 문자 체계를 창제할 수 있었을 것이다.

 세종이 천체 운행에 관하여 특별한 관심을 가지고 깊이 연구하였다는 것은 잘 알려져 있다. 천문학은 단순히 서책을 통해서 연구하고 이해를 깊이 할 수 있는 학문이 아니다. 천체의 운행에 대한 부단한 관찰과 계측, 그리고 그 결과에 대한 세밀한 분석을 통해서만 이해의 폭을 넓히고 깊이를 더할 수 있는 학문이다. 관찰과 계측을 요구하는 천문학은 과학이다. 말소리에 관한 연구인 음성학 역시 발성 및 조음에 관련된 생체의 구조와 조직의 상호관계, 그리고 그 작동 원리에 대한 세밀한 관찰은 물론, 생체 조직을 움직이는 조건을 조금씩 달리 하였을 때 그에 따라 말소리가 어떻게 달라지는가를 확인하기 위한 실험과 계측이 요구된다는 점에서 분명 과학에 속하는 학문이다. 인문학에 속하는 韻學과 과학에 속하는 음성학은 그 방법론에서 같을 수 없다. 세종의 과학자로서의 자질, 그리고 천문학과 더불어 聲音에 관한 연구에 오랫동안 기울인 학구적 노력이 새로운 문자 체계 창제의 바탕이 되었을 것은 물론이다.

'ㆆ'의 음가를 例義에서 "ㆆ. 喉音. 如挹字初發聲"이라 하였다. 聲門에서 나오는 소리 'ㅇ'에 뚜껑을 얹어 그 소리를 덮어 막는다는 뜻을 보이는 글자 'ㆆ'은 挹[흡]의 初聲에서는 글자 그대로 聲門을 닫았다가 뒤이은 모음과 함께 터져 나오는 성문파열음이다. 그렇다면, 한자음의 終聲에서 'ㄹ'음을 보충("以影補來")하는 'ㆆ'음의 자질도 挹[흡]의 初聲과 같은 파열음인가를 묻게 된다. 'ㄹ'음은 성대의 진동을 통해 나오는 유성음이고 지속음이다. 그러나 유성 지속음 'ㄹ'과 계기적繼起的으로 또는 동시에 성문파열의 'ㆆ'을 조음하는 것이 가능하기 힘들다. 終聲에서의 'ㆆ'을 파열음으로 규정하고서는 'ㅭ'과 같은 발음의 실현에 의문을 제기하게 된다. 여기서 조음과 관련한 'ㆆ'음의 음성적 자질을 다시 살펴볼 필요가 있다.

聲門을 여닫는 조음이 하나만 있는 것이 아니다. 聲門을 닫았다가 여는 방법과 열려 있는 것을 닫는 조음이 그것이다. 전자에 의한 조음이 파열음이면 후자에 의한 것이 폐쇄음이다. 聲門이 닫힌 상태에서 시작되는 初聲의 'ㆆ' 즉 挹[흡]의 初聲은 파열음이다. 그러나 聲門이 이미 열리어 조음되고 있는 유성지속음 'ㄹ'이나 모음 아래에서 聲門을 도중에 닫아야 하는 경우는 聲門 폐쇄이므로 이를 나타내기 위한 음성 기호가 곧 'ㆆ'인 것이다. 'ㅭ'의 'ㆆ'과 사잇소리로서의 終聲 'ㆆ'은 폐쇄음이다.

조선 諺語의 初聲에는 'ㆆ'이 없다. 〈合字解〉에서 이를 "初聲之ㆆ 與ㅇ相似, 於諺可以通用也."(正音解例:22ㄴ)라고 하였다. 따라서 국어 初聲에 'ㆆ'의 소용이 없고 오직 폐쇄음으로서 終聲에만 쓰게 된 것이다. 성문폐쇄음으로서의 'ㆆ'의 용례가 최초의 언문 문헌인『龍飛御天歌』국문가사의 사잇소리와 관형사형 어미 '-ㅭ'에서 확인된다. 하눓 ᄠᅳ디시니(4장), 갋 길히(19장).

『訓民正音』이 편찬된 지 약 80년이 지난 중종 22년(1527) 崔世珍이 지은 한자교습서『訓蒙字會』범례의 부록「諺文字母」에 'ㅇ'과 'ㆁ'에 대해 아래와 같이 설명하고 있어 이들 音에 대한 당시 학자들의 인식이 어떠하였는지를 엿볼 수 있게 한다.

> 唯ㆁ之初聲與ㅇ字音俗呼相近 故俗用初聲則皆用ㅇ音 若上字有ㆁ音終聲則下字必用ㆁ音 爲初聲也 ㆁ字之音 動鼻作聲 ㅇ字之音 發爲喉中輕虛之聲而已 故初雖稍異而大體相似也

初聲에서 'ㆁ'은 'ㅇ'과 서로 가깝기에 일반에서는 初聲에서 'ㅇ'을 사용한다고 하였다. 만약 위에 쓰인 글자에 'ㆁ'음 終聲이 있으면 아래 글자에 반드시 'ㆁ'을 써서 初聲으로 삼는다고 하였다. 이는 표기법에 관한 설명이다. 주목할 내용은 'ㆁ'과 'ㅇ'음의 차이에 대한 설명이다.

'ㅇ'을 "發爲喉中輕虛之聲而已"라 하여 목구멍에서의 "發…聲" 즉 '發聲'으로 규정하였다. 〈制字解〉의 "出聲"이 바로 이에 해당한다. 'ㆁ'음은 "動鼻作聲"이라 하여 조음을 "作聲"이라 하였다. 이 또한 〈制字解〉의 "辨聲"에 해당하는 표현으로 그 의미하는 바가 서로 다르지 않다. "動鼻作聲"은 'ㆁ'음이 코를 통해 조음되는 소리임을 말한 것이다. 반면에, 'ㅇ'음은 목구멍 안에서의 발성으로 가볍고 빈 소리일 뿐("喉中輕虛之聲而已")이라고 규정하여 "作聲"에 의한 'ㆁ'과 대비되는, 즉 조음에 의한 소리가 아님을 분명히 구분하였다. 조음이 없고 있음을 '發聲'과 "作聲"으로 구별하여 기술한 점이 흥미롭다. 이는 〈制字解〉에서 "出聲之門"과 "辨聲之管"이라 하여, 'ㅇ'을 "出聲"으로, 'ㆁ'을 舌根에 의한 "辨聲"으로 설명한 것과 사용한 술어는 다르나 그 의미하는 내용은 같다. 또한, 崔世珍이 'ㅇ'음을 "輕虛之聲"이라고 규정한 것과 「解例」〈終聲解〉에서 "且ㅇ聲淡而虛"라고 한 것에서 이 음의 특성에 대한 「解例」와 崔世珍의 인식이 같았음을 알 수 있다. 崔世珍의 「諺文字母」에는 〈制字解〉에서 사용된 술어 "出聲"과 "辯聲"이 보이지 않고 이에 상응하는 의미를 "發…聲"과 "作聲"이라 한 점으로 미루어 「諺文字母」의 기술이 「解例」를 참고한 것 같지 않다.

　崔世珍이 'ㅇ'음과 'ㆁ'음의 서로 같고 다름을 설명하면서, 'ㅇ'은 "喉中"에서의 "發…聲"으로, 'ㆁ'은 'ㅇ'에 조음이 가해진 "作聲"으로 그 차이를 술어를 달리하여 표현한 것까지는 좋았다. 그러나 'ㅇ'과 'ㆁ'의 차이를 '처음에는 비록 약간 다르지만("初雖稍異") 대체로 서로 비슷하다("大體相似也")'고 하였을 뿐, 두 音의 相異에 대한 명확한 설명을 제시하지 못함으로써 발성과 조음의 차이에 대한 이해의 한계를 드러내었다.

　'ㅇ'과 'ㆁ'은 발음의 첫 단계, 즉 발성의 단계에서는 서로 같은 소리이나 'ㅇ'이 발성에 머무는 반면, 'ㆁ'은 발성에 뒤이은 조음, 즉 "辯聲" 또는 "動鼻作聲"에 의한 변별 자질을 지닌 단위 음이다. 崔世珍은 이 두 음의 차이를 명확히 설명하지 않고 단지 "相近" 또는 "相似"라고 하는 것에 그쳤다. 이는 〈制字解〉가 'ㆁ'을 'ㅇ'과 "相似"라 하면서도 이 두 音의 相異에 대해 아무런 설명을 제시하지 못한 것과 같은 모습이다.

　「解例」나 崔世珍이 다른 音들보다 喉音에 대하여 상대적으로 각별한 관심을 보였다는 점으로 미루어, 그들이 喉音 'ㅇ'의 특성을 파악하기 위하여 무척 고심하였음을 알 수 있다. 그러나 그들 어느 쪽도, 'ㅇ'이 다른 音과 변별적 대립을 보이는, 오늘날의 음소에 해당하는 音이 아니라는 점을 명확히 이해하지는 못한 듯하다. 「解例」편찬자는 'ㆁ'과 'ㅇ'을 "相似"로, 崔世珍은 "相近"으로 인식한 서로 비슷한 두 소리를 위하여 세종이 굳이 글자를 따로 만든 이유를 끝내 이해하지 못하였음을 알 수 있다. 이로 미루어, 그들은 새 문자 언문의 철자를 위한 역할과 표음기호의 기능이 어떻게 다르고 또 달라야 하는지에 대한 명확한 이해에 이르지 못하였던 듯하다.

 性理學이 자신들 지식 체계의 처음이자 끝이었던 당시의 학자들이 聲音에 관한 세종의 이론과 지식, 그리고 언문 28자의 구성을 지배하는 체계에 대한 개념을 제대로 이해하지 못한 것은 결코 이상한 일이 아니다. 당시 학자들의 지식 체계가 전적으로 『性理大全』을 기반으로 수립된 것인데 비하여, 세종에게 性理의 學은 자신의 지식 체계를 수립하고 넓히는 데 참고의 대상일 뿐이었던 듯하다. 세종의 聲音에 관한 지식 체계는 관찰과 계측 및 실험을 중심으로 이루어진 것이었다는 점에서 당시의 학자들과는 학문의 기반이 근본적으로 달랐음을 알 수 있다. 새 문자 창제가 세종과 세종을 보필한 신하들의 협찬에 의한 것이라는 주장은 세종과 당시 학자들의 학문적 기반이 서로 어떻게 달랐는지에 대한 이해의 부족에서 비롯된 오해일 뿐이다.

 'ㅇ'음의 특성을 파악하는 데 어려움을 겪은 것은 당시의 학자들만이 아니다. 오늘날까지도 'ㅇ'의 음가에 대한 논란이 계속되고 있다. 언문 28자가 음소문자라는 관념에 갇혀 언문의 모든 글자는 당연히 음소와 1:1의 대응을 보이는 것이어야 한다고 믿는다. '알-'(知)의 활용형 '알-어늘, 알-오' 등의 어미 初聲에 'ㄱ'이 보이지 않는 것은 단순한 음의 탈락이 아니라 'ㅇ'으로 변한 것(ㄱ>ㅇ)이라는 해석이 그 대표적인 예이다. 따라서 선행 음절의 말음 'ㄹ'이 모음으로 시작하는 다음 음절의 첫 자리로 옮겨가지 못하는 이유가 모음 앞의 初聲 'ㅇ'이 子音으로서의 음가를 지닌 것이기 때문이라고 주장한다.

　특정한 음운 환경에서 'ㄱ'의 약화에 따른 결과가 독립된 별개의 자소를 배정할 정도의 것이 못될 경우, 우선은 표기에 그 자리를 비워둘 수도 있겠으나, 언문의 표기법에서는 中聲이 初聲 없이 음절을 구성할 수 없게 되어 있다. 따라서 그 빈자리를 음가가 영零인 'ㅇ'으로 표기할 수밖에 없으니, 실제로 'ㄹ'의 이동을 막은 것은 문자로 실현되지 않은 'ㄱ'의 약화된 音임에도 마치 'ㅇ'이 子音으로서 그 이동을 막은 것처럼 보이는 것이다. 이런 경우를 '文字의 幻影'이라고 할 수 있을 것이다. 현대 국어에서 '목욕沐浴'은 [모콕]으로 발음되어야 한다. 그러나 실제에서 이 단어 첫음절의 終聲 'ㄱ'이 모음과 반모음 사이에서 약화되어 거의 [모욕]에 가깝게 발음되는 경우가 흔하다는 사실이 'ㄱ' 약화를 이해하는 데 참고가 될 것이다. '욕'의 'ㅇ'이 'ㄱ>ㅇ'일 수는 없다.

　初聲 17자 가운데 문자의 기능 면에서 가장 독특한 발명품 하나를 고르라면, 이 글의 필자는 조금도 망설이지 않고 'ㅇ'을 택할 것이다. 이 글자가 말소리의 출처인 聲門을 본뜬 것이라는 점도 그러하지만, 글자로서 자신의 당당한 모습을 보이면서도 初聲의 자리에서 다른 글자들과 겹치게 되는 순간, 자리를 비워주는 'ㅇ'의 역할은 음절 단위의 철자에 관한 깊은 연구의 산물이라고 할 수 있다. 'ㅇ'이 있었기에 喉音 'ㆆ,ㅎ,ㅇ'의 제자가 가능하였음은 물론이고, 또한 'ㅇ'이 만들어지지 않았다면, 모음으로 시작되는 음절은 과연 어떤 모습으로 표기되었을 것인가를 상상해 보면, 문자 체계에서의 'ㅇ'의 존재 이유와 그 역할의 중요성이 새삼스럽다.

'ㅇ'이 음가를 지닌 子音이라는 믿음에 근거하여, 예를 들면, '아'와 'ㅏ'의 음이 다르다는 주장이 있다. 'ㅇ'의 발성은 모든 유성 모음의 발성과 그 음성적 자질이 전혀 같다는 사실에 유의할 필요가 있다. 따라서 '아'와 'ㅏ'는 발성 단계에서 음성적으로 전혀 차이가 없는 音이다. 이들의 음가는 발성 단계에서가 아니라 뒤이은 모음의 조음에 따라 결정되는 것이다. '아'와 '오'의 경우를 예로 들면, 이들은 발성 단계에서는 같은 소리이지만 다음 단계에서 'ㅏ'와 'ㅗ'가 각기 다른 조음으로 두 音의 변별성이 드러나게 되는 것이다.

例義에서 'ㅇ'의 음가를 "ㅇ. 喉音. 如欲字初發聲"이라 하였다. 〈制字解〉에서는 이를 'ㆁ'과 'ㅇ'이 "相似"이어서 韻書에서는 'ㆁ'(疑母)과 'ㅇ'(喩母)을 흔히 혼용한다고 하였다. 'ㆁ'과 'ㅇ'이 서로 비슷한 소리라고 한 것과 'ㅇ'의 음가를 喩母로 분류하는 것은 어디까지나 漢音과 東國正韻의 개정 한자음에 해당하는 문제이다. 이를 그대로 諺語에서의 'ㅇ'의 음가로 받아들여야 할 필요는 없다.

中聲의 발음이 발성과 조음 두 단계로 이루어진다는 것을 15세기 당시 聲韻 학자도 알고 있었음을 보여주는 기록이 있다. 申叔舟의 『四聲通考』 범례의,

"如中聲ㅏㅑㅓㅕ張口之字 則初聲所發之口不變 ㅗㅛㅜㅠ縮口之字 則初聲所發之舌不變"

에서 "初聲所發"이 그것이다. 여기의 "初聲"은 운서에서의 字母 즉 聲母가 아니라 中聲을 발음할 때의 첫 단계인 발성을 말하는 것이다. 中聲 'ㅏㅑㅓㅕ'의 발성 단계에서는 '입이 변하지 않고("口不變")' 'ㅗㅛㅜㅠ'의 발성 단계에서는 혀가 변하지 않는다("舌不變")'고 하여 발성(初聲所發)과 조음(張口/縮口)을 구별하였다. 中聲은 발성 단계에서 모두 같은 소리임을 알고 있었다는 것을 보여주는 진술이다. 「解例」편찬자가 이해한 'ㅇ'의 음가를 〈用字例〉에서 볼 수 있다.

(5) 全濁 ㄲㄸㅃㅉㅆㆅ

全濁 여섯 字에 관한 논의에서 우선하는 과제는 먼저 各自並書에 의한 탁성濁聲의 음성적 실체에 대한 이해를 분명히 하는 일이다. 다음으로, 全濁을 위한 글자들을 이미 만들어진 全淸 글자를 겹치는 형태로 만든 언문 창제자의 제작 의도를 알아보는 일이다. 끝으로, 이 各自並書의 음가를 例義에 예시하면서도 初聲 17자 체계에서 배제한 이유를 알아보는 일이다. 이 과제들은 개별적인 것이 아니라 서로 밀접하게 연계되어 있다.

全濁은 全淸의 並書로 제작되었다. 이는 全濁이 全淸과 불가분의 관계에 있음을 말하는 것이다. 그러나 全淸이 아닌 'ㆆ, ㅇ' 등을 各自並書 'ㆅ, ㅇㅇ'으로 제작하였다는 사실에서 各自並書라는 합자의 형태를 통해 濁聲의 음성적 실체를 보이려 한 세종의 제자 의도를 읽을 수 있는 길이 보인다. 탁성의 음성적 자질과 이를 各自並書로 나타내 보이려 한 의도를 파악하는 일에 고유어에 쓰인 'ㆅ, ㅇㅇ'과 'ㅆ'이 도움을 준다. 초기의 언문 및 정음 문헌 표기에 사용되던 各自

並書가 15세기 후반에 접어들면서 마치 약속이나 한 듯 표기에서 일시에 사라지는 특이한 현상을 보인다. 탁성의 변화와 연관이 있을 것으로 짐작되나, 이와 관련한 문제는 音韻史 및 表記法史의 과제이므로 이에 대하여 따로 논의하지 않는다.

〈制字解〉는 "又以聲音清濁而言之. ㄱㄷㅂㅈㅅㆆ, 爲全清. ㅋㅌㅍㅊㅎ, 爲次清. ㄲㄸㅃㅉㅆㆅ, 爲全濁."이라고 하여 청탁清濁을 기준으로 全清 및 次清과 대비하여 全濁을 소개하였다. 그리고 全濁의 음성적 성격에 대해서 다음과 같이 기술하였다.

全清並書則爲全濁, 以其全清之聲凝則爲全濁也.(正音解例:4ㄴ)

全清 글자를 나란히 쓴 것(並書)은 全清 소리가 엉기어(凝) 全濁 소리가 되기 때문이라고 설명하였다. 어떤 물체가 엉기는 物性을 지닌 것이라면 그런 속성의 물체는 쉽게 부러지거나 부서지지 않고 길게 늘어나는 연성延性을 보인다. 따라서 탁성을 엉긴 소리 응음凝音이라고 규정하면 이는 곧 연음延音의 자질을 지닌 음이었다는 추정이 가능해진다. 즉 'ㄱ'을 平音으로 규정하면 'ㄲ'은 'ㄱ'의 연음이라는 추정이다. 오늘날 탁성을 된소리(硬音)으로 규정하는 것이 정설이 되어 있다. 'ㄲ'을 된소리라 하여 소리 세기를 'ㄱ'의 倍加(ㄱ×2)로 해석하여 음의 세기가 두 배로 증가한 것으로 인식한다면, 이는 마치 사과가 둘이면 하나일 때보다 당도가 두 배로 높아진다고 생각하는 것과 다를 바 없는 인식의 오류이다.

全濁은 平音의 全清을 늘려 엉기게 한 소리이므로 응음이라 규정할 수도 있고, 모음의 경우처럼 長音이라 할 수도 있겠으나, 이해의 편의를 위해 '연음'이라 해둔다. 세종은 바로 엉기어 길게 늘어나는 탁성의 특성을, 같은 글자를 나란히 늘어놓음으로써 그 늘어나는 특성 즉 연음을 나타내려 한 것이다. 15세기 국어 음운 체계에 'ㄱ:ㄲ'과 같은 평음:연음의 음운론적 대립이 존재하였는지의 문제는 확언하기 어려우나, 申叔舟는 『東國正韻』 서문에서,

我國語音 其淸濁之辨 與中國無異 而於字音獨無濁聲 豈有此理

라고 하여, 조선의 語音은 청탁을 구별하는데 조선 한자음에는 탁성이 없다고 하였다. 이는 당시 고유어에 평음:연음의 대립이 있었음을 추정할 수 있게 하는 증언이다.

다음으로 생각할 문제는, 全濁者 'ㄲㄸㅃㅉㅆㆅ'이 初聲 17자 체계에서 배제되었다는 사실이다. 例義에서 이들 6자의 음가는 예시하면서 그 글자의 모습은 보여주지 않았다. 이는 初聲 17자, 나아가 언문 28자 체계는 당시 국어의 음소 체계와 전적으로 1:1의 관계를 전제로 하여 제작된 것이 아님을 시사하는 것이다.

당시 국어 음소 체계에 평음:연음 즉 'ㄱ:ㄲ'의 대립이 존재하였다고 하더라도 'ㄲ'은 언문 28자 체계의 일원이 될 수 없다. 자형에서 'ㅓ'과 'ㅣ'은 'ㄱ'이라는 형태를 공유하고 있으나 'ㄱ'과 'ㄲ'에는 이들의 대립을 보여주는 형태상의 변별요소가 없다. 따라서 'ㄲ'은 'ㄱ'과 대립하는 음소이냐의 여부를 떠나서 문자 체계의 구성원이 될 수 있는 필수 요건을 충족하지 못하는 글자이다. 脣輕音 'ㅸ'이 初聲 17자 체계에서 배제된 것도 같은 이유에서이다. 자형의 면에서 'ㄱ'과 'ㅋ'이 대립할 수 있는 것과 대비된다.

〈合字解〉에 'ㆆ, ㅇ, ㅅ'이 各自並書로 표기된 'ᅘᅧ'(引), '괴ᅇᅧ'(爲人愛我), '쏘다'(射) 등의 예를 들었다. 평음 'ㆆ, ㅇ, ㅅ' 등은 숨이 허락하는 한 그 소리를 마냥 길게 발성 또는 발음할 수 있는 지속의 자질을 공유하는 음들이다. 'ㆆ'의 연음이 곧 'ᅘ'이고, 'ㅅ'을 길게 늘인 소리가 'ㅆ'이다. 'ᅘ, ㅆ'은 'ㆆ, ㅅ'을 겹친 것이니 그 소리의 세기가 하나일 때보다 배로 늘어난 것을 보이는 것이라는 지극히 상식적 인식이 잘못이라는 점을 깨닫게 하는 것이 'ㅇㅇ'이다.

'ㅇ'은 성대를 진동시켜 내는 발성일 뿐, 어떤 조음 과정도 개입되지 않는 음이다. 즉 'ㅇ'이 음소로서가 아니라 오직 음가 없는 자소로서 28자 체계의 일원에 포함되었을 뿐이다. 'ㅇ'은 숨이 허락하는 한 길게 발성할 수 있는 소리다. 'ㅇㅕ'는 'ㅇ'을 길게 늘여 발성하면서 뒤이어 반모음 y를 발음하는 것을 나타낸 표기일 뿐이다. 이를 오해하면 마치 반모음 y를 힘주어 내는 소리로 오인할 수 있다. 'ㅇㅇ'은 'ㅇ'을 길게 늘인 소리 즉 'ㅇ'의 연음이지 'ㅇ'의 경음硬音일 수 없다. "괴여"(爲我愛人)와 "괴ᅇᅧ"(爲人愛我)는 그 형태음소론적 차이를 'ㅕ'와 연음 'ㅇㅕ'로 나타낸 것이다. 이 어례의 'ㅇㅕ'에서 y의 소리를 배로 강하게 하는 발성 또는 발음의 필요성을 상정하기 어렵다. 'ㅇㅇ'이 'ㅇ'의 경음 즉 된소리일 수 없다는 결론은 各自並書를 된소리(硬音)로 규정하는 통념을 다시 생각하도록 한다.

어느 나라의 어떤 문자이든 그 문자의 음가는 시간이 지남에 따라 달라질 수 있다. 현대 국어에 사용되는 'ㄲ, ㄸ, ㅃ, ㅆ, ㅉ' 등의 음가가 된소리라 하여 언문 창제 당시의 各自並書도 경음이었을 것이라는 판단은 '현대적 편견'이다. 그런데 그 편견의 주된 원인이 뜻밖에도 '된소리'라는 술어에서 비롯된 것일 수도 있다는 점에 주목하게 된다. 경음을 가리키는 다른 술어인 '된소리'의 말뜻을 다시 짚어볼 필요가 있다.

〈制字解〉는 全濁을 全淸이 엉긴 소리(凝音)인 것으로 규정하였다. 그러므로 엉긴 소리를 '된소리'라 하는 것은 '된'(凝, 濃)의 의미로 보아 특별히 문제가 되지 않는다. 문제는 오늘날 '된소리'의 동의어로 '硬音'이 쓰이고 있다는 데 있다. '경음'을 '된소리'라고 하다 보니 '된소리'의 본래 의미가 변하여 굳어지고, 변한 의미의 '된소리'를 그대로 15세기의 탁성에 소급 적용하면서 결과적으로 全濁 즉 탁성을 경음으로 해석하게 된 것이다. 즉 '濁=凝'인 것을 '濁=硬'으로 잘못 해석하기에 이른 것이다. '凝'과 '硬'은 결코 동일한 자질의 물성을 나타내는 말이 아니므로 '濁聲=硬音'이 성립할 수 없음은 긴 설명이 필요치 않다. 문제는 이 두 말 가운데에 '된소리'가 끼어들어 '濁聲=된소리=硬音'이 되면서 인식의 오류를 유도하고 있다는 데 있다. 문제의 술어 '된소리'가 15세기 국어에 사용된 예가 있어 그 본래의 의미를 파악하는 데 참고가 된다.

① 된소리로 經을 닐고디 밤낫 그치디 아니ᄒᆞ면(月印釋譜10:122)
② 된소리로 威嚴 나토아 ᄂᆞ미 저케 홀씨오(法華經諺解2:92)
③ 된소리로 念佛ᄒᆞ야(高聲念佛, 金剛經諺解139)

고어사전들은 '된소리'를 한결같이 '큰소리' 또는 '높은 소리'로 풀이하였다. ①의 '된소리'가 큰소리를 뜻하는 것이었다면 애초부터 큰소리라 할 것이지 굳이 된소리라고 할 이유가 없다. 적어도 15세기 국어에서 '된소리'는 큰소리가 아니었다. 분명히 해야 할 것은, 위

예문의 '된소리'를 오늘날의 큰소리나 경음일 수 없다는 데 있다. 여기서 옛사람들이 첫째 예문의 經을 된소리로 읽는 경우의 실제를 四書의 하나인 『大學』의 첫 구절을 예로 들어 재연해 보기로 한다.

大學之道논 在明明德ᄒ며
[대ᄒ-----ㄱ 지도논 지미----어----ㅇ 명덕ᄒ며]

'대ᄒ'의 둘째 음절 'ᄒ'을 길게 늘여 읽는 이유는 '대ᄒ'이 뒤이은 '지도'와 통사적 성분이 다르므로 두 어절 사이의 간격을 길게 하여 구별한 것이다. 만약 4음절 '대ᄒ지도'를 같은 길이로 연이어 읽으면 글의 뜻이 제대로 드러나지 않게 될 수 있다. 다음 구절에 '明'이 거듭나오는데, 이를 똑같은 길이로 읽으면 그 뜻 또한 불분명해진다. 첫째의 '明'은 '밝히다'는 뜻의 동사이고, 다음의 '明'은 '밝다'는 뜻의 형용사로 뒤의 명사 '德'을 꾸미는 수식어다. 앞의 '在明'과 뒤의 '明德'의 '明'의 음 길이를 서로 다르게 하여 그 뜻의 차이를 나타낸 것이다. 이 글을 풀이하면 '대학의 道는 밝은 덕(明德)을 밝히는 데 있으며(在明)'가 된다. '대ᄒ----ㄱ', '지미----어----ㅇ'과 같이 연음으로 읽는 것이 곧 된소리로 읽는 것이다. ①의 "된소리로 經을 닐고더"는 글귀를 필요에 따라 연음으로 읽는 것을 말한 것이다.

한문을 읽을 때는 문장을 구성하는 각 글자나 구절들의 성분과 의미에 따라 읽는 호흡과 소리의 길이를 달리하여 읽음으로써 그 의미의 차이를 드러내 보인다. 그래서 글 읽는 소리만 들어도 읽는 이가 글의 뜻을 제대로 알고 읽는지, 아니면 글의 뜻을 정확히 이해하지 못한 채 건성으로 읽는지 금방 알 수 있다. 단순히 큰소리로 읽는 것이 된소리로 읽는 것이 아니다. 만약 "된소리로 經을 닐고더"의 '된소리'를 오늘날의 된소리 즉 경음으로 해석하면 위에 인용한 『大學』의 첫 구절은 대체로,

〔때-큭-찌-또-는 찌-명-명-떡-크-며〕

와 같이 읽은 것이 된다.

    둘째 예문은, 된소리로 위엄을 나타낸다고 한 것이다. 듣는 이에게 두려움을 느끼도록 목소리에 무게를 실어 약간 느릿하게 늘여 말하는 말소리가 곧 이 예문에서 말하는 된소리다. 몹시 화가 난 사람이 상대방을 꾸짖을 때 크고 강한 소리로 "이놈!" 하고 소리를 질렀을 경우, 그 소리를 된소리로 꾸짖었다고 말하는 것은 '된소리'의 뜻을 현대적으로 해석한 것이다. 만약 어느 할아버지가 어리고 귀여운 손자의 잘못을 꾸짖을 때, 위엄을 나타내기 위해 목소리에 무게를 실어 길고 느릿한 소리로 "이노---오---ㅁ!" 하였다면, 정확히 이런 말소리가 곧 된소리였다. 엉긴 듯이 길게 늘인 소리, 그것이 바로 된소리요 탁성인 것이다. 오늘날의 된소리와는 발성과 발음 자체가 다른 소리였다.

    마지막 예문은, 된소리를 "高聲"으로 풀이하였다. 아니면 高聲을 된소리로 풀이하였을 수도 있다. 문제는 '된소리'에 합당한 한자어를 찾기가 쉽지 않은 데 있다. 큰소리라 하지 않고 굳이 된소리라 한 것으로 미루어 염불하는 소리의 특성이 단순한 큰소리가 아닌 된소리라는 것을 알고 있었음이 분명하다. 염불도 한문 경전을 읽을 때와 마찬가지로 그 소리를 된소리로 내는 것이 관행이다. 대충 흉내를

내면, 〔나----ㅁ무아미 타---아---불 과---아---ㄴ세음 보---오--살〕과 같다. 어느 경우의 염불에서도 초등학생이 국어책 읽듯 큰 소리로 〔나-무-아-미-타-불 관-세-음-보-살〕로 외는 것을 본 적이 없다. 또한 "된소리로 念佛ᄒᆞ야"의 된소리를 현대적으로 해석하여 〔따무아미따뿔 꽌쎄음뽀쌀〕로 외었다고 할 수도 없는 일이다.

오늘날의 된소리는 후두에 힘을 주어 聲門을 닫아 공기의 압력을 높였다가 순간적으로 방출하므로 방출되는 소리의 에너지 밀도가 평음보다 상대적으로 높아 강한 소리로 들린다. 그래서 이를 경음으로 인식하게 된 것이다. 반면에, 위에서 인용한 15세기 국어의 된소리는 발성할 때 목에 힘을 주는 것은 오늘날의 된소리와 비슷하지만, 소리를 순간적으로 방출하는 것이 아니라 길게 늘여 내는 연음이었다. '된소리'라는 용어는 같지만 15세기에는 이를 탁성으로, 그리고 현대에는 경음으로 인식하는 차이가 있다. 그 차이가 정확히 식별되지 않은 채 현대적 의미의 된소리를 15세기의 탁성에 소급 적용하여 이를 경음으로 잘못 해석하고 있다.

위에 인용한 예문에서 보듯, 적어도 15세기 국어에서는 '된소리'라는 단어가 그 본래의 뜻으로 쓰였음을 알 수 있다. 세종은 全淸 글자를 並書하는 방법으로 탁성 즉 소리의 늘어지는 자질을 나타내었고 이것이 곧 各自並書의 제작 의도였다고 말할 수 있다. 그러면 탁성 즉 연음이 언제부터 그리고 어떤 음운론적 動因과 절차를 거쳐 경음으로 변하게 되었는가에 대한 질문이 제기된다. 各自並書와 관련된 초기 正音 문헌의 표기로 미루어 연음의 경음화는 15세기 중엽에 이미 시작 단계에 접어들었던 것으로 짐작된다. 음운 변화에 관한 문제는 이 책에서 논의할 대상이 아니나 다만 연음의 경음화 과정에 대하여 잠깐 살펴볼 필요를 느낀다. 이는 경음 그 자체보다도 各自並書 'ㄲㄸㅃㅉㅆㆅ' 등이 全淸의 연음이었다는 사실을 확인하는 데 참고하기 위함이다.

예를 들어 평음 대 연음인 'ㄱ:ㄲ'의 경우, 두 音을 발음하는 데 소요되는 시간의 길이를 1:2로 산정算定하면 발음에 소요된 에너지의 양 또한 1:2가 될 것이다. 여기서 주의할 점은, 시간과 에너지의 양은 각각 1:2이지만 이들 音을 방출할 때의 에너지 밀도는 1:1로 같다는 사실이다. 에너지의 양을 시간으로 나눈 것이 에너지 밀도의 값이기 때문이다. 그런데 평음 대 연음의 대립이 약화 또는 소멸하게 되면 연음이 그 변별적 속성을 잃게 되어 'ㄲ'의 발음 시간의 길이가 반으로 줄어들어 그 시간의 길이가 평음 'ㄱ'과 같은 1:1이 되는 것을 의미한다. 방출하는 에너지의 값은 그대로인데 방출 시간이 1/2로 줄어들면 소리를 방출할 때의 에너지 밀도는 반비례로 갑절이 되는 것이 물리 법칙이다. 연음이 그 속성을 잃으면서 방출 에너지 밀도가 갑절이 된 결과가 바로 경음 즉 평음보다 강하고 센소리가 된 것이다. 그 경음화 과정에 이런 물리적 원리가 작용하였던 것이다. 엉긴 소리인 全濁이 경음으로 변하였다는 것에서 'ㄲ,ㄸ,ㅃ,ㅉ,ㅆ,ㆅ' 가운데 'ㄲ,ㄸ,ㅃ,ㅉ'은 원래 유성음의 자질을 가진 音이었을 가능성을 생각해 볼 수 있다. 참고로, 현대 국어에 유입된 유성자음의 외국어가 국어에서 경음이면서 장음長音으로 실현되는 현상, bag-빽ː, dam-땜ː, goal-꼴ː/꼬올, gum-껌ː, jam-쨈ː 등이 경음과 유성음의 연관성을 보여주는 듯한 모습을 보인다. 'ㅆ'이 연음이었다는 흔적이 현대어 경상 방언에 보인다. 일부 경상 방언에서 '쌀'(米)이 경음 [쌀]이 아닌 연음 [사ː르]로 발음되고 있다. 이를 연음 'ㅆ'이 경음화되지 않은 흔적으로 해석할 수 있다.

〈制字解〉는 全濁者에 대한 설명의 끝에,

> 唯喉音次淸爲全濁者, 盖以ㆆ聲深不爲之凝, ㅎ比ㆆ聲淺, 故凝而爲全濁也.(正音解例:4ㄴ)

라고 하여, 喉音의 경우는 全淸 'ㆆ'이 아닌 次淸 'ㅎ'이 엉기어 全濁者가 된다고 하였다. 그 이유를 'ㆆ'은 소리가 깊어 엉기지 않기 때문에 'ㆆ'에 비해 소리가 얕은 'ㅎ'이 全濁 'ㆅ'이 된다는 것이다. 'ㅎ'의 엉긴 소리 'ㆅ'이 연음이었음을 추정할 수 있는 증언이다.

〈合字解〉에 "初聲之ㆆ與ㅇ相似 於諺可以通用也."라 하여 'ㆆ'과 'ㅇ'이 서로 비슷한 소리여서 국어에서 통용할 수 있다고 하였다. 그런데 不淸不濁의 'ㅇ'은 各自並書 'ㆀ'이 가능한데 'ㅇ'과 비슷한 소리라고 한 'ㆆ'은 갑자기 소리가 깊다는 이유를 내세워 全淸 'ㆆ'으로는 全濁者가 될 수 없다고 하였다. 그러나 全濁의 음성적 특성을 엉기어 늘어나는 소리 곧 연음으로 이해하면 'ㆆ'이 탁성이 될 수 없는 문제가 간단히 풀린다. 'ㅇ'은 성대를 진동시켜 내는 발성이다. 'ㅇ'에 뚜껑을 얹은 'ㆆ'은 발성의 정지 또는 제약을 나타낸다. 'ㆆ'의 음성적 특성은 엉긴 소리가 될 수 있는 자질과는 거리가 멀다. 발성이 정지된 'ㆆ'이 엉기어 늘어나는 소리 즉 탁성이 될 수 없음은 당연하다. 이는 'ㆀ,ㆅ,ㅆ' 등이 탁성 즉 연음이었음을 이해하는 데 참고가 된다.

(6) 脣輕音者

○ 連書脣音之下, 則爲脣輕音者, 以輕音脣乍合而喉聲多也.
(正音解例:4ㄴ)

〈制字解〉는 脣輕音者의 제작과 그 음성적 특성을 위와 같이 설명하였다. 그런데 〈用字例〉에서도 그 용례를 보인 'ㅸ'이 初聲 17자 체계의 일원이 될 수 없는 이유에 대해서는 한마디 언급이 없다. 세종이 全濁者 여섯, 그리고 脣輕音者 'ㅸ'을 初聲 17자 체계에서 배제한 이유를 「解例」 편찬자가 정확히 알고 있었다는 증거를 「解例」에서 찾아볼 수가 없다. 그들은 언문 28자가 체계라는 개념의 바탕에서 제작된 문자 체계라는 것을 끝내 이해하지 못한 듯하다. 〈制字解〉에서 脣輕音者에 관한 설명을 위하여 지면을 할애하였다는 것은 「解例」 편찬자가 例義의 "ㅇ連書脣音之下 則爲脣輕音"을 글자의 운용보다는 제자에 관한 설명으로 이해하였음을 보여주는 것이다.

3) 中聲凡十一字-제자원리의 재조명

『訓民正音』 例義의 "ㆍ. 如呑字中聲"에서 "中聲"이란 술어를 만난다. 언문이 창제되었음을 알리는 『世宗實錄』(권102, 세종 25년 癸亥年 12월 末)의 "分爲初中終聲 合之然後乃成字"에도 이 술어가 보인다. 〈制字解〉는 "盖字韻之要 在於中聲 初終合而成音"이라 하였고, 〈中聲解〉에서도 "中聲者 居字韻之中 合初終而成音"이라 하여 成音 즉 음절의 中心이 中聲에 있음을 말하고 있다. 음절을 初·中·終聲으

로 三分할 수 있었던 것은 음절 분석을 통해 그 中心을 분리하여 이를 中聲으로 개념화할 수 있었기에 가능한 일이었다. 中聲이 전제되어야 初聲과 終聲이 성립한다. 中聲은 중국 聲韻學에 없는 개념이다.

中聲 11자의 첫인상은 그 자형이 매우 단순 간결하여 初聲 글자들과의 변별성이 뚜렷하다는 점이다. 언문이 합자에 의한 음절 문자의 성격을 보이면서도 문자의 시각적 변별성이 뚜렷하다는 특징은 中聲의 자형이 단연 큰 몫을 하고 있다. 언문 28자 하나하나가 개별적 필요에 따라 제작된 것이지만, 글자들 상호 간의 조화와 균형을 고려하여 만들고, 만들고는 고치고 다듬은 노력의 결과를 음절을 구성하는 합자 곧 철자의 형태에서 만난다. 그리고 그 작업이 中聲을 중심으로 이루어졌을 것이다.

다른 나라의 문자 체계에서 모음의 자형이 子音과 이처럼 또렷하게 변별되는 경우를 보기 힘들다. 언문 28자가 성공적 자소 체계일 수 있었던 요인의 하나가 바로 철자가 성공적이었다는 데 있다고 할 수 있다. 그리고 그 성공의 중심에 中聲이 있다고 하겠다.

(1) ·, ㅡ, ㅣ 의 제자원리와 체계상의 위치

中聲 11자에서 특히 기본 3자 '·, ㅡ, ㅣ'의 형태가 더할 나위 없이 단순하다는 것을 특징으로 하고 있다. 문자라기보다는 어떤 상징적 의미를 표상한 부호에 가깝다는 인상을 준다. 〈制字解〉는 中聲 기본 3자에 대해서 다음과 같이 서술하였다.

中聲凡十一字. ·舌縮而聲深, 天開於子也. 形之圓, 象乎天也. ㅡ

舌小縮而聲不深不淺, 地闢於丑也. 形之平, 象乎地也. ㅣ舌不縮而
聲淺, 人生於寅也. 形之立, 象乎人也.(正音解例:4ㄴ-5ㄱ)

이 서술은 먼저 자형을 보이고 이어 해당 음의 조음 방법과 그 자질에 관한 설명, 그리고 易理에 따른 해석과 그 해석을 바탕으로 글자를 만든 것으로 기술하고 있다.

기본 3자에서 으뜸인 '•'의 경우를 보면, "舌縮而聲深"이라 하여 조음과 자질에 관한 설명을 앞세우고 이어서 "天開於子也"라는 해석과 그것을 표상한 것이 "形之圓, 象乎天"이라는 것이다. 이와 같은 〈制字解〉의 진술과 뒤에 "取象於天地人而三才之道備矣. 然三才爲萬物之先, 而天又爲三才之始, 猶•ㅡㅣ三字爲八聲之首, 而•又爲三字之冠也."(正音解例:6ㄱ-ㄴ)라는 해석에 근거하여, 이제까지 대부분의 연구에서 天地人 三才의 상형이 中聲 기본 3자의 제자원리라는 견해가 정설이 되어 있다. 아직껏 이 정설에 대한 주목할 만한 반론이나 다른 견해를 만나기 어렵다.

언문 28자에 관한 연구에서 제자원리를 중요하게 여기는 것은 제자원리를 통해 문자 체계의 구성과 이들 상호 간의 문자론 및 음운론적 관계에 대한 보다 정확한 이해가 가능하기 때문일 것이다. 단순히 새 문자가 어떤 심오한 철리哲理를 배경으로 제작된 것인가를 밝힘으로써 문자의 위상을 높이고 그 우수성을 돋보이게 하려는 데 있는 것이 아니다. 그렇다면 中聲 기본 3자에 대한 〈制字解〉에서 설명한 상형의 원리가 과연 언문 창제자의 제자원리를 해설한 것인가 아니면 「解例」 편찬자의 해석인가를 묻지 않을 수 없다. 여기서 다시 강조해 두어야 할 점은, 제자원리와 그 원리에 대한 해석의 원리를 분명히 구분해야 한다는 것이다.

　기본 3자의 으뜸인 '•'의 음가와 天의 형상에 대한 易理的 해석과의 관계에 대해서 〈制字解〉는 이렇다 할 설명을 마련하지 않았다. 그렇다면 "形之圓, 象乎天也"는 음가와 관련한 제자원리에 대한 설명이라기보다 자형에 대한 해석이라고 해야 옳을 것이다. 제자원리에 대한 설명으로 "天圓"이라는 추상적 개념을 바탕으로 '•'를 만들었다고 해설하는 것까지는 좋으나 그것에 그치지 않고 그 개념을 형상화한 글자가 나타내는 음가와의 관계에 대한 설명이 반드시 뒤따랐어야 했다. 그런데 그것이 마련되지 않았다. 우리에게 필요한 것은 실증적 설명이지 관념적 해설이나 해석이 아니다.

　〈制字解〉는 기본 3자의 제자를 "形之圓 象乎天也", "形之平 象乎地也", "形之立 象乎人也"로 설명하고 이를 訣에서,

　　　侵象人立厥聲淺. 三才之道斯爲備. 洪出於天尙爲闔. 象取天圓合地平.(正音解例:12ㄱ)

이라 하여 '•, ㅡ, ㅣ'를 각각 "天圓", "地平", "人立"을 표상한 것으로 해설하였다. 그런데 기본 3자의 으뜸인 '•'를 좀 더 구체적으로 그러나 달리 표현한 술어가 〈制字解〉에 보인다.

　　　ㅗㅏㅜㅓ始於天地, 爲初出也. ㅛㅑㅠㅕ起於丨而兼乎人, 爲再出也. ㅗㅏㅜㅓ之一其圓者, 取其初生之義也. ㅛㅑㅠㅕ之二其圓者, 取其再生之義也.(正音解例:5ㄴ-6ㄱ)

의 "一其圓者", "二其圓者"의 "圓者"가 그것이다. 이는 '•'의 자형에 대한 직접적인 표현이다. 그리고 이를 "初出·再出"의 '出' 및 "初生·再生"의 '生'으로 해석하였다. 그러나 '出/生'을 '天'이나 "天圓"에 직접 결부시킨 설명이나 해석은 보이지 않는다.

 "一其圓者" 또는 "二其圓者"의 "圓"이 "形之圓, 象乎天"에서 비롯한 것이라면, 이는 곧 天圓이므로 圓은 天을 구상화한 표현임을 알 수 있다. 그런데 만약 "圓者"〈•〉가 天圓에서 비롯한 것이라면, '一'는 "形之平 象乎地"이므로 "地平"을 거쳐 '平者'가 되고, 'ㅣ'는 "形之立 象乎人"이니 "人立"으로부터 '立者'라는 술어가 사용되었기를 기대할 수 있다. 그러나 「解例」에는 오직 "圓者"만 등장할 뿐 어디에도 '一', 'ㅣ'를 '平者', '立者'라는 술어로 표현한 경우가 없다. 이는 "圓者"라는 개념의 근원이 "天圓"에 있다는 추론을 그대로 수용할 수 없게 한다.

 "圓者"라는 술어가 "天圓"에서 비롯한 것이라는 추론을 反證하는 기술이 〈合字解〉에 보인다.

> 中聲則圓者橫者在初聲之下, •ㅡㅗㅛㅜㅠ是也. 縱者在初聲之右 ㅣㅏㅑㅓㅕ是也.(正音解例:20ㄴ)

의 "圓者", "橫者", "縱者"가 그것이다. 이들은 '•, ㅡ, ㅣ'의 자형을 단순히 도형圖形의 관점에서 표현한 것일 뿐, 天·地·人에서 비롯한 "天圓·地平·人立"의 개념과는 분명히 거리가 있다. 「解例」어디에도 "圓者"와 더불어 '平者', '立者'라는 술어가 사용되지 않았기 때문이다. 이는 中聲 기본 3자의 자형이 天地人 三才의 상형이라는 「解

例」의 해석을 그대로 받아들일 수 없게 한다.

中聲 기본 3자의 제자원리와 이를 바탕으로 제작한 나머지 8자의 제작 과정에 대한 「解例」에서 얻을 수 있는 설명과 해석을 바탕으로 이들 11자의 대체적인 음가를 확인하고 그 체계를 재구하는 일이 결코 쉬운 과제가 아님은 이를 위해 그간 여러 연구에서 기울인 노력의 결과가 증언하고 있다. 이제 天地人 三才의 상형이라는 관념적 해석에만 기대어서는 기본 3자의 실질적 제자원리를 밝히기 어렵다는 것이 드러났다. 그렇다면 中聲 11자의 제자원리에 관하여 「解例」에서 얻을 수 있는 정보들을 다른 각도에서 접근하는 방법이 필요하다.

中聲 11자의 제자원리에 관하여 「解例」에서 얻을 수 있는 정보는 모두 글, 즉 문장의 형식으로만 되어 있다. 그런데 어떤 사물이나 현상에 관한 정보가 오직 글로만 표현할 수 있고 또 글을 통해서만 전달되고 이해되는 것은 아니다. 문자 자체가 언어의 구성단위를 시각화한 것이다. 음악이 음표라는 시각기호를 통해 표현되고 재현될 수 있듯이, 그리고 地形에 관한 정보를 글이 아닌 지도라는 도형으로 보여줄 수 있듯이, 中聲의 자형이나 체계의 모습 및 그것에 기대어 음가를 추정할 수 있는 정보가 글로서만이 아니라 그림으로도 표현되었을 가능성을 생각해 볼 수 있다. 즉, 세종은 中聲 11자와 관련한 명제 및 설명을 글로써 뿐만 아니라 그림을 곁들여 나타내었고, 「解例」 편찬자는 글과 함께 그 그림을 보면서 中聲에 관한 해설과 해석을 붙였을 가능성을 상정하는 것이다.

中聲 11자의 제자원리 및 체계에 대한 이해를 돕기 위해 세종이 도형으로 이를 보여주고 설명하였을 것이라는 추정을 뒷받침하는 직접적인 근거를 뜻밖에 〈制字解〉의 訣에서 만날 수 있다.

吞擬於天聲最深. 所以圓形如彈丸.(正音解例:12ㄱ)

"吞"(•)은 하늘을 본뜬 것으로 소리가 가장 깊다고 하였다. 여기의 天은 天圓으로 해석할 수 있다. 그런데 작고 둥근 글자의 모양을 "圓形如彈丸"이라고 하였다. 하늘을 원으로 구상화하여 글자의 모양을 둥글게 만든 것이지만, 그렇다고 좁쌀알 정도 크기의 작은 글자를 느닷없이 탄환이라는 상당한 크기의 물체에 비유하였다는 것은 그냥 보아넘길 일이 아니다. '•'와 탄환은 비록 둥글게 생겼다는 공통점이 있으나 두 형태의 비유는 그 크기의 면에서 어딘가 예사롭지 않다. 분명히 그럴만한 배경이 있었을 것이다.

탄환은 전장에서 사용되는 특수한 물체이지 일상용품이 아니다. 그렇다면 특정 글자의 생김새를 하필이면 주위에서 흔하게 볼 수 없는 탄환과 같은 특정한 물체의 형태에 비유할 수 있었다는 것은, 그와 같은 글을 쓰는 사람 앞에 탄환 모양의 그림이 있었기에 '•'를 "圓形如彈丸"이라는 비유가 가능하였을 것으로 추측할 수 있다. 그러면 우선, 당시의 탄환의 형태가 과연 어떤 모양이고 어느 정도의 크기였을까를 확인할 필요가 있다.

오늘날의 탄환에는 총탄과 포탄이 있다. 용도나 크기와 상관없이 이들은 대체로 앞부분이 뾰족한 타원형으로 되어 있다. 그러나 당시의 탄환은 포탄으로 그 모양은 타원형이 아니라 공 모양 즉 正圓形으로 오늘날의 것과 다르다는 점에 유의할 필요가 있다. 그러면 과연 그 크기가 어느 정도였는가. 『世宗實錄』에 탄환에 관한 기사가 보인다.

上命作晝夜測候之器 名曰日星定時儀 …中略… 置渾儀渾象 儀東象西 渾象之制 漆布爲體 圓如彈丸 圍十尺八寸六分(권77, 세종 19년 4월 甲戌(15일))

임금의 명으로, 밤낮으로 시각을 알리는 기구 日星定時儀를 만들었는데 이 가운데 혼의渾儀의 형태에 관한 기술에, 그 모양이 "圓如彈丸" 즉 탄환과 같이 둥글다고 하였다. 〈制字解〉訣의 "圓形如彈丸"과 같은 표현이다. 당시에는 둥근 물체를 탄환에 비유하는 것이 흔히 있는 일이었던 듯하다. 그렇다 하더라도, 그 크기의 면에서 볼 때, 원형의 'ㆍ'를 탄환에 비유한 것은 그 나름의 설명이 있어야 한다.

中聲에 관한 설명을 위한 그림에 나온 탄환 모양의 正圓의 크기가 과연 어느 정도였을까를 가늠해 볼 필요가 있다. "呑"(ㆍ)이 탄환과 같이 둥글다고 하였지 그 글자의 크기가 탄환과 같다고 하지는 않았다. 그럴 수는 없는 일이다. 'ㆍ'가 자리하고 있는 그림의 형태가 正圓이면서 그 크기가 아마 탄환만 하였을 것으로 추측할 수 있다.『朝鮮王朝實錄』에서 탄환의 실제 크기를 짐작할 만한 기사들을 만날 수 있다.

大雷電雨雹 慶尙道 三歧縣 雹大如彈丸 有一人方馳田 爲所擊而死 雉蛇鳥雀 亦多有死者(『太宗實錄』 권17, 태종 9년 4월 丙申(24일))

천둥 번개가 크게 치고 우박이 내렸는데, 그 크기가 탄환만 하였는데, 경상도에서 농부가 우박에 맞아 죽었다는 기사이다. 우박의 둥근 모양과 크기를 탄환에 비유하였다. 사람이 맞아 죽을 정도의 우박이었다면 그 크기가 콩알이나 밤톨 정도일 수는 없다. 적어도 어른 주먹이나 그보다 약간 큰 정도의 크기로 추정할 수 있다. 실록에서 우박을 탄환에 비유한 또 다른 기사를 볼 수 있다.

平安道 平壤 肅川 順安 雨雹大如彈丸 小如鳥卵 禾穀太半傷損(『中宗實錄』 권8, 중종 4년 5월 乙巳(14일))

평안도에 우박이 내렸는데 큰 것은 탄환만 하고 작은 것은 새알만 하다고 하였다. 이로 미루어 당시의 탄환의 크기를 대략 짐작할 수 있다. 그렇다면, 세종이 새 문자를 창제하고 그 글자를 소개하는 내용을 기술한 교본〈訓民正音〉에 실려 있었을 中聲 글자와 음가 및 체계를 설명하는 글에 곁들여 보여준 그림에서의 탄환 모양의 크기는 책의 지면을 참작할 때 대체로 지름 10cm 안팎 정도 크기의 원圓이었을 것으로 추정할 수 있다. 이 그림을 참조하면서 「解例」편찬자는 中聲에 관한 명제 및 설명에 그들 나름의 해설과 해석을 붙일 수 있었을 것이다. 세종은 中聲 11자 체계를 그림으로 나타내 보여주었고, 그 中聲圖는 현대 국어 모음의 조음 위치를 보이기 위한 삼각형 또는 사각형의 오늘날의 모음도와는 달리 正圓이었던 것이다. 그래서 「解例」는 그것을 "圓形如彈丸"이라고 표현하였던 것이다.

初聲과 달리 中聲은 각각의 조음 위치를 명확히 확인하여 글로써 기술하기 어렵고 따라서 각각의 위치에 따른 체계상의 상관관계를 정확히 기술하기란 결코 쉬운 일이 아니다. 세종은 이런 어려움을 도형을 통해 해결하려 했던 것으로 보인다. 中聲 11자의 체계상의 자리와 서로의 관계를 그림을 통해 나타낼 수 있다는 생각은, 아마도 세종이 일찍부터 天文을 관찰하면서 일정하게 움직이는 별들의 운행과 그 위치를 天文圖로 나타내 본 경험에서 비롯하였을 것으로 짐작된다.

中聲 11자의 체계를 도형으로 나타내면서 오늘날의 모음도와 같은 3각형 또는 4각형이 아닌 원형을 선택한 것은, 입 즉 구강口腔의 형태를 공 모양의 탄환과 같은 것으로 인식하였기 때문일 것이다. 이로써〈制字解〉에서 기본 3자 '•, ㅡ, ㅣ'에 대하여 "•舌縮而深", "ㅡ聲小縮而聲不深不淺", "ㅣ舌不縮而聲淺" 등에서 볼 수 있는 바와 같이 조음을 위한 혀의 움직임을 '縮:小縮:不縮'으로, 소리의 느낌은 '深:淺:不深不淺'으로 그 대립의 양상을 그렇게 명확하게 구분하여 설명할 수 있었던 것은, 실은 그림에서의 기본 3자들의 위치를 눈으로 볼 수 있었기에 가능하였음을 이해할 수 있게 된다. 만약「解例」를 편찬하면서 참조하였을 교본〈訓民正音〉에 中聲의 위치를 표시한 그림이 없었다면, "圓形如彈丸"와 같은 기술은 생각할 수 없는 일이다. 그렇다면 이제 다음으로 밝혀야 할 과제는 첫째로 그 원 안에서 '•'의 위치를 확인하는 일이다.

〈制字解〉訣의 "吞擬於天聲最深"을 다시 본다. '•'의 소리를 "最深"이라 하여 최상급의 수식어 '最'로 표현한 것은 오직 'ㅡ, ㅣ'와의 상대적 비교에 따른 표현일 수만은 없다. 'ㅡ, ㅣ'와의 비교는 '深:淺:不深不淺'로 충분하다. 그렇다면 "聲最深"은 中聲 11음 가운데 '•'의 소리가 가장 깊다는 규정인데, 이와 같은 규정은 소리에 대한 감각적 기준에 기대어 내릴 수 있는 일이 아니다. '•'는 天을 본뜬 것이며 그 소리가 가장 깊다고 하였는데, 이 경우의 天은 天圓 즉 正圓이다. 正圓에서의 "最深" 곧 正圓에서 가장 깊은 곳은 원 안의 오직

한 곳 바로 원의 중심이다. 그 중심을 확대하면 무한대의 원으로 커지고 그것을 축소하면 그 중심의 점에 수렴한다. 그러나 원의 중심을 점이라고 말할 수는 있으나 결코 점이 아니라 작은 원일 뿐이다. 그것이 바로 'ㆍ'인 것이다. 'ㆍ'를 탄환과 같다고 하였으니 그 크기가 어찌 그렇게 클 수가 있겠느냐는 질문은 우문愚問이다. 원의 크기는 문제가 되지 않는다. 왜냐하면, 원과 그 중심은 서로의 크기와 관계 없이 언제나 同心圓이기 때문이다. 3각형 또는 4각형이나 5각형과 달리, 원을 작도作圖하면 그 중심은 굳이 찾지 않아도 자신의 위치를 자동적으로 드러낸다.

　세종의 中聲圖는 원이었고 'ㆍ'는 그 중심에 위치하였다. 발음기관인 구강의 형태를 正圓으로 나타내고 'ㆍ'의 조음 위치를 입안의 한 가운데로 파악하여 그 위치를 원의 중심으로 정한 다음 여기서부터 나머지 中聲들의 위치를 잡아나간 것이다. 일찍이 『한글갈』 (1942:575)에서 'ㆍ'를 "복판홀소리"로 규정하였다. 이제 中聲圖에서의 'ㆍ'의 위치를 그림으로 나타내면 아래의 〈그림 1〉과 같다.

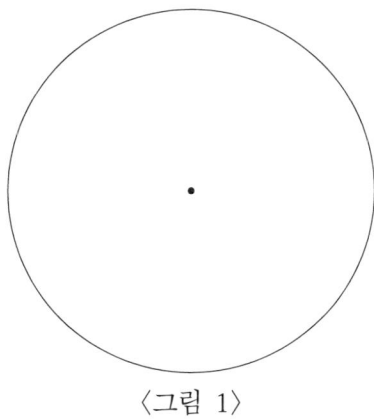

〈그림 1〉

〈그림 1〉을 보면, 〈制字解〉訣의 "吞擬於天聲最深 所以圓形如彈丸"이 바로 위와 같은 그림을 보고 진술한 것임을 어렵지 않게 짐작할 수 있다.

'•'의 제자원리와 中聲圖에서의 위치를 확인하였으므로 이제 나머지 'ㅡ, ㅣ'의 제자원리를 밝혀야 할 차례다. 〈制字解〉는 기본 3자 '•, ㅡ, ㅣ'의 자형에 관하여 天地人 三才의 상형으로 설명하면서, '•'는 "天圓"에서, 'ㅡ'는 "地平"에서, 그리고 'ㅣ'는 "人立"의 형태에서 각각 '圓', '平', '立'의 자형을 만든 것으로 설명하였다(訣 참조). 기본 3자의 제자원리에 따라 「解例」에서 '•'를 "圓者"라 한 것은 당연하다. 그렇다면 'ㅡ'와 'ㅣ'도 각각 '平者'와 '立者'라 하는 것이 순리였음에도 「解例」에는 "圓者"만 보일 뿐 '平者', '立者'는 끝내 보이지 않는다는 사실에서 天地人 三才의 상형이 기본 3자의 제자원리가 아닌 해석의 원리일 뿐이라는 결론에 다다른다. 당연히 있어야 할 것이 없다면, 그것도 셋에서 둘이 없다면, 그것은 단순한 記述上의 문제일 수 없다. 따라서 "圓者"가 의미하는 바를 다시 들여다볼 필요가 있다. 앞에서 인용한 〈制字解〉의 해당 부분을 다시 본다.

ㅗㅏㅜㅓ始於天地, 爲初出也. ㅛㅑㅠㅕ起於ㅣ而兼乎人, 爲再出也. ㅗㅏㅜㅓ之一其圓者, 取其初生之義也. ㅛㅑㅠㅕ之二其圓者, 取其再生之義也.(正音解例:5ㄴ-6ㄱ)

"一其圓者"인 'ㅗㅏㅜㅓ'가 "初出"이기에 이를 "初生之義"으로 해석한 것에는 문제가 없다. 문제는 "二其圓者"에 있다. "圓者"의 근원이 "天圓"에 있는 것이라면 圓者가 둘이라는 것은 곧 하늘이 둘이라는 의미인데, 易理의 어떤 해석으로도 하늘이 둘이라는 관념은 수용의 여지가 없다. 하늘이 둘이면 땅도 둘이어야 마땅하기 때문이다. "一其圓者"가 "初出"이 되고("爲初出") "二其圓者"가 "再出"이 된다("爲再出") 하였으니 "圓者"의 의미를 '出'로 해석함이 합당하다는 결론에 이른다. '圓'과 '出'의 관계를 아침 동쪽 하늘에서 뜨는 둥근 해 즉 日出에서 찾으면 이 둘의 유연성有緣性이 쉽게 이해된다. 이와 같은 해석의 정당성을 〈合字解〉에서 'ㅡ'를 "橫者", 'ㅣ'를 "縱者"라 한 데서 확인할 수 있다.

    中聲則圓者橫者在初聲之下, ㆍ ㅡ ㅗ ㅛ ㅜ ㅠ是也. 縱者在初聲之右, ㅣ ㅏ ㅑ ㅓ ㅕ是也.(正音解例:20ㄴ)

  "圓者"〈ㆍ〉의 '圓'이 둥근 형태와 더불어 '出'이라는 동사로서의 의미를 지닌 것이면, "橫者"는 가로획의 형태와 더불어 횡橫으로 움직여 이동한다는 동사로서의 의미를 나타내는 것으로 해석할 수 있다. "縱者"에서도 같은 방법의 해석으로, 동작의 주체가 세로획의 형태를 보이면서 더불어 종縱으로 움직여 이동한다는 동사로서의 의미를 지닌 것으로 해석할 수 있다. "橫者"〈ㅡ〉, "縱者"〈ㅣ〉의 동사로서의 의미를 〈制字解〉의 "口蹙"( ), "口張"(ㅣ)의 의미와 연계하면 이 술어들의 동사적 의미가 한결 분명해진다.
  "圓者"〈ㆍ〉가 '平者', '立者'와의 관계에 따른 술어가 아니라, "橫者", "縱者"와의 상관에 따른 술어라는 사실에서 이제 우리는 中聲의 기본 3자 'ㆍ, ㅡ, ㅣ'가 天地人 三才의 상형이라는 易理의 관념적 해석의 굴레에서 벗어나 기본 3자의 실체로서의 형태 그 자체에서

이 글자들의 제자원리, 그리고 이들을 合成(←"合而成")하여 만든 나머지 여덟 글자의 실질적 제자원리에 접근할 수 있는 길에 들어서게 되었다.

初聲은 기본자가 다섯이다. 일반적으로, 이를 중국 聲韻學에서의 五音 체계 '牙,舌,脣,齒,喉'를 바탕으로 제작한 것으로 여기고 있다. 그러나 中聲의 기본 3자는 어디에 근원을 둔 것이냐는 질문에 天地人 三才로 대답한다면, 이는 관념적 해석으로는 그럴듯하다고 말할 수 있겠지만 합리성을 근간으로 하는 과학적 사고에서는 그대로 받아들이기 어려운 답이다. 中聲 기본 3자의 제자원리가 天地人 三才에서 비롯된 것이라는 해석에 별다른 의문이나 거부감을 느끼지 못할 정도로 우리의 사고 체계와 인식 논리는 너무 오래도록 그리고 너무 깊게 易理的 관념론에 젖어 있었다.

우선 기본 3자 '•,ㅡ,ㅣ'가 원과 직선이라는 더 단순화할 수 없는 형태라는 점에 주목한다. 말소리가 나오는 입의 공간적 구조를 공[球]으로 생각하고 이를 평면의 원으로 도형화하여 그 중심을 기본형의 으뜸으로 정한 것이 "圓者"라고 규정한 '•'이다. 이 첫 글자 '•'가 문자 체계의 구성원이 되기 위해서는 이에 대립하는 존재가 있어야 한다. '•'에 대립하는 형태를 세종은 직선에서 찾았다. 원과 직선은 가장 기본적인 대립의 형태이다. 그것의 하나가 가로금의 형태 'ㅡ'이다. 이 가로금에 대립하는 것에 세로금 'ㅣ'가 있다. 직선의 세로금은 원형의 '•'와도 대립한다. '•:ㅡ', 'ㅡ:ㅣ' 그리고 'ㅣ:•'의 대립으로 이루어진 이들 3자가 中聲 11자의 기본이 되었다. 한편, 'ㅡ'는 이를 발음할 때 입술의 양옆으로 벌어진 가로 형태를 본뜬 것이고, 'ㅣ' 또한 이를 조음할 때 두 입술이 세로의 방향으로 벌어지는 것의 상형이다. 初聲 기본자와 마찬가지로 中聲 기본 3자도 조음할 때 발음기관의 모양과 움직임의 상형으로 제자한 것이다. 〈合字解〉의 'ㆍ, ㅡ, ㅣ'에 관한 기술에 이들의 자형을 "圓者"와 더불어 "橫者", "縱者"라 한 것이 기본 3자의 제자원리가 발음기관의 상형임을 말해주고 있다.

'ㆍ'에 이어 中聲圖에서 'ㅡ'의 위치를 확인하는 것이 순서이나 논술의 편의를 위해 'ㅜ'의 위치를 확인할 때 함께 논의하기로 하고 기본자의 막내인 'ㅣ'의 위치를 먼저 확인하기로 한다. 〈制字解〉는 "ㅣ舌不縮而聲淺"으로 'ㅣ'의 조음과 음성 자질을 규정하였으나 이것만을 토대로 中聲 체계에서 'ㅣ'와 'ㆍ, ㅡ'와의 상대적 위치를 확인하기는 어렵다. 〈制字解〉에는 'ㅣ'의 체계상의 위치를 확인할 수 있는 명제나 설명이 없기 때문이다. 'ㅣ'의 위치를 추정할 수 있게 하는 기술은 〈中聲解〉에 보인다.

> 一字中聲之與ㅣ相合者十, ㆎㅢㅚㅐㅟㅖㅙㅒㅞㅖ是也. 二字中聲之與ㅣ相合者四, ㅙㅞㅙㅞ是也. ㅣ於深淺闔闢之聲, 並能相隨者, 以其舌展聲淺而便於開口也.(正音解例:16ㄴ)

'ㅣ'가 모든 中聲자와 어울러 "相合者" 열넷(十+四)음 이룰 수 있는 것은, 혀가 펴져 있고("舌展") 소리가 얕아("聲淺") 입을 열기에 편하기 때문이라고 하였다. 혀는 입안 중앙에 가로 놓여 있다. 'ㅣ'의 조음이 혀가 펴진 상태에서 이루어진다는 것은 'ㅣ'의 위치가 입안의 가운데, 즉 'ㆍ'와 같은 높이의 수평선에 위치한다는 것을 뜻한다. 혀의 끝은 입의 가장 앞쪽에 있다. 따라서 中聲圖에서 'ㅣ'의 위치는

'ㆍ'와 수평을 이루는 선의 가장 앞쪽에 위치하는 것으로 결론 내릴 수 있다. 이를 그림으로 나타내면 아래 〈그림 2〉와 같다.

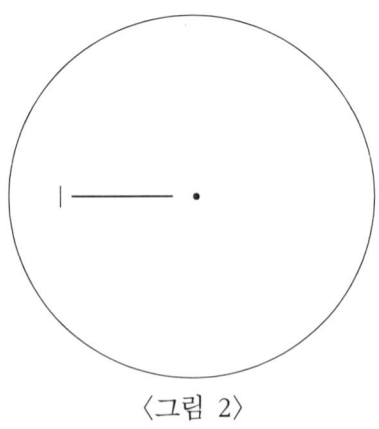

〈그림 2〉

(2) ㅗ, ㅏ, ㅜ, ㅓ의 제자원리와 체계상의 위치

〈制字解〉는 기본 3자에 이어 'ㅗ, ㅏ, ㅜ, ㅓ'에 대하여서 다음과 같이 서술하였다.

> 此下八聲, 一闔一闢. ㅗ與ㆍ同而口蹙, 其形則ㆍ與一合而成, 取天地初交之義也. ㅏ與ㆍ同而口張, 其形則ㅣ與ㆍ合而成, 取天地之用發於事物待人而成也. ㅜ與一同而口蹙, 其形則一與ㆍ合而成, 亦取天地初交之義也. ㅓ與一同而口張, 其形則ㆍ與ㅣ合而成, 亦取天地之用發於事物待人而成也.(正音解例:5ㄱ-ㄴ)

"ㅗ與ㆍ同而口蹙"이나 "ㅓ與一同而口張" 등에서의 "同"이 과연 무엇의 같음을 말하는 것인지에 대한 설명은 없지만, "同"과 더불어

"闔·闢", "口蹙·口張", 그리고 기본 3자의 "聲深·聲不深不淺·聲淺" 등은 제자원리 및 체계상의 위치를 추정하는 데 기댈 수 있는 길잡이가 된다. 그리고 이들 모두의 기준이 되는 출발점은 中聲圖의 중심 'ㆍ'이다.

'ㅗ'는 "其形則ㆍ與ㅡ合而成"라 하였는데 "合而成"을 合字로 해석하면 그 음가가 단모음일 수 없을뿐더러, 합자 이전의 두 글자의 음과 합자 뒤의 음의 관계(ㆍ+ㅡ→ㅗ[o])가 합리적으로 설명이 안 된다. 'ㅗ,ㅏ,ㅜ,ㅓ,ㅛ,ㅑ,ㅠ,ㅕ'의 글자 구성이 기본 3자 'ㆍ,ㅡ,ㅣ'의 결합으로 이루진 것이지만, 이들 8자를 합자로 규정한 경우가 전혀 없다는 사실에서 "合而成"을 합자 또는 합용으로 해석할 수 없음을 알 수 있다.

"其形則ㆍ與ㅡ合而成"은 'ㅗ'의 글자 구성이 'ㆍ'와 'ㅡ'의 합으로 이루어진 것을 말하는 것이지만, 문제는 그다음 "取天地初交之義也"에 있다. "天地"는 'ㆍ,ㅡ'를 달리 표현한 말이다. 그런데 이 두 글자가 어우러져 'ㅗ'가 되었다고 하면서, 그 결과인 음가가 'ㆍ+ㅡ'일 수 없는 'ㅗ'[o]가 되는 것에 대해서 당연히 있어야 할 설명 없이 오직 "天地初交之義"라는 해석에 그쳤다. 또 "初交"라 하였는데, 이 용어의 실질적 의미가 무엇인지 분명하지 않다. "初出"과 "再出"의 경우처럼, "初交"는 '再交'와의 대립을 전제할 때 성립하는 개념이다. 그런데 「解例」 어디에도 '再交'라는 용어는 보이지 않는다.

이제 'ㅗ,ㅏ,ㅜ,ㅓ'의 제자원리와 이들의 체계상의 위치를 확인하기 위해 이와 관련되는 〈制字解〉에 제시된 명제들을 논술의 편의를 위해 아래와 같이 정렬한다. 그리고 〈制字解〉에 있어야 마땅하다고 할 만한 명제가 〈中聲解〉에 제시되어 있기에 이를 함께 보기로 한다.

① ㅗ與·同而口蹙 其形則·與ㅡ合而成
② ㅏ與·同而口張 其形則ㅣ與·合而成
③ ㅜ與ㅡ同而口蹙 其形則ㅡ與·合而成
④ ㅓ與ㅡ同而口張 其形則·與ㅣ合而成 (制字解)

⑤ ㅗ與ㅏ同出於·
⑥ ㅜ與ㅓ同出於ㅡ (中聲解)

'ㅗ'의 제자에 대하여 〈制字解〉에서 "其形則·與ㅡ合而成"이라 하였는데 이를 訣에서 "洪出於天尙爲闔 象取天圓合地平"으로 해설하였다. "天圓合地平"은 "·與ㅡ合而成"을 달리 표현한 것으로 말하고자 하는 내용은 서로 다를 바 없다. 이 해설에 따르면, 'ㅗ'는 '·'("天圓")와 'ㅡ'("地平")의 합성인 것이다. 그러나 이는 'ㅗ'의 자형 구성에 대한 해설은 될지언정 이 글자의 음가나 체계에의 위치에 대한 설명일 수는 없다. "天圓"과 "地平"의 합성과 그 결과와의 관계에 대해서는 아무것도 설명해 주지 못하고 있기 때문이다. 'ㅗ'가 二字合用이 아니라 一字이어야 하는 이유를 "天地初交"라는 해석이나 "天圓合地平"이라는 해설이 대신 말해주지 못하고 있다. 여기서 '天地人 三才'라는 성리학적 철리에 따른 상형의 원리가 그 한계를 드러낸다.

그러면 'ㅗ'를 구성하는 '·'와 'ㅡ'를 각각 기본자로서의 자소가 아닌 다른 성분으로 이해할 필요가 있다. 앞의 논의에서 언급하였듯이, 〈制字解〉는 '·'를 "圓者"로 규정하면서, "一其圓者"는 "初出"로, "二其圓者"는 "再出"이라고 하여, '·'에 '出'의 의미가 있음을 알게 하였고, 〈合字解〉에서는 'ㆍ, ㅡ, ㅣ'를 각각 "圓者", "橫者", "縱者"라 하여 이들을 각각 도형의 형태로 표현하였다. 이를 바탕으로 'ㅗ'는 二字合用의 合字가 아닌 단지 "圓者"(〈ㆍ〉)와 "橫者"(〈ㅡ〉)의 합성인 것을 알 수 있다. "圓者"는 '出'을, "橫者"는 조음의 중심이 가로로 이동하는 "口蹙"을, 즉 'ㅗ'는 출발점 'ㆍ'로부터 나와(명제 ⑤ ㅗ與ㅏ同出於ㆍ) 가로로 이동(〈ㅡ〉:橫者/口蹙)한 곳에 나온(〈ㆍ〉:出) 것이다. 'ㅗ'는 음가와는 무관한 두 부호 〈ㆍ〉와 〈ㅡ〉의 합성으로 제작된 글자인 것이다.

中聲圖에서의 'ㅗ'의 자리는 글자의 형태만으로 원의 중심인 'ㆍ'로부터 나와 횡으로 이동("口蹙")한 곳에 위치하는 것임을 알 수 있게 되어 있다. 이를 그림으로 나타내면 아래의 〈그림 3〉과 같다.

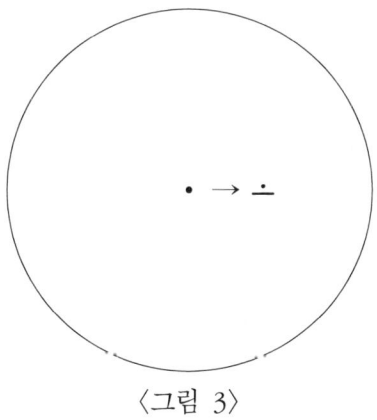

〈그림 3〉

初出 4자의 제자원리와 체계상의 위치를 추정할 수 있는 근거가 되는 명제 ①~④는 〈制字解〉에, ⑤와 ⑥은 〈中聲解〉로 나누어 놓음으로써 「解例」는 결과적으로 中聲의 제자원리를 이해하기 어렵게 만들었다. 「解例」 편찬자가 의도적으로 그렇게 하였는지, 아니면 다른 이유에서 그렇게 한 것인지는 알 수 없다.

　기본 3자 '•, ㅡ, ㅣ'는 形과 音을 지닌 자소이다. 그러나 이들을 합성하여 나머지 8자를 만들 경우, 이들은 形·音의 자소로서가 아니라 形·義의 부호 〈•〉(圓:出), 〈ㅡ〉(橫:口蹙), 〈ㅣ〉(縱:口張)로 전환된다. 音이 배제되고 義가 대신한 자소의 성분 전환이다. 논의의 편의상 이들을 '자소'와 더불어 '부호'로도 지칭한다. 즉 'ㅗ'의 경우 "圓者"〈•:出〉+"橫者"〈ㅡ:口蹙〉로 이루어진 두 부호의 합성인 것이지 形·音의 두 자소 '•'와 'ㅡ'의 합자가 아니다. 形과 義만으로 된 자소의 대표적인 예가 문장부호이다. 자소의 성분 및 기능의 전환은 한자음 표기의 수단에서도 볼 수 있다. 形·音·義의 자소에서 義를 배제하고 形·音만의 표음기호로 돌려쓰는 反切이 바로 그것이다.

　形·音의 자소 '•, ㅡ, ㅣ'와 音이 義로 대체되어 그 성분이 전환된 자소/부호 〈•〉, 〈ㅡ〉, 〈ㅣ〉와의 본질적 차이에 대한 이해가 전제되지 않고서는 初出 및 再出 8자의 제자원리를 제대로 파악하기는 사실상 어려울 수밖에 없다. 「解例」 편찬자가 形·音의 자소 '•, ㅡ, ㅣ'와는 달리 이들을 제외한 나머지 8자 'ㅗ, ㅏ, ㅜ, ㅓ, ㅛ, ㅑ, ㅠ, ㅕ'의 구성단위가 성분이 전환된 자소의 합성임을 제대로 이해하였다는 증거를 찾기 어렵다. 또한 "圓者", "橫者", "縱者"라는 술어가 「解例」 편찬자에 의한 것으로 확언할 수 있는 근거 역시 보이지 않는다. 이제 우리는 "合用" 및 "合字"와 "合而成" 즉 '合成'의 차이를 분명히 말할 수 있게 되었다. "合字·合用"과 달리, '合成'은 각각의 음가를 지닌 자소들의 합이 아니라 音이 義로 대체된 形·義의 부호로서의 결합으로 본래의 음가와는 전혀 다른 새로운 形·音의 자소 형성을

4. 「訓民正音解例」의 해체   203

나타내는 개념인 것이다.

다음은 'ㅏ'의 제자원리와 그에 따른 체계상에서의 위치를 살필 차례다. 논술의 편의를 위해 필요한 명제들을 다시 인용한다.

② ㅏ與•同而口張, 其形則 ㅣ與•合而成
⑤ ㅗ與ㅏ同出於•

명제 ⑤는 'ㅏ'의 출발점이 'ㅗ'와 동일하게 '•'에 있다는 진술이다. 'ㅏ'의 구성도 'ㅗ'의 경우를 그대로 적용하여 이해하면 된다. ②는 'ㅏ' 역시 두 부호 "圓者"⟨•:出⟩와 "縱者"⟨ㅣ:口張⟩의 합성인 것을 말하고 있다. 'ㅗ'와 다른 것은 오직 조음의 중심이 이동하는 방향이다. 'ㅗ'가 출발점 '•'에서 수평(一, 橫者)으로 이동(口蹙)한 곳에 자리하는 것에 비하여, 'ㅏ'는 입을 벌려 조음의 중심이 출발점 '•'에서 아래(ㅣ, 縱者)로 이동(口張)한 곳에 위치하는 것임을 말하고 있다. '•'에서 입을 벌려야 하는 'ㅏ'의 위치는 당연히 출발점인 원의 중심 '•'의 아래쪽에 있다. 따라서 'ㅏ'는 어떤 경우에도 '•'와 같은 높이에 있거나 그보다 위에 위치할 수 없다. 이제 'ㅗ, ㅏ'에 대한 명제 ①, ②, ⑤를 토대로 이들 3자 '•, ㅗ, ㅏ'의 中聲圖에서의 체계상의 위치를 그림으로 나타내면 오른쪽 ⟨그림 4⟩와 같다.

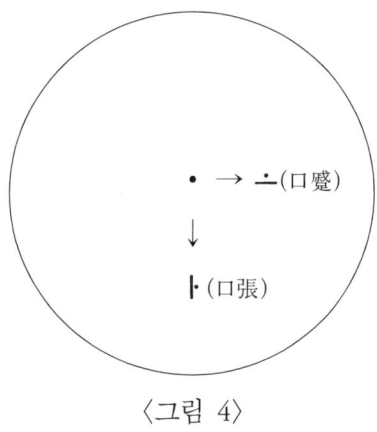

⟨그림 4⟩

'ㅗ, ㅏ'의 자형 구성 해석에서 특히 주의해야 할 점이 있다. 그것은 'ㅗ, ㅏ'의 구성이 'ㅗ'의 경우, "圓者"〈•〉와 "橫者"〈ㅡ〉의 합성이고, 'ㅏ'의 경우, "圓者"〈•〉와 "縱者"〈ㅣ〉의 합성이지만, "圓者"〈•〉가 곧 'ㅗ, ㅏ'의 출발점이 '•'인 것임을 보이는 것이 아니라는 점이다. 'ㅗ, ㅏ'의 〈•〉는 오직 '出'의 개념, 즉 "初出"임을 나타내는 것일 뿐 'ㅗ, ㅏ'의 출발점이 어디인지는 자형 자체로는 알 수 없고, 오직 명제 ⑤ㅗ與ㅏ同出於•를 통해서만 그것을 알게 되어 있다.

이어서 'ㅜ, ㅓ'의 제작 과정과 체계상의 위치를 알아낼 수 있는 명제를 다시 인용한다.

    ③ ㅜ與ㅡ同而口蹙 其形則ㅡ與•合而成
    ④ ㅓ與ㅡ同而口張 其形則•與ㅣ合而成
    ⑥ ㅜ與ㅓ同出於ㅡ

'ㅜ, ㅓ'에 관한 명제 ③, ④, ⑥과 'ㅗ, ㅏ'의 명제 ①, ②, ⑤를 병렬하여 그 진술의 구성 논리가 전혀 같다는 점을 확인하게 되면, 'ㅜ, ㅓ'의 제자원리가 'ㅗ, ㅏ'의 경우와 조금도 다르지 않다는 것을 알 수 있다. 다만 'ㅗ, ㅏ'의 출발점이 '•'인 것에 비하여, 'ㅜ, ㅓ'는 그 출발점이 'ㅡ'(명제 ⑥)라는 차이가 있고, 또한 자형 'ㅜ, ㅓ'에서 "圓者"〈•〉의 자리가 'ㅗ, ㅏ'의 경우와 반대로 아래와 왼쪽이라는 차이가 있을 뿐이다. 이제 中聲圖에서의 'ㅜ, ㅓ'의 위치를 확인하기 위해서는 이들의 출발점인 'ㅡ'의 위치를 먼저 확인해야 한다.

中聲圖에서의 'ㅡ'의 위치 추정에 〈制字解〉의 "•舌縮而聲深"과 "ㅡ舌小縮而聲不深不淺"이 참고가 된다. 원의 중심인 '•'를 "舌縮

而聲深"이라 한 것에 비해 'ㅡ'를 "舌小縮'이면서 "聲不深不淺"이라 한 것에서 그 위치가 원의 중심으로부터 원의 둘레에 근접하는 곳에 위치하는 것임을 알 수 있다. 그렇다면 그 위치는 체계상 'ㆍ'의 상·하·좌·우 가운데 어느 한 곳이어야 한다. 다만 "舌縮"과 "舌小縮", 그리고 "聲深"과 "聲不深不淺"만으로 'ㅡ'의 위치를 'ㆍ'의 상·하 또는 좌·우 가운데 어느 한 곳으로 확정하기 어렵다.

'ㅗ'의 명제 ①과 'ㅜ'의 명제 ③에서 이들이 각각의 출발점에서 "口蹙"("橫者"〈ㅡ〉), 즉 체계상의 위치가 출발점에서 수평으로 이동한 곳에 각각 자리한다는 사실은 'ㆍ'와 'ㅗ'를 연결하는 가로금과 'ㅡ'와 'ㅜ'를 연결하는 가로금이 수평으로 평행선을 이룬다는 것을 의미한다. 'ㅜ'가 'ㅗ'보다 高母音이라는 것을 전제하면, 'ㅜ,ㅗ'가 수직으로 고·저에 위치하는 것이고 이는 곧 'ㅡ'와 'ㆍ'가 수직으로 고·저에 위치한다는 것을 의미한다. 이를 그림으로 나타내면 아래의 〈그림 5〉와 같다.

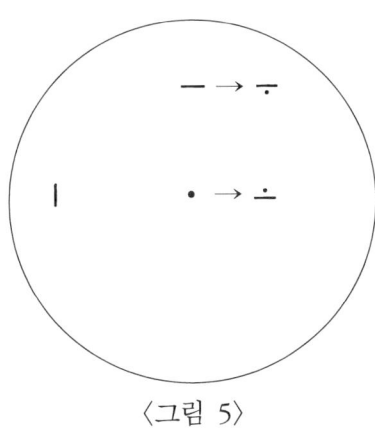

〈그림 5〉

'ㅡ'의 체계상의 위치가 확인되었으니, 中聲圖에서 'ㅓ'의 위치는 명제 ⑥ㅜ與ㅓ同出於ㅡ와 명제 ④ㅓ與ㅡ同而口張에 근거하여 그 출발점 'ㅡ'으로부터 아래(ㅣ,縱者)로 이동(口張)한 곳에 있음을 알 수 있다. 'ㆍ'로부터 'ㅏ'의 위치를 확인하는 것과 전혀 같은 절차이다. 이제 'ㅡ'와 'ㆍ', 그리고 이들에게서 나온 'ㅜ'와 'ㅗ', 그리고 'ㅓ'와 'ㅏ'의 中聲圖에서의 위치를 도형으로 함께 나타내 보이면 아래의 〈그림 6〉과 같다.

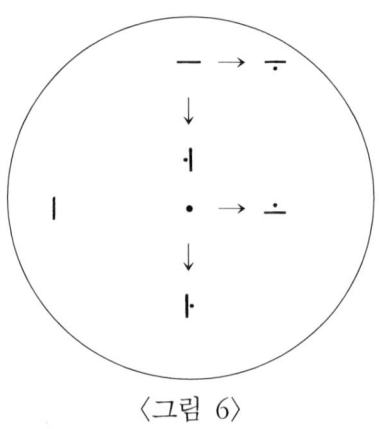

〈그림 6〉

위의 그림은 'ㅡ'와 'ㅜ'를 연결하는 수평선이 'ㆍ'와 'ㅗ'를 연결하는 수평선과 평행을 이루고 있고, 'ㅜ'와 'ㅗ'를 연결하는 수직선이 'ㅡ'와 'ㆍ'를 연결하는 수직선과 평행함을 보여준다. 그림에서 보여주는 이들 4자의 위치가 'ㅗ,ㅏ,ㅜ,ㅓ'와 'ㆍ,ㅡ'의 관계를 진술한 명제 ①~⑥과 완전히 합치함을 볼 수 있다. 또한, 〈制字解〉의 기본 3자 'ㆍ,ㅡ,ㅣ'에 대한 "ㆍ舌縮而聲深 …中略… ㅡ舌小縮而聲不深不淺 …中略… ㅣ舌不縮而聲淺"등의 설명에서 "舌縮"과 "舌小縮" 그리고 "舌不縮"과 같은 조음의 상대적 차이, 그리고 "聲深"과 "聲不深不淺" 및 "聲淺"과 같은 소리의 감각적 차이를 그와 같이 분명히 기술할 수 있었던 것은 〈그림 6〉이 보여주는 바와 같은 그림에 표시된 각 글자의 위치와 그 위치에 따른 음성적 자질의 상대적 차이를 보고서야 가능하였으리라는 것을 어렵지 않게 짐작할 수 있다.

위의 그림에서 보듯 'ㅗ, ㅏ'와 'ㅜ, ㅓ'의 출발점이 각각 어디인지는 알 수 있지만, 이들의 자형에는 그 출발점을 보여주는 표지가 나타나 있지 않다. 앞에서 언급한 'ㅗ, ㅏ'의 경우와 마찬가지로, 'ㅜ, ㅓ'의 출발점은 'ㅡ'이지만 'ㅜ, ㅓ'의 자형에는 출발점 'ㅡ'가 나타나지 있지 않다. 이들 자형의 〈•〉는 오직 '出'을 나타내는 표지일 뿐이고, 'ㅡ, ㅣ' 역시 口蹙, 口張을 나타낼 뿐 'ㅜ, ㅓ'의 출발점을 보여주는 표지는 아니다. 이들의 출발점은 〈中聲解〉의 명제 ⑥ㅜ與ㅓ同出於ㅡ에 명시되어 있다.

〈그림 5〉는 'ㅡ'와 '•'가 고·저로 대립하고 이것과 나란히 'ㅜ'와 'ㅗ'가 고·저로 대립하는 모습을 보여준다. 또한 명제 ④ㅓ與ㅡ同而口張과 ②ㅏ與•同而口張에 근거하여 'ㅓ'와 'ㅏ' 또한 고·저로 대립함을 알 수 있다. 그러나 〈그림 6〉에서 보는 바와 같이 'ㅓ'와 'ㅏ'의 사이에 '•'가 끼어있어 'ㅓ:ㅏ'의 대립이 'ㅜ:ㅗ'과 같은 온전한 모습이 아니나. 아울러 'ㅡ:•'의 대립에 'ㅓ'가 가로막고 있어 이 또한 'ㅡ:•'의 대립을 제대로 보여주는 모습이 아니다. 제자원리에 따른 구도와 이를 그림으로 나타내 보일 때의 구도가 완전히 합치하는 이상적인 모습이 아니다. 이론과 실제에서의 차이를 좁히기 위한 약간의 조정이 불가피하다. 이 문제는 再出 'ㅛㅑㅠㅕ'의 체계상의 위치를 확인하는 곳(§4.3.1)에서 논의할 것이다.

(3) 起於ㅣ의 ㅛㅑㅠㅕ

'ㅛ, ㅑ, ㅠ, ㅕ'의 음운론적 성격과 제자원리에 관하여 〈制字解〉는 아래와 같은 명제들과 해석을 제시하였다. 그것들을 아래와 같이 정렬하여 인용한다.

㊀ ㅛ與ㅗ同而起於ㅣ
㊁ ㅑ與ㅏ同而起於ㅣ
㊂ ㅠ與ㅜ同而起於ㅣ
㊃ ㅕ與ㅓ同而起於ㅣ
㊄ ㅗㅏㅜㅓ始於天地, 爲初出也. ㅗㅏㅜㅓ之一其圓者 取其初生之義也
㊅ ㅛㅑㅠㅕ起於ㅣ而兼乎人, 爲再出也. ㅛㅑㅠㅕ之二其圓者 取其再生之義也(正音解例:5ㄴ-6ㄱ)

명제 ㊀~㊃의 起於ㅣ에 의하면, 'ㅛ, ㅑ, ㅠ, ㅕ'는 'ㅣ+(ㅗ, ㅏ, ㅜ, ㅓ)'와 같은 음가를 지닌 자소로 해석된다. 再出 넉 자에 대한 〈制字解〉의 이와 같은 규정을 근거로 이들 넉 자는 이중모음을 위한 글자이므로 언문 창제 당시 국어는 이들을 제외한 7모음 체계였다는 것이 오늘날의 정설이다. 그러나 'ㅛ, ㅑ, ㅠ, ㅕ'의 음가가 이중모음이라는 해석으로는 이들 넉 자가 "中聲凡十一字"에 포함된 이유를 만족스럽게 설명할 수 없다는 데 문제가 있다. 만약 'ㅛ, ㅑ, ㅠ, ㅕ'가 이중모음의 자격으로 中聲 11자에 포함된 것이라면, 〈中聲解〉에서 진술한 하향이중모음 "一字中聲之與ㅣ相合者十", 그리고 "二字中聲之與ㅣ相合者四" 도합 14자도 함께 포함하여 中聲은 "凡十一字"가 아니라 '凡二十五字'이었어야 마땅하다.

명제 ㉤에서 'ㅗ,ㅏ,ㅜ,ㅓ'를 初出로 규정하고 이를 "一其圓者"라 하면서 "始於天地"와 "初生之義"로 해석하였다. 그러나 "始於天地"는 '始於·一'를 달리 표현한 것에 지나지 않는다. "初生之義" 역시 "初出"을 해석한 것에 지나지 않는다. 명제 ㉥은 起於ㅣ를 "兼乎人"으로 해석하고 이를 再出로 규정하여 "二其圓者"로 설명하면서 이를 "再生之義"로 해석하였다. 그러나 '起於ㅣ+初出'이 再出이 된다는 설명은 문자의 구성과 그에 따른 음가에 관한 설명으로는 적절하다고 말하기 힘들다.

'起於ㅣ+初出'의 구성을 再出로 규정할 수 있다면 〈中聲解〉의 '初出+ㅣ相合者' 역시 再出 또는 三出이 되어야 마땅하다. 再出과 初出은 서로 대립하는 개념인데 'ㅛ,ㅑ,ㅠ,ㅕ'를 'ㅣ+初出'의 이중모음으로 규정하고서는 初出과 再出을 대립의 개념으로 수용하기 어렵게 한다. 「解例」에는 이들의 대립에 대해 이렇다 할 설명이 없다. 이와 관련하여, 오늘날의 일부 연구에서 "二其圓者"에서 앞의 圓者 하나를 마치 起於ㅣ를 표상하기 위한 'ㅣ→·'와 같은 변용變容으로 해석하기도 하는데, 이는 "二其圓者"(··, :)가 再出을 표상하는 부호일 뿐이지 形·音의 자소가 아니라는 점을 이해하지 못한 데서 비롯된 잘못이다. 'ㅛ,ㅑ,ㅠ,ㅕ'가 中聲 11자에 포함될 수 있었던 문자 및 음운론적 근거를 명확히 밝히지 않고서는 中聲 체계가 7자가 아닌 11자의 구성인 이유를 제대로 설명할 수 없다.

再出은 初出을 전제로 한다. 만약 起於ㅣ에 근거하여 'ㅛ'를 'ㅣ+ㅗ'로 분석한다면, 이는 곧 'ㅗ'와 'ㅣ+ㅗ'를 서로 대립하는 단위로 해석할 수 있다. 그러나 'ㅣ+ㅗ'는 두 단위 요소의 복합이므로 'ㅗ'와

'ㅣ+ㅗ'는 자소 체계에서 서로 대립하는 단위일 수 없다. 이는 'ㅂ'과 'ㅆ'이 체계상 대립하는 자소일 수 없는 이유와 다를 바 없다. 그러함에도 'ㅛ,ㅑ,ㅠ,ㅕ'는 11자로 구성된 中聲 체계에 어엿한 구성단위로서의 자리를 차지하고 있다. 그러나 'ㅛ,ㅑ,ㅠ,ㅕ'를 '起於ㅣ+初出'로 분석하여서는 이들은 中聲 체계의 구성단위일 수 없으므로 이들의 체계상의 자리는 논의의 대상일 수 없다. 이들이 中聲 11자 체계의 일원일 수 있는 근거를 밝히는 일이 우선되어야 한다.

앞에서(§3.2.1) 이들 넉 자는 단순히 이중모음(ㅣ+初出)으로서가 아닌 다른 자격으로 中聲 11자 체계의 구성단위가 된 것이라는 가설을 제시한 바 있다. 이는 곧 'ㅗ,ㅏ,ㅜ,ㅓ'와 'ㅛ,ㅑ,ㅠ,ㅕ'의 관계가 음운의 면에서 단순히 단모음과 이중모음의 관계일 수만은 없다는 것을 의미한다. 만약 이 넉 자가 단순히 이중모음만을 위한 자소가 아니라면 그 드러나 있지 않은 또 다른 음운론적 실체는 과연 무엇일 수 있는가 하는 의문과 만나게 된다. 그러나 〈制字解〉에서는 제기된 의문을 풀 수 있는 어떤 암시나 단서를 확인할 수가 없다. 〈制字解〉의 명제와 설명만으로는 再出 'ㅛ,ㅑ,ㅠ,ㅕ'의 제자원리와 中聲 체계에서의 이들의 위치에 관한 논의를 펼칠 수가 없다. 그런데 뜻밖에 〈中聲解〉에서 이들 넉 자의 문자 및 음운론적 정체를 파악하는 데 도움을 주는 명제들을 만날 수 있다. 따라서 '起於ㅣ+初出'이 아닌 再出 넉 자의 또 다른 정체를 밝히기 위한 탐색은 〈制字解〉가 아닌 〈中聲解〉에서 시도할 수밖에 없다.

〈制字解〉에는 中聲에 대한 易理的 해석이 유달리 장황하다. 이는 역설적으로 「解例」 편찬자가 中聲의 제자원리를 설명하는 데 어려움을 느꼈다는 것을 보여주는 반증으로 해석할 수도 있다. 「解例」는 언문 28자, 특히 中聲 11자의 제자원리에 대한 이해와 해석의 어려움을 굳이 숨기려 하지 않았다. 〈制字解〉訣에 "中聲十一亦取象 精義未可容易觀"이라고 하여 中聲의 제자원리를 알아내기가 쉽지 않다고 하였고, 또한 鄭麟趾는 서문에서 "謹作諸解及例, 以敍其梗槩. 庶使觀者不師而自悟. 若其淵源精義之妙, 則非臣等之所能發揮也"라 하며 언문 제자원리의 깊은 연원이나 이치를 신하들이 능히 다 밝힐 수 없었음을 실토하였다. 이를 단순히 임금을 향한 신하로서의 의례적 겸양의 표현으로 볼 수만은 없다.

〈制字解〉는 그 첫머리에서, 正音의 제자원리가 陰陽五行의 이치에 따른 것이라고 言明하였는데, 그 마무리에서는, 初聲은 "初聲有發動之義, 天之事也", 終聲은 "終聲有止定之義, 地之事也", 中聲은 "中聲承初之生, 接終之成, 人之事也"라 하여 初·終·中聲의 원리를 天地人 三事로 해석하였다. 鄭麟趾 서문에 기술되어 있는 바와 같이, 세종은 신하들에게 '상세히 해석을 붙이라고 명'("命詳加解釋")하였지 제자원리나 글자의 운용에 대하여 설명하라고 하지 않았음을 분명히 할 필요가 있다.

〈制字解〉는 終聲의 제자에 대해서는 例義에서 제시한 원리를 그대로 옮겨 "終聲之復用初聲者"라고 하였을 뿐, 이에 대한 아무런 해설 없이, 오식 "一元之氣, 周流不窮, 四時之運, 循環無端"이라는 易理에 기댄 해석으로 마무리하였다. 〈制字解〉의 첫머리와 마무리의 해석에서 보여주는 그 이로理路의 일관성과 가지런함이 〈制字解〉 전체에 한결같다는 점은 「解例」를 단순한 해설서로 규정할 것인가, 아니면 해설을 곁들인 해석서로 보아야 할 것인가를 판별하는 데 참고가 된다.

4.2. 〈初聲解〉

〈初聲解〉는 "正音初聲 即韻書之字母也"로 시작하면서 한자음에서의 字母에 對當하는 正音의 初聲과 그 成字의 모습을 보여주었다. "君字初聲是ㄱ, ㄱ與ㅜㄴ爲군"이라 하여 '君'의 音을 'ㄱ'과 'ㅜㄴ'으로 二分하여 字母와 韻母로 나누어 보이고 'ㄱ'이 字母 즉 初聲인 것을 예시하였다. 이어서 같은 방법으로 "快字初聲是ㅋ, ㅋ與ㅙ爲쾌. 虯字ㄲ, ㄲ與ㅠ爲뀨. 業字初聲是ㆁ, ㆁ與ㅓㅂ爲업之類." 등의 初聲과 그 成字의 모습을 보여주었다. 그러나 '쾌'(快), '뀨'(虯)에서 보듯 'ㅇ'을 終聲에 사용하지 않았다. 이는 終聲에서의 'ㅇ'이 成音에 영향을 주지 않는 불필요한 것임을 밝힌 〈終聲解〉의 "且ㅇ聲淡而虛 不必用於終 而中聲可得成音也"라는 설명과 더불어 'ㅇ'의 음가에 대한 견해를 반영한 것이다. 이는 『東國正韻』의 字音 終聲에 'ㅇ'이 표기된 것과 대비된다. 『月印釋譜』 권두에 실린 「世宗御製訓民正音」에도 '快', '虯'가 각각 '쾡', '뀽'로 표기되었다.

"正音初聲 即韻書之字母也"는 '正音'이 표음기호로서의 의미를 지닌 용어임을 밝힌 진술이라는 점에서 주목할 대상이다. 「解例」편찬자가 諺文 28자를 철자의 단위인 字素로서 인식하고 수용한다는 뜻을 구체적으로 그리고 적극적으로 밝힌 진술을 「解例」에서 확인하기 어렵다. 그들에게 '諺文'과 '正音'은 결코 적당히 섞어 쓸 수 있는 유의어나 동의어가 아니었다. 「解例」의 어디에서도 '諺文'이란 용어는 사용되지 않았다.

〈初聲解〉訣에,

二十三字是爲母 萬聲生生皆自此

라고 하여, 새 문자의 字母를 十七字가 아닌 "二十三字"라고 하였다. 이는 〈制字解〉에서 "初聲凡十七字"라고 언명한 것과 분명히 다르다. 23자는 初聲 17자에서 배제된 各自並書 여섯 자를 포함한 것이다. 이는 「解例」 편찬자가 문자 체계로서의 初聲 17자에 各自並書가 포함되지 않은 이유를 제대로 이해하지 못하였거나, 아니면 正音을 아예 문자 체계로서보다는 단순한 표음기호의 집합체로 인식하였다는 것으로 해석할 수 있다. 「解例」 편찬에 참여한 申叔舟가 『東國正韻』 서문에서,

　　自正音作而萬古一聲 毫釐不差 實傳音之樞紐也

라고 한 것은 正音의 본질 즉 표음기호로서의 역할과 기능을 정확히 진술한 것이다. 새로 만들어진 문자의 명칭을 '諺文'이라 하지 않고 '正音'이라 한 것이 단순한 선택의 문제가 아니었음을 알 수 있다. 문자 체계로서의 언문을 표음기호의 역할로 규정하면 〈制字解〉에서 "初聲凡十七字"라 한 것을 〈初聲解〉의 訣에서 "二十三字是爲母"라고 다르게 말한 것은 진히 이상한 일이 아니다. 「解例」는 〈制字解〉에 "正音二十八字", 그리고 이어서 〈初聲解〉의 첫머리에 "正音初聲"을 韻書의 字母에 對當하는 것임을 밝히고 음절을 오직 字母와 韻母로 나누어 보이면서 初聲과 中聲의 관계 및 終聲과의 관계에 대해서는 아무런 언급을 하지 않았다.

　〈初聲解〉에서 언급되었기를 기대할 수 있는 것 가운데 하나가 初

聲合用에 관한 것이다. 例義에서 글자의 운용에 관한 기술에 "初聲合用則並書, 終聲同"라고 하였기 때문이다. 〈初聲解〉에 初聲合用에 대한 설명이 있어야 함에도 편찬자는 이를 외면하였다. 合用에 관한 것은 〈合字解〉에서 언급할 사항이라고 할 수 있다. 그러나 〈初聲解〉 및 〈終聲解〉에서 合用에 관하여 전혀 언급하지 않은 것과는 달리, 〈中聲解〉에서는 "二字合用者" 및 "相合者"에 관한 설명을 위하여 적지 않은 지면을 할애하였으면서 〈初聲解〉에서 初聲合用에 관하여 전혀 언급하지 않은 것은 한자음 字母 표기에 合用이 소용되는 경우가 없다는 점이 그 이유였을 것이다.

4.3. 〈中聲解〉

〈中聲解〉 첫머리의 "中聲者 居字韻之中 合初終而成音"은 〈制字解〉에서의 "盖字韻之要 在於中聲 初終合而成音"과 더불어 새 문자 체계가 成音 즉 음절 중심의 음운 이론을 바탕으로 창제된 것임을 말한 것이다. 음절의 중심이 中聲이라는 인식, 그리고 初聲과 終聲을 동일한 성격의 음운 단위("終聲復用初聲")로 인식한 음운 이론은 제자에서 뿐만 아니라 음절 중심의 표기법으로 이어졌다.

中聲 11자의 제자원리에 대한 개략적인 설명과 해석은 〈制字解〉에 진술되었다. 〈中聲解〉는 글자의 운용, 특히 合用에 관한 규정이 主를 이루고 있다. 中聲合用은 初聲合用 및 終聲合用과 마찬가지로 並書라는 형식의 合字를 말한다. 「解例」에서 〈中聲解〉를 특별히 주목해야 하는 이유는 'ㅛ, ㅑ, ㅠ, ㅕ' 넉 자가 中聲 11자 체계에 포함된 이유를 밝힐 수 있는 근거, 그리고 그 음가가 〈制字解〉의 설명처럼 起於ㅣ에 의한 이중모음(ㅣ+初出)에 한정된 것이 아니라고 판단할 수 있는 근거를 만날 수 있기 때문이다.

1) 再出 ㅛㅑㅠㅕ의 음운론적 정체

〈制字解〉에서 "ㅗㅏㅜㅓ始於天地, 爲初出也. ㅛㅑㅠㅕ起於ㅣ而兼乎人, 爲再出也"라고 하여 再出을 '起於ㅣ+初出'로 규정하였다 그러나 문자 구성의 면에서 이 규정은 문제점을 안고 있다. 再出의 "二其圓者"에서 圓者〈•〉 하나가 'ㅣ'를 표상하는 자소로 변용될 수 있는 문자론적 근거에 대한 수긍할 만한 어떤 설명도 〈制字解〉에는 없다. 〈中聲解〉에 와서야 '再出'의 의미를 제대로 이해할 수 있는 명제가 나타난다.

〈中聲解〉는 再出 넉 자의 合用에 관한 규정에서, "ㅛ與ㅑ又同出於ㅣ, 故合而爲ㆊ…ㅠ與ㅕ又同出於ㅣ 故合而爲ㆋ."라고 하여 'ㅛ+ㅑ' 및 'ㅠ+ㅕ'의 "二字合用" 근거를 "以其同出而爲類 故相合而不悖也"라고 설명하였다. 즉 'ㅛ, ㅑ, ㅠ, ㅕ'가 "同出於ㅣ"이기에 二字合用이 가능하다는 것이다. 그렇다면 'ㅛ+ㅕ'나 'ㅠ+ㅑ'의 合用도 가능해야 당연한데, 그와 같은 合用이 없는 이유에 대해서는 아무런 해명이 없다. 분명한 것은, 再出 넉 자의 合用에서 'ㅛ+ㅕ'나 'ㅠ+ㅑ'의 合用이 없는 이유를 "同出於ㅣ"만으로는 설명이 안 된다는 점이다.

〈制字解〉에서는 'ㅛ, ㅑ, ㅠ, ㅕ'의 제자 근거를 起於ㅣ로 설명하였으나 〈中聲解〉에서는 이들의 合用에 관한 설명에는 起於ㅣ가 보이지 않고 대신 出於ㅣ가 등장한다. 또한 '初出', '再出'이란 용어도 보이지 않는다. 그렇다면 起於ㅣ와 出於ㅣ는 서로 대체하여 사용할 수 있는 동의어인가, 아니면 분명히 구별되어야 하는 다른 개념의 술어인가를 묻지 않을 수 없다. 「解例」에는 이 두 술어를 각기 달리 사용해야 하는 이유에 대한 어떤 설명도 없다. 제대로 설명할 수 없기 때문이었는지, 아니면 굳이 설명할 필요가 없다고 생각하여 그런 것인지 알 수가 없다.

〈中聲解〉에서는 'ㅛ, ㅑ, ㅠ, ㅕ'를 각각 一字로 규정하였다. 'ㅘ, ㅝ'를 "二字合用者"라고 한 것이 그것을 말해주고 있다. 그런데 〈制字解〉에서는 "二其圓者"의 再出 넉 자를 '起於ㅣ+初出'로 규정하였는데, 이 규정에 따르면 再出의 자형 구성은 一字가 아닌 二字로 해석할 수밖에 없다. 그러나 'ㅛ, ㅑ, ㅠ, ㅕ'를 二字의 구성으로 해석하면 '中聲凡七字'라 하지 않고 이들을 포함하여 "中聲凡十一字"라 한 까닭을 설명할 수 있어야 한다. 'ㅛ, ㅑ, ㅠ, ㅕ'를 〈制字解〉의 규정에 따라 起於ㅣ로 분석하면 그 구성이 二字이나 〈中聲解〉에서는 이들을 一字로 규정하는 二重性에 대한 문제를 해결하지 않고서는 中聲 11자 체계의 구성과 再出 넉 자의 문자 및 음운론적 정체를 제대로 규명하였다고 말할 수 없다.

再出 넉 자의 문자론적 구성의 문제 외에도, 二字合用者인 'ㅘ, ㅝ'의 음운 구성도 해결해야 문제를 안고 있다. 'ㅘ, ㅝ'를 wa, wə로 읽는다는 것을 전제하면, 'ㆇ'는 wya로, 'ㆊ'는 wyə로 읽게 되는데, 과연 wy와 같은 과도음의 중첩을 어떻게 설명할 수 있는지 문제다. 『龍飛御天歌』의 '횟잣'(1:8), 『月印千江之曲』(上)의 '훵빈'(끠 4), '쉐歲'(끠 25) 등에 'ㆊ'가 쓰였다. 그러나 이를 어떻게 읽어야 옳은가에 대한

㉤ 以其同出而爲類, 故相合而不悖也

〈中聲解〉에서 '과,궈'는 물론 '괘,꿰'도 二字合用者로 분류하고 있다. 만약 'ㅛ,ㅑ,ㅠ,ㅕ'의 구성을 〈制字解〉에서처럼 起於ㅣ에 근거하여 'ㅣ+(ㅗ,ㅏ,ㅜ,ㅓ)로 해석하면 '괘, 꿰'가 二字合用일 수 없다. 中聲의 合用에는 二字合用 외에 三字合用이 있다. "二字中聲之與ㅣ相合者四 내ㅖ꽤꿰是也"가 그것이다. 〈合字解〉에도 "中聲二字三字合用, 如諺語·과爲琴柱, ·홰爲炬之類"와 같은 例示가 있다. 그러나 中聲의 合用에 四字合用은 없다. 中聲뿐만 아니라 初聲의 'ㅄ, ㅼ'과 같은 二字合用과 'ㅴ,ㅵ'과 같은 三字合用, 그리고 終聲의 'ㄹㄱ,ㄱㅅ', 'ㄹㅅ' 등과 같은 二字, 三字合用은 있으나 四字合用은 없다.

명제 ㉠과 ㉤은 'ㅗ,ㅏ'가 둘 다 同出於 • 이면서 각각 一其圓者인 初出(〈制字解〉 참고)이므로 初出+初出 즉 'ㅗ'와 'ㅏ'의 合用 '과'가 가능한 이유를 알 수 있게 한다. 二其圓者인 'ㅛㅑㅠㅕ'의 경우는 再出이므로 再出+再出의 合用 '괘,꿰'가 가능하게 된 것이다. '괘,꿰'는 '과,궈'와 같은 "二字合用者"이다. 이는 再出 'ㅛ,ㅑ,ㅠ,ㅕ'가 初出 'ㅗ,ㅏ,ㅜ,ㅓ'와 더불어 一字의 부류라는 사실을 말하는 것이다. 이는 中聲 체계가 'ㅛ,ㅑ,ㅠ,ㅕ'를 제외한 7모음 체계가 아니라 이들을 포함한 11모음 체계임을 확인할 수 있는 길을 〈制字解〉가 아닌 〈中聲解〉가 열어주고 있다.

명제 ㉠~㉤에 주의해야 할 점이 있다. 그것은 'ㅛ+ㅑ, ㅠ+ㅕ'의 合用만을 언급하였을 뿐 같은 同出於ㅣ이면서도 'ㅛ+ㅕ'나 'ㅠ+ㅑ'의 合用에 관하여는 전혀 언급이 없다는 점이다. '再出'은 '出'이 거듭되어 있다는 개념의 술어이다. 그런데 위의 명제는 'ㅛ,ㅑ,ㅠ,ㅕ'가

同出於ㅣ이라는 사실만을 말하고 있을 뿐 'ㅛ,ㅑ'와 'ㅠ,ㅕ'가 각각 또 다른 '出'로 분류된다는 점에 관해서는 언급이 없다. 위의 명제만 으로는 'ㅛ+ㅕ'나 'ㅠ+ㅑ'의 合用이 불가한 이유를 설명할 수 없다. 이 문제는 뒤에 다시 논의하여 밝힐 것이다.

위에 인용한 〈中聲解〉의 명제에서 주목할 점은 〈制字解〉에서 再出을 설명하는 데 동원되었던 起於ㅣ가 자취를 감추고 대신 出於ㅣ가 등장하면서 여기에 "出於 •", "出於ㅡ"가 새로 추가되었다는 사실이다. 이들 역시 〈制字解〉에서 보이지 않는 술어들이다. 「解例」에는 出於ㅣ와 起於ㅣ가 각각 어떻게 다른 의미의 용어인지에 대해서 아무런 설명이 없다. 그러므로 起於ㅣ와 出於ㅣ가 서로 간단히 대체될 수 있는 동의어 또는 유의어인가를 우선 확인할 필요가 있다. 동의어가 아니라면 그 의미의 차이는 무엇인가를 확인해야 한다. 이 문제를 해결하는 방법은 '起於'와 '出於'의 '起'와 '出'의 어의語義에서 그 차이를 확인하는 것이 순리일 것이다.

흔히 접하는 '起死回生'이나 '靑出於藍' 등과 같은 成語에서 그 의미의 차이를 파악할 수 있기를 기대할 수 있다. '起'는 '轉'의 시작이다. 상태나 위치의 전환을 위한 첫 단계를 가리킨다. '起死回生', '起承轉結' 등에서 그 의미의 핵심을 파악할 수 있다. 'ㅛ,ㅑ,ㅠ,ㅕ'의 음운 구성을 '起於ㅣ+初出'로 분석한다면, 이는 'ㅣ'에서 '起'하여 初出 'ㅗ,ㅏ,ㅜ,ㅓ'에 이르러 'ㅛ,ㅑ,ㅠ,ㅕ'가 되는 것을 말하는 것이다. 따라서 起於ㅣ에 의한 'ㅛ,ㅑ,ㅠ,ㅕ'를 y-이중모음으로 분석하는 데 문제가 없다.

반면에 '靑出於藍'의 '出於'는 청색의 근본이 쪽(藍)에 있음을 말하는 것이다. '出於'는 사물의 근원, 즉 出處를 이르는 말로, 쪽이

청색으로 변하는 과정의 시작을 말하는 의미가 아니다. 'ㅛ, ㅑ' 등을 起於ㅣ 대신에 出於ㅣ로 접근하면 'ㅛ, ㅑ'의 출처가 'ㅣ'에 있다(명제 ㉡ 참고)는 의미로 해석되어 起於ㅣ로 분석하는 경우와 그 결과가 다름을 알 수 있다. 이로써 起於ㅣ는 'ㅛ, ㅑ' 등의 조음의 첫 단계가 'ㅣ'로부터 시작되어 'ㅗ, ㅏ'에 이르는 것임을 나타내는 데 비하여, 'ㅛ, ㅑ'의 出於ㅣ는 이들 音의 출처가 'ㅣ'의 자리와 연관되어 있음을 알리는 술어이다.

　出於ㅣ가 起於ㅣ로 대체될 수 없음은 위에 인용한 〈中聲解〉의 명제 ㉠ㅗ與ㅏ同出於·및 ㉢ㅜ與ㅓ同出於ㅡ에서 간단히 확인된다. 만약 '出於'와 '起於'가 대체될 수 있는 동의어 또는 유의어라고 한다면, 위의 두 명제는 각각 'ㅗ與ㅏ同起於·'와 'ㅜ與ㅓ同起於ㅡ'로 고쳐 쓸 수 있게 되어, 결국 'ㅗ, ㅏ'는 둘 다 '·'를 앞세우는 重母音이고, 'ㅜ, ㅓ' 또한 'ㅡ'를 앞세우는 重母音이라는 말이 된다. 말뜻의 차이를 통해 알 수 있듯이, 〈中聲解〉의 出於ㅣ는 〈制字解〉의 起於ㅣ와 결코 동의어나 유의어가 아니고, 出於·, 出於ㅡ 역시 起於·, 起於ㅡ로 대체될 수 있는 의미의 술어가 아니라는 결론에 이른다.

　명제 ㉡과 ㉣은 'ㅛ, ㅑ, ㅠ, ㅕ'의 合用 조건이 同出於ㅣ이어야 한다는 점을 明示하고 있다. 그러나 만약 ㉡과 ㉣ 두 명제의 조건을 있는 그대로 따른다면, 'ㅛ+ㅕ', 'ㅠ+ㅑ'의 合用도 가능해야 마땅하다. 이들이 모두 同出於ㅣ에서 合用 조건을 충족하기 때문이다. 그런데도 'ㅛ'와 'ㅕ'의 合用, 그리고 'ㅠ'와 'ㅑ'의 合用이 없다는 사실에서, "二其圓者" 즉 再出의 合用은 同出於ㅣ라는 조건 외에 또 다른 조건의 지배를 받고 있음을 알 수 있다. 그 또 다른 조건이 명제 ㉡과 ㉣에 명시되었어야 마땅한데 그것이 보이지 않는다.

同出於ㅣ라는 하나의 조건만으로는 'ㅛ+ㅕ'의 合用과 'ㅠ+ㅑ'의 合用을 배제할 수 없으므로 同出於ㅣ는 'ㅛ, ㅑ, ㅠ, ㅕ'의 合用을 위한 필요조건이지만 그것만으로는 충분하지 않음을 알 수 있다. 따라서 'ㅛ+ㅕ', 'ㅠ+ㅑ'의 合用을 배제함과 아울러 오직 'ㅛ+ㅑ'와 'ㅠ+ㅕ'의 合用만 허용하는 또 다른 조건이 위의 두 명제에 추가되어 있어야 비로소 'ㅘ, ㅝ'의 合用에 관한 〈中聲解〉의 규정은 온전한 모습을 갖춘 것이 된다. 따라서 위의 두 명제 ㉡, ㉣에 함께 명시되어 있었어야 할 또 하나의 조건을 찾아내야 한다.

㉡과 ㉣의 文面에 없어도 될 듯싶어 보이는 단어 '又'에 주목한다. 이 단어의 존재를 무시하여도 글의 뜻이 별로 달라질 것이 없다고 할 수도 있겠지만, 만약 이 단어가 대등의 접속어로 쓰인 것이라면, '又'의 앞에는 뒤의 同出於ㅣ와 대등한 성분의 어구가 있어야 마땅하다. 접속어 '又' 앞에 명시되어 있지 않은 '同出於ㅇ'을 알아내는 것은 그리 어렵지 않다.

'ㅗ, ㅏ, ㅜ, ㅓ'와 'ㅛ, ㅑ, ㅠ, ㅕ'의 관계를 다시 확인하기 위하여 初出과 再出에 관한 〈制字解〉의 명제들, 그리고 二字合用에 관하여 위에 인용한 〈中聲解〉의 명제들을 아래와 같이 함께 인용한다. 다만 명제 ㉤와 ㉥은 논술의 편의를 위해 원문의 구성을 약간 옮겨 놓은 것이다.

〈制字解〉
㉠ ㅛ與ㅗ同而起於ㅣ
㉡ ㅑ與ㅏ同而起於ㅣ
㉢ ㅠ與ㅜ同而起於ㅣ

〈中聲解〉
㉠ 二字合用者, ㅗ與ㅏ同出於·, 故合而爲ㅘ
㉡ ㅛ與ㅑ又同出於ㅣ, 故合而爲ㆇ

㈣ ㅕ與ㅓ同而起於ㅣ
㈤ ㅗㅏㅜㅓ始於天地 爲初出也
　ㅗㅏㅜㅓ之一其圓者 取其初生之義也
㈥ ㅛㅑㅠㅕ起於ㅣ而兼乎人 爲再出也
　ㅛㅑㅠㅕ之二其圓者 取其再生之義也

㈢ ㅜ與ㅓ同出於一,
　故合而爲ㅝ
㈣ ㅠ與ㅕ又同出於ㅣ,
　故合而爲ㆊ
㈤ 以其同出而爲類,
　故相合而不悖也

위에 인용한 〈制字解〉의 ㉠, ㉢와 〈中聲解〉의 ㉠을 아래와 같이 병렬하여

　㉠ ㅗ與ㅛ同(而起於ㅣ)
　㉢ ㅑ與ㅏ同(而起於ㅣ)
　㉠ ㅗ與ㅏ同出於 • 故合而爲ㅘ

위의 세 명제를 추론하면,

　㉠′ ㅗ與ㅑ同出於 • 故合而爲ㆇ

라는 명제를 도출할 수 있다. 이를 〈中聲解〉의 ㉡ㅗ與ㅑ又同出於ㅣ 故合而爲ㆇ의 '又' 앞에 삽입하여 재구성하면,

　㉡′ ㅗ與ㅑ(同出於•)又同出於ㅣ 故合而爲ㆇ

와 같은 명제를 얻을 수 있다. 이어서 〈制字解〉의 ㉢, ㉣와 〈中聲解〉

ⓒ을 아래와 같이 병렬하여

  ㊂ ㅠ與ㅜ同(而起於ㅣ)
  ㊃ ㅕ與ㅓ同(而起於ㅣ)
  ⓒ ㅜ與ㅓ同出於ㅡ 故合而爲ㅝ

위의 세 명제를 추론하면,

  ⓒ′ ㅠ與ㅕ同出於ㅡ 故合而爲ㆌ

와 같은 명제를 도출할 수 있다. 이를 〈中聲解〉의 ㉣ㅠ與ㅕ又同出於ㅣ 故合而爲ㆌ의 '又' 앞에 삽입하여 재구성하고 이를 앞서 도출된 명제 ⓛ′와 병렬하여 보이면,

  ⓛ′ ㅛ與ㅑ(同出於ㆍ)又同出於ㅣ 故合而爲ㆈ
  ㉣′ ㅠ與ㅕ(同出於ㅡ)又同出於ㅣ 故合而爲ㆌ

와 같다. 도출된 명제 ⓛ′와 ㉣′를 통해, 이제 비로소 再出 'ㅛ,ㅑ,ㅠ,ㅕ'의 合用에서 'ㅛ+ㅑ'와 'ㅠ+ㅕ'의 合用만 가능하고 'ㅛ+ㅕ'나 'ㅠ+ㅑ'가 허용되지 않는 이유, 그리고 'ㅛ+ㅑ', 'ㅜ+ㅕ'와 같은 初出+再出의 合用이 허용되지 않는 이유를 제대로 설명할 수 있게 된다. 初出은 同出於ㆍ(ㅗ,ㅏ)와 同出於ㅡ(ㅜ,ㅓ) 두 부류로 나뉘어 있어 같은 부류끼리만 合用이 가능하다는 것이 명제 ㉤以其同出而爲類 故相合而不悖也에 명시되어 있다.

한편 再出 'ㅛ,ㅑ'와 初出 'ㅗ,ㅏ'는 同出於•로 같은 부류이고 'ㅠ,ㅕ'와 'ㅜ,ㅓ' 역시 同出於ㅡ로 같은 부류에 속하지만 再出 'ㅛ,ㅑ,ㅠ,ㅕ'가 初出과의 合用이 허용되지 않는 이유는, 再出은 初出과 달리 出於ㅣ라는 또 하나의 조건이 추가된 부류이어서 初出+再出이나 再出+初出과 같은 合用이 허용되지 않음을 명제 ㉠㉢과 ㉡′㉣′로 알 수 있다.

또한, 도출된 명제 ㉡′㉣′는 再出 'ㅛㅑㅠㅕ'의 제자원리를 제대로 설명할 수 있게 해준다. 〈制字解〉는 初出과 再出의 제자 근거를 명제 ㊄ㅗㅏㅜㅓ始於天地 爲初出也 ㅗㅏㅜㅓ之一其圓者 取其初生之義也와 ㊅ㅛㅑㅠㅕ起於ㅣ而兼乎人 爲再出也 ㅛㅑㅠㅕ之二其圓者 取其再生之義也"로 설명하였다. 그러나 명제 ㊄와 ㊅만으로는 初出과 再出의 '出'과 이들의 제자원리와의 관계를 제대로 설명할 방법이 없었다. 再出을 제자원리와 무관한 起於ㅣ로 설명하였기 때문이다. 이제 명제 ㉠㉢ 외에 명제 ㉡′㉣′를 추가할 수 있게 됨으로써 初出 및 再出 8자의 제자원리와 合用에 대한 명확한 이해가 가능하게 되었다.

〈中聲解〉의 ㉠ㅗ與ㅏ同出於•와 ㉢ㅜ與ㅓ同出於ㅡ에는 '出'이 각각 하나씩이다. 그래서 'ㅗ,ㅏ'와 'ㅜ,ㅓ'에는 '出'을 표상하는 圓者〈•〉가 각각 하나("一其圓者")이고 初出로 분류된 것이다. 반면에, 도출된 명제 ㉡′와 ㉣′에는 '出'이 각각 둘씩이다. ㉡′의 出於•, 出於ㅣ, 그리고 ㉣′의 出於ㅡ, 出於ㅣ가 그것이다. 그래서 'ㅛ,ㅑ'와 'ㅠ,ㅕ'에는 각각 '出'을 표상하는 圓者〈•〉가 둘("二其圓者")이어서 이를 再出로 규정한 것이다. 初出은 '出於'가 하나이지만 再出은 이것에 出於ㅣ가 추가된 것이다.

'•, ㅡ, ㅣ'가 각각 단독으로 쓰일 때는 음가를 지닌 形·音의 자소이다. 그러나 이들이 결합하여 'ㅗ, ㅏ, ㅜ, ㅓ, ㅛ, ㅑ, ㅏ, ㅠ, ㅕ'를 이룰 때, 이들은 각각 形·義의 자소 즉 "圓者"(⟨•⟩)는 '出'을, "橫者"(⟨ㅡ⟩)는 "口蹙"을, 그리고 "縱者"(⟨ㅣ⟩)는 "口張"을 표상하는 부호로서 제자에 동원되어 새로운 形·音의 자소로 다시 태어난 것이다. 이들 8자는 결코 形·音의 자소 '•, ㅡ, ㅣ'의 合字가 아니다.

'ㅗ, ㅏ'와 'ㅛ, ㅑ'는 모두 同出於•이지만 후자는 出於ㅣ라는 변별 자질로 전자와 다른 부류로 분류된 것이다. 또한 'ㅜ, ㅓ'와 'ㅠ, ㅕ' 역시 모두 同出於ㅡ이지만 후자는 出於ㅣ를 겸하여 전자와 다른 부류이다. 初出과 再出이 문자 및 음운론적으로 대립하는 자소임을 가리키는 변별 지표가 바로 出於ㅣ임을 명제 ㉠㉡과 ㉢'㉣'의 대비에서 알 수 있다.

再出은 初出에 대립하는 부류이다. 初出이 없으면 再出이 있을 수 없고 그 逆도 마찬가지다. 이 대립에 문자론적으로 起於ㅣ가 개입할 여지는 없다. ⟨制字解⟩에서 "ㅛㅑㅠㅕ起於ㅣ而兼乎人 爲再出也"라 하여 再出을 起於ㅣ에 따른 별도의 부류로 규정하였으면서도 ⟨中聲解⟩의 二字合用 'ㅘ'와 'ㅝ'에서는 起於ㅣ가 아닌 出於ㅣ를 대신 등장시킨 이유가 드러난다. 즉 二字合用 'ㅛ+ㅑ', 'ㅠ+ㅕ'는 각각 起於ㅣ의 重母音으로서가 아니라 出於ㅣ로 분류되는 단모음으로서의 合成("合而成")인 것이기 때문이다. ⟨中聲解⟩의 "二字合用者"에 관한 명제들은 언문 창제자 외에 아무나 규정할 수 있는 성격의 내용이 아니다. ⟨中聲解⟩에는 再出 'ㅛ, ㅑ, ㅠ, ㅕ'를 出於ㅣ로 규정한 것에 대하여 易理에 따른 어떤 해석도 붙이지 않았다. ⟨制字解⟩에서 再出을 위한 "起於ㅣ"를 "兼乎人"으로 해석한 것과 대조를 보인다.

도출된 명제 ⓒ'와 ⓔ'는 中聲圖에서의 'ㅛ, ㅑ'와 'ㅠ, ㅕ'의 체계상의 위치와 그 음가를 확인할 수 있는 길을 열어준다. ⓒ'는 'ㅛ, ㅑ'의 출발점이 'ㆍ'이면서 동시에 'ㅣ'인 것을 말한다. 이는 'ㅛ, ㅑ'의 자리가 원의 중심 'ㆍ'로부터 나오면서 동시에 입의 앞쪽 'ㅣ'를 향한 곳에 있음을 말한 것이다. 'ㅠ, ㅕ'의 경우도 그 출발점이 'ㅡ'이면서 동시에 입의 앞쪽 'ㅣ'를 향한 자리에 있음을 말한 것이다. 이로써 初出(ㅗ, ㅏ:出於ㆍ, ㅜ, ㅓ:出於ㅡ)과 再出(ㅛ, ㅑ:出於ㆍㆍ出於ㅣ, ㅠ, ㅑ:出於ㅡㆍ出於ㅣ)이 음운론적으로 서로 대립하는 단위이며, 아울러 체계상에서 이들의 위치가 각각 대립하는 위치에 있음을 알 수 있다. 우선 명제 ⓒ'와 ⓔ'를 바탕으로 再出 'ㅛㅑㅠㅕ'의 체계상의 위치를 그림으로 나타내면 아래의 〈그림 7〉과 같다.

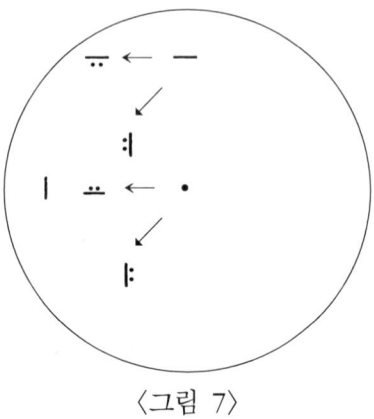

〈그림 7〉

위의 그림이 보여주듯, 'ㅠ, ㅛ'는 물론, 'ㅕ, ㅑ'도 모두 출발점에서 'ㅣ'를 향하고 있다. 出於ㅣ임을 보이는 것이다. 再出의 체계상 위치를 보여주는 위의 그림과 初出의 체계상 위치의 〈그림 6〉을 하나로 합치면 中聲11자의 中聲圖는 아래의 〈그림 8〉과 같이 된다.

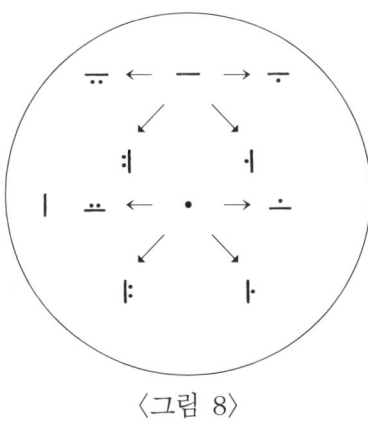

〈그림 8〉

〈그림 5,7,8〉에서 보듯, 中聲 체계의 중심축은 'ㅡ'와 'ㆍ'를 잇는 수직선이다. 이 중심축을 전·후로 再出과 初出이 대칭을 이루고 있다. 初出과 再出의 음운론적 대립을 보이기 위해 〈그림 6〉의 'ㅓ,ㅏ'의 위치를 조정하였다.

'ㅛ'(出於ㆍㆍ出於ㅣ)는 'ㅗ'와 마찬가지로 그 출발점이 'ㆍ'이지만 그 방향이 'ㅗ'와 마주하는 입의 앞쪽 즉 出於ㅣ이어서 'ㅗ'와 중심축(ㅡ ㆍ)을 중심으로 수평선상에서 서로 마주하는 위치에 있다. 이는 'ㅛ'와 'ㅗ'가 'ㆍ'를 중심으로 전·후로 대립하는 위치에 있음을 보이는 것이다. 'ㅑ'와 'ㅏ'의 자리도 이와 마찬가지로 전·후로 마주하는 곳에 있다. 〈그림 8〉의 中聲 체계는 그 근간이 고·저 대립이면서 아울러 전·후 대립을 보여주고 있다. 'ㅡ:ㆍ'의 대립을 중심으로 'ㅜ:ㅗ', 'ㅓ:ㅏ', 그리고 'ㅠ:ㅛ', 'ㅕ:ㅑ'가 그것이다. 여기서 유의해야 할 점은 〈그림 8〉의 中聲 체계에서 再出 'ㅛ,ㅑ,ㅠ,ㅕ'의 음가가 이중모음일 수 없다는 것이다. 中聲 11자 체계에 이중모음의 자리는 없다.

이제 〈그림 8〉을 바탕으로 再出 'ㅛ, ㅑ, ㅠ, ㅕ'의 음가를 추정할 수 있다. 初出 'ㅗ'의 음가를 [o]로 추정하면 再出 'ㅛ'는 [ö]이어야 하고, 初出 'ㅏ'가 [a]이면 再出 'ㅑ'는 [ä]이어야 한다. 'ㅠ, ㅕ'의 경우도 각각의 위치가 'ㅡ'에서 출발하면서 동시에 입의 앞쪽 'ㅣ'를 향한 곳에 있으므로 이들을 出於ㅡ·出於ㅣ로 규정한 것이다. 따라서 'ㅠ'와 'ㅜ'는 中聲圖에서 전·후로 대립하는 위치에, 그리고 'ㅕ'와 'ㅓ'와 역시 전·후로 대립하는 위치에 있다. 〈그림 8〉에서 보듯, 체계상 'ㅜ'와 'ㅗ'가 고·저로 대립하므로 'ㅠ'와 'ㅛ' 또한 고·저로 대립하는 자리에 있어야 한다.

初出 'ㅜ'가 후설의 [u]이면 이와 마주하는 再出 'ㅠ'는 전설의 [ü]이어야 한다. 〈그림 5, 8〉에서 'ㅡ'는 'ㆍ'와 고·저로 대립하는 위치에 있음을 보여준다. 〈制字解〉에서의 "ㅓ與ㅡ同而口張"의 "口張"은 'ㅓ'의 위치가 'ㅡ' 아래에 있음을 말하는 것이다. 그렇다고 'ㅓ'가 'ㆍ'와 겹치거나 아니면 그보다 아래일 수는 없다. 'ㅓ'의 음가를 [ə]로 추정하면 이에 대립하는 'ㅕ'는 전설모음 [e]이어야 한다. 再出 'ㅛ, ㅑ, ㅠ, ㅕ'가 전설모음인 것은 오직 出於ㅣ에 근거한다. 再出과 初出은 곧 체계상에서 전설 대 후설 모음의 대립을 이루는 부류이다. 그러나 'ㅛ, ㅑ, ㅠ, ㅕ'를 '起於ㅣ+初出'로 분석하면 이들은 'ㅣ+(ㅗ, ㅏ, ㅜ, ㅓ)와 같은 이중모음일 수밖에 없다. 'ㅛ, ㅑ, ㅠ, ㅕ'가 각기 다른 두 개의 음가를 갖게 된 음운론적 배경은 뒤에서(§4.3.2) 설명한다.

〈制字解〉는 再出의 체계상의 위치를 확인하는 데 열쇠가 되는 出於ㆍ, 出於ㅡ 및 出於ㅣ를 외면하고 오직 起於ㅣ와 결부시켜 이중모음으로 설명함으로써 결과적으로 再出 넉 자의 제자원리는 물론 체계상에서의 위치를 파악하기 어렵게 만들었다. 이와 같은 결과를 빚게 된 데에는 당시 조선 한자음 체계에 再出에 대당하는 전설모음이 없었던 것이 원인이었던 것으로 추정할 수 있다. 전설단모음 'ㅛ, ㅑ, ㅠ, ㅕ'는 오직 諺語에만 있는 모음이었으므로 한자의 正音을 우선하려는 「解例」 편찬자는 再出 'ㅛ, ㅑ, ㅠ, ㅕ'를 起於 ㅣ를 앞세워 正音의 이중모음을 위한 자소로 규정하는 데 그쳤다. 결과적으로 'ㅣ'를 제외한 諺語의 전설모음은 표기에서 이중모음에 가려 빛을 보지 못하게 된 것이다.

도출된 명제 ⓒ'와 ⓔ'에서의 出於·/出於一又出於ㅣ에 근거하여 再出의 음가를 정리하면 'ㅛ, ㅑ, ㅠ, ㅕ'는 각각 전설모음 ö, ä, ü, e이고, 再出을 起於ㅣ로 해석하면 이중모음 yo, ya, yu, yə의 음가를 위한 자소였다. 이제 〈制字解〉에서 '起於ㅣ+初出'로 해석한 再出 넉 자가 中聲 11자 체계에 포함될 수 있었던 것이 이중모음으로서가 아니라 전설단모음이기 때문인 것을 이해할 수 있게 되었다.

그러나 再出 넉 자와 같은 一字 二音의 글자는 세종 당시에 결코 낯선 일이 아니었다. 司譯院에서 학습하던 위구르식 몽고자〔偉兀眞〕의 경우, o와 u가 하나의 글자로 표기되므로 이를 알고 있던 세종으로서는 전설모음과 이에 상응하는 이중모음을 하나의 글자로 나타내는 일을 무리로 생각하지 않았을 것이다. 또한, 한자에도 一字 二音의 경우가 드물지 않다는 점도 참작되었을 것이다. 「解例」 편찬자가 再出과 관련한 起於ㅣ의 문자 및 음운의 성격을 어떻게 이해하고 있었는지를 보여주는 기술이 〈合字解〉에 보인다.

2) 起於ㅣ와 出於ㅣ의 상응

언문 창제 당시 국어의 重母音에 대하여 〈中聲解〉는 w-이중모음은 "二字合用者"라 하여 'ㅘ,ㅝ,ㆇ,ㆊ' 넉 자를 보이고, -y이중모음은 "一字中聲之與ㅣ相合者十"과 "二字中聲之與ㅣ相合者四" 등 모두 14자의 ㅣ相合者를 보여주었다. 그런데 y-이중모음인 'ㅛ,ㅑ,ㅠ,ㅕ'에 관하여는 〈中聲解〉가 아닌 〈制字解〉에서 起於ㅣ와 연계하여 再出로 규정하였다. 〈中聲解〉에서 'ㅛ,ㅑ,ㅠ,ㅕ'의 合用에 관한 명제에서 이들을 起於ㅣ가 아닌 出於ㅣ로 규정한 것에서 비로소 再出의 문자 및 음운의 성격을 제대로 이해할 수 있게 되었다. 그러나 주목해야 할 점은 重母音을 위한 자소, 즉 y-이중모음과 -y이중모음의 자소 구성이 근본적으로 다르게 되어 있다는 점이다. 그 이유가 'ㅛ,ㅑ,ㅠ,ㅕ'의 음운적 二重性에 연유하는 것임을 이해하는 일이 중요하다.

w-이중모음과 -y이중모음은 모두 二字 또는 三字 合用인 데 비하여, 〈制字解〉에서 起於ㅣ로 설명한 再出 'ㅛ,ㅑ,ㅠ,ㅕ' 즉 'ㅣ+(ㅗ,ㅏ,ㅜ,ㅓ)'는 二字 合用이 아니라 一字라는 사실이다. 'ㅣ+初出'을 당시 관련 학자들은 이를 하나의 음운 단위로 인식하였을 것이라는 해석이 있다. 그렇다면 -y이중모음이나 w-이중모음과는 달리 y-이중모음 즉 '起於ㅣ+初出'의 경우만 이례적으로 이를 하나의 음운 단위로 인식하게 된 이유에 대한 합당한 설명이 있어야 함에도 아직 이를 만나기 어렵다.

再出 넉 자의 제자원리 및 음가와 관련한 문제는 〈制字解〉가 아닌 〈中聲解〉의 出於ㅣ에 해답의 열쇠가 있었다. 'ㅛ,ㅑ,ㅠ,ㅕ'를 起於ㅣ로 해석하면 이들은 이중모음이지만, 出於ㅣ로 해석하면 再出 넉 자

를 더는 이중모음 'ㅣ+初出'일 수 없다. 'ㅛㅑ,ㅠㅕ'의 合用을 出於ㅣ로 해석하면 이들은 二字合用(ㅛ+ㅑ, ㅠ+ㅕ)이지만, 만약 이들을 起於ㅣ로 해석한다면 이들은 四字合用이 되고 만다. 〈中聲解〉는 'ㅛㅑ, ㅠㅕ'를 분명히 "二字合用者"로 분류하였다.

一字 二音의 자소였던 'ㅛ,ㅑ,ㅠ,ㅕ'의 전설모음과 이중모음으로서의 二重性으로 미루어, 언문 창제 당시의 국어 모음체계에서 전설모음 'ㅛ,ㅑ,ㅠ,ㅕ'(ö, ä, ü, e)와 이중모음으로서의 'ㅛ,ㅑ,ㅠ,ㅕ'(yo, ya, yu, yə)는 음운론적으로 상응하는 공존 관계였던 것으로 보인다. 그 공존 관계를 보여주는 것이 바로 "出於ㅣ"와 "起於ㅣ"이다. 그러나 문자의 면에서 再出 넉 자는 起於ㅣ가 아니라 出於ㅣ에 근거하여 제작된 자소였다.

「解例」 편찬자가 "中聲凡十一字"에 'ㅛ,ㅑ,ㅠ,ㅕ'는 이중모음으로서가 아니라 전설단모음의 음가를 지닌 자소의 자격으로 포함된 것이라는 사실을 알고 있었다는 증거를 확인하기 힘들다. 오히려 그들이 이를 몰랐음을 방증傍證하는 증거가 발견된다. 그러나 'ㅛ,ㅑ, ㅠ,ㅕ'는 正音 문헌에서 이중모음의 자소로서만 표기에 사용되었고, 전설모음은 18세기에 들어와서 -y이중모음 'ㅚ,ㅐ,ㅟ,ㅔ'의 축약으로 전설모음을 위한 자소로 전환되면서 비로소 표기에 전설모음의 모습을 볼 수 있게 되었다. 'ㅛ,ㅑ,ㅠ,ㅕ'는 이중모음의 자소로, 그리고 전설단모음의 자소는 'ㅚ,ㅐ,ㅟ,ㅔ'가 대신하게 됨으로써 그동안 소리는 있으나 표기할 방법이 없었던 전설모음의 표기 문제가 비로소 해결되었다.

언문 창제 당시의 出於ㅣ와 起於ㅣ의 상응 즉 전설모음과 이중모음의 상응을 표기된 자료에서 확인할 방법을 찾기 어렵다. 오직 그

흔적을 근대 및 현대 국어의 방언에서 만날 수 있다. 이들을 'ㅛ~
ㅚ', 'ㅠ~ㅟ', 'ㅑ~ㅐ', 'ㅕ~ㅔ'순으로 살펴본다.

(1) ㅛ(yo) ~ ㅚ(ö)

'(차)표~(차)푀', '표범~푀범'(함경), '묘(墓)~뫼', '죠금~죄금/
죄끔', '뾰족~뾔족/뾔죽', '쇼쥬(燒酒)~쇠쥬'(소주~쇠주), '효경
(孝經)다리~쇠경다리'(서울), '됴션(朝鮮)~되선', '교과서~게까
서'(충청).

'표票'나 '표범'의 이중모음 'ㅛ'에 '푀'의 전설단모음 'ㅚ'가 대응하
는 것을 변화 또는 변동으로 설명하기 위해 그 과정을 어떤 음운론적
기제機制로 설명하려 시도할 수도 있다. 그러나 이를 오래전부터 국
어에 내재하던 전설모음과 이중모음의 상응에 따른 공존의 흔적으
로 이해하면 굳이 복잡하고 무리한 설명에 기대지 않아도 된다. 「解
例」에서 再出 'ㅛ, ㅑ, ㅠ, ㅕ'가 起於 ㅣ(制字解)와 出於 ㅣ(中聲解)로
각기 서로 다른 기준으로 규정된 것을 오래전부터 국어에 있어 온
전설모음과 이중모음의 상응을 보여주는 것으로 이해하면, 이제까
지 제대로 설명되지 않았던 'ㅛ~ㅚ', 'ㅑ~ㅐ' 등의 이중모음과 전설
단모음의 공존문제를 간단히 해결할 수 있을 것이다.

위의 예에서 보듯, 'ㅛ(yo)~ㅚ(ö)'의 경우는 그 예가 상대적으로
매우 드물다. 이는 전설모음 가운데서도 전설과 원순의 자질이 상대
적으로 두드러진 'ㅚ'의 음운론적 특성이 일찍부터 다른 전설음에
앞서 그 변별성을 잃기 시작하여 체계에서의 위상이 약화한 탓으로

해석할 수 있다. 전설성과 원순성이 약화한 'ㅚ'의 경우, 'ㅚ→ㅔ', 또는 원순자음이 앞서는 '차푀', '뫼'와 같은 경우에는 '차푀→차페', '뫼→메'와 같은 'ㅚ→ㅔ'로의 변동을 보인다. 그러나 '차페'의 경우, '차푀'의 단계를 거치지 않고 '차표'에서 직접 '차페'로 변하는 '차표→차페'는 생각할 수 없다. '묘(墓)~뫼'의 경우에도 '메'(←뫼)를 만날 수 있다. 심지어는 '모이'(경기)의 경우도 있다. 'ㅚ'(ö)가 oy의 축약인 것을 기억하는 방언의 과도교정으로 이해할 수 있다.

위에 예시한 어형들에서 '쇼쥬~쇠쥬', '효경다리~쇠경다리' 등의 경우를 움라우트로 설명할 수도 있다. 그렇다고 이들이 이중모음과 전설모음의 상응에 따른 공존형일 수 있다는 가능성을 외면해야 하는 이유가 되어서는 안 된다. 하나의 음운 현상이 반드시 단선적으로 설명되어야만 하는 것은 아니기 때문이다. '교과서~게까서'의 경우, 중간에 '교과서~*괴까서'의 단계에서 '괴→게'(원순모음의 비원순화)를 거쳐 '교~게'가 공존하게 된 것이다.

(2) ㅠ(yu) ~ ㅟ(ü)

'휘파람'의 소급형에서 그 변화의 모습과 더불어 'ㅠ(yu)~ㅟ(ü) 상응의 흔적을 발견할 수 있다.

    18세기: 휴프람(『明義錄諺解』 卷首 上1, 1777)
           슈프롬 쇼 嘯(『倭語類解』 上44, 1781~1787)
    19세기: 쉬파람 부다 吹嘯(『한불ᄌ뎐』, 1880)
           수파람 소 嘯(『國漢會語』, 1895)
    20세기: 휘파람, 회파람(평안), 쉬파람(충청)

18세기 '휴프람>슈프람'은 'ㅎ>ㅅ'으로, 그리고 19세기 '슈프람>수파람'은 '슈슈>수수'(蜀黍)에서와 같은 이중모음의 단모음화로 간단히 설명할 수 있다. 그러나 '휴프람>휘파람'과 '슈프람>쉬파람'의 표기에 보이는 어두 모음 'ㅠ>ㅟ'를 이중모음의 단모음화로 설명하려는 것은 무리다. 'ㅠ>ㅟ'를 yu>uy 또는 yu>wi 어느 쪽으로 해석하든 그것에 합당한 음운론적 설명이 쉽지 않다는 데 문제가 있다. 19세기의 '수파람'은 '슈프람'의 어두 모음 'ㅠ'가 yu였음을 뒷받침해준다. 그러나 19세기의 '쉬파람'은 18세기 '슈프람'의 어두 'ㅠ'가 ü였음을 증언하는 것이다. 또한, 20세기의 '회파람'〔hö--〕은 '휘파람'의 어두 모음 'ㅟ'가 ü인 것을 보증한다. '휘'의 모음이 wi 또는 uy일 가능성을 배제할 수 있다.

'휴프람>휘파람' 및 '슈프람>쉬파람'의 어두 모음 'ㅠ>ㅟ'를 yu>ü와 같은 전설모음화로 설명하려 한다면, 18세기 이후 -y이중모음의 축약에 의한 전설모음화에 y-이중모음의 전설화 규칙을 추가해야 한다. 그런데 전설모음화에 이와 같은 새로운 규칙을 추가할 수 있는 근거를 찾기 어렵다는 데 문제가 있다. 이제 남은 길은, '휴프람/슈프람'은 어두 모음이 yu와 함께 ü로도 실현되는 공존형〔hü--~hyu--/sü--~syu〕이 있었으나 ü를 위한 자소가 없어 표기의 뒷전에 가려져 있다가 'ㅟ'가 전설모음 ü의 자소가 되면서 비로소 '휘파람/쉬파람'으로 표기될 수 있게 된 것이다. 'ㅛ(yo)~ㅚ(ö)'의 경우와 마찬가지로 'ㅠ(yu)~ㅟ(ü)'의 공존형도 매우 드물다. i를 제외하면 ö와 더불어 전설모음 체계에서 가장 앞에 위치하는 ü가 다른 전설모음에 앞서 그 전설 자질을 일찍 상실하였기 때문일 것이다.

후기 중세국어 이후 근대국어에 이르면서 모음체계는 전설모음의 영역이 점점 中舌 및 후설모음 쪽으로 수축하는 변화를 겪게 된 것으로 보인다. 따라서 근대와 와서 전설모음을 표기할 수 있는 길이 열리게 되었을 때는 이미 전·후설 모음의 대립이 상당히 쇠퇴한 상태였다.

'옻'(＜슞, 㧻, 柶)의 방언형 '늋~늧(평안)'의 예를 추가할 수 있다. 이들 역시 이중모음과 전설모음의 상응에 따른 공존형 'ㅠ(yu)~ㅟ(ü)'를 보여준다. '늋'과 '늧'의 공존을 '늋＞늧' 또는 '늧＞늋'으로 설명하기 어렵다. 이들의 공존은 '벼(稻)~베'에서 보는 바와 같은 y-이중모음과 전설모음의 상응을 보여주는 예이다. '(슈슈＞)수수'와 더불어 방언에 '쉬쉬'(평안, 함경), '쉽쌀'(평안)이 보인다. 18세기 이전에 '슈슈'〔syusyu〕와 공존하였던 〔süsü〕가 훗날 '쉬쉬'로 그 모습을 보일 수 있게 된 것이다. 이를 '슈슈＞쉬쉬'로 설명하려는 것은 무리다.

(3) ㅑ(ya)~ㅐ(ä)

'갸숫물(평안)~개숫물', '갸름하다~개름하다', '갸우뚱~개우뚱', '뺨~뺌', '달걀~달걜', '뱝새~뱁새', '성냥~성냉'

오늘날의 '개숫물'이 '갸슈물'(洗器水, 한불ᄌᆞ뎐)에 소급하는 것으로 보면, '갸＞개' 즉 ya＞ä의 변화를 설명할 수 있어야 한다. 그러나 19세기 이미 '갸수'와 더불어 〔개수〕가 공존하였으나 단지 표기에 보이지 않았던 것이라고 해석하면, 굳이 ya＞ä를 위한 번거로운 설명이 필요 없게 된다. 방언형 '갸숫물'의 '갸수'와 '개수'는 변화의 산물이 아니라 이중모음 'ㅑ'와 전설모음 'ㅐ'의 상응에 따른 공존의 흔적이다.

'ㅑ(ya)~ㅐ(ä)'의 상응이 고유어뿐만 아니라 '향香내~행내', '괴팍乖愎~괴팩' 등의 한자어에서도 예가 보인다. 서울 강남구 자곡동紫谷洞은 예전에 경기도 광주군의 '자양골'(紫陽洞)과 '못골'(池谷)이었는데 이곳이 서울에 편입되면서 '자곡동'이 되었다. 그런데 자양골 원주민들은 이를 흔히 '쟁골'이라고 한다. 'ᄌᆞ양골'이 축약되면 '쟝골>장골'이었기를 기대할 수 있는데 실제로는 '쟁골'로 실현되고 있다. 'ᄌᆞ양'이 '쟝'으로 축약되고, 그 과정에서 이중모음 'ㅑ'가 이에 상응하는 전설모음 'ㅐ'(ä)로 자리 잡은 것이 '쟁'이다. 한자음의 경우는 아니지만, 이와 동일한 예로 '(ᄒᆞ얏다>)햣다~했다'를 들 수 있다.

18세기 후반 -y이중모음 'ㅚ, ㅟ, ㅐ, ㅔ'가 체계상의 압력으로 전설단모음이 되면서 그동안 표기에 모습을 보일 수 없었던 전설모음들이 비로소 표기될 수 있게 된 것은 音韻史는 물론 表記法史의 커다란 사건이었다. 이중모음 'ㅚ, ㅟ, ㅐ, ㅔ'가 외부로부터의 어떤 작용에 의하지 않고 스스로 전설단모음으로 변하였다는 것은 생각할 수 없는 일이다. 이들이 본래의 음가를 버리고 전혀 새로운 음가를 갖게 되었다는 것은 이들에게 체계상의 압력이 있었다는 것을 보여주는 것이다. 그 체계상의 압력이란 다름 아닌 전설모음 체계였다. 하나도 아니고 후설모음 'ㅗ, ㅜ, ㅏ, ㅓ'의 -y이중모음이 고스란히 전설모음이 된 사실, 그리고 이들이 y-이중모음 'ㅛ, ㅑ, ㅠ, ㅕ'와 각각 일정하게 상응한다는 사실을 단순히 우연이라고 말하기 어렵다.

어떤 현상이 나타나면 이에 대한 반작용이 나타나는 경우가 흔하다. 음운 현상도 예외가 아니다. 하향이중모음의 전설단모음화 현상에도 반작용이 있었다. 'ㅣ'를 제외한 전설모음을 모르던 조선 한자음에서 -y이중모음 'ㅚ,ㅟ,ㅐ,ㅔ'가 전설단모음으로 변하자, 전통 한자음을 고집하는 일부 계층에서 예전의 y-이중모음과 전설단모음의 상응을 유추하여 새로 등장한 전설단모음을 다시 y-이중모음으로 회귀시키려는 시도가 있었다. 일종의 과도교정인 것이다.

오늘날에 남아있는 과도교정의 예를 '행인~향인'에서 만난다. 살구씨의 속을 오늘날 '행인杏仁'이라 하지만, 전통 한방韓方에서는 이를 '향인'으로 고집하는 예가 있다. 이 같은 사실이 『국어대사전』(1961, 이희승 편)의 '살구나무' 풀이에 실려 있다.

> 한방(韓方)에서 인(仁)을 「향인(杏仁)」이라 하여 약재로, 재목은 도구재로 쓰임.4)

'행인'은 '힝신'(杏仁, 救急方 上:6)에 소급한다. '힝'의 'ㆍ'는 일찍이 'ㅏ'에 합류하여 'ㆍㅣ>ㅐ'(ay)로 변하고 후에 이중모음 'ㅐ'는 전설단모음이 되어 '힝신>힝인>행인'에 이른 것이다. 그러나 한자음 이중모음 '(ㆍㅣ>)ㅐ'(ay)가 전설단모음화하여 'ㅐ'(ä)로 변하는 것을 수용하지 않으려는 일부 계층에서 일찍부터 알고 있던 국어의 ä~ya 상응을 유추하여 '행인'을 '향인'으로 교정하여 사용하고 있

---

4) 이 사전 편찬자의 후학들에 의한 개정판(1982)에는 국어 音韻史의 이 귀중한 증언이 무슨 이유에서인지 가뭇없이 사라졌다. 약 20여 년 전 2000년 초까지도 서울 종로 4-5가 일대 한약乾材商의 年老한 店主들이 '행인杏仁'을 '향인'이라 하는 것을 이 글의 필자가 직접 확인한 바 있다.

다. '힝신>힝인'의 어두 이중모음 'ㆍㅣ'가 전설단모음 'ㅐ'으로 변하자 이를 'ㅑ'으로 되돌려 '향'을 고집한 것은 이중모음 ay의 전설단모음화 이전에 이미 ay가 전설단모음 ä와 상응 관계에 있음을 알고 있었다는 증거이다. 이는 곧 -y이중모음의 전설단모음화 이전의 국어 모음체계에 전설단모음 계열이 존재하였음을 증언하는 것이다. 이와 같은 과도교정은 -y이중모음의 단모음화가 이루어진 이후라야 가능한 일이기 때문이다. ay>ä의 변화 이전에 이중모음 ay가 전설단모음 ä와 상응 관계에 있음을 몰랐다면 '행인'을 '향인'으로 교정할 수는 없는 일이다. '행인'이 '향인'으로 교정된 것을 ä>ya로 설명할 수는 없다.

예전 서울의 풍물 가운데 하나가 주택가를 누비고 다니는 각종 행상들의 독특한 외침 소리였다. 그 가운데 "개다리 향자반 사셔—"라는 소반장수의 외침이 기억에 남아 있다. 여기서 '향자반'은 은행나무로 짠 행자반杏子盤을 이르는 말이다. '향자반'이 그 소반장수의 방언이었을 수도 있겠으나, 소반을 들여놓는 집에서들 이를 향자반이라고 하니 그대로 따른 것으로 짐작된다. 역시 예전에 한문께나 한다는 노년층에서 서울 성동구의 '행당杏堂동'을 '향당동'으로, 종로구 '행촌杏村동'을 '향촌동'으로 고집하는 경우가 적지 않았다. '행여나~향여나' '(힝복>)행복~향복' 등 역시 '행인~향인'과 같은 한자음의 과도교정을 보여주는 예들이다.

'(힝신>)행인~향인'의 공존형에서 볼 수 있는 것과 같은 과도교정의 예를 중세어의 '산힝(獵)'이 현대 국어의 '사냥, 사양, 사영' 등으로 변한 어형에서 만날 수 있다.

洛水예 山行 가 이셔 하나빌 미드니잇가(『龍飛御天歌』125장, 1445)

獵 산힝홀 렵(『訓蒙字會』-初, 中1, 1517)

獵 산힝 녑(『新增類合』下7, 1576)

산영ᄒ야(獵, 『東國新續三綱行實圖-孝』 6:5, 1617)

산영ᄒ다(打圍, 『譯語類解』 上22, 1690)

打圍 산힝ᄒ다(『同文類解』下12, 1748)

위 자료를 보면, 중세국어에서 근대국어에 걸쳐 '사냥'을 뜻하는 한자어 '산힝山行'과 이것의 변화형 '산영'이 공존하였음을 알 수 있다. 문제는 '산힝>산영'의 변화를 설명하기가 쉽지 않다는 데 있다. 현대 국어에 '사냥'과 더불어 방언에 '사양~사영, 새양~새영' 등이 널리 분포하는 사실로 미루어, 이들은 '산힝>*산양>사냥'의 변화에 의한 것으로 볼 수 있다. 그러나 '*산양'은 자료에 모습을 보이지 않는다. '산양山羊'과의 충돌을 피하려 '산영'으로 교체하여 한자어 '산힝'과 공존하게 된 것으로 추정된다.

그러나 '산힝>*산양'과 같은 변화는 설명이 어렵다. 이러한 변화를 상정하려면, '*산양'의 소급형으로 '*산향'을 앞세워 '산힝>*산향>*산양'의 과정을 상정하여야 하는데, '산힝>*산향'의 힝>향 즉 Vy 이중모음이 yV 이중모음으로 전환되는 현상을 만족스럽게 설명하기 힘들다는 점이 문제다. 음운도치로 간단히 넘어갈 수도 있겠지만, '벼(禾)~베'의 공존을 '베>벼'로, '갸숫물~개숫물'을 '개숫물>갸숫물'로 설명해야 하는 무리를 피하기 어렵다. 따라서 음운도치에 의한 '산힝>*산향'의 가능성은 논의에서 배제한다.

만약 '(산힝>)산힝'에서 '힝'의 Vy이중모음이 축약으로 전설단모음〔ä〕으로 실현되는 변화를 입는 단계에 있었다면, 이러한 한자음 변화를 거부하는 반작용으로 단모음〔ä〕에 상응하는 'ㅑ'〔ya〕로의 과도교정이 가능하다. 전설모음과 상향이중모음의 상응에 따른 반사형 즉 공존형이 바로 '산힝〔sanhäŋ〕~*산향'이었다. 앞에서의 '행인㿝仁'을 '향인'으로 과도교정한 것과 같은 예이다. '산힝>산힝〔sanhäŋ〕~*산향>*산양'은 '사냥'으로, '*산양~산영'은 방언의 '사양~사영'으로 그 소급형의 흔적을 보여주고 있다.

17세기 초의 자료『東國新續三綱行實圖』에 '*산양'의 교체형 '산영'에서, 당시에 또는 그 이전에 이미 조선 한자음의 -y이중모음의 전설모음화가 부분적으로 진행되고 있었음을 유추할 수 있다. '산영'은 '*산양'을 전제한 어형이고, '*산양'은 '산힝〔sanhäŋ〕'을 전제할 때에 가능한 과도교정형이기 때문이다. 조선 한자음 하향이중모음의 전설단모음화는 고유어의 전설모음 체계의 영향 또는 압력에 따른 결과로 이해할 수 있다.

(4) ㅕ(yə)~ㅔ(e)

이중모음과 전설모음의 상응에 따른 공존의 예를 가장 많이 보여주는 것이 'ㅕ(yə)~ㅔ(e)'의 경우이다. 모든 방언이 예외 없이 그 예를 폭넓게 보여준다.

'겨우~게우', '겨자~게자', '계란/게란~겨란', '겻불~겟불', '되려~되레', '외려~외레', '며느리~메느리', '명태~멩태', '무명~무멩', '벼(稻)~베', '벼개~베개', '벼룩~베룩', '별~벨', '혓바닥~헷바닥', '면도面刀~멘도', '변소便所~벤소', '염병染病~엠병/옘병',

'평안도平安道~펭안도' 등.

'벼'(稻)는 [pyə]로 읽는 표준 어형이 되었지만 거의 모든 방언에 '베'[pe]가 나타난다. 이는 yə~e의 상응에 따른 가장 흔한 공존형의 하나이다. '벼'[pyə]와 [pe]는 15세기 국어에 공존하였으나 'ㅕ'가 yə를 위한 자소로 자리 잡고 e를 위한 자소가 따로 마련되어 있지 않았기에 오직 口語로만 전해 오다가 18세기 이후에야 '베'로 그 모습을 보일 수 있게 된 것이다. 굳이 이 단어의 어원을 더듬어보면 pe가 pyə에 우선하는 어형이다. pyə는 yə~e의 상응에 따른 반사형으로 뒤에 등장하여 pe와 공존하게 된 것이다. '별'[星]의 경우도 어원에서 '벨'이 우선하는 어형이다.

비교적 최근에 유입된 외래어의 경우에서도 'ㅔ~ㅕ'(e~yə)의 반사형을 볼 수 있다. 20세기 초에 유입된 도시락통의 일본어 '벤또'(べんとう)를 나이를 막론하고 '변또'라고 하는 사람이 아직도 적지 않다. '벤또'에 '변또'로 대응하는 어두 모음 e~yə를 변화로 설명할 수는 없다. 해방 후 아직 일본어의 잔재가 많이 남아 있던 시절, 일본식 나막신 '게다'(げた)를 '겨다'라고 하던 경우가 적지 않았고, 5·60년대에 시골 면서기들의 입에서 '펜대'(pen+대)를 '편때'라고 하는 소리를 흔히 들을 수 있었다.

〈制字解〉에서는 'ㅛ, ㅑ, ㅠ, ㅕ'를 起於ㅣ로 설명하였으면서 〈中聲解〉에서는 起於ㅣ를 제치고 굳이 出於ㅣ로 이들의 合用을 규정하였다. 起於ㅣ로 설명할 수 없는 再出의 음운론적 자질을 出於ㅣ가 대신하였다는 점에 주목할 필요가 있다. 세종 당시의 諺語 모음체계에 전설모음 계열이 존재하였음을 보여주는 증거가 바로 初出과 再出의 변별 자질을 보이기 위한 지표인 出於ㅣ이다. 동의어가 아닌 出於ㅣ와 起於ㅣ라는 서로 다른 두 지표에 대한 이해를 통해 'ㅛ, ㅑ, ㅠ, ㅕ'가 ö, ä, ü, e와 yo, ya, yu, yə의 이중 음가를 위한 자소였음을 추정할 수 있으나 이와 같은 음운 체계가 국어에 언제부터 어떻게 자리 잡게 되었는지는 알 수가 없다. 다만 이 땅에 유입되어 정착한 한자음에 전설모음 계열이 없었다는 가정을 전제하면, 국어에 한자가 유입되면서 두 음운 체계가 공존하였으나 이들이 하나로 융합되지 않은 채 병존並存하는 과정에서 국어의 전설모음 계열과 한자음의 상향이중모음이 상응하는 음운론적 질서가 자리 잡게 된 것으로 추측해 볼 뿐이다. 그리고 이러한 새 질서는 諺語의 전설모음 계열과 상향이중모음이 상응하는 관계로 확대되었던 것으로 추정된다.

〈制字解〉에서 再出의 제자원리를 당연히 出於ㅣ로 설명했어야 함에도 "ㅛㅑㅠㅕ起於ㅣ而兼乎人 爲再出也"라고만 하여 제자원리와는 거리가 먼 起於ㅣ를 끌어들여 설명한 것은「解例」편찬자가 諺語의 음운 체계보다는 한자음 체계를 우선하였기 때문이었을 것으로 추정된다. 국어 음운 체계에 존재하던 ö, ä, ü, e가 표기에 모습을 보이게 된 것은, 'ㅚ, ㅟ, ㅐ, ㅔ'가 전설단모음을 위한 자소로 자리 잡게 된 뒤부터인 것은 잘 알려진 일이다. 전설모음 체계의 압력과 더불어 하향이중모음이 발달한 한자음 체계에서 벗어나려는 음운 의식이 -y이중모음을 단모음화로 이끈 동인이었던 듯하다.

15세기 국어의 모음체계는 諺語의 모음체계와 외래어인 한자음 모음체계가 하나로 융합되지 않은 이중 구조였다고 보아야 옳을 듯하다. 이는 모음에만 국한된 일이 아니었던 듯하다. 申叔舟가『東國正韻』서문에서, '우리나라의 語音에는 淸濁이 구분되는데 조선의 한자음에는 홀로 濁聲이 없으니 어찌 이럴 수가 있는가'라고 하여 당시 조선의 語音과 조선 한자음에 체계상의 괴리가 있음을 증언하고 있다.

중세국어의 모음체계에 존재하던 'ㅣ'를 제외한 전설모음들은 표기에 반영되지 않다가 18세기 후반에 이르러서야 이들이 표기될 수 있는 길이 열렸으나 그때는 이미 국어의 모음체계가 위축되어 대부분의 방언에서 전·후설 모음의 대립이 중화되는 단계에 접어든 터여서 마치 전설모음 체계가 새롭게 등장하는 초기의 모습처럼 보여 15세기 언문이 창제될 당시의 국어 모음체계에 전설단모음 계열이 존재하였다는 사실을 상상하기 어렵게 만들었다.

-y이중모음의 전설단음화에서 그냥 넘길 수 없는 문제가 바로 'ㆍㅣ, ㅡㅣ' 두 경우만 전설단음화가 이루어지지 않았다는 사실이다. 'ㆍ'가 일찍이 'ㅏ'에 합류하여 'ㆍㅣ>ㅐ'(ay)로 변하였고 이것이 단모음이 되었으므로 'ㆍㅣ'의 단음화는 우선 논외로 할 수 있다. 그러나 'ㅡㅣ'가 단음화하지 않은 것은 설명이 요구된다. 최근에 'ㅡㅣ'가 [ㅡ] 또는 [ㅔ], [ㅣ] 등으로 실현되는 경우를 단음화로 설명하기도 하지만, 이는 -y이중모음이 전설단음화한 ㅚ(ö), ㅟ(ü), ㅐ(ä), ㅔ(e)의 경우와는 본질적으로 그 성격이 다르다는 것을, 앞에서 본 전설단모음과 y 이중모음이 일정하게 상용하는 모습에서 알 수 있다. 특히 'ㅡㅣ→ㅔ'의 경우는, 관형격 어미 '의'를 처격의 '에'로 대체하려는 문법 의식의 개입으로 볼 수 있다. 관형격 어미 '의'는 주로 文語에서 쓰이는 형태소이다. 음성 언어에서는 이를 처격으로 대체하려는 경향을 보인다. 이 경향을 반영하는 것이 '의→에'이므로(새나라의[에] 어린이, 한국의[에] 자연) 이를 'ㅡㅣ'의 단음화로 해석하는 것은 재고가

필요하다.

〈그림 8〉에서 보듯 'ㅡ, ·'는 중설 모음이다. 이는 곧 이들과 대립하는 전설모음이 존재하지 않는다는 것을 의미한다. 모음체계에서 이들은 전설:후설 대립의 중심축을 이루면서 고·저로 대립할 뿐이므로 'ㅢ, ·ㅣ'는 -y이중모음의 전설단음화 과정에서 배제될 수밖에 없었다. 비록 축약에 의하여 'ㅢ, ·ㅣ'가 전설음이 된다고 가정하여도 국어 모음체계에는 이들을 위한 자리는 애초에 존재하지 않았다. 따라서 'ㅢ, ·ㅣ'의 전설단음화를 막은 것은 다른 어느 것도 아닌 모음체계 그 자체였다고 말할 수 있다. 이를 바꾸어 말하면, 'ㅢ, ·ㅣ' 두 이중모음만 전설단음화에서 배제된 이유를 설명할 수 없는 체계라면, 그 재구된 체계에 대한 신뢰는 보증하기 어렵다는 것을 의미한다.

3) ㅘ, ㅝ, ㆇ, ㆊ의 음운구성

〈中聲解〉는 二字合用者 'ㅘ,ㅝ,ㆇ,ㆊ' 넉 자의 合用의 근거를,

㉠ ㅗ與ㅏ同出於· 故合而爲ㅘ
㉡ ㅛ與ㅑ又同出於ㅣ 故合而爲ㆇ
㉢ ㅜ與ㅓ同出於ㅡ 故合而爲ㅝ
㉣ ㅠ與ㅕ又同出於ㅣ 故合而爲ㆊ
㉤ 以其同出而爲類 故相合而不悖也

와 같이 진술하였으면서도 정작 이들의 실제음을 추정할 만한 用字例는 보여주지 않았다. 〈合字解〉에서 "中聲二字三字合用 如諺語·

과爲琴柱·홰爲炬之類"라 하여 'ᅪ'의 용례를 보여주었을 뿐 'ᅯ'와 'ᅫ,ᅰ'의 용례는 「解例」에서 볼 수 없다. 〈中聲解〉에는 이들의 음가 추정에 도움이 될 만한 어떤 설명도 없다.

'ᅪ,ᅯ,ᅫ,ᅰ'의 음가 추정에서, 만약 'ᅪ,ᅯ'를 oa, uə로 읽는다면, 'ᅫ,ᅰ'는 yoya, yuyə로 읽어야 한다는 문제에 직면한다. 국어에서 이와 같은 음절 구성은 논의의 대상이기 어려우므로, 'ᅪ,ᅯ'는 w-이중모음 wa, wə로 읽도록 한다. 이제 문제는, 'ᅫ,ᅰ'를 어떻게 읽어야 하는가이다. 'ᅪ,ᅯ'를 wa, wə라 한다면, 'ᅫ,ᅰ'의 선행음 'ㅛ,ㅠ'도 'ᅪ,ᅯ'의 경우처럼 과도음 w로 처리해야 마땅하다. 그러면 'ᅫ,ᅰ' 는 wya, wyu로 읽게 된다. 그러나 이와 같은 이중의 과도음을 갖는 국어의 음절 구성 역시 논의의 대상이기 어렵다. 이제 'ᅫ,ᅰ'의 주모 음 'ㅑ,ㅕ'가 起於ㅣ의 ya, yə가 아니라 이들에 상응하는 전설음 出於 ㅣ의 ä, e인 것으로 이해하면, 'ᅫ,ᅰ'는 곧 wä, we인 것으로 그 음운 구성을 정리할 수 있다. 'ᅫ,ᅰ'의 二字合用이 起於ㅣ에 의한 것이 아니라 出於ㅣ에 의한 것임은 명제 ⓒ과 ⓔ에 明示되어 있다.

『龍飛御天歌』의 지명 '훤잣'은 'ᅰ'의 用字例이다.

　　翼祖親徂奚關城훤잣(1:8)

협주에,

　　凡書地名 漢字之難通者 又卽以正音之字書之 人名地名 亦皆放此
　　(1:6)

라고 한 것으로 미루어 '훤잣'의 '훤'은 한자어가 아니라는 것을 알 수 있다. '훤'의 출처와 그 뜻은 알 수 없으나, 이를 hwyən으로 읽을 수는 없다. 과도음의 중첩 wy 때문이다. 그렇다면 '훤'은 hwen일 수밖에 없다. 'ㅕ'가 이중모음이 아니라 전설단모음 e로 쓰인 경우인 것이다. 참고로, 동국정운식 한자음 표기에도 'ㆊ'가 쓰였다.

> 횡ㄾ(月印千江之曲(上) ㄲ 4), ·쉐歲(ㄲ 25), 轉 :뒌, 頃 :쀙(釋譜詳節 序:3ㄴ)

그러나 'ㆈ'의 用字例는 아직껏 발견된 바가 없다. 'ㆈ'와 같은 이중모음이 실재하느냐의 여부와 상관없이 'ㅘ,ㅝ'와 더불어 'ㆈ,ㆊ'의 合用을 생성할 수 있게 하는 中聲 체계에 주목할 필요가 있다. 〈그림 8〉 참조. 中聲 二字合用의 원리는 오직 中聲의 제자원리와 그 체계의 틀에서만 이해할 수 있게 되어 있다.

4.4. 〈終聲解〉

〈制字解〉는 "終聲之復用初聲者"라 하여 어제문 例義의 "終聲復用初聲"을 그대로 따르고, "一元之氣, 周流不窮, 四時之運, 循環無端, 故貞而復元, 冬而復春. 初聲之復爲終, 終聲之復爲初, 亦此義也"라는 易理에 따른 해석 외에, 음운 이론의 면에서 終聲을 위한 글자를 따로 만들지 않은 이유를 설명한 것은 없다.

〈終聲解〉는 "終聲者 承初中而成字韻"으로 시작한다. 이는 〈中聲

解〉의 "中聲者 居字韻之中 合初終而成音"과 맥을 같이하는 진술이다.

1) 五音之緩急과 八終聲

"聲有緩急之殊"라 하여 終聲으로 말소리의 느리고 빠름의 다름을 나타낸다고 하였다. 이어서 "故平上去其終聲不類入聲之促急. 不淸不濁之字, 其聲不厲, 故用於終則宜於平上去. 全淸次淸全濁之字, 其聲爲厲, 故用於終則宜於入. 所以ㆁㄴㅁㅇㄹㅿ六字爲平上去聲之終, 而餘皆爲入聲之終也"라 하여 四聲의 平上去聲(舒緩)과 入聲(促急), 그리고 五音(牙舌脣齒喉)의 완급緩急을 'ㆁ:ㄱ', 'ㄴ:ㄷ', 'ㅁ:ㅂ', 'ㅿ:ㅅ', 'ㅇ:ㆆ'의 대립으로 설명하였다. 〈終聲解〉는 말소리의 완급을 나타내는 終聲의 역할에 설명의 초점을 맞춘 듯 보인다.

2) 終聲八字可足用

〈終聲解〉에서 우리의 관심은 終聲 8자 제한에 관한 규정에 모인다. 어제문 例義에는 終聲의 제한에 관한 어떤 명시적 언급이 없는데, 〈終聲解〉는 終聲을 8자로 제한하는 규정을 제시하였기 때문이다. 말소리의 완급을 나타내는 終聲의 부류를 "平上去聲之終"과 "入聲之終"으로 나누는 설명에 이어,

然ㄱㆁㄷㄴㅂㅁㅅㄹ八字可足用也. 如빗곶爲梨花, 영의갗爲狐皮, 而ㅅ字可以通用, 故只用ㅅ字.

라고 하여 終聲 표기는 8자로 충분하다고 하였다. 그러나 말소리에는 빠르고 느림의 다름이 있기에 ("聲有緩急之殊") 終聲으로 완급을 구별하도록 한다고 하였는데, 정작 'ㄱㆁㄷㄴㅂㅁㄹㅅ' 8자에는 'ㅅ'만 완급의 짝이 없다. 'ㅅ'에 대립하는 'ㅿ'이 포함되었어야 함에도 'ㅅ'의 짝이 배제된 것은 終聲 8자 제한 규정이 당시 국어 終聲 체계를 충실히 반영한 것으로 보기 어렵게 한다. 8終聲 제한 규정에도 불구하고 'ㅿ'은 15세기 終聲 표기에 제한을 받지 않았다.

    終聲 8자 제한에 관한 위의 진술에서 당시의 終聲 표기법에 서로 다른 두 원리가 있었음을 알 수 있다. 그 하나는 "빛곶, 엱의갗"에 보이는 형태소 중심의 철자였고, 다른 하나는 '빗곳, 엿의갓'과 같이 'ㅅ,ㅈ,ㅊ,ㅿ'에서 'ㅅ' 하나만을 표기에 반영하는 음소 중심의 표음이었다. 이것은 물론 음절말의 마찰음 및 파찰음 [ㅅ,ㅿ,ㅈ,ㅊ] 등이 당시에 [ㅅ]으로 中和되었다는 것을 전제로 하는 것이다. 그러나 그러한 중화가 과연 당시 국어의 終聲 체계를 있는 그대로 충실히 반영하는 것인지는 확언하기 어려우나, "빛곶, 엱의갗"과 같은 형태음소적 철자법은 세종이 깊이 관여한 것으로 알려진 龍飛御天歌의 국문 가사에 이미 보이므로, 이 철자법의 주인공이 언문 창제자 세종임을 알 수 있다. 龍飛御天歌 국문가사에 'ㅅ' 외에 치음 'ㅈ,ㅊ,ㅿ'이 終聲에 사용된 것으로 미루어 例義의 "終聲復用初聲"이 어떤 제약을 전제한 규정이 아니었음을 알 수 있다. 그렇다면, 終聲 8자 제한을 주도한 이들은「解例」편찬자일 수밖에 없다.「解例」편찬자가 새 문자 창제자의 표기법을 그대로 따르려 하지 않고 자신들의 표기법을 내세웠다는 것은, 새로 창제된 문자의 운용을 둘러싼 세종과 신하들 사이의 견해 차이가「解例」편찬 당시에 이미 표면화되었음을 보여주는 사례이다.

"빗곶, 엿의갗", 그리고 〈合字解〉의 "돐·뾔" 등의 표기에 보이는 형태론적 철자법을 세종 개인의 이론적 취향에 따른 것으로 여기기도 한다. 그러나 세종은 자신이 만든 문자에 의한 철자와 표음의 각각의 역할과 그 차이를 분명히 알고 있었음을 보여주고 있다. 세종의 철자법은 국어의 문자언어화를 위해 반드시 요구되는 글자의 운용이다. "엿의갗"(狐皮)의 경우, 이를 음소 중심의 '엿의갓'으로 표기했을 때, '엿'과 '갓'이 각각 '狐'와 '皮'의 의미를 지닌 형태소로 인식되는 절차가 '엿'과 '갗'에 비해 효율의 면에서 같을 수 없다. 표의문자인 한자와 더불어 성장한 세종이 조선의 고유 문자를 창제하면서 문자의 표의 기능에 전혀 무지하였거나 무관심하였을 것으로 상상하기 어렵다. 세종의 철자법과 달리 「解例」 편찬자의 소리대로 적기는 배우고 쓰기에 편하다는 이유를 내세운 것이겠지만, 근본적으로 새 문자의 역할을 표음기호의 기능 즉 正音에 머물게 하려는 의도가 終聲 표기의 제한을 고집한 배경이었던 것으로 보인다.

終聲 표기를 위한 8자 즉 'ㄱㆁㄷㄴㅂㅁㅅㄹ'에서 'ㅅ'을 제외하곤 7자 모두 諺語와 함께 한자음 終聲에 사용되는 글자들이다. 한자음 표기에는 오직 음소적 표기만 필요할 뿐 형태음소적 표기가 요구되지 않는다. 당시 조선 한자음 終聲은 7자로 충분하였다. 문제는 諺語의 終聲에는 한자음 終聲에 없는 齒音이 있다는 점이었다. 그것도 한둘이 아니고 'ㅅ, ㅿ, ㅈ, ㅊ' 등 넷씩이나 있어 「解例」 편찬자로서는 한자음에 없는 이들 齒音 넷 모두를 終聲 표기에 사용해야 하는 일이 불만이었을 것이다. 終聲 표기에서 배제한 다른 글자들의 경우는 제쳐두고 오직 齒音에 대해서만 'ㅅ' 一字의 "只用"을 강조한 것에서

그것을 알 수 있다.

〈終聲解〉는 'ㅿ,ㅈ,ㅊ' 등을 終聲 표기에서 배제하는 근거를 "ㅅ字 可以通用, 故只用ㅅ字"라 하였으나 세종의 철자법에는 'ㅅ'만을 쓰도록 하는 제한이 없었다. 諺語의 표기를 철자보다는 표음을 우선하려는 입장에서는 'ㅅ,ㅿ,ㅈ,ㅊ' 모두를 표기에 사용하기보다는 'ㅅ' 하나로 통용하더라도 표음에서 크게 문제가 되지 않는다고 판단할 수 있는 일이다. 획 하나, 점 하나에 따라 그 뜻을 달리하는 표의문자인 漢字에서는 글자 구성에 대한 엄격한 변별 기준이 요구된다. 그러나 諺語의 소리대로 적기에 굳이 한자에서와 같은 변별성을 고집할 이유가 없다고 생각한「解例」편찬자에게 문자의 표의 기능은 漢字에서나 추구할 문제이지 諺語의 표음에서는 구태여 고려해야 할 일이 아니라고 판단하였던 듯하다. 그러나 새로 창제한 글자의 운용과 표기법의 원리를 수립하는 일은 새 문자 창제자가 할 일이지 해설자 또는 해석자가 "可足用" 또는 "只用" 운운할 일이 아님에도 불구하고,「解例」편찬자는 언문 창제자의 뜻을 거스르는 자신들의 주장을 〈終聲解〉에 드러내 보이는 일을 마다하지 않았다. 글자의 운용에 관한 규정을 제정할 권한이 없음에도 창제자의 글자 운용 원리에 어긋나는 규정을 내세운 것은 그 규정의 정당성이나 합리성 여부를 떠나 용인될 수 없는 일이었다.

終聲 표기를 위한 글자를 8자로 제한한 것을 언뜻 보면 새 문자를 배우고 쓰게 될 어리석은 백성들이 겪을 어려움을 배려한 사려 깊은 처사인 것처럼 볼 수도 있으나, 언문 창제자의 철자법을 무시하면서까지「解例」편찬자가 자신들이 생각하는 표기법을 규범화하려 한 의도를 그렇게 소박한 것으로 볼 수는 없다. 그들은 문자, 특히 문자

언어의 위력이 얼마나 대단하고 무섭다는 사실을 너무도 잘 아는 집단에 속하는 인물들이었다. 한문의 독점을 통해 누릴 수 있는 특권의 기반이 누구나 쉽게 익힐 수 있는 새로운 문자언어의 출현으로 그것이 약화 또는 무너질 수도 있는 위험을 가만히 앉아서 보고만 있을 조선의 양반들이 아니었다.

〈終聲解〉의 기술에서 終聲合用에 관하여 단 한마디의 언급도 하지 않았다는 사실에 주목한다. 이는 〈初聲解〉에서 初聲合用에 관하여 아무런 언급이 없는 경우와 같다. 初聲과 終聲의 合用이 오직 諺語에만 해당하는 철자법이라는 사실, 그리고 한자음에서 그 기능 부담이 상대적으로 큰 中聲合用만을 〈中聲解〉에서 비교적 상세히 기술한 것에서 「解例」편찬자의 새 문자의 운용에 관한 생각이 어떤 것이었는지를 짐작할 만하다. 세종에게는 조선의 諺語를 문자언어로 만들기 위한 철자에 의한 諺語의 표기가 우선이었던 반면에, 한자의 正音을 정확히 표음하는 일이 우선이었던 「解例」편찬자는 諺語를 소리대로 적는 것 이상의 표기법에 대한 필요를 생각하지 않았을 것이다.

〈終聲解〉는 'ㅇ'을 終聲 체계에서 배제한 이유에 대하여 "且ㅇ聲淡而虛 不必於終 而中聲可得成音也"라 하였다. 앞에서(§4.3.4) 지저하였듯이, 'ㅇ'은 聲韻學의 五音 체계에서 喉音으로 분류되나 국어에서는 이 音은 발성에 머물 뿐, 발음 즉 조음 단계에 이르지 않은 소리로서 국어 음운 체계 구성단위로서의 음소가 아니다. 'ㅇ'의 음성적 실현은 모든 유성 모음 발성의 첫 단계 및 마지막 단계와 다름이 없다. 이는 終聲에 'ㅇ'이 표기되어 있든 아니든 그 음절의 成音에 아무런 차이가 없음을 의미하는 것이다. 이것은 初聲에서의 경우도 마찬가지다. 어제문 例義에서 "終聲復用初聲"이라 하였으니, 'ㅇ'이 終聲에서 음가가 없는 것이라면 初聲에 쓰인 'ㅇ'에 음가가 없는 것은 당연하다. 그러나 예의에서 "凡字必合而成音"이라 하였으므로, 中聲 단독으로의 成字가 허용되지 않아, 終聲에서와 달리 中聲 앞의 初聲 자리에 'ㅇ'을 쓰도록 한 것이다.

終聲 8자 제한에 관한 논의에서 그냥 지나칠 수 없는 문제가 있다. 그것은 이와 같은 규정을 제정할 수 있는 권한이 과연 「解例」 편찬자에게 주어진 것이냐 하는 점이다. 세종은 집현전학사들에게 새 문자에 상세한 해석을 가하라고 하였지("遂命詳加解釋 以喩諸人") 글자의 운용에 관한 규정을 제정할 수 있는 권한을 준 것은 아니었고 그럴 수도 없는 일이다. 그러함에도 창제자의 철자법과 다른 표기법을 고집한 것은, 언문에 의한 국어의 문자언어화를 저지하려는 「解例」 편찬자의 결의가 얼마나 강한 것이었는지를 보여주는 증거이다. 『訓民正音』을 받아본 세종이 이 책에 대해 아무런 언급도 하지 않고, 또한 바쳐진 책을 관행대로 印刊하여 널리 배포하도록 조처하지도 않았다. 세종과 다른 표기법을 고집하여 이를 〈終聲解〉에 버젓이 드러낸 「解例」 편찬자는 자신들이 편찬한 책이 어떻든 印刊되어 널리 읽히게 될 것으로 기대하였던 듯하다. 그런 기대가 없었다면 창제자의 뜻에 어긋나는 내용을 굳이 책에 담았어야 할 이유가 없다. 그러나 이 책은 편찬자의 기대와는 달리 세상에 모습을 드러내는 조처가 내려지지 않았다. 『訓民正音』을 받아본 세종의 심기가 얼마나 불편하였을지 짐작이 가고도 남는다.

조선은 자신의 언어를 표기할 문자를 가졌음에도 이를 활용하여 자신의 언어를 끝내 문자언어로 발전시키지 못하였다. 새 문자를 단순히 말소리를 소리대로 적는 표음기호의 역할에 묶어둠으로써 조선을 자신의 문자언어가 없는 열등한 존재에 머물게 한 책임의 첫 줄에「解例」편찬자를 세울 수밖에 없다.

언문을 통한 국어의 문자언어화를 용납하지 않으려는 신하들의 완강한 저항에 세종이 한 걸음 물러설 수밖에 없었던 당시 상황의 이면裏面을『釋譜詳節』이 채택한 8終聲 표기법에서 볼 수 있다. 자신의 정치적 뜻을 관철할 만한 강력한 왕권의 기반이 없었던 세종으로서는 간접적이나마 한발 물러서는 모습을 보여줌으로써 바람직하지 않은 대결을 피하는 길을 선택한 것으로 보인다.『月印千江之曲』과 상반되는『釋譜詳節』의 記述 체재와 표기법은 언문 창제에서 비롯한 당시의 정치적 대결-언문과 정음의 대결-국면을 가능한 한 조용히 넘겨야 할 필요에 따른 일종의 타협책이었음을 증언한다. 왕권을 지키고 아울러 새 문자를 지키기 위한 고육책이었던 것으로 해석된다.

〈終聲解〉에 그냥 지나칠 수도 있는, 그러나 짚고 넘어갈 필요를 느끼는 字句가 있다. "而ㅅ字可以通用 故只用ㅅ字"의 "ㅅ字"가 그것이다.「解例」에는 언문에 글자의 의미로서의 '字'를 붙여 쓴 경우는 〈終聲解〉의 "ㅅ字"가 유일하다.「解例」는 중국 문자학에서의 '文'과 '字'의 定義, '獨體爲文 合體爲字'를 충실히 따르려고 노력한 듯하다. '字'가 기대되는 곳에 예외 없이 '字' 대신에 '者'를 쓴 것에서 그것을 알 수 있다.

「解例」에 '初聲者, 中聲者, 終聲者'는 물론 '脣輕音者, 全濁者, 相合者' 등에 한결같이 '字'가 아닌 '者'가 쓰였다. 만약 '初聲字'라고 한다면, 이는 자칫 'ㅅㄱ,ㅄ' 등과 같은 初聲의 合用으로 오해할 여지가 있다. 그러나 '君字, 穰字, 呑字, 彆字' 등이나 '合字'와 같은

한자어에는 '字'가 쓰였다. 한자어의 경우를 제외하면 「解例」에서의 '字'는 "正音二十八字", "初聲凡十七字", "‧ㅡㅣ三字", "二十三字是爲母", "二字三字合用者" 등에서 보듯, 오직 數詞와 함께 쓰여 글자의 수를 나타내는 단위로 쓰였다.

그렇다면 〈終聲解〉의 "ㅅ字"가 유일한 예외일 것 같으나 실은 그렇지 않다. 〈終聲解〉 집필자가 하려는 말은 '而ㅅㅡ字可以通用 故只用ㅅㅡ字'이었으나 굳이 數詞 'ㅡ'을 쓰지 않아도 되기에 생략한 것으로 이해하면 "ㅅ字"가 '字'의 예외적 사용이 아니었음을 알 수 있다. 〈制字解〉訣의 七言詩로 된 "是爲初聲字十七"에 '初聲字'가 보이나 이 경우의 '字'는 '初聲'에 연결된 것이 아니라 '是爲初聲 字十七'인 것이다. '十七字'이어야 하는 것을 韻에 맞추려 '字'를 위로 옮긴 것이다.

〈終聲解〉에 예외적인 경우처럼 볼 수도 있는 "ㅅ字"의 예를 보면서, '字'와 '者'를 가려 써야만 했던 이유를 〈合字解〉에서 확인할 수 있다. "中聲則圓者橫者在初聲之下‧ㅡㅗㅛㅜㅠ是也 縱者在初聲之右ㅣㅏㅑㅓㅕ是也"의 "圓者橫者"와 "縱者"의 경우가 그것이다. "圓者, 橫者, 縱者"는 각각 中聲의 기본 三字 '‧,ㅡ,ㅣ'의 형태를 표현한 술어이나 이들을 '圓字', '橫字', '縱字'라 하지 않았다. 그렇게 바꿔 보면 그 의미가 전혀 달라지는 것을 알 수 있다. 실제로 기본자 외의 글자 'ㅗ'를 예로 들면, 'ㅗ'(‧+ㅡ)를 '圓字+橫字'의 합자로 보면 'ㅗ'는 二字合用의 重母音이 되고 만다. 'ㅗ'는 二字의 합자가 아니라 음가가 배제된 두 부호 二者(圓者+橫者)의 합성으로 이루어진 一字이다.

새로운 문자언어의 등장 가능성에 직면한 조선 사대부들로서는 자신들이 지켜야 할 문자언어 한문의 지위가 도전받는 위험을 사전에 차단할 수 있는 가장 효과적이면서도 간단한 방법을 새 문자의 역할을 표음기호의 기능에 묶어 두는 표기법에서 찾아내었다. 음소적 표기, 즉 正音 표기법으로는 국어의 문자언어화가 어렵다는 것을 그들은 잘 알고 있었을 것이다. 단어문자인 한자와 달리 국어는 음절의 경계에서 音의 변동이 매우 심한 언어이다.「解例」편찬자가 終聲 표기에 특별히 주목하였다는 것은, 그들이 국어의 이러한 특성을 잘 알고 있었다는 것을 보여주는 것이다. 그러나 〈制字解〉의 끝에서 "一元之氣 周流不窮 四時之運 循環無端 故貞而復元 冬而復春 初聲之復爲終 終聲之復爲初 亦此義也"라 하여 初聲이 다시 終聲이 되고 終聲이 다시 初聲이 되는 이치를 "循環無端"이라 하여 初聲과 終聲의 순환에 막힘이 없는 것으로 해석하였으면서 정작 〈終聲解〉에서 "八字可足用也"라 하여 終聲에 쓰일 수 있는 初聲을 8자로 제한하여 나머지 初聲이 終聲으로 쓰일 수 있는 길을 막은 일은 변명의 여지가 없는 자가당착自家撞着이었다.

  언문은 글자 그대로 조선의 諺語, 나아가 국어를 문자언어로 만들려는 뜻에서 창제된 문자 체계이다. 그런데 이것이 正音 즉 단순한 표음기호의 역할에 묶이게 되면 국어를 문자언어로 만들려 했던 세종의 본래 목적은 실현 가능성이 거의 없게 된다. 표의 기능이 경시되거나 무시된 표음기호 위주의 문자 운용만으로는 제대로 된 문자언어가 이루어질 수 없음은 세종 이후의 正音 문헌이 그것을 증명하고 있다. 표음과 달리 철자는 표음과 더불어 표의를 위한 글자의 운용법이다.「解例」편찬자는 "빗곳, 엿의갗"과 '빗곳, 엿의갓'의 서로 다른 두 표기법의 차이가 무엇을 의미하는지 아주 정확히 알고 있었을 것이다. 새 문자의 표기법에 관한 자신들의 주장이 무엇을 의미하는지도 모르고 세종의 언문 철자법을 의도적으로 배척하고 자신들의 正音 표기법을 고집하였을 수는 없다.

4.5. 〈合字解〉

〈合字解〉는 "初中終三聲 合而成字"로 시작한다. 〈中聲解〉의 "中聲者 居字韻之中 合初終而成音", 그리고 〈終聲解〉의 "終聲者 承初中而成字韻"과 대조되는 설명이다. 〈中聲解〉의 "成音", 그리고 〈終聲解〉의 "成字韻"과 달리 "(合而)成字"는 음절을 구성하는 자소의 결합을 말하는 것이다. 세종 25년 12월의 언문 관련 실록 기사에도 "分爲初中終聲 合之然後乃成字"라 하여 成字를 언급하였다.

〈合字解〉는 成字를 위한 합자법을 명시하였다. 中聲 즉 圓者〈•〉와 橫者〈一〉는 "初聲之下", 縱者〈ㅣ〉는 "初聲之右", 終聲은 "初中之下"라 한 것이 그것이다. 그리고 'ㄱ+ㅜ+ㄴ→군(君)', 'ㅇ+ㅓ+ㅂ→업(業)'으로 成字의 예를 보였다. 合字는 合用을 아우르는 용어이나 合用은 初·中·終聲 각각의 개별적 자소의 결합을 의미한다. 合用에는 初·中·終聲 모두 二字三字合用이 허용된다. 書法으로 初聲에는 合用並書와 各自並書가 있으나 中聲과 終聲에는 合用並書만 있다. 특히 中聲에서 'ㅣ'와의 合用은 〈中聲解〉에 별도로 "ㅣ相合者"로 분류하였다.

〈合字解〉에서 成字의 단위로서 中聲 기본 3자 '•, 一, ㅣ'를 각각 "圓者", "橫者", "縱者"로 지칭하였다. 이는 글자의 생김새를 기술한 것이다. 圓者의 경우, 〈制字解〉에서 初出과 再出을 각각 "一其圓者", "二其圓者"라 하여 글자 구성의 설명에 사용하였다. 이 용어들은 初出, 再出과 더불어 세종의 교본〈訓民正音〉에서 사용된 것을 「解例」에 인용한 것으로 추정된다.

철자에 관한 '合字'가 처음 눈에 띄는 곳은, 언문의 창제가 공식화된 지 두 달쯤 뒤(세종 26년 2월 20일) 崔萬理 등이 올린 「상소문」의 "用音合字 盡反於古"이다. 그리고 이에 덧붙여 "今此諺文 合諸字而竝書"에 '竝書'까지 보인다. '合字', '竝書'는 崔萬理 등이 일상적으로 사용하던 술어였을 것으로 생각되지 않는다. 崔萬理 등은 세종이 언문 창제를 공포하면서 함께 내놓았을 교본〈訓民正音〉의 내용을 충분히 검토한 연후에 반대상소문을 썼을 것이므로, 문제의 이 두 술어의 출처는 그 교본이었던 것으로 추정할 수 있다. 이 책에 실린 술어를 그대로 인용하면서 언문 반대 이유를 말한 것으로 미루어 교본에서 세종은 합자에 관하여 상당히 구체적으로 설명한 듯하다. 세종 28년 12월 己未(26일)條의 기사,

傳旨吏曹 今後吏科及吏典取才時 訓民正音 竝令試取 雖不通義理 能合字者取之

에 '合字'가 보인다. 제자원리는 몰라도 철자법을 터득한 자를 뽑으라는 당부다. 이 기사에 나오는 "訓民正音"은 시험 과목명이면서 동시에 교재명으로서의 〈訓民正音〉이다. 『訓民正音』(解例本)이 교본일 수 없음은 앞에서(§2.5) 언급하였다. 合字에 能한 자를 뽑으라고 특별히 당부하였다는 사실은 세종이 철자를 그만큼 중요시하였다는

증거이다. 만약 언문이 한자음 및 諺語의 표음만을 위한 것이었다면 合字를 이처럼 특별히 강조했어야 할 이유가 없다.

合字의 중요성에 대한 세종의 인식은 어제문 例義에서 글자의 운용에 관하여 가장 먼저 合用을 언급하였다는 사실("初聲合用則並書, 終聲同")에서도 엿볼 수 있다. 언문을 창제하면서, 세종은 표기법, 특히 철자에 관한 연구와 실험에 상당한 노력을 기울였음을 알 수 있다. 그러한 노력의 흔적을 合字의 형태에서 발견할 수 있다. 비록 당시 국어의 음운 분석을 바탕으로 글자 하나하나를 잘 만들었다 해도 이들을 결합하는 合字의 결과가 시각적으로나 음절 구성의 면에서 만족스럽지 못하면 거란자, 여진자나 몽고자와 다를 바 없게 된다는 것을 세종은 잘 알고 있었을 것이다.

문자 제작에서 고려하였던 여러 기준 가운데 우선하는 것의 하나가 철자에 적합한가를 확인하는 일이었을 것이다. 철자의 근본 목표는 어형의 음성 정보와 더불어 글자 구성의 고정된 형태를 통해 표의 기능의 효율을 가능한 한 최대한 높이는 데 있다. 철자에 대해 세종이 그처럼 각별한 관심을 보였다는 것은, 음성 정보만을 보이는 것으로 그 소임을 다하는 표음기호의 결합 즉 표음과 달리, 철자에 의한 표의 기능의 중요성 즉 철자법의 확립을 통해서만 국어의 문자언어화가 이루어질 수 있음을 깊이 인식하고 있었다는 것을 말하여주는 것이다.

1) 合用並書

새 문자의 철자법에 관하여 〈合字解〉가 그 표제에 걸맞은 충분한 설명을 하지 않았다는 사실에 주목한다. 成字에 관한 설명과 例를 보이고, 이어서 "初聲二字三字合用竝書"를 언급하고, 初聲二字合用의 경우 '짜'(地), '빡'(隻), 그리고 三字合用은 '뜸'(隙) 등 오직 세 語例, 그리고 終聲二字三字의 경우도 '흙'(土), '·낛'(釣), '돐ㅳ'(酉時)를 보여주었을 뿐, 初聲合用 'ㅺ,ㅄ,ㅴ'과 終聲合用 'ㄺ, ㄳ,ㄼ' 등의 구성을 이해하는 데 필요한 최소한의 설명조차 제공하지 않았다. 또한, 初聲合用竝書의 첫 글자가 왜 'ㅅ'과 'ㅂ' 두 글자에 국한되는지, 또 이들의 음가와 형태론적 역할에 대한 당연히 제기되는 궁금증을 풀어줄 만한 어떤 설명도 없다. 그리고 初聲合用竝書 및 終聲合用竝書의 목록 정도를 정리하여 보여주는 최소한의 성의도 보여주지 않았다. 이는 〈中聲解〉에서 "一字中聲之與ㅣ相合者十"과 "二字中聲之與ㅣ相合者四"라 하여 14개의 相合字를 빠짐없이 열거하고 해설과 易理的 해석까지 붙인 것과 대조되는 모습이다.

한자 표음에서 그 기능 부담이 상대적으로 큰 中聲合用만 〈中聲解〉에서 이례적인 대우를 받았다. "ㅣ相合者"에 대하여 〈中聲解〉에서 그렇게 상술하였으면, 初聲二字三字合用이나 終聲二字三字合用도 〈初聲解〉와 〈終聲解〉에서 또는 적어도 〈合字解〉에서 같은 비중으로 설명하였을 법도 한데「解例」는 그렇게 하지 않았다. 合字에서 특히 合用에 대하여 세종과「解例」편찬자의 생각이 근본적으로 달랐던 것이다. 이는 언문 창제의 목적과 관련이 있는 문제이다.

初聲合用竝書의 경우와는 달리, 初聲各自竝書의 경우는 "如諺語·혀爲舌而·혀爲引 괴·여爲我愛人而괴·여爲人愛我 소·다爲覆物而쏘·다爲射之之類"라 하여 '·혀(舌)/·혀(引)', '괴·여(我愛人)/괴·여(人愛我)', '소·다(覆)/쏘·다(射)'와 같이 各自竝書 형식의 合字

로 말뜻이 分化되는 모습을 보여주었다. 그러나 '괴·여'의 '·여'와 '괴·㕵'의 '·㕵', 즉 'ㅇ'과 'ㅇㅇ'의 형태론적 역할의 차이에 대한 설명은 없다.

中聲二字三字合用의 경우는, "如諺語·과爲琴柱·홰爲炬之類"라 하여 '··과', '·홰'를 통해 'ㅘ'와 'ㅙ'의 예를 보여주는 데 그쳤다. 나머지 'ㅝ,ㆅ,ㅞ'의 合用이나 ㅣ相合者 경우도 〈合字解〉에서 언급할 만한 대상이지만 이미 〈中聲解〉에서 상세히 기술하였으므로 이들에 대해서 〈合字解〉는 추가하여 언급하지 않았다. 한자와 諺語의 合用은 "孔子ㅣ", "魯ㅅ:사룸"을 예로 보여주었다. 그러나 이러한 합자법은 오직 언문 창제자만이 정할 수 있는 서법이다.

"二字三字合用"에 따른 합자는 소리대로의 표기와 달리, 형태소의 원형을 밝혀 고정하는 형태적 표기 즉 철자의 문제이다. '듨'의 終聲 세 子音 合用을 표음으로 접근하면 세 音의 계기繼起를 설명하기 어렵다. 특히 뒤이은 '·ᄢᅢ'와의 연쇄 즉 두 모음 사이의 여섯 子音의 연쇄는 설명할 방법이 없다. "듨·ᄢᅢ"는 正音 표기법에 따른 어형이 아니다. '酉時'를 뜻하는 형태음소적 표기로서 "듨·ᄢᅢ"의 자소 구성을 이해하면 된다. 이 단어는 "빗곳", "엸의갗"과 더불어 세종의 철자법을 보여주는 어형이다.

표기의 문제와 관련하여 철자와 표음을 넘나든 예를 '-ㅀ'에서 볼 수 있다. 관형사형의 '-ㅀ+平音'과 '-ㄹ+各自並書'가 그것이다. '-ㅀ+平音'은 형태음소적 철자로, '-ㄹ+各自並書'는 소리대로 적는 즉 음소적 표음으로 이해하면 이 문제는 간단히 정리될 수 있을 것이다. 전자가 세종의 언문 철자법이고, 후자가 正音 표기법인 것에서 언문과 正音의 역할의 차이를 다시 확인할 수 있다.

2) 各自並書 'ㆅ,ㅆ,ㅇㅇ'의 음성적 실체

各自並書 'ㆅ,ㅇㅇ,ㅆ'은 全濁의 음성적 실체를 이해하는 데 도움을 준다는 점에서 특히 눈여겨볼 대상이다. 〈制字解〉는 全淸을 並書하면 全濁이 된다고 하였다. 다만 喉音은 次淸이 全濁者가 된다고 하였다("全淸並書則爲全濁 以其全淸之聲凝則爲全濁也 唯喉音次淸爲全濁者"). 'ㅅ'은 全淸이고 'ㅎ'은 次淸이니 이들을 並書한 'ㅆ,ㆅ'이 全濁이 되는 것은 문제될 것이 없다. 다만, 'ㅇ'은 全淸도 次淸도 아닌 不淸不濁임에도 各自並書 'ㅇㅇ'이 가능하였다는 점에 주목할 필요가 있다.

'ㅎ,ㅇ,ㅅ'은 지속음이라는 공통점을 지닌 音들이다. 지속의 자질을 지닌 음들은 그 조음 과정에서 시간과의 연관성이 비지속음들에 비해 상대적으로 깊다. 따라서 이들의 특성인 지속성의 실현에 소요되는 시간이 단독의 경우에 비하여 곱으로 늘어나는 것을 並書라는 형식으로 표상한 것이 제자원리인 것으로 이해할 때, 'ㆅ,ㅇㅇ,ㅆ'은 'ㅎ,ㅇ,ㅅ'의 연음延音이라고 규정할 수 있게 된다(§4.2.5 참고). 소리의 세기가 배로 증폭된 된소리(硬音)임을 보이려는 것이 各自並書의 제자원리일 것으로 추정하는 것에 대한 재고의 필요성을 'ㅇㅇ'에서 발견한다.

3) 聲點

聲調를 표시하기 위한 加點도 合字에 속한다. 〈合字解〉는 諺語의 四聲과 加點의 방법 및 語例를 보이고, "諺之入聲無定"이라면서 終

聲에 쓰인 全淸으로 入聲을 설명하고 語例를 보였다. 〈終聲解〉에서 四聲을 終聲의 완급으로 설명하였는데, 〈合字解〉에서 四聲을 다시 설명하면서 平聲에서 入聲까지 四聲 모두에 "平聲安而和 春也 萬物舒泰. 上聲和而擧 夏也 萬物漸盛. 去聲擧而壯 秋也 萬物成熟. 入聲促而塞 冬也 萬物閉藏"과 같은 해석을 붙이었다. 〈終聲解〉에서의 聲調에 대한 설명에 이어서 〈合字解〉에서까지 聲調에 관한 설명과 해석을 지면의 3할을 차지할 만큼 「解例」는 聲調에 대해 각별한 성의를 보였다. 이는 〈合字解〉라는 표제에 합당한 고유어의 初·中·終聲 二字三字合用에 관해서는 단지 몇 개의 語例를 보여주는 것에 그친 무성의함과 분명한 대조를 이룬다.

　聲點에 이어 "初聲之ㆆ與ㅇ相似 於諺可以通用也"라는 설명이 있다. 初聲의 'ㆆ'과 'ㅇ'이 서로 비슷한 소리여서 初聲에 'ㆆ'을 쓰지 않고 'ㅇ'으로 通用한다는 것이다. 그러나 이는 〈制字解〉나 〈初聲解〉에서 언급되었어야 마땅한 내용이다. 그러함에도 이를 〈合字解〉에 와서 언급한 것은 그럴만한 이유가 있었다. 〈制字解〉에서 'ㆁ'과 'ㅇ'을 "相似"로 규정하였다. 그런데 "ㆆ與ㅇ相似"라는 규정이 그곳에 함께 기술되면 'ㆁ與ㆆ相似'라는 곤혹스러운 명제의 연역을 피할 수 없게 된다. 그런 일을 피하는 방편으로 "ㆆ與ㅇ相似"를 멀찍이 〈合字解〉에 끼워 넣은 것이다. 「解例」 편찬자는 'ㆁ'과 'ㅇ' 그리고 'ㆆ'과 'ㅇ'을 "相似"라 하였으나 'ㅇ'이 'ㆁ, ㆆ'과 음성적으로 어떻게 相異한 것인지 그 변별성의 정체를 정확히 밝혀 설명하는 것에 어려움을 느꼈던 듯하다.

4) ㆍㅡ起ㅣ聲과 이중모음 체계

〈合字解〉는 "ㆍㅡ起ㅣ聲"에 관한 진술로 마무리를 지었다. 이는 中聲 체계에서의 'ㆍ,ㅡ'와 再出 'ㅛ,ㅑ,ㅠ,ㅕ'의 체계상의 관계를 다시 살펴볼 필요를 일깨운다는 점에서 특히 주목할 대상이다.

> ㆍㅡ起ㅣ聲, 於國語無用. 兒童之言, 邊野之語, 或有之, 當合二字而用, 如ㄱㅣㄱㅡ之類. 其先縱後橫, 與他不同.(正音解例:18ㄱ)

'ㅣ+ㆍ/ㅡ'와 같은 소리는 국어에 쓰이지 않지만, 아이들의 말이나 먼 변두리 지역의 말에 혹시 있다는 다소 궁벽한 근거를 내세워 "ㄱㅣㄱㅡ"를 제시하였다. 어제문 例義에서 'ㆍㅡ'의 書法을 "附書初聲之下"로 규정하였고, 〈合字解〉에서도 中聲 'ㆍㅡ'는 "在初聲之下"라 하였는데, "ㄱㅣㄱㅡ"의 'ㅣ ㅡ'는 'ㆍ,ㅡ'를 初聲 아래가 아닌 中聲 'ㅣ'의 아래에 쓴 것으로 中聲의 서법 규정을 정면으로 무시한 합자이다. 주목할 점은 이것만이 아니다. 〈制字解〉에서의 "起於ㅣ"가 "起ㅣ聲"으로 대체되었다.

"ㆍㅡ起ㅣ聲"은 유독 'ㆍ,ㅡ'만 起於ㅣ에 의한 再出에서 배제된 것에 문제를 제기한 것이다. 이 문제를 〈中聲解〉의 ㅣ相合者에 관한 진술에 곁들여 설명할 수도 있었겠지만, 이를 〈合字解〉에서 언급한 이유는, 'ㅛ,ㅑ,ㅠ,ㅕ'가 起於ㅣ에 의한, 즉 'ㅣ+初出'의 이중모음이지만 문자의 면에서는 一字인 데 비하여 'ㅣ ㅡ'는 二字合用이기 때문이었을 것이다.

「解例」편찬자가 'ㅣ ㅡ'의 이중모음에 특별히 관심을 가질 만큼

諺語에 대한 그들의 관심과 관찰 대상이 兒童之言과 邊野之語에까지 이르고 있었음을 보여주는 흔적은「解例」에 보이지 않는다. 그러면 국어에 일반적으로 나타나지 않는 •ㅡ起ㅣ聲이 사용되는 경우를 특정 지역의 방언도 아니고 막연히 "兒童之言, 邊野之語"라 한 것으로 미루어 이는 단순히 자신들의 주장을 뒷받침하기 위한 방편에 지나지 않은 것으로 이해함이 옳을 것이다. 'ㅣ'가 선행하는 이중모음의 경우, 〈制字解〉에서 "起於ㅣ"라 하였으니 〈合字解〉에서도 '•ㅡ起於ㅣ'라고 하는 것이 마땅함에도 이를 굳이 "起ㅣ聲"으로 말을 바꾼 것 또한 그랬어야 할 이유가 있었을 것이다.

 中聲의 합자 규정을 무시하면서까지 〈合字解〉에서 'ᆝ ᆜ'를 내세웠어야 할 만큼 中聲 가운데 오직 '•,ㅡ,ㅣ' 셋만 起於ㅣ에 의한 再出에서 배제된 것이「解例」편찬자에게는 그냥 넘길 수 없는 문제였을 것이다. 기본자의 하나인 'ㅣ'에 起於ㅣ를 앞세우면 이는 'ㅣ'의 중복이므로 'ㅣ'의 再出은 문자에서 제외할 수 있다. 그렇다면 '•,ㅡ,ㅗ,ㅏ,ㅜ,ㅓ' 6자에서 '•,ㅡ' 둘만 起於ㅣ에 의한, 즉 'ㅣ'가 선행하는 이중모음이 없는 셈이다. 그러나 그 이유를 명확히 설명할 수 없다는 점이「解例」편찬자를 곤혹스럽게 하였던 모양이다. '•,ㅡ'가 起於ㅣ에 의한 再出에서 배제되었으므로 '起於ㅣ'란 술어를 쓸 수 없어, 대신에 유의어類義語라고 할 만한 "起ㅣ聲"으로 "ᆝᆜ之類" 즉 'ᆝ ᆜ'와 같은 이중모음이 實在하는 양 진술함으로써 '•,ㅡ'만 起於ㅣ에 의한 再出에서 제외된 것을 애써 합리화하려고 하였다. 바꿔 말하면, 소리는 있으나 글자가 만들어지지 않았다는 것이다. 中聲의 서법 즉 합자 규정상 'ᆝ ᆜ'와 같은 二字合用이 불가함은 당연하다. 그러나 'ᆝ ᆜ'가 언문 창제 당시 中聲 이중모음 체계에 포함될 수 없는 이유는 밝혀둘 필요가 있다. 이를 위해 起於ㅣ에 의한 再出의 규정을 다시 정리하여 살펴볼 필요를 느낀다.

〈制字解〉는 "ㅗㅏㅜㅓ始於天地, 爲初出也"라 하였다. "始於天地"는 곧 '始於·ㅡ'이므로 '初出'("ㅡ其圓者")은 '·,ㅡ'에서 비롯한 소리의 글자들 부류임을 알 수 있다. 〈中聲解〉의 "ㅗ與ㅏ同出於·"와 "ㅜ與ㅓ同出於ㅡ"의 '出於·/ㅡ'는 '初出'의 의미를 다시 확인시켜 준다. 문제는 '再出'에 있다. "ㅛㅑㅠㅕ起於ㅣ而兼乎人, 爲再出也"라 하고 "ㅛㅑㅠㅕ之二其圓者, 取其再生之義也"라 하였으니 이 진술을 바꿔쓰면 '起於ㅣ+初出=再出'이 된다.

논의의 편의를 위하여, 'ㅛ'의 경우 하나를 예로 들면, 'ㅛ'의 "二其圓者"(⟨‥⟩)에서 앞의 圓者를 'ㅣ→·'의 변용으로 해석하면 'ㅛ=ㅣ+ㅗ'가 되어 'ㅛ'는 결국 二字合用의 이중모음이 된다. 그런데 〈中聲解〉에서 "二字合用者, ㅛ與ㅑ又同出於ㅣ, 故合而爲ㆊ."라 하여 'ㅛ'를 분명히 二字가 아닌 一字로 분류하였다. 따라서 'ㅛ'를 'ㅣ+ㅗ'로 해석하는 것은 제자원리에 맞지 않는다. '初出'에 '出'이 하나이므로 '再出'은 '出'이 둘이어야 한다. 그런데 〈制字解〉의 '起於ㅣ+初出'에는 '出'이 하나뿐이다. 이는 제자원리의 면에서 '再出'이기 어렵다.

再出은 〈中聲解〉에서 'ㅛ,ㅑ'는 '(同出於·)又同出於ㅣ'이고 'ㅠ,ㅕ'는 '(同出於ㅡ)又同出於ㅣ'라 규정하였다(§4.3.1.1 참고). 글자 그대로 再出에는 '出'이 둘이어서 '出於·/ㅡ又出於ㅣ=再出'인 것이다. '出於·/ㅡ'는 곧 初出이므로 이를 고쳐 쓰면 '初出又出於ㅣ=再出'이 된다. 하나의 분류 단위인 再出에 〈制字解〉의 '起於ㅣ+初出'과 〈中聲解〉의 '初出又出於ㅣ'라는 서로 다른 구성이 양립하고

있다. '起於ㅣ'와 '出於ㅣ'의 의미가 같지 않다는 점에서(§4.3.1.1 참고) 이 들은 양립하기 어려운 구성으로 해석할 수 있지만, 이 두 구성은 「解例」에 엄연히 공존하고 있다. 어느 한쪽의 구성을 기준으로 다른 한쪽을 배척할 수 없다. '起於ㅣ'와 '出於ㅣ'는 서로 어긋나거나 무관한 것으로서가 아니라 再出의 양면성으로 접근해야 할 대상이다. 再出 넉 자 'ㅛ, ㅑ, ㅠ, ㅕ'의 제자는 出於ㅣ에 의한 것이지만, 음가의 면에서 再出을 서로 다른 두 개의 음가를 나타내는 1자소 2음으로 이해하는 것이다.

　再出은 初出에 대립하는 부류이다. 初出이 단모음이면 再出 또한 이에 대립하는 단모음이어야 한다. 出於ㅣ는 전설모음의 지표이므로 再出과 初出은 전설 대 후설로 대립하는 모음의 부류이다. 再出이 전설단모음이면서 아울러 이에 상응하는 起於ㅣ에 의한 이중모음을 위한 자소인 것으로 이해하면, 再出에 대한 〈制字解〉의 '起於ㅣ+初出=再出'과 〈中聲解〉의 '初出又出於ㅣ=再出'의 양면성이 바로 모음체계 안에서의 이들의 공존을 말하는 것임을 이해할 수 있게 된다. 再出의 양면성이란 전설단모음(出於ㅣ)과 이중모음(起於ㅣ)이 상응하는 양면의 음가 즉 'ㅛ':ö~yo, 'ㅑ':ä-ya, 'ㅠ':ü~yu, 'ㅕ':e~yə인 것이다.

　이제 'ㅣ'가 선행하는 '•,ㅡ'의 이중모음 'ㅣ, ㅢ'의 문제를 논의할 단계이다. 'ㅣ, ㅢ'가 정당화되려면, 이에 상응하는 再出의 전설단모음이 있어야 한다. 이는 곧 '•,ㅡ'에 대립하는 전설모음이 있어야 한다는 것을 의미한다. 그런데 이들은 중설모음(그림 8 참조)으로 이들에 대립하는 후설모음이나 전설모음은 없다. 'ㅡ,•'는 오직 고·저로 대립하는 기본 모음일 뿐 初出이 아니다. '•,ㅡ'가 初出이 아니므로

'起於ㅣ+初出'에 의한 再出에 'ㅣㅡ'가 없음은 당연하다. 〈制字解〉에는 '起於ㅣ+기본자(・/ㅡ)=再出'이라는 규정이 없다. 이는 곧 'ㅣㅡ'와 같은 이중모음은 中聲 11자 체계에 따른 이중모음 체계에 들어설 자리가 없음을 의미한다. 'ㅣㅡ'와 같은 이중모음을 위한 글자가 만들어지지 않은 것은 결코 우연이 아니었다. '・ㅡ起於ㅣ'이라 하지 못하고 말을 바꾸어 "・ㅡ起ㅣ聲"이라 한 이유가 드러난다. '初出+ㅣ'의 이중모음 'ㅚ,ㅐ,ㅟ,ㅔ'가 훗날 전설단모음이 되었으나 '初出+ㅣ'가 아닌 '・ㅣ,ㅢ' 둘만 이 변화에서 列外가 된 것 또한 우연이 아니었음을 알 수 있다. 'ㅣㅡ'와 '・ㅣ,ㅢ'는 모두 '起於ㅣ+初出'이 아니고 '初出+ㅣ'도 아니기에 이들은 'ㅣ'를 제외한 전설모음과 어떤 상관도 없다.

「解例」 편찬자는 〈合字解〉의 끝에 "・ㅡ起ㅣ聲…或有之" 운운하며 合字 규정을 무시하고 "其先縱後橫"라는 편법에 의한 'ㅣㅡ'를 내세움으로써 결과적으로 '・,ㅡ' 둘만 起於ㅣ에 의한 이중모음의 글자가 만들어지지 않은 이유를 끝내 이해하지 못하였음을 스스로 드러내었다. 그들은 '出於ㅣ'와 '起於ㅣ'의 음운 및 문자론적 상관관계를 제대로 이해하지 못하였다. 만약 당시 국어에 'ㅣㅡ'와 같은 이중모음이 실재하였을 가능성을 논의하려 한다면, 그러한 논의는 y-이중모음 체계 즉 起於ㅣ와 出於ㅣ의 상응에 대한 이해가 전제되어야 한다. 이를 외면하거나 무시한 y-이중모음의 문제는 起於ㅣ와 出於ㅣ의 관계와 무관한 별도의 영역에서 생각해 볼 문제이다.

「解例」 편찬자는 무엇보다도 우선 初出과 再出이 제자원리의 면에서는 물론 음가의 면에서 전설 대 후설로 대립하는 부류라는 점에 대한 이해를 미처 갖추지 못하였던 것으로 보인다. 그들이 '대립'이라는 개념과 이를 바탕으로 언문 28자의 初聲과 中聲이 각각 문자 및 음운에서 하나의 체계를 이루고 있다는 분명한 개념이 정립되어 있지 않았다는 점이「解例」편찬자와 언문 창제자 세종의 제자원리에 대한 이해의 근본적 차이였다.「解例」편찬자는 물론, 당시의 어느 학자도 새 문자를 창제하는 일에 세종을 보필하고 싶어도 그럴 만한 준비가 되어 있는 인물이 있지 않았다. 세종이 언문 창제의 일을 의도적으로 주위의 신하들 모르게 은밀히 진행하였다고 생각하는 것은 합리적 상황 판단이라고 하기 어렵다.

　再出 넉 자 'ㅛㅑㅠㅕ'의 1자소 2음이라는 이중적 음가의 기능 부담은 표기 현실에서 그 한계를 극복하기 어려웠던 것은 어쩌면 당연하였다. 'ㅣ'를 제외한 전설모음이 없는 조선 한자음 체계가 주도하는 중세 국어의 음운 체계에서 出於ㅣ의 전설모음이 起於ㅣ의 이중모음과 더불어 표기에서 그 모습을 보일 방법은 사실상 없었다. 결국 起於ㅣ의 이중모음에게 자리를 내어 주고 諺語에만 있는 出於ㅣ의 전설모음은 소리는 있으나 표기할 글자가 없는 처지로 전락하였다. 이는 마치 조선 사회의 적자嫡子와 서얼庶孼의 관계와 같은 처지였다. 전설모음을 표기하려는 압력은 18세기에 이르러 '初出＋ㅣ'의 'ㅚ, ㅐ, ㅟ, ㅔ'가 전설단모음화라는 변화를 통해 마침내 再出 본연의 모습을 보일 수 있게 되었다.

　「解例」편찬자가 새 문자, 특히 中聲 11자의 구성을 대립과 체계의 관점에서 이해하지 못하고 〈合字解〉의 끝에 사족蛇足이나 다름없는 "ㆍㅡ起ㅣ聲, 於國語無用. 兒童之言, 邊野之語, 或有之." 운운함으로써, 鄭麟趾를 비롯한 집현전학사들이 세종을 보필하여 또는 그들의 협찬으로 언문이 창제되었다는 소위 '협찬설' 또는 '보필설'

을 反證하는 데 역설적으로 도움을 주었다. 「解例」에서 편찬자는 언문 28자의 제자원리를 제대로 밝히지 못하면서 易理의 해석에 주력하는 모습을 보여줌으로써 언문 창제에 자신들이 참여한 바가 없음을 스스로 확인하였다.

언문과 같은 표음문자로 문자가 없던 언어를 문자언어로 만드는 일의 첫 단계는 철자법의 규범을 正立하는 일이다. 세종이 철자법 즉 合字를 무엇보다 중요하게 여긴 이유가 바로 이것이다. 어제문 例義에 合用에 관한 언급을 우선하였고, 또한 관리의 채용 시험에서 언문의 제자원리는 몰라도 合字에 能한 자를 뽑으라고 특별히 당부한 것에서도 그것을 알 수 있다. 그렇다면 「解例」에서 정작 가장 성의 있게 설명했어야 할 부분은 〈制字解〉와 더불어 〈合字解〉가 당연하다. 그러함에도 〈合字解〉는 철자법의 수립을 위한 合字에 관한 설명에 힘쓰기보다는 주변적인 것들에 지면의 대부분을 할애하였다. 「解例」 편찬자가 한문 외에 새로운 문자언어의 등장을 환영할 수 없는 신분의 인물들이었다는 점을 고려하면, 〈合字解〉에 合字에 관한 성의 있는 설명이 보이지 않는 것은 결코 이상한 일이 아니다. 또한 「解例」의 편찬 목적에서도 〈合字解〉의 부실한 설명은 이해가 되는 일이다.

4.6. 〈用字例〉

〈用字例〉는 어제문 例義에서 보여준 28자의 배열 순서에 따라 그 음가를 보이는 단어들을 제시하였다. 선택된 단어들이 하나 같이

"愚民"의 일상에서나 사용될 듯한 단어들에 국한된 것으로 미루어 새 문자를 사용할 주체가 어떤 계층의 사람인지를 보여주려 한 듯하다. 知的 思考가 요구되는 관념어 또는 情緖語나 家禮習俗과 관련한 어휘는 전혀 보이지 않는다. 用字例의 이런 모습은 어제서문에서 "便於日用耳"라 言明한 것처럼, 이 책의 독자인 中國을 의식한 데 따른 것으로 보인다. 조선의 새 문자는 公式의 國字로 사용하려는 목적에서 만든 것이 아니라 愚民의 일상을 위해 만든 표음기호일 뿐이라는 점을 用字例를 통해 보이려 한 것이다. 用字例의 어휘가 오직 1 또는 2음절, 그것도 동사나 형용사는 없고 오직 명사에 국한되어 있는 점도 눈여겨볼 일이다.

初聲의 경우, 'ㆁ'과 'ㅇ'의 용례가 유별나다. "서에(流澌)", "러울(獺)", "이아(綜)" 등에서 'ㆁ'의 음가를 보였으나 語頭 初聲으로 쓰인 예가 없는 것은 'ㅿ'의 경우와 같다. 'ㅇ'의 경우도 마찬가지다. "우케(未舂稻)", "어름(氷)"과 같은 어두 初聲의 예가 있음에도 굳이 "비육(鷄雛)", "ᄇ얌(蛇)" 등과 같은 非語頭 음절의 이중모음에 결합하는 初聲의 경우만을 예로 들었다. "비육", "ᄇ얌"에서의 'ㅇ'의 음가는 동국정운식 한자음으로서의 "ㅇ.喉音.如欲字初發聲"(例義)을 따른 것으로 韻書에서의 兪母를 반영한 것으로 보인다. "아ᅀᆞ(弟)", "어름"의 'ㅇ'과 "비육", "ᄇ얌"에서의 'ㅇ'이 어떻게 다른 음인지에 대해서 「解例」에 언급된 바가 없어, 편찬자가 'ㅇ'의 음운론적 정체를 어떻게 파악하고 있었는지 확인할 수가 없다. 〈制字解〉에서 "ㆁ雖在牙而與ㅇ相似", 〈終聲解〉에서 "且ㅇ聲淡而虛 不必用於終 而中聲可得成音也", 그리고 〈合字解〉에서 "初聲之ㆆ與ㅇ相似"와 같이 그 음운적 성격을 간접으로 언급하는 것에 그쳤다. 「解例」 편찬자는

'ㅇ'이 'ㆁ'이나 'ㆆ'과 어떤 자질에서 다른 음인지 그 정체를 정확히 이해하지 못하였음이 분명하다. 「解例」 편찬자가 세종과 함께 언문 28자 창제의 주체였다면 이런 일은 있을 수 없다. 初聲 17자의 용례에 'ㆆ'은 제외되었다. 〈合字解〉의 "初聲之ㆆ與ㅇ相似 於諺可以通用也"가 'ㆆ'을 제외한 근거일 것이다. 'ㆆ'의 자리를 'ㅸ'으로 대신하였다. 'ㅸ'은 初聲 17자 체계에 포함되지 않았고, 또 포함될 수도 없는 글자이다.

中聲 11자의 용례에서 再出 넉 자 'ㅛ, ㅑ, ㅠ, ㅕ'의 음가는 오직 起於ㅣ의 것만을 예시하였다. 出於ㅣ를 보이려 한 흔적은 〈用字例〉에도 없다. 初聲과 終聲의 용례가 각각 둘씩인 데 비하여, 中聲의 경우에는 용례가 넷이다. 앞의 둘은 終聲이 있는 예이고 뒤의 둘은 終聲이 없는 경우이다.

終聲의 경우, 편찬자 자신들이 정한 終聲 제한 규정을 쫓아 'ㄱㆁㄷㄴㅂㅁㅅㄹ' 8자의 용례만을 보여주었다. 〈用字例〉는 「解例」 편찬자가 언문 28자를 단순한 표음기호의 집합체인 "(訓民)正音若干字"로 인식하였을 뿐, 하나의 체계로 인식하였다는 흔적은 보여주지 않는다. 'ㆆ'을 빼고 'ㅸ'의 용례를 보인 것이 "若干字"의 인식을 대변한다.

4.7. 鄭麟趾 序

앞에서(§1.2) 언급하였듯이, 『訓民正音』은 조선이 자신의 문자를 만들게 된 경위를 알고자 하는 중국으로부터의 요구가 있을 경우를 대비하여 마련한 것이었으므로 그 독자인 중국을 의식한 내용이 鄭麟趾의 서문에 드러나 있는 것은 당연하다. 서문에서 鄭麟趾는 "吾東方禮樂文章 侔擬華夏"라고 함으로써 조선이 중국의 문물제도를 따르고 본받으려 한다는 것을 분명히 밝히었다.

〈制字解〉에서는 "正音二十八字 各象其形而制之"라 하여 象形이 제자원리라고 하였는데, 서문에서 "象形而字倣古篆"이라 하여 象形에 字倣古篆을 추가하였다. 이는 조선이 國字로 사용하고 있는 한자 외에 굳이 자신의 문자를 만들어 쓰려는 것은 조선의 俚語가 중국어와 다름으로 인한 어쩔 수 없는 일이지만, 조선이 만든 글자가 六書의 상형과 중국의 古篆을 본떠 만든 것이라고 언명한 것은, 독자인 중국으로 하여 조선이 만든 새 문자가 중국에 뿌리를 둔 것으로 생각하게 하려는 의도였다고 해석할 수 있다.

세종의 사후에 편찬된 『世宗實錄』의 언문 창제 관련 기사에는 '字倣古篆'만 언급되어 있고 무슨 연유에서인지 '象形'은 배제되었다. 제자원리와 관련한 「解例」의 〈制字解〉와 鄭麟趾 서문, 그리고 『世宗實錄』의 기록들은 일관성을 보이지 않는다. 언문의 제자원리에 관한 주장이나 견해가 정리되기 힘들게 되어 있다.

새 문자의 제자원리였다면 당연히 언급되었어야 마땅한 〈制字解〉에서 보이지 않던 '字倣古篆'이 鄭麟趾 서문에 언급된 이유를 살펴보기 위해 관련 내용을 실려 있는 순서대로 아래와 같이 네 단락으로 나누어 검토한다.

(가) 癸亥冬 我殿下創制正音二十八字
(나) 略揭例義以示之 名曰訓民正音

(다) 象形而字倣古篆

(라) 因聲而音叶七調 三極之義 二氣之妙 莫不該括 以二十八字而轉換無窮 簡而要 精而通

위의 서술에서, 만약 (다)象形而字倣古篆이 (가)正音二十八字의 제자원리에 대한 설명이라면, (다)는 (나)의 다음이 아니라 (가)에 이어져 '我殿下創制正音二十八字 象形而字倣古篆'으로 기술되었어야 마땅하다. 그리고 (나)는 (라) 다음에 와야 할 내용임에도 서술이 다소 혼란스럽게 되어 있다. 그런데 언문이 창제되었음을 알리는 『世宗實錄』(권102, 세종 25년 12월 30일)의 기사,

(마) 是月上親制諺文二十八字 其字倣古篆 分爲初中終聲 合之然後乃成字 凡干文字及本國俚語 皆可得而書 字雖簡要 轉換無窮 是謂訓民正音

에는 "其字倣古篆"이 "諺文二十八字" 바로 뒤에 이어져 있다. 鄭麟趾는 세종이 보게 될 『訓民正音』〈制字解〉에는 字倣古篆에 대해 언급하지 않고 오직 자신의 서문에 (가)와 (다)에 보듯 "象形而字倣古篆"을 "我殿下創制正音二十八字"와 분리하여 다른 설명 뒤에 놓았는데, 역시 鄭麟趾 자신이 총재하고 감수하였으나 세종이 볼 수 없는 세종 사후死後에 편찬된 실록의 기사에서는 (마)에 보는 바와 같이 '象形'은 빼고 문제의 "字倣古篆"을 "上親制諺文二十八字" 바로 뒤에 붙여 놓았다. 아무 생각 없이 그렇게 한 것으로 보이지 않는다.

〈制字解〉에서 "吁. 正音作而天地萬物之理咸備 其神矣哉 是殆天

啓聖心而假手焉者乎"라 하여 새 문자는 天地萬物의 이치를 모두 갖춘 것으로 이는 하늘이 내린 세종의 탁월한 솜씨라고 극찬하였으며, 鄭麟趾 자신이 직접 쓴 서문에 "若其淵源精義之妙 則非臣等之所能發揮也. 恭惟我殿下 天縱之聖 制度施爲超越百王 正音之作 無所祖述 而成於自然 豈以其至理之無所不在 而非人爲之私也"라 하여 새 문자의 깊고 묘한 이치는 신하들이 능히 펼쳐 보일 수 없는 것으로, 새 문자의 제작은 하늘이 내신 세종이기에 이룰 수 있는 일이라고 하여 제자원리의 심오함과 세종의 탁월한 능력을 극구 찬양해 마지 않았다. 그런데 이와는 너무나 대조적으로, 『世宗實錄』의 언문 창제 관련 기사는 全文이 고작 57자로, 그것도 "上親制諺文二十八字 其字倣古篆"이라 하여 제자원리를 "字倣古篆" 한 마디로 매듭지어 놓았다. 세종이 보게 될 새 문자 창제에 관한 『訓民正音』에서의 내용과 세종이 볼 수 없는 실록에서의 기사가 이렇게 다르게 서술되고 편집된 것에서, 새 문자를 창제한 세종에 대한 신하들, 특히 鄭麟趾의 불편한 속내를 다소나마 헤아려볼 수 있을 듯하다.

　세종 28년 9월에 이루어진 『訓民正音』의 고본稿本을 받아본 세종이 어떤 반응을 보였는지, 또 어떤 조처를 내렸는지 알려주는 기록이 없다. 분명한 것은, 자신의 명을 받아 여러 신하가 함께 지어 올린 책에 대하여 당연히 있었을 수정 또는 보완하라는 어떤 지시도 없었다는 사실이다. 만약 신하들의 설명과 해석의 미흡한 점에 대하여 수정 보완을 지시하였다면 그 과정이나 결과에 관한 기록이 있었을 것이다. 『龍飛御天歌』의 경우에서 그것을 볼 수 있다. 그뿐만이 아니다. 어명에 의해 편찬된 책을 印刊하여 널리 배포하게 하지도 않았다. 그 이유가 애당초 이 책의 편찬 목적이 중국의 요구가 있을 경우를 위한 준비물의 성격에 있기도 하였지만, 다른 한편으로는 「解例」의 설명이나 해석에 대한 세종의 평가가 책을 다량으로 인쇄하여 배포할 만한 것이 아니라고 판단하였기 때문으로 해석할 수 있다. 만약 세종이 「解例」의 내용이 언문에 관심이 있는 사람은 한 번쯤 읽어볼 만한 것이었다고 평가하였다면, 비록 중국의 요구가 있을 경우를 대비하여 마련한 것이었어도, 『龍飛御天歌』나 『東國正韻』의 경우와는 달리, 『訓民正音』을 다량으로 印刊하여 널리 배포하도록 조처하지 않았어야 할 이유가 없다. 『世宗實錄』(권113, 세종 28년 9월 末)의 『訓民正音』 관련 기사에 어제문과 鄭麟趾 서문만 실었고 「解例」에 관해서는 언급조차 없는 것은 우연이 아니었던 듯하다. 『世宗實錄』 편찬을 총재한 이가 鄭麟趾였음을 상기할 필요가 있다.

「解例」〈制字解〉의 첫머리에서와 마찬가지로 鄭麟趾의 서문에서도 당시 학자들의 지식 체계가 거의 전적으로 성리학을 집대성한 『性理大全』의 학습을 통하여 이루어진 것이고 그것이 전부임을 여실히 보여주고 있다. 鄭麟趾 서문에서 「解例」가 새 문자에 대한 성리학적 해석 성격의 찬술이지 해설서로 규정하기 어려움을 다시 확인할 수 있다. 「解例」 편찬에 관한 어명이 새 문자 체계에 대한 해석이었음을 서문에서도 밝히고 있다.

5. 언문 창제이념과 세종의 학문적 배경

5.1. 언문 창제이념의 재조명

　언문 창제 동기에 대하여 지금까지 대부분 세종의 민본주의, 겨레 문화주의의 발로로서, 백성에게 표기 수단을 마련해 주기 위한 세종의 순수한 愛民 사상에서 비롯한 것으로 말한다. 틀린 말이 아니다. 그러나 창제 동기에 대한 이러한 견해는 왕도정치의 명분을 위한 설명으로는 합당하나 조선의 정치와 사회에 미치는 영향의 중대성을 생각할 때, 새 문자 창제의 정치적 동기와 목적에 대한 설명으로는 어딘가 너무 소박하다는 아쉬움이 있다. 한자 외의 새 문자 체계의 도입을 결코 환영할 수 없는 기득권층의 거부가 분명히 예측되는 상황과 강력한 왕권의 뒷받침이 없는 처지에서 조선의 임금이 손수 새 문자를 창제하여 사용하게 하는 일은 창제자 나름대로 강한 정치적 동기가 있지 않고서는 생각할 수 없는 일이기 때문이다. 정치적 동기와 목표는 이념으로 그 모습을 갖추고 다듬어져 비로소 실행을 향한 합목적적 지표가 되기 마련이다.

　조선은 이웃의 중국어와 다른 언어를 사용하면서도 제대로 된 자신의 문자와 문자언어를 마련하지 못하고 중국의 문자와 문자언어를 빌려 쓰는 처지였다. 따라서 당시 조선 사회에서 한문을 모른다는 것은 한문으로 저장되고 유통되는 정보에 접근할 수 없었을 뿐 아니라, 설사 정보를 생산하여 저장하고 싶어도 생산한 정보를 제대로 저장하지 못하는 한계에서 오는 불이익을 면하기 어렵게 되어 있었다. 정보로부터의 소외는 무지를 낳고 무지는 곧 빈곤으로 고착되어 상대적으로 열등한 사회적 조건에 갇혀 살아야 하는 불이익을 감내할 수밖에 없는 것이 일반 백성의 처지였다. 물론 이런 사회적 구조는 조선만의 현상일 수는 없다.

무지와 빈곤에 갇힌 집단은 결국에는 무기력의 굴레에 갇히기 마련이다. 무기력에 갇혀 버린 개인, 사회 또는 국가는 그 존립 자체가 항상 소멸의 위험에 노출되어 있다. 이러한 문제를 극복하기 위한 방책의 첫 단추를 조선의 임금 세종은 나라의 말에 맞는 문자의 창제와 이를 통한 조선의 독자적 문자언어를 이룩하는 것에서 찾으려 하였다. 이것이 세종의 문자 창제이념의 뿌리였다.

언문 창제의 일차적 목표가 말소리를 소리대로 적는 국어의 문자화였다고 말할 수 있겠지만, 세종의 궁극적 목표는 龍飛御天歌의 국문가사에서 보듯 국어의 문자언어화에 있었음은 재론의 여지가 없다. 어떤 언어의 음성언어를 문자화하였다 하여 그것이 곧 그 언어의 문자언어가 되는 것은 아니다. 새 문자로 이루어낸 최초의 글이 언문과 한자가 함께 쓰인 국문가사로 된 서사시였다. 사용된 어휘와 어법 및 표기법이 "便於日用"과는 상당한 거리가 있는 내용과 형식임을 어렵지 않게 확인할 수 있다. 그리고 당대에 문자언어로서 견줄 상대가 없던 漢詩와 나란히, 그것도 앞자리에 내세울 정도의 品과

格을 갖춘 문자언어의 정화精華인 시가였다.

고유의 문자가 없던 조선에 국어를 문자언어로 만들기 위한 표기 형식을 '소리대로 적기'의 표기 방법만으로는 본래의 목적을 이룰 수 없다는 것을 세종은 잘 알고 있었음이 분명하다. 세종과「解例」편찬자의 새 문자 언문의 창제 목적에 대한 인식의 차이를 표기 방법에서 엿볼 수 있다. 세종이 철자 위주의 표기법-언문 표기법-을 선택하였으나, 신하들은 표음 위주의 표기법-正音 표기법-을 고집하였다. 세종이 직접 또는 깊이 간여한 언문 문헌의 표기와 신하들의 正音 문헌의 표기에 그 차이가 드러나 있다. 한문 이외의 문자언어 등장을 결단코 용납하지 않으려는 양반 지식층의 끈질긴 언문 배척과 더불어 철자법을 제대로 확립할 수 없게 만든 말소리를 소리대로 적는 正音 표기에서 비롯한 표기법의 혼란이 언문에 의한 문자언어의 확립을 가로막은 것이다. 국어를 문자언어로 만들려던 세종의 꿈과 그 꿈의 실현을 위한 노력은 『龍飛御天歌』와 『月印千江之曲』에서 멈추어야 했다.

남의 나라 문자를 國字로 사용하는 조선에서 자신의 語音에 맞는 문자를 새로 만들어 사용해야 할 필요성을 논하기에 앞서, 새 문자 창제와 관련한 당시 조선의 정치적 상황을 살펴보는 일이 문자 창제의 이념을 좀 더 분명히 이해하는 데 도움이 될 것이다.

고려 말엽에 유입된 宋學, 一名 성리학의 學的 체계는 당시의 지식인 집단, 소위 신진사대부의 사회·경제 및 정치적 영향력 확대를 위한 이론적 기반이 되어 마침내 고려 왕조의 붕괴와 새 왕조의 등장으로 이어졌다. 조선은 표면적으로는 君王을 중심으로 하는 왕정 체제였으나 그 권력 구조는 결코 절대왕권의 등장을 허용하지 않는 체제였다. 강력한 왕권의 등장을 견제하는 세력은 당연히 지식인 관료 집단이었고 이로 인한 권력 分占의 구조는 결국 왕권과 臣權의 대립 체제로 굳어지면서, 신권의 견제로 인한 왕권의 약화와 이로 인한 통치권의 불안정은 조선 정치의 숙명적 병리가 되었다.

조선의 역대 왕들 가운데 비교적 강력한 왕권을 행사할 수 있었던 임금은 아마 太宗이 유일하지 않았나 생각된다. 태종은 창업 군주였다. 그 권위에 감히 맞설 만한 세력이 당시에 존재하지 않았다. 창업 과정에서 그리고 왕위에 오르기 위한 권력 투쟁 과정에 생사를 같이 한 功臣들이 궁궐 안팎에 당당히 버티고 있어 태종의 강력한 왕권을 위한 든든한 버팀목이 되었다. 그러나 세종의 경우는 사정이 전혀 달랐다.

세종은 왕위 계승에서부터 문제를 안고 있었다. 일부 신하들의 반대를 무릅쓰고 강행된 폐세자의 문제, 그리고 그에 따른 후계자 선정에 次子를 제치고 末子가 大統을 이어받는 이례적인 왕위 계승으로 세종의 왕권은 명분에서 처음부터 취약성을 면하기 어렵게 되어 있었다. 비록 부왕이 太上王으로서 세종의 강력한 후원자가 되어 주었지만, 그것도 잠시였을 뿐, 태종이 타계한 뒤의 세종은 정치적으로 거의 고아나 다름없는 처지였다. 힘이 되어 줄 만한 종친과 외척은 물론 궁궐 안팎 어디에도 왕권을 보위해 줄 만한 세력의 도움을 기대할 수 없었던 것이 세종의 처지였다. 이러한 상황에서 重臣들의 정치적 영향력은 갈수록 증대하였고, 세종 말기에서 문종과 단종에 이르면, 조선의 왕권과 臣權의 균형은 사실상 무너진 상태나 다름이 없었다. 당시의 이와 같은 정치적 상황은 세종에 의한 새 문자 창제와 그 후에 펼쳐진 언문 사업의 전말을 이해하는 데 반드시 참고해야 할 배경이다.

　강력한 왕권의 기반이 없는 세종의 치세는 사대부의 정치적 영향력의 증대를 불러왔고, 마침내 왕권에 대한 견제와 감시를 제도화하는 데 이르게 되었다. 비록 건국한 지 얼마 되지 않은 터여서 그동안 유명무실하였던 言官의 역할이 세종 대에 이르러 본격적으로 강화된 모습에서 왕권에 대한 신권의 감시와 견제가 제도적으로 자리 잡기 시작하였음을 알 수 있다. 崔萬理 등 집현전학사들의 「상소문」에 보이는 표현의 과격함이나 방자함은 당시 세종의 왕권이 실제로 얼마나 허약하였는지를 여실히 증언하고 있다.

　배우기 쉽고 쓰기에 편한 문자를 통해 생존에 필요한 다양한 정보에 접근하게 되고, 또 그것을 활용할 수 있게 된 다수의 백성이 더는 어리석고 무기력한 집단에 머무르지 않게 될 때, 자연스레 고개를 드는 것이 民權이다. 민권이 고개를 들면 자연히 지배 권력과의 대립을 부르고, 이에 따라 지배층은 자신들의 권력에 대한 전에 모르던 도전에 직면하게 된다. 조선 백성의 직접 지배층인 사대부의 권력 기반을 위협할 수도 있는 민권의 형성은 당연히 신권의 위축으로 이어질 수 있게 되고, 이는 곧 왕권의 강화를 불러오는 계기가 될 수 있다. 왕권에 맞서 이를 견제하는 유일한 권력인 신권이 이제는 왕권과 민권 사이에 갇히는 형국이 될 수도 있는 상황의 출현 가능성이다. 왕권과 신권, 그리고 만만하지 않은 민권이 공존하는 권력 구조야말로 조선의 사대부가 가장 바라지 않는 권력 체제이다. 「상소문」에서 보듯, 조선 사대부가 새로운 문자의 출현을 그렇게 강하게 거부한 이유의 배경을 기존 권력 구조의 약화 가능성에 대한 우려의 측면에서 접근하면 이해가 훨씬 쉽다. 사대부의 정치적 견제로부터 자유로울수록 임금은 백성을 위한, 그리고 나라의 앞날을 위한 정책을 자신의 소신에 따라 적극적으로 펼칠 수 있는 여지가 증대하기 마련이다.

다른 누구도 아닌 임금에 의한 문자 창제는 儒臣의 정치적 입지 강화를 지향하는 조선 성리학의 정치 이념과는 융합할 수 없는 일종의 정치적 일탈逸脫이었다. 세종은 자신의 통치 이념을 실현할 수 있는 토대를 국어의 문자언어화에서 찾았고, 이를 위해 새 문자 창제라는 대단히 힘들고 정치적으로 위험한 길을 택하였다. 따라서 새 문자를 둘러싼 신권과의 갈등은 예견된 일이었다. 자신의 정치적 신념을 뜻대로 펼치기 힘든 취약한 왕권에 대한 세종의 고민은 오히려 그 취약성을 극복하려는 강한 의지로 승화昇華하여 마침내 새 문자 창제라는 위험하고 힘든 과업을 위한 일에 나서는 힘의 원천이 되었다.

국어의 문자언어화를 위한 언문 사업이 신하들의 저항에 부딪혀 계획하였던 목표가 반쪽의 성과에도 미치지 못하게 되는 좌절을 세종은 생전에 겪어야 했다. 세종에게는 자신이 시도한 사업을 자신이 뜻한 바대로 추진할 만한 강력한 왕권이 뒷받침되어 있지 않았기 때문이다. 『韻會』 언역 사업의 중도 폐기가 그 대표적인 사례이다. 한자를 배우고 싶어도 배울 수 없었던 백성들이 언문을 깨치면 언역된 韻書로 스승 없이도 한자를 배울 수 있는 길이 열리고, 아울러 국어를 바탕으로 하는 문자 생활을 할 수 있는 一石二鳥의 효과를 기대할 수 있는 야심 찬 사업의 하나가 바로 『韻會』 언역 사업이었다. 그러나 무지한 백성이 문자를 갖게 되어, 전에는 생각할 수 없는 각종 정보에 접근하는 것을 결단코 용납하지 않으려는 사대부들의 반대로 세종은 그 뜻을 접어야 했고, 대신에 조선 한자음 개정이라는 명분을 내세워 한자를 모르는 일반 백성에게는 전혀 소용되는 바가 없는 『東國正韻』 편찬으로 한 걸음 물러서야 했다. 그렇게 하는 것이 그나마 새로 만든 문자를 폐기해야만 하는 최악의 경우를 피할 수 있는 대안이었고 차선책이었기 때문이다.

조선의 國是였던 억불숭유抑佛崇儒 정책은 고려의 국교라고 할 수 있던 불교에 폐단이 많았고, 또한 유학의 진흥에 걸림돌이 된다고 하여 이를 억압하고 배척한 것이라고 역사가들은 말한다. 그러나 이 억불정책의 이면에는 좀 더 실질적인 이유가 감추어져 있었음을 헤아릴 필요가 있다. 우선 고려 사회에서의 사찰은 佛道를 닦고 佛法을 강講하는 도량道場에 머문 곳만은 아니었다. 이곳은 지식과 정보가 수집되고 축적되는 곳이면서 자연스럽게 학문의 場이 되기도 하였다. 승려는 佛法의 수도자이지만 동시에 세속의 학문에도 관심을 두는 學僧도 적지 않았다. 따라서 고려의 佛寺는 도량이면서 또한 교육 및 학문의 장場이었다. 배우고자 하는 사람은 신분의 귀천에 구애받지 않고 佛寺에 접근할 수 있었고 배우는 기회가 주어지는 열린 공간이었다. 백성과는 담을 쌓고 오직 양반 지식층만을 위한 닫힌 세계였던 조선의 書院과는 그 성격이 근본적으로 달랐다.

朱子의 교리로 무장한 조선 건국의 주체인 신진사대부는 지식과 정보의 독점이 권력의 장악과 유지에 얼마나 중요한 요건인지를 너무도 잘 아는 집단이었다. 새로 건국한 나라가 왕을 중심으로 하는 정치 체제이지만, 실질적 권력의 주체는 사대부이어야 한다는 조선 성리학의 정치 이념과 논리로 무장한 건국의 중심 세력에게는 뜻과 능력만 있으면 신분의 귀천과 상관없이 지식과 정보에 접근할 수 있는 佛寺와 佛僧이 눈엣가시와 같은 존재였을 수밖에 없었다.

조선의 백성은 식량과 생필품의 생산 및 요구되는 부역負役을 위한 집단에 머물러야 했다. 어떤 형태로든 나라의 일을 들여다보거나 간여하는 존재가 되는 일은 절대로 용인될 수 없는 일이었다. 그러기 위해서는 백성은 언제나 무지하여야 했고 어떤 경로로든 지식과 정보에 접근할 수 있는 글을 알아서도 익혀서도 안 되는 존재이어야 했다. 지식과 정보는 권력 독점을 추구하는 양반 지식층의 전유물이어야 했다. 또한, 백성은 식량과 생필품의 생산을 담당하지만, 그 생산 활동을 통한 경제적 富의 축적과 증식의 기회가 자유롭지 않은 것이 조선이었다. 백성은 언제나 최소한의 생존 이상을 추구할 수 없는 빈곤한 상태에 머물러야 했다. 유교를 國是로 하는 조선에서 상·공업을 극도로 천시하고 규제하였던 정책은, 이를 장려할 경우, 조세의 증대로 국가의 재정에 보탬이 되는 이점이 있겠으나, 반면에 富를 축적하는 길이 열리고 경제적 여유가 생긴 백성은 오직 경제적 여유에만 머무르려 하지 않는 위험이 따른다는 것을 사대부들은 잘 알고 있었다. 그래서 조선의 백성은 언제나 무지하고 가난해야 했다. 무지와 빈곤을 숙명으로 받아들이면 인간은 반드시 무기력해지게 마련이다. 조선은 건국에서 망국에 이르기까지 빈곤과 무지에 따른 무기력의 굴레에서 벗어난 적이 없었다.

　절대의 무지, 절대의 빈곤, 그리고 절대의 이념이 지배하는 시대를 서양 사학자들은 '암흑시대'로 규정하고 있다. 절대다수의 백성이 절대의 무지와 절대의 빈곤, 그리고 朱子學의 절대적 교조에 갇힌 조선을 '암흑시대' 외에 달리 어떻게 규정할 수 있는지 궁금하다. 경연經筵에서 경서의 강독에 힘쓸 것을 권유하는 신하들의 뜻을 순순히 따르기보다는 史書를 고집한 모습에서 세종은 성리학과 그것을 바탕으로 하는 정치 이념으로는 나라와 백성의 앞날에 희망을 기대하기 어렵다는 결론을 내리고 있었음을 읽을 수 있다. 그리고 조선의 역사는 세종의 판단이 옳았음을 증명하였다.

조선의 國是와 그에 따른 정치·사회 체제의 틀에서 나라와 백성이 처한 현실이 어떠하고 또 그 앞날이 어떠하리라는 것을 꿰뚫어 볼 수 있을 만큼 세종은 知的으로 충분히 계발된 군주였다. 그러나 사대부에 겹겹이 둘러싸여 궁궐 깊이 갇혀 있는 존재였던 조선의 임금, 특히 세종과 같은 왕권의 기반이 허약한 군주로서는 자신의 통치 이념과 소신에 따른 정책을 직접 나서서 펼칠 수 있는 방도가 사실상 막힌 형편이었다. 모든 일을 신하들과의 협의를 거쳐 그들의 뜻에 따르거나 타협함으로써 사직을 지키고 왕권을 유지하는 일이 조선의 임금이 할 수 있는 일의 전부였다. 그것이 세종의 처지였고 고뇌였다.

그렇다면 세종을 보필하던 신하들이 새 문자와 그것을 사용할 백성을 과연 어떻게 생각하는 사람들이었는가를 판단하는 데 참고할 수 있는 내용이 실록에 보인다.

上謂左右曰 雖識理之人 必待按律 然後知罪之輕重 況愚民何知所犯之大小 而自改乎 雖不能使民盡知律文 別抄大罪條科 譯以吏文 頒示民間 使愚夫愚婦知避何如 吏曹判書許稠啓 臣恐弊生也 姦惡之民 苟知律文 則知罪之大小 而無所畏忌 弄法之徒 從此而起(『世宗實錄』권58, 세종 14년 壬子(1432년) 11월 壬戌(7일))

임금이 좌우 신하에게 이르기를, "비록 사리事理를 아는 사람일지라도, 법률의 조문에 따라 판단을 내려야 죄의 경중을 알 것이거늘

하물며 어리석은 백성이 어찌 저지른 죄의 크고 작음을 알아서 스스로 고치겠는가. 비록 백성으로 하여금 율문을 다 알게 할 수는 없으나, 큰 죄의 조항을 따로 추려 이를 이문吏文으로 번역하여 민간에 널리 알려서, 어리석은 백성으로 하여금 죄를 피할 줄 알게 함이 어떻겠는가." 하니, 이조 판서 허조가 아뢰기를, "신은 폐단이 생길까 두렵습니다. 간악한 백성이 진실로 율문을 알게 되면, 곧 죄의 크고 작은 것을 알아서 두려워하고 꺼리는 바가 없이 법을 농간하는 무리가 이로부터 생겨날 것입니다."라고 하였다.

글을 모르는 백성이 법률의 조문을 몰라 죄의 경중을 가리지 못하고 또 억울하게 벌을 받지 않도록 조문을 이두문으로 번역할 것을 권하는 임금의 요청을 이조판서 許稠가 반대한 내용이다. 이 기사는, 당시 사대부들의 백성에 대한 인식이 어떠하였는가를 여실히 증언하고 있다. 글을 모르는 백성을 '간악한 백성'으로 여기고 이들이 글을 이해하게 되면 더욱 간악해지므로 무지한 백성은 무지한 채로 두어야 안전하다는 것이다.

許稠가 누구인가. 고려에 성리학을 들여온 安珦의 외손으로 조선 초의 대표적 유학자요 조선의 법제를 정비한 중신이었다. 특히, 許稠는 일반 백성은 물론 하급관리도 그들의 상급 관원이 무슨 잘못을 저질러도 고소할 수 없도록 하는 '部民告訴禁止法'을 제정 강행하여 유교 사회의 상하 귀천의 위계질서를 엄격하게 고집한 인물이었다. 그는 언문 창제가 공포되기 몇 해 전에 죽었다. 만약 그가 언문이 공포될 때 살아있었더라면, 언문을 용납하지 않으려는 반대의 기세가 崔萬理 등을 넘어 세종을 무척 힘들게 하였을 것은 짐작이 어렵지 않다. 鄭麟趾의 백성과 관련한 기사가 있다.

> 刑曹判書鄭麟趾啓曰 竊盜斷筋者 所以懲惡也 今斷筋之人 瘡甫痊愈 則行步如舊 復逞盜竊 是以盜賊日興 請自今三犯竊盜 勿論赦前後 竝依律施行 且斷膝筋 則盜賊不復肆矣(『世宗實錄』 권90, 세종 22년 庚申(1440년) 8월 戊戌(29일))
> 형조판서 정인지가 아뢰기를, "절도죄를 지은 자의 힘줄을 끊는 것은 악惡을 징벌하기 위한 것인데, 지금 힘줄을 끊긴 자가 상처가 아물어 걸음걸이가 전과 같아져 다시 도둑질하므로 도둑이 날로 성해지니, 청컨대 지금부터는 절도죄를 세 번 범한 자는 사면赦免 전후를 막론하고 아울러 법대로 시행하고, 또한 무릎힘줄을 끊으면 다시는 도둑질하지 못할 것입니다."

鄭麟趾는 許稠와 더불어 세종의 고굉지신股肱之臣이었다. 직책이 국법을 어긴 자를 다스리는 형조판서라 하지만, 굶주려 도둑질한 사람에 대한 처벌이 어찌 그토록 가혹할 수가 있는가. 무릎힘줄마저 끊으면 이는 목숨을 끊는 것과 무엇이 다른가. 무지하고 힘없는 백성의 삶을 보살펴야 하는 고위관직자들의 백성에 대한 마음가짐이 이러하거늘, 어리석은 백성을 위해 임금이 글자를 만드는 일을 반길 사대부가 과연 세종 곁에 있었겠는가. 세종이 언문 창제의 일을 신하들 모르게 은밀히 진행했어야 했던 이유를 위에 인용한 신하들의 백성을 향한 생각만으로도 짐작이 어렵지 않다.

백성들이 쉽게 접근하기 어려운 한문이라는 문자언어를 독점하고 그것을 바탕으로 신분상 우월한 지위와 그에 따른 특권을 누릴 수 있었던 조선의 지배층 사대부가 언문에 의한 새로운 문자언어의 출현 가능성에 대해 그들이 느꼈을 두려움의 정도가 얼마나 컸을지는 짐작할 만하다. 인류 역사의 어디에서도 한 국가나 사회의 지배층이 자신들이 누리던 특권을 순순히 내어놓은 경우를 찾아보기 힘들다. 새 문자 언문에 대한 신하들의 강력한 반대 및 거부감은 당시의 상황에서는 오히려 당연한 일이었다.

한자 외의 다른 문자 체계의 도입을 결코 환영할 수 없는 기득권층의 거부가 분명히 예측되는 상황에서 강력한 왕권의 뒷받침이 없는 세종이 자기 나름의 정치적 동기 없이, 조선에 고유의 문자 체계를 도입한다는 것은 정치적으로 분명 위험하고 또한 무모한 일일 수 있다. 이런 위험을 무릅쓰고 새 문자를 창제하여 한자 외의 새로운 문자 체계를 조선에 도입하려 시도한 데에는 통치권자로서의 분명하고 강한 정치적 동기와 신념이 있지 않고서는 생각할 수 없는 일이다.

세종의 언문 창제는 조선과 백성의 앞날을 위한 개혁의 조용한 그러나 결의에 찬 용단이었다. 칼을 휘두르고 피를 불러 이루려는 변혁이 아니었고, 또 그럴 수도 없는 성격의 개혁이었다. 중국의 문자언어인 한문과 그 토양에서 싹트고 뿌리 내려 날이 갈수록 그 위세가 드세지는 性理의 學과 그 교조가 나라와 백성의 앞날에 희망을 기대해 볼 만한 사상이나 이념일 수 없음을 깨달은 세종이 시도할 수 있는 유일한 개혁의 선택이 조선의 諺語에 맞는 문자 체계의 창제와 그것을 바탕으로 이룰 수 있는 조선의 독자적 문자언어의 수립이었다.

제나라 말을 바탕으로 이루어진 문자언어를 통해 남의 나라 문자언어인 한문이 독점한 지식과 정보에 접근할 수 있는 길을 열어주는 일, 그리고 그것만이 무지의 암흑으로부터 백성을 구제할 수 있는 유일한 길임을 세종은 알았다. 백성이 있어야 나라가 있고 임금이 있는 법이다. 백성의 안녕과 나라의 앞날을 위해 자신이 해야 할 일이 무엇인지를 알고 있었던 임금이 세종이었다.

한자와 한문은 조선 백성을 위한 문자도 문자언어도 아니었다. 백성 누구나 배우고 쓸 수 있는 문자를 만들어 줌으로써 백성들 스스로 무지에서 벗어날 수 있는 길을 마련해 주고 아울러 양반사대부의 부당한 억압과 횡포에 맞설 수 있는 백성의 힘 민권이 돋아날 수 있는 길을 열어주려고 하였다. 또한, 세종은 조선의 정치적 문화적 자존自尊과 자립은 자신의 문자언어를 바탕으로 할 때 비로소 이룰 수 있는 일임을 깨닫고 있었고 그것을 어떻게 구현해야 하는지를 정확히 알고 실행에 옮긴 임금이었다. 자신의 언어에 맞는 문자언어가 없어 남의 나라 문자와 문자언어를 빌려 쓰면 문화적으로 그 나라에 종속되는 것은 당연하다. 문화적 종속은 결국 정치적 종속으로 이어지게 마련이다.

백성과 나라의 자주적 생존을 위해 자신이 할 수 있는 일의 바탕을 조선의 독자적 문자언어의 수립에서 찾았고, 그것이 곧 언문 창제이념이고 목표이었다. 그리고 그 이념은 곧 조선의 정체성에 대한 자각에서 출발하였음은 물론이다. 어제서문의 "國之語音 異乎中國"이 그것을 웅변하고 있다.

5.2. 세종의 학문적 배경 재조명

여기서 '세종의 학문'이라 함은 언문 28자의 제자 이론과 그것에 직접으로 관련된 좁은 영역의 지식 체계를 의미하는 것이 아니라, 언문과 같은 새로운 문자 체계를 창제할 수 있게 한 지적 능력, 즉 사물과 현상에 대한 세종의 인식 논리와 사고 체계를 말하는 것이다.

언문 창제와 같은 위업을 이루어낼 수 있었던 세종의 학문적 배경을 明에서 유입된 성리학의 지식 체계에서 찾으려는 경향이 종래 훈민정음 연구에서 볼 수 있는 공통된 모습이다. 성리학의 학적 체계를 집대성한 것이 『性理大全』이다. 이 책이 세종 즉위 초에 明에서 도입되어 세종의 학문에 많은 영향을 주었을 것이라고 대부분 믿고 있다. 특히 이 책에 수록된 聲韻學과 문자학에 관한 이론과 지식, 나아가 易理에 관한 이해가 새 문자 창제의 이론적 토대가 되었을 것이라는 견해가 통설이 되어 있다. 그러나 여기서 주의해야 할 점이 있다. 『性理大全』에서 습득한 지식과 이론이 곧 새 문자 창제의 이론적 바탕이었을 것으로 판단할 수는 있으나, 그 지식과 이론이 단지 참고의 대상이었을 뿐 새 문자 창제의 직접적인 바탕이 아니었을 가능성을 배제해서는 안 된다는 점이다. 언문 창제 과정에서 참고하였을 지식이 곧 창제의 이론적 바탕이었을 것으로 확대해석하여 내린 성급한 결론을 경계하는 것이다.

천문, 수학, 역법曆法, 의학, 지리 등 세종이 이룩한 업적들에서 성리학의 직접적인 영향을 확인하기 어렵다는 점, 그리고 특히 언문 28자의 자소 구성이 보여주는 체계적 특성과 구성단위들의 제자원리에서 중국의 문자학 이론이나 聲韻學의 영향을 쉽게 확인할 수 없다는 점에서 그와 같은 가능성에 주목하는 것이다. 「解例」 편찬자는 『性理大全』의 지식 체계와 이론을 바탕으로 새 문자의 제자원리를 해석하였으나 그 결과가 결코 만족스럽다고 말할 수 없다는 점에서 언문이 성리학적 지식 체계를 바탕으로 창제되었다는 견해에 동의하지 않는다.

언문 창제 당시 조선의 다른 지식인들과 마찬가지로「解例」편찬자의 학문도 거의 전적으로 四書五經과『性理大全』의 학습으로 이루어진 것이고, 이들 교과서에서 습득한 이론이 바로「解例」에서 보인 언문 28자의 제자원리에 대한 해석원리의 기반이었다. 여기서 유의해야 할 점은, 그들의 지식과 학문적 역량이 오직 선택의 여지가 없는, 앞에서 언급한 明에서 도입된 교과서의 반복된 학습으로 이루어진 것이라는 사실이다. 孔子는 일찍이 "學而時習之 不亦說乎"라 하여 '學習'의 중요성을 강조하였다. 「解例」의 설명과 해석을 보면 편찬자들은 그들이 배우고 익힌 학문에 대단히 충실한 학습자들이었음을 알 수 있다. 그러나 세종이 창제한 언문 28자 체계는 학습의 산물이 아니라 탐구의 결실이었다. 언문 28자의 제자원리가 그것을 증언하고 있다.

그렇다면, 언문 28자와 같은 새로운 문자 체계를 창제할 수 있는 세종의 지식 체계와 지적 능력은 과연 어떻게 형성되었으며 또한 그 배경은 무엇인가에 대한 궁금함은 당연하다. 새로운 문자 체계뿐만 아니라, 세종은 조선 역대 어느 임금은 물론 조선의 어느 지식인과도 견줄 수 없는 뛰어난 지적 역량을 보여주었고 그에 따른 많은 업적을 남기었다. 세종에 관한 이제까지의 대부분의 연구에서 그의 지적 역량과 학문적 배경에 대한 논의가 주로 성리학의 영향에 관한 것이었다. 세종의 학문적 배경과 당시 지식인들의 학문적 배경이 어떻게 다른지에 대한 충분한 고찰이 이루어지지 않은 채, 세종과 주위 신하들의 학문과 사상의 배경이 모두 성리학을 공통의 기반으로 하는 것으로 속단하였다.

忠寧은 왕자라는 보통 사람과 다른 출생의 특전을 누릴 수 있는 운명이었다. 왕자들 가운데 셋째이니 장차 왕위를 물려받기 위한 힘겨운 준비의 부담이 없고, 또한 관직에 나가기 위해 온갖 노력을 기울여야 할 필요가 없는, 한마디로 忠寧은 아무나 누릴 수 없는 특권을 타고난 자유인이었다. 忠寧이 누릴 수 있었던 자유, 이것이 바로 충녕의 지적 능력의 배양과 사고 체계의 형성을 이해하기 위한 첫 번째 열쇠이다.

미지에 세계를 향한 충녕의 지적 갈증은 타고난 것이었지 어떤 필요에 따른 추구追求가 아니었다. 그는 자신이 누릴 수 있는 자유를 오직 지적 호기심을 충족하기 위한 일에 자신의 젊음과 시간을 마음껏 쏟을 수 있었던 축복받은 처지였다.

> 忠寧大君天性聰敏, 頗好學, 雖當盛寒極熱, 終夜讀書, 予恐其致疾, 常禁夜讀, 然予大冊皆請去
> 충녕대군은 천성이 총명하고 학문을 매우 좋아하여 비록 몹시 추울 때나 몹시 더울 때라도 밤새도록 글을 읽으므로 나는 그가 병이 날까 두려워 항상 밤에 글 읽는 것을 금하였다. 그러나 나의 많은 책을 모두 청하여 가져갔다.(『太宗實錄』 권35, 太宗 18년 6월 壬午(3일))

태종이 세자(禔)를 폐하고 충녕대군을 세자로 삼으면서 그 이유를 말하는 가운데 위와 같이 충녕의 호학好學을 언급하고 있다. 대궐의 많은 책을 모두 가져가 밤늦도록 읽었다는 증언으로 미루어 충녕의 지적 호기심이 얼마나 대단하였는지 짐작할 만하다. 당대 같은 또래의 누구도 독서량에서 충녕과 비견할 만한 인물이 있었기 힘들다. 우리의 관심은 충녕이 탐독한 책들이 어느 분야의 어떤 책들이었는가에 있지만, 불행하게도 그것을 확인할 만한 자료가 전하지 않는다. 충녕의 학구열은 임금에 오른 뒤에도 계속되었음은 잘 알려져 있다.

우선 주목해야 할 것은, 忠寧大君과 세종이 탐독하였던 책들이 조선에서 저술되고 발간된 책들이 아니었을 것이라는 점이다. 건국한 지 얼마 되지도 않은 조선에서 그 많은 책이 간행되었을 수는 없는 일이다. 그렇다면 그 책들 대부분이 고려 왕실의 도서였을 것임은 짐작이 어렵지 않다. 물론 충녕이 읽은 책들에 고려 학자들의 저술이 포함되어 있었을 것이지만, 아마도 상당 부분은 宋이나 元에서 수입한 학술 서적이었을 가능성이 크다. 고려와 중국과의 문예 및 학술 교류가 상당하였음이 그런 추정을 뒷받침한다. 그러면 그 책들이 주로 어떤 분야의 책들이었을까 궁금하지 않을 수 없다. 그런데 이 궁금증을 풀어줄 열쇠가 있다. 다름 아닌 세종이 이루어놓은 남다른 업적에서 그 답을 찾을 수 있을 것으로 기대할 수 있다.

세종의 치세에는 다른 임금 대와 달리 많은 학술적 업적이 이루어졌다. 그 대표적인 것이 천문, 수학, 역법, 의학, 지리 등이었다. 세종은 이들 분야 전문가 신하를 주위에 늘 가까이 두고 연구와 저술을 독려하였다. 이는 곧 세종이 이들 분야에 대해 일찍부터 깊은 관심과 열의를 갖고 공부하여 그 학술적 바탕이 상당한 수준에 이르고 있었음을 보여주는 증거이다. 그렇다면 충녕과 세종이 주로 읽은 책들이 바로 이런 분야의 서적들이었을 것임은 짐작이 어렵지 않다. 그런데 이 분야의 서적들은 宋보다는 주로 元으로부터 수입한 것들이었을 것이다. 문예와 철학 및 사상이라면 몰라도 과학 분야는 송나라보다는 元에서 훨씬 융성하였기 때문이다. 여기서 원나라의 경제와 과학 기술의 형편에 대해 잠시 짚어볼 필요가 있다. 고려의 후반은 정치는 물론 학술의 면에서도 元의 영향이 적지 않았기 때문이다.

元은 중국 본토인이 아닌 몽고족 즉 징기스칸의 손자 쿠빌라이(忽必烈)에 의해 세워진 나라였다. 그 세력은 동서양에 걸친 방대한 제국을 이루었다. 북방의 유목민족인 정복자는 군사적으로는 월등하였으나 문화적인 면에서는 피정복자인 정착민에 비견할 만한 수준이 아니었다. 따라서 일찍이 전례가 없는 크기의 大帝國을 이룬 정복자의 주된 관심과 정책은 방대한 지역에 걸친 제국의 정치적 질서와 경제적 안정이 우선일 수밖에 없었다. 다양한 종족으로 이루어진 피정복민의 문화, 즉 그들의 종교나 사상 따위에 간여하거나 자신의 문화를 강요할 처지가 아니었다. 이런 이유로, 원나라는 종교나 사상 및 학술에서 중국 역사상 가장 자유롭고 개방된 사회를 이룰 수 있었다.

강력한 군사력을 바탕으로 이룬 제국의 정치·사회의 안정은 당연히 경제의 안정과 번영으로 이어졌다. 특히 유목민의 경제에서 교역은 농경사회에 비해 그 중요성이 상대적으로 크다. 몽고제국의 영역에서 東西의 교역이 전에 없는 활기와 번성을 누릴 수 있었던 것은 결코 우연이 아니었다. 육상 실크로드는 물론 해상 실크로드를 통해 동서의 문물 교류가 아무런 장애 없이 활발히 이루어질 수 있었던 시기가 바로 元代였다. 이 왕성한 교류를 통해 중국에 들어온 외부의 문물 가운데 두드러진 것이 바로 이슬람 문명이었다. 당시의 이슬람 문명은 지구상의 다른 어떤 문명보다도 훨씬 높은 수준에 이르고 있었다. 특히 과학과 기술 분야가 그러했다. 당대 최고 수준에 이른 이슬람 문명의 천문학과 수학, 의학과 지리학 등은 東으로는 중국에, 西로는 유럽에 유입되어 훗날 유럽의 과학 발전에 지대한 영향을 끼쳤음을 우리는 알고 있다. 중국에 도입된 이슬람 문명권의 선진 과학과 기술은 그 자체로, 또는 중국의 과학과 융합한 형태로 고려에 유입되었다. 세종 대에 편찬된 역서曆書 칠정산七政算에서 중국으로부터 도입된 과학의 면모를 다소나마 엿볼 수 있다. 특히 칠정산외편은 회회력回回曆-이슬람 역법-을 원용援用하여 조선에 맞는 역법을 수립하기 위한 역서였다.

충녕을 밤낮없이 그토록 사로잡은 책이 바로 이슬람 과학 관련 서적이었던 것으로 추정할 수 있다. 중국의 詩文이나 유교 경전에 그처럼 열중했어야 할 이유나 필요가 없었다. 세종이 시문과 유교 경전을 별로 가까이하려 하지 않은 것에서 그것을 알 수 있다. 이슬람 과학 기술에 대한 충녕의 깊은 관심과 연구는 임금이 된 뒤에도 계속되었고 그것이 과학과 관련한 세종의 업적에 그대로 나타났다. 천문학, 역법, 수학, 의학, 지리학 등 이슬람 과학의 특출한 분야가 세종이 이룬 과학기술 분야의 업적과 놀랍게 일치한다는 것은 우연이 아니었다. 당대 세계 최고의 과학 지식과 인연을 맺고 그것을 깊이 연구할 수 있었던 충녕, 그리고 훗날의 세종이 사물과 현상을 과학적으로 관찰하고 분석하는 방법과 그것을 체계화하여 인식하는 능력을 키울 수 있게 되었던 바탕은 왕자 시절부터 접하였던 이슬람 문명의 과학으로부터의 영향이었을 수밖에 없다.

세종이 어떤 필요에 의해서였건, 말소리를 적는 문자를 만들 생각을 할 수 있었다는 것은 자신에게 그만한 일을 해낼 수 있다는 자신의 지적 역량에 대한 정확한 평가와 자신이 있었기에 가능한 일이다.

말소리를 시각적으로 형상화한다는 발상, 즉 말소리 단위의 개별적 특성을 시각적으로 나타내보겠다는 생각은 아무나 할 수 있는 일이 아니다.

말소리의 발성과 조음에 대한 정밀한 관찰과 분석을 토대로 소리와 그것을 나타내는 기호들과의 관계를 하나의 체계로 이루어놓을 수 있었던 것은 오로지 세종의 사물에 대한 인식과 그것을 종합할 수 있는 사고 체계가 확립되어 있었기에 가능한 일이다. 특히 언문 28자에서 볼 수 있는 바와 같은 '체계'라는 개념의 확립은 세종의 사고를 다른 누구와도 비견할 수 없는 높은 수준으로 끌어올리는 결정적 요인이었다. 주위의 사물과 현상을 인지하고 인식하는 세종의 지적 능력과 「解例」를 편찬한 신하들의 지적 능력은 '체계'라는 개념의 확립 여부에서 그 차이가 판가름 났다. 언문 28자 체계의 구성과 제자원리에 대한 「解例」의 해석과 설명을 보면, 편찬자에게는 아직 '체계'라는 개념이 확립되어 있지 않았음이 분명히 드러난다. 性理의 學은 해석의 學이지 창조를 위해 새로운 길을 여는 탐구의 학이 아니다.

세종의 인식 논리와 사고 체계는 바로 왕자 시절부터 접하고 임금이 된 뒤에도 끊임없이 깊은 관심을 보인 과학에서 거둔 열매였다. 이를 바꾸어 말하면, 만약 충녕 그리고 세종이 일찍이 이슬람 과학과 만나지 않았거나, 또는 그것에 깊이 몰입하지 않고, 당시 지식층의 인물들 거의 모두가 그랬던 것처럼 글 짓는 재주에 탐닉하고 朱子敎理에 매몰되었더라면, 다른 과학기술의 업적은 물론, 언문과 같은 새로운 문자 체계는 세상에 태어날 수 없었을 것이다. 세종과 세종 주위 학자들의 학문적 배경이 같지 않다는 점에 주목하지 않고서는,

언문 28자의 제자원리와 그것을 해석한 신하들의 해석원리를 분별하지 못하는 것은 피하기 어려운 일이다.

　세종의 치세에 보여주는 과학기술의 괄목할 발전과 업적이 당시 조선의 과학기술의 축적된 역량에 의한 것이라면, 세종 이후에 그 역량이 계속 이어져 빛을 발휘했어야 함에도 사실은 그와 반대였다. 따라서 세종 대에 이루어진 과학기술의 발전과 업적은 세종 개인의 지적 역량에서 비롯한 것이라는 결론에 이른다. 언문 28자의 제자원리와 그 체계가 보여주는 科學性은 이슬람 과학과의 만남에서 거두어 이룬 결실이었다.

참고자료

1. 諺文制作反對上疏文
(『世宗實錄』권103, 세종 26년 甲子(1444년) 2월 庚子(20일))

庚子 集賢殿副提學崔萬理等上疏曰
　臣等伏觀諺文制作 至爲神妙 創物運智 夐出千古 然以臣等區區管見 尙有可疑者 敢布危懇 謹疏于後 伏惟聖裁
　一, 我朝自祖宗以來 至誠事大 一遵華制 今當同文同軌之時 創作諺文 有駭觀聽. 儻曰諺文皆本古字 非新字也 則字形雖倣古之篆文 用音合字 盡反於古 實無所據. 若流中國 或有非議之者 豈不有愧於事大慕華

　경자庚子(20일) 집현전 부제학 최만리 등이 상소하다.
　신들이 언문 제작하신 것을 엎디어 뵙건대, 지극히 신묘하고 만드신 지혜를 보이신 것이 아득히 먼 옛것에서 나온 듯하나, 신들의 좁은 소견으로는 오히려 의심되는 것이 있사옵기에 감히 간곡한 정성으로 삼가 아래와 같이 상소하오니 거두어 주시옵기를 엎디어 바라옵니다.
　1. 우리 조선은 태조이래 지성으로 대국大國을 섬기고 한결같이

중화의 제도를 받들어 왔는데, 이제 중국과 문물이 같아지려는 터에 언문을 창제하시니 보고 듣기에 놀랍습니다. 혹시, '언문은 모두 옛 글자에서 비롯한 것이고 새로운 글자가 아니다.'라고 말씀하신다면, 글자의 모양은 비록 옛날의 중국 글자를 본뜬 것이라 할지라도 소리로 글자를 합하는 것이 모두 옛것에 어긋나는 것이니 실로 근거한 바가 없사옵니다. 만약 언문이 중국에 흘러 들어가 혹시라도 옳지 않다고 말하는 자가 있으면, 대국을 섬기고 그 문화를 따르는 데에 어찌 부끄러움이 없겠습니까.

一, 自古九州之內 風土雖異 未有因方言而別爲文字者 唯蒙古, 西夏, 女眞, 日本, 西蕃之類 各有其字 是皆夷狄事耳 無足道者. 傳曰 用夏變夷 未聞變於夷者也. 歷代中國皆以我國有箕子遺風 文物禮樂 比擬中華. 今別作諺文 捨中國而自同於夷狄 是所謂棄蘇合之香 而取螗螂之丸也 豈非文明之大累哉

1. 옛날부터 중국 구주九州 안의 풍토는 비록 각각 다르나 지방의 말에 따라 따로 문자를 만든 일이 없고, 오직 몽고·서하·여진·일본·서번이 각기 글자가 있으나, 이는 모두 오랑캐의 일일 뿐이므로 말할 만한 것이 없습니다. 옛글에 이르기를, '중국을 본받아 오랑캐가 변한다.' 하였으나 오랑캐를 따라 변한다는 것은 듣지 못하였습니다. 역대로 중국에서 모두 우리나라는 기자의 유풍이 있고, 문물과 예악이 중화에 견줄만하다고 하는데, 이제 따로 언문을 만든 것은 중국을 버리고 스스로 오랑캐와 같아지려는 것으로서, 이른바 소합향(西域의 油香)을 버리고 당랑환(쇠똥구리가 빚은 쇠똥 덩어리)을 취함이오니,

어찌 문명의 큰 폐해가 아니겠습니까.

　一, 新羅薛聰吏讀 雖爲鄙俚 然皆借中國通行之字 施於語助 與文字元不相離 故雖至胥吏僕隷之徒 必欲習之 先讀數書 粗知文字 然後乃用吏讀 用吏讀者 須憑文字 乃能達意 故因吏讀而知文字者頗多 亦興學之一助也 若我國元不知文字 如結繩之世 則姑借諺文 以資一時之用猶可 而執正議者必曰 與其行諺文以姑息 不若寧遲緩而習中國通行之文字 以爲久長之計也 而況吏讀行之數千年 而簿書期會等事 無有防礙者 何用改舊行無弊之文 別創鄙諺無益之字乎 若行諺文 則爲吏者專習諺文 不顧學問文字 吏員岐而爲二 苟爲吏者以諺文而宦達 則後進皆見其如此也 以爲二十七字諺文 足以立身於世 何須苦心勞思 窮性理之學哉 如此則數十年之後 知文字者必少 雖能以諺文而施於吏事 不知聖賢之文字 則不學墻面 昧於事理之是非 徒工於諺文 將何用哉 我國家積累右文之化 恐漸至掃地矣 前此吏讀 雖不外於文字 有識者尙且鄙之 思欲以吏文易之 而況諺文與文字 暫不干涉 專用委巷俚語者乎 借使諺文自前朝有之 以今日文明之治 變魯至道之意 尙肯因循而襲之乎 必有更張之議者 此灼然可知之理也 厭舊喜新 古今通患 今此諺文不過新奇一藝耳 於學有損 於治無益 反覆籌之 未見其可也

　1. 신라 설총의 이두는 비록 천하고 속된 것이나, 모두 중국에서 사용하는 글자를 빌어서 말의 토에 사용하였기에, 원래 한자와 서로 분리된 것이 아니므로, 비록 서리나 노복의 무리라도 이를 반드시 익히려 한다면, 먼저 한문책 몇 권을 읽어서 얼마쯤의 한자를 알게

된 뒤라야 이두를 쓰게 되는데, 이두를 쓰는 자는 모름지기 한자에 기대야 뜻을 통할 수 있기에, 이두로 인하여 한자를 알게 되는 자가 자못 많아져 또한 학문을 진흥시키는 데에 도움이 되었습니다.

만약 우리나라가 원래부터 문자를 알지 못하여 결승문자를 쓰는 시대라면 우선 언문을 빌어서 한때의 사용에 돌려쓰는 것은 오히려 옳을 것입니다만, 그래도 바른 의견을 가진 사람은 반드시 말하기를, 언문을 써서 임시방편으로 하기보다는 차라리 더딜지라도 중국에서 사용하는 문자를 습득하여 장기적 대책을 삼는 것만 같지 못할 것이라고 할 것입니다. 하물며 이두는 시행한 지 수천 년이나 되어 문서의 기록이나 계약 등의 일에 어긋남이 없사온데, 어찌 예로부터 써오던 폐단 없는 글자를 고쳐서 따로 속되고 상스러운 무익한 글자를 창제하십니까.

만약에 언문을 시행하오면 관리되려는 자가 오로지 언문만을 익히고 학문을 돌보지 않아서 한자와 관리가 나뉘어 둘이 될 것입니다. 진실로 관리 된 자가 언문으로 일을 처리하고 벼슬길에 오른다면 뒤에 오는 사람들이 모두 이를 보고, 27자 언문으로도 족히 세상에 입신할 수 있다고 하여, 무엇 때문에 고심노사하여 성리의 학문을 애써 닦으려 하겠습니까. 이렇게 되면 수십 년 후에는 한자를 아는 자가 반드시 적어져서, 비록 언문으로써 나라의 일을 처리할 수 있을지라도, 성현의 글을 알지 못하고 배우지 않아 담에 얼굴을 마주하는 것인즉, 사리의 옳고 그름을 가리기 어려워 언문에만 힘쓸 것이니 장차 무엇에 쓸 것이옵니까. 우리나라에서 오래 쌓아온 문文을 숭상하는 풍토가 점차 사라져 없어질까 두렵습니다.

전에는 이두가 비록 한자에서 벗어난 것이 아님에도 유식한 사람은 오히려 비속하게 여겨 이를 이문吏文으로 바꾸려 하였는데, 하물며 언문은 한자와 조금도 관련이 없고 오로지 길거리의 속된 말에 쓰는 것이 아니겠습니까. 가령 언문이 전조前朝 때부터 있던 것이라 하여도 오늘날 문명의 정치로 지난날의 잘못된 것을 바로잡으려 하는 때에 오히려 언문과 같은 것을 물려받을 수 있겠습니까. 반드시 이를 고치려고 논의하는 자가 있을 것이오니 이는 불을 보듯 분명한 이치이옵니다. 옛것을 싫어하고 새것을 좋아하는 일은 예나 이제나 한결같은 폐단이온데, 이제 이 언문은 새롭고 기이한 한낱 잔재주에 지나지 않을 뿐이어서 학문에 해가 되고 정치에 이로움이 없으므로 이를 거듭 생각하여도 그 옳은 것을 알 수가 없사옵니다.

一, 若曰如刑殺獄辭 以吏讀文字書之 則不知文理之愚民 一字之差 容或致冤 今以諺文直書其言 讀使聽之 則雖至愚之人 悉皆易曉 而無抱屈者 然自古中國言與文同 獄訟之間 冤枉甚多 借以我國言之 獄囚之解吏讀者 親讀招辭 知其誣而不勝棰楚 多有枉服者 是非不知招辭之文意而被冤也明矣 若然則雖用諺文 何異於此 是知刑獄之平不平 在於獄吏之如何 而不在於言與文之同不同也 欲以諺文而平獄辭 臣等未見其可也

1. 만일에 형벌과 죄인을 다스리는 말을 이두문자로 쓴다면, 한문을 이해하지 못하는 어리석은 백성이 한 글자의 차이로 혹시 억울함을 당할 수도 있겠으나, 이제 언문으로 그 말을 직접 써서 읽어 듣게 하면, 비록 매우 어리석은 사람일지라도 모두 다 쉽게 알아들어서 억울함을 품을 자가 없을 것이라 말할 수 있겠습니다. 그러나 예로부

터 중국은 말과 글이 같아도 옥사와 송사에 원통한 일이 심히 많습니다. 가령 우리나라로 말할 것 같으면, 옥에 갇힌 죄수로서 이두를 해득하는 자가 자신이 진술한 조서를 읽고서 사실과 다른 것이 있는 것을 알면서도 매를 이기지 못하여 그릇 승복하는 자가 많사오니, 이는 조서의 글 뜻을 알지 못하여 억울함을 당하는 것이 아님이 분명합니다. 만일 그러하다면, 비록 언문을 쓴다 한들 이것과 무엇이 다르겠습니까. 이것은 형벌과 옥사의 공평하고 공평하지 않음이 옥리가 어떤 사람인가에 달린 것이지, 말과 문자가 같고 같지 않음에 있는 것이 아니옵니다. 언문으로써 옥사의 기록을 공정하게 하려 하신다는 것을 신 등은 그 옳음을 알 수 없습니다.

一, 凡立事功 不貴近速 國家比來措置 皆務速成 恐非爲治之體 儻日諺文不得已而爲之 此變易風俗之大者 當謀及宰相 下至百僚國人皆曰可 猶先甲先庚 更加三思 質諸帝王而不悖 考諸中國而無愧 百世以俟聖人而不惑 然後乃可行也 今不博採群議 驟令吏輩十餘人訓習 又輕改古人已成之韻書 附會無稽之諺文 聚工匠數十人刻之 劇欲廣布 其於天下後世公議何如 且今淸州椒水之幸 特慮年歉 扈從諸事 務從簡約 比之前日 十減八九 至於啓達公務 亦委政府 若夫諺文 非國家緩急不得已及期之事 何獨於行在而汲汲爲之 以煩聖躬調燮之時乎 臣等尤未見其可也

1. 무릇 일로써 공을 세움에는 손쉽고 서두르는 것을 중요하게 여기지 않사온데, 국가가 요즈음 하는 일이 모두 빨리 이루는 것에 힘쓰니, 정치의 근본이 아닌 것이 두렵습니다. 만일 언문을 부득이 창

제하셔야 했다면, 이는 풍속을 바꾸는 큰일이므로 마땅히 재상으로 부터 아래로는 백관과 백성에 이르기까지 함께 의논하여 모든 사람이 옳다 하여도 오히려 일의 앞뒤를 따지고 다시 세 번을 더 생각하여 역대 제왕에 물어 어긋남이 없고 중국에 상고하여 부끄러움이 없으며, 후세의 성인에게도 의심되는 바가 없을 것이라고 할 수 있어야 시행할 수 있는 일이옵니다. 이제 널리 여러 사람의 의견을 듣지도 않고 서둘러 하급관리 10여 인에게 가르쳐 익히게 하며, 또 옛사람이 이미 이룩한 운서를 가벼이 고치고 근거 없이 만든 언문을 억지로 붙이어 공장工匠 수십 인을 모아 이를 새겨서 급하게 널리 공포하려 하시니, 천하 후세의 공론이 어떠하겠습니까.

또한, 이번 청주 초수에 행행하시는 데도 특히 흉년인 것을 염려하시어 호종扈從하는 모든 일을 간략하게 하도록 힘쓰시어, 전일에 비하여 10에 8, 9는 줄이고, 주상께 아뢰는 공무도 또한 의정부에 맡기셨습니다. 언문 같은 것은 국가의 급하고 부득이하게 기한에 맞추어야 할 일도 아니온데, 어찌 그 일만은 행재소에서 급하게 서두르시어 옥체를 조섭하시는 때에 번거롭게 하시나이까. 신들은 그래야 할 까닭을 더욱 알지 못하겠나이다.

一, 先儒云 凡百玩好 皆奪志 至於書札 於儒者事最近 然一向好着 亦自喪志 今東宮雖德性成就 猶當潛心聖學 益求其未至也 諺文縱曰有益 特文士六藝之一耳 況萬萬無一利於治道 而乃研精費思 竟日移時 實有損於時敏之學也 臣等俱以文墨末技 待罪侍從 心有所懷 不敢含默 謹罄肺腑 仰瀆聖聰 上覽疏 謂萬理等曰 汝等云 用音合字 盡反於古 薛聰吏讀 亦非異音乎 且吏讀制作之本意 無乃爲

其便民乎 如其便民也 則今之諺文 亦不爲便民乎 汝等以薛聰爲是
而非其君上之事 何哉 且汝知韻書乎 四聲七音 字母有幾乎 若非予
正其韻書 則伊誰正之乎 且疏云 新奇一藝 予老來難以消日 以書籍
爲友耳 豈厭舊好新而爲之 且非田獵放鷹之例也 汝等之言 頗有過
越 且予年老 國家庶務 世子專掌 雖細事固當參決 況諺文乎 若使世
子常在東宮 則宦官任事乎 汝等以侍從之臣 灼知予意 而有是言可
乎 萬理等對曰 薛聰吏讀 雖曰異音 然依音依釋 語助文字 元不相離
今此諺文 合諸字而竝書 變其音釋而非字形也 且新奇一藝云者 特
因文勢而爲此辭耳 非有意而然也 東宮於公事則雖細事不可不參決
若於不急之事 何竟日致慮乎 上曰 前此金汶啓曰 制作諺文 未爲不
可 今反以爲不可 又鄭昌孫曰 頒布三綱行實之後 未見有忠臣孝子
烈女輩出 人之行不行 只在人之資質如何耳 何必以諺文譯之而後
人皆效之 此等之言 豈儒者識理之言乎 甚無用之俗儒也 前此 上敎
昌孫曰 予若以諺文譯三綱行實 頒諸民間 則愚夫愚婦 皆得易曉 忠
臣孝子烈女 必輩出矣 昌孫乃以此啓達 故今有是敎 上又敎曰 予召
汝等 初非罪之也 但問疏內一二語耳 汝等不顧事理 變辭以對 汝等
之罪 難以脫矣 遂下副提學崔萬理 直提學辛碩祖 直殿金汶 應敎鄭
昌孫 副校理河緯地 副修撰宋處儉 著作郞趙瑾于義禁府 翌日 命釋
之 唯罷昌孫職 仍傳旨義禁府 金汶前後變辭啓達事由 其鞫以聞

1. 옛 선비가 이르기를, 즐기며 좋아하는 여러 가지 일들은 대개
선비의 학문하는 뜻을 빼앗는다고 하였고, 편지 쓰는 일은 선비의
하는 일에 가장 가까운 것이나, 오직 그것에만 매달리면 또한 자연히
뜻을 잃는다고 하였습니다. 이제 동궁이 비록 덕성을 이루어 갖추었

다 할지라도 아직은 성학에 전심하여 그 이르지 못한 것을 더욱 깊이 탐구해야 할 것입니다.

　언문이 비록 유익하다 할지라도 특히 선비의 육예의 하나일 뿐이옵니다. 하물며 만에 하나도 도를 닦는 데 이로울 것이 없는 것에 정신을 쓰시고 생각을 허비하시며 날을 마치고 때를 보내시오니, 실로 시간을 아껴야 할 학문에 손실되옵니다. 신들이 모두 보잘것없는 글재주로 주상을 모시는 죄를 짓고 있사오나, 마음에 품은 바가 있으면 감히 속에 담고만 있을 수 없어 삼가 가슴속의 말씀을 아뢰어 우러러 성총을 어지럽히나이다.

　임금께서 상소문을 보시고 만리 등에게 말씀하시기를, "너희들이 이르기를, '음(音)을 사용하여 글자를 합하는 것이 모두 옛것에 어긋난다.' 하였는데, 설총의 이두 역시 음을 달리한 것이 아니냐. 또 이두를 제작한 본뜻이 백성을 편하게 하려는 것이 아니냐. 그것이 백성을 편하게 한 것이라면, 지금의 언문 역시 백성을 편하게 하려는 것이 아니냐. 너희들이 설총은 옳다고 하면서 너희들의 임금이 하는 일은 그르다 하는 것은 무슨 까닭이냐. 또 네가 운서를 아느냐. 사성칠음을 알고 자모가 몇이 있는 줄 아느냐. 만일 내가 그 운서를 바로잡지 아니하면 누가 이를 바로잡을 것이냐. 또 상소문에 이르기를, '새롭고 기이한 하나의 산재주라.' 하였는데, 내 늘그막에 소일하기 어려워서 책으로 벗을 삼을 뿐인데, 어찌 옛것을 싫어하고 새것을 좋아하여 이 일을 하는 것이겠느냐. 또, 매를 풀어 사냥하는 것도 아닌데 너희들의 말은 매우 지나침이 있다. 그리고 내가 나이 늙어서 국가의 서무를 세자에게 모두 맡겼으니, 비록 사소한 일일지라도 참여하여 결정하거늘, 하물며 언문이겠느냐. 만약 세자를 항상 동궁에만 있게 한다면 환관에게 일을 맡길 것이냐. 너희들이 시종하는 신하로서 내 뜻을 분명히 알면서도 이러한 말을 하는 것이 옳겠느냐." 하시었다.

만리 등이 사뢰기를, "설총의 이두는 비록 음이 다르다고 하지만, 음에 따르고 새김에 따라 토와 문자가 원래 서로 떨어지지 않사온데, 지금의 언문은 여러 글자를 합하고 함께 써서 그 음과 새김이 변하고 글자라고 할 만한 모양이 아닙니다. 또 새롭고 기이한 한낱 잔재주라 하온 것은 특히 글의 기세로 인하여 이 말을 한 것일 뿐 다른 뜻이 있는 것이 아니옵니다. 동궁은 공사公事라면 비록 작은 일일지라도 참여하고 결재하지 않을 수 없사오나, 급하지 않은 일이면 무엇 때문에 종일토록 심려하시옵니까." 하였다. 임금께서 말씀하기를,

"지난번에 김문이 '언문 제작에 불가함이 없습니다.'고 말하였는데, 지금은 도리어 불가하다고 하고, 또 정창손은 말하기를, '三綱行實』을 반포한 후에 충신·효자·열녀가 연이어 나오는 것을 볼 수 없는 것은, 사람이 행하고 행하지 않는 것은 사람의 타고난 성품 여하에 달려 있을 뿐, 어찌 반드시 언문으로 번역한 뒤에야 사람이 모두 본받을 것입니까.' 하였으니, 이런 말이 어찌 사물의 이치를 안다는 선비의 말일 수 있느냐. 아무짝에도 쓸모없는 매우 속된 선비로다."고 하시었다. 지난번에 임금께서 정창손에게 말씀하시기를,

"내가 만일 언문으로『三綱行實』을 번역하여 백성에 나누어주면 어리석은 남녀가 모두 쉽게 깨달아서 충신·효자·열녀가 반드시 연이어 나올 것이다."라고 하였는데, 창손이 이렇게 말하므로 이제 이러한 말씀이 있은 것이었다. 임금께서 또 말씀하시기를,

"내가 너희들을 부른 것은 처음부터 죄주려는 것이 아니고, 다만 상소문 안의 한두 가지 말에 관하여 물어보려던 것일 뿐이었는데,

너희들이 사리를 돌아보지 않고 말을 바꾸어 대답하니, 너희들의 죄는 벗기 어렵다." 하시었다.

 드디어 부제학 최만리, 직제학 신석조, 직전 김문, 응교 정창손, 부교리 하위지, 부수찬 송처검, 저작랑 조근을 의금부에 송치하였다가 이튿날 석방하라 명하시었는데, 오직 정창손만은 파직시키시고, 이어서 의금부에 명하시기를, "김문이 앞뒤의 말을 바꾸어 아뢴 사유를 심문하라." 하시었다.

2. 『訓蒙字會』凡例:諺文字母(崔世珍:中宗 22년(1527))

諺文字母俗所謂反切二十七字
初聲終聲通用八字

　ㄱ其役ㄴ尼隱ㄷ池(末)ㄹ梨乙ㅁ眉音ㅂ非邑ㅅ時(衣)ㆁ異凝
　(末)(衣)兩字只取本字之釋 俚語爲聲
　其尼池梨眉非時異八音 用於初聲
　役隱(末)乙音邑(衣)凝八音 用於終聲

언문자모 일반에서 말하는 빈절 27자
初聲과 終聲에 두루 쓰는 8자

　ㄱ기역 ㄴ니은 ㄷ디귿 ㄹ리을 ㅁ미음 ㅂ비읍 ㅅ시옷 ㆁ이응
　(末)(衣) 두 글자는 다만 그 글자의 새김('귿', '옷')을 취하여 소리로 삼는다.
　기(其) 니(尼) 디(池) 리(梨) 미(眉) 비(非) 시(時) 이(異) 8음은

初聲에 쓰고
역(役) 은(隱) 귿(末) 을(乙) 음(音) 읍(邑) 옷((衣)) 웅(凝) 8음은 終聲에 쓴다.

初聲獨用八字
　ㅋ(箕)ㅌ治ㅍ皮ㅈ之ㅊ齒ㅿ而ㅇ伊ㆆ屎
　　(箕)字亦取本字之釋 俚語爲聲

初聲에만 쓰는 8자
　ㅋ키(箕) ㅌ티(治) ㅍ피(皮) ㅈ지(之) ㅊ치(齒) ㅿㅅㅣ(而) ㅇ이(伊) 키(箕)자 역시 그 글자의 새김('키')을 취하되 일반의 새김을 소리로 삼는다.

中聲獨用十一字
　ㅏ阿ㅑ也ㅓ於ㅕ餘ㅗ吾ㅛ要ㅜ牛ㅠ由ㅡ應 不用終聲
　ㅣ伊 只用中聲 ·思 不用初聲

中聲에만 쓰는 11자
　ㅏ아(阿) ㅑ야(也) ㅓ어(於) ㅕ여(餘) ㅗ오(吾) ㅛ요(要) ㅜ유(由) ㅡ응(應) 終聲을 사용하지 않는다.(역자 주: '응(應)'에서 終聲 'ㆁ'을 빼고 'ㅡ'만을 사용한다는 뜻)
　ㅣ이(伊)는 中聲만을 사용한다. ·ㅅ(思)는 初聲을 사용하지 않

는다.

初中聲合用作字例

가갸거겨고교구규그기ᄀᆞ

以ㄱ其爲初聲 以ㅏ阿爲中聲合ㄱㅏ爲字則가 此家字音也
又以ㄱ役爲終聲合가ㄱ爲字 則각此各字音也 餘倣此

初聲과 中聲을 합하여 글자를 만든 예

가갸거겨고교구규그기ᄀᆞ

ㄱ기(其)로써 初聲을 삼고 ㅏ아(阿)로써 中聲을 삼아 'ㄱ'과 'ㅏ'를 합하여 글자를 만들면 곧 '가'가되니 이것이 家자의 음이다. 또 ㄱ역(役)으로써 終聲을 삼아 '가'와 'ㄱ'을 합하여 글자를 만들면 '각' 되이니 이것이 各자의 음이다. 나머지도 이 방법을 따른다.

初聲終三聲合用作字例

간肝갇(笠)갈(刀)감(柿)갑甲갓(皮)강江

ㅣㄱ下各音爲初聲 ㅏ下各音 爲中聲作字 如가갸例 作一百七十六字 以ㄴ下七音 爲終聲作字 如肝至江七字 唯ㅇ之初聲與ㅇ字 音俗呼相近 故俗用 初聲則皆用ㅇ音 若上字有ㅇ音終聲則下字必用ㅇ音 爲初聲也 ㅇ字之音 動鼻作聲 ㅇ字之音 發爲喉中輕虛之聲而已 故初雖稍異而大體相似也 漢音ㅇ音初聲 或歸於尼音 或ㅇㅇ相混無別

初聲과 終三聲을 합하여 글자를 만든 예

간肝 갇(笠) 갈(刀) 감(柿) 갑甲 갓(皮) 강江

'ㄱㅋ'과 그 아래의 각 음을 初聲으로 삼고 'ㅏ'와 그 아래의 각 음을 中聲으로 삼아 글자를 만드니 '가갸'의 보기와 같이 176자를 만든다.(역자 주: 'ㆆ'을 제외한 初聲16자×中聲11자=176) ㄴ 아래 7음으로써 終聲을 삼아 글자를 만드니 '간'(肝)부터 '강'(江)에 이르는 7자와 같다.(역자 주: ㄱ 終聲의 예는 앞에서 '각各'으로 예를 보였으므로 8자가 아닌 7자라 하였음) 다만 初聲의 'ㆁ'은 일반에서 'ㅇ'자와 서로 비슷하게 발음하므로 일반에서 사용하면 初聲은 모두 'ㅇ'을 쓴다. 만약 윗 글자의 終聲에 'ㆁ'음이 있으면 'ㆁ'을 반드시 아래 글자의 初聲으로 삼는다. 'ㆁ'자의 음은 코를 울려서 소리를 내고 'ㅇ'자의 음은 목구멍 가운데에서 발성하여 가볍고 비어 있는 소리일 뿐이므로 처음에는 비록 조금 다르나 대체로 서로 비슷한 소리이다. 중국 한자음의 'ㆁ'음 初聲은 혹은 尼(ㄴ) 음이 되거나 혹은 'ㆁ'음과 'ㅇ'음이 서로 섞이어 구별이 없다.

참고논저

강규선·황경수(2006), 『훈민정음 연구』, 청운.
姜吉云(1972), 「訓民正音創制의 當初目的에 對하여」, 『국어국문학』 55~57, 국어국문학회.
姜信沆(1987), 『訓民正音研究』, 성균관대출판부.
김동소(1996), 「중세 한국어의 종합적 연구 -표기법과 음운 체계-」, 『한글』 231, 한글학회.
金敏洙(1969), 「訓民正音 創制의 始末」, 金載元博士回甲紀念論叢.
김상태(2005), 「15세기 국어의 자소체계 연구 -『訓民正音』을 중심으로-」, 『한국어학』 26, 한국어학회.
金英培(1997), 『平安方言研究 資料篇』, 太學社.
金完鎭(1963), 「國語母音體系의 新考察」, 『震檀學報』 24, 震檀學會.
＿＿＿(1984), 「訓民正音 創制에 관한 硏究」, 『韓國文化』 5, 서울대 韓國文化研究所.
김유범(2012), 「문자 표기의 형태론적 장치에 대하여」, 『어문연구』 66, 민족어문학회.
金履浹(1981), 『平北方言辭典』, 韓國精神文化研究院.
金周弼(1988), 「中世國語 音節末 齒音의 音聲的 實現과 表記」, 『國語學』 17, 국어학회.
김차균(1986), 「《월인천강지곡》에 나타나는 표기 체계와 음운」, 『한글』 194, 한글학회.
金泰均(1986), 『咸北方言辭典』, 京畿大出版局.
박종희(1995), 「중세국어 이중모음의 통시적 발달」, 『국어학』 26, 국어학회.
박지홍(1984), 『풀이한 訓民正音 -연구·주석-』, 과학사.
＿＿＿(1987), 「《훈민정음》을 다시 살핀다 -번역을 중심으로-」, 『한글』

196, 한글학회.
백두현(2013), 「작업 단계로 본 훈민정음의 제자 과정과 원리」, 『한글』 301, 한글학회.
宋喆儀(1987), 「十五世紀 國語의 表記法에 대한 音韻論的 考察 -訓民正音 創制 初期文獻을 中心으로-」, 『國語學』 16, 국어학회.
安秉禧(1992), 『月印千江之曲解題』, 문화재관리국.
_____(2007), 『訓民正音研究』, 서울대출판부.
연규동(2017), 「일반문자학에서 바라본 훈민정음」, 『東方學志』 181, 연세대 국학연구원.
兪昌均(1965), 「中聲體系 構成의 根據를 再論함」, 『국어국문학』 30, 국어국문학회.
_____(1966), 「象形而字倣古篆에 對하여」, 『震檀學報』 29·30, 진단학회.
이광호(1996), 「중세국어의 '表意文字的 表記法'에 대한 考察」, 『정신문화연구』 19(1), 한국학중앙연구원.
李基文(1963), 『國語表記法의 歷史的 研究』, 한국연구원.
_____(1974), 「訓民正音에 關聯된 몇 問題」, 『國語學』 2, 국어학회.
_____(1976), 「최근의 訓民正音 研究에서 提起된 몇 問題」, 震檀學報 42, 진단학회.
_____(1992), 『訓民正音 親制論』, 『韓國文化』 13, 서울대 한국문화연구소.
李東林(1979), 「諺文과 訓民正音 關係 -再認識된 加劃原理를 中心으로 -」, 『語文研究』 7(1), 한국어문교육연구회.
이등룡(2004), 「『訓民正音』 漢音齒聲에 대한 管見」, 『人文科學』 34, 성균관대 인문과학연구소.
이상규(2013), 「《세종실록》 분석을 통한 한글 창제 과정의 재검토」, 『한민족어문학』 65, 한민족어문학회.
李相伯(1957), 『한글의 起源』, 通文館.
李崇寧(1954), 「十五世紀의 母音體系와 二重母音의 Kontraktion的 發達에 對하여」, 『東方學志』 1, 연세대 동방학연구소.
李丞宰(1991), 「訓民正音의 言語學的 理解」, 『언어』 16(1), 한국언어

　　　　　학회.
李翊燮(1971), 「文字의 機能과 表記法의 理想」, 『金亨奎博士頌壽紀念論 叢』, 一潮閣.
_____(1992), 『國語表記法硏究』, 서울대 한국문화연구소.
李正浩(1978), 『訓民正音의 構造原理 그 易學的 硏究』, 亞細亞文化社.
이환묵(1987), 「훈민정음 모음자의 제자원리」, 『언어』 12(2), 한국언어 학회.
鄭然粲(1987), 「欲字初發聲을 다시 생각해 본다」, 『國語學』 16, 국어학회.
정우영(2005), 「국어 표기법의 변화와 그 해석 -15세기 관판 한글문헌을 중심으로-」, 『한국어학』 26, 한국어학회.
_____(2016), 「훈민정음 초성 제자원리의 '이체자(異體字)' 관련 문제점 분석」, 『국어학』 80, 국어학회.
曺永鎭(1969), 「訓民正音 字形의 起源에 대하여」, 『국어국문학』 44·45, 국어국문학회.
池春洙(1990), 「15세 국어 표기법과 그 변천」, 『人文科學硏究』 12, 조선 대 인문과학연구소.
차재은(2003), 「15세기 우리말의 후음 관련 문제들」, 『한국어학』 20, 한 국어학회.
崔明玉(1988), 「國語 UMLAUT의 硏究史的 檢討 -共時性과 通時性의 問題를 中心으로-」, 『震檀學報』 65, 진단학회.
최전승(2004), 「국어 움라우트 현상의 유추적 확대와 화용론」, 『우리말 글』 31, 우리말글학회.
崔鶴根(1978), 『韓國方言辭典』, 玄文社.
崔鉉培(1942), 『한글갈』(고친판, 1961), 正音社.
韓國精神文化研究院(1987~1996), 『韓國方言資料集 I-IX』, 한국정신 문화연구원.
許 雄(1953), 「李朝初期 文獻의 表記法에 나타난 文法意識」, 『국어국문 학』 3, 국어국문학회.
_____(1983), 『우리 옛말본 15세기 국어 형태론』, 샘문화사.

찾아보기

ㄱ

加點　113, 261
가획加畫　124, 146, 147
各自並書　105, 133, 261
刊經都監　60, 79
姜希孟　30
경음硬音　176, 177, 261
계유정란　38
癸亥年　80
교본敎本〈訓民正音〉　35, 145, 191, 257
國字　29, 31, 102, 270, 278
國之語音　88, 90, 137
權踶　65
起於ㅣ　208, 230, 231
起ㅣ聲　263, 264
起一成文圖　145

ㄷ

東國正韻　24, 25, 56, 59, 60, 82, 86, 98, 121, 125, 141, 172, 282
된소리　174, 177, 261

ㅁ

몽고新字　32
文　94, 99, 128, 129
文字　46, 90
문자언어　93, 94, 116, 129, 130, 251, 255, 277, 287
문자화　93, 130
文宗實錄　39
民權　64, 280

ㅂ

朴彭年　38, 74
半舌音　149, 151
反切　58, 63, 202
反切二十七字　126
半齒音　149, 150
발성發聲　161, 168, 172
발음기호　134, 135
辨聲　161, 164, 168
丙寅年　69, 103
保閑齋集　30, 49, 82
附書　104, 113
不淸不濁　159, 162, 182

不用문자 98

ㅅ

四聲 165, 261
四聲通考 172
三綱行實 57, 141
상소문 37, 62
相合者 115, 197
상형象形 116, 124, 143, 144, 185, 200, 272
象形而字倣古篆 45, 119
徐居正 41
釋譜詳節 136, 137, 142, 157
舌音 107, 150
性理大全 119, 166, 275
성리학性理學 64, 119, 170, 275, 278, 283, 289, 290
聲母 160
成三問 38, 81, 127, 132
聲韻學 27, 158, 166, 184, 196, 251, 289
成音 46, 113, 214
聲音 118, 166, 170
成字 46, 113, 212
聲點 104, 261, 262
聲調 261, 262
세조 39, 60, 79, 143
세종 11, 19, 31, 33, 52, 54, 152, 154, 165, 193, 258, 269, 273, 286, 292
世宗實錄 15, 26, 37, 46
世宗御製訓民正音 84, 157
消失문자 98
昭憲王后 136, 142
宋學 278
首陽大君 79, 136, 138, 139, 142
脣輕音 105
脣輕音者 183
脣音 107, 146, 153
辛碩祖 38
申叔舟 30, 38, 74, 81, 82, 86, 121, 132, 165

ㅇ

牙音 106, 107, 108
安止 65
알파벳 131, 134, 135
若干字 132, 135, 271
語音 91
어제문御製文 51, 68
언문諺文 14, 41, 47, 94, 99, 125, 127, 128, 131, 158
諺文字母 168, 169
諺文制作反對上疏文 20
諺文廳 35, 72, 73, 74, 79
諺語 46, 47, 88, 94, 116, 128, 142, 167
諺譯 55, 138

易理　27, 144, 147, 163, 185, 195, 289
連書　104
연음延音　174, 175, 178, 182, 261
例義　103, 104, 113
五音　163, 196
완급緩急　162, 247, 248, 262
龍飛御天歌　24, 65, 66, 72, 95, 101, 133, 135, 143, 157
用字例　101, 269
韻母　212, 213
운서韻書　32, 56, 165, 270
韻學　165, 166
韻會(古今韻會擧要)　39, 55, 56, 98, 140, 281
月印釋譜　84, 157
月印千江之曲　133, 135, 157
流通　91, 92, 94, 95, 133
六書略　145
음성언어　89, 93, 94, 95, 130
陰陽五行　118, 119, 124, 211
陰陽之理　120
異其體　16, 152
이두문　285
李善老(李賢老)　74
李承召　41
二十三字　213
二十七字　97
俚語　46, 47, 272

以影補來　114, 150, 167
이중모음　110, 111, 228, 230, 232
入聲　262

ㅈ

字　253
자모字母　134, 173, 212, 213
字倣古篆　42, 44, 45, 116, 272
作聲　168
再出　209, 217, 218, 224, 225, 229, 265, 266
전설단모음　229, 231, 232, 236
전설모음　228, 229
전설모음화　234, 240
全淸　173, 262
全濁　173, 174, 261
全濁者　182
正音　14, 50, 63, 78, 125, 127, 143, 255
正音廳　75, 76, 78, 79
正音通釋　126
鄭麟趾　18, 19, 24, 26, 38, 45, 81, 127
鄭昌孫　38
제자원리　11, 13, 16, 123, 143, 144, 229, 246, 265, 290, 296
終聲　104, 111, 114
朱子　282
朱子學　283

中聲 111, 183, 192, 214, 246, 263
中聲圖 193
中和 248
直解童子習序 127, 132
집현전 51, 60, 119

ㅊ

次清 174
창제이념 11, 277
天地人 三才 16, 185, 187, 194, 200
철자법 67, 135, 248, 251, 269
청탁清濁 174
初聲 105, 111, 144, 173
初出 209, 217, 223, 225
初學字會 142, 143
崔萬理 20, 37, 60, 119
崔世珍 97, 168, 169
崔恒 38, 41, 74, 81
出聲 161, 164, 168
出於 • 219, 228
出於一 219, 228
出於ㅣ 217, 219, 228, 242
忠寧(大君) 291, 292
齒音 107, 150, 249
七言詩 33, 254
七音 165

ㅌ

탁성濁聲 173, 179, 182
太極 118
太虛亭集 41, 49

ㅍ

八思巴 32
八字可足用 247
平聲 262
평음平音 174, 175
표음기호 95, 130

ㅎ

漢音 90, 109, 172
合成 202, 225
合用 104, 113, 202, 258
合用並書 52, 113, 114
合字 46, 52, 113, 202, 258, 269
解例 12, 18, 68
해례본 11, 67, 69, 70, 84
洪武正韻譯訓 49, 58, 82, 98, 125, 141
喉音 107, 157, 158
訓蒙字會 97, 126, 168
訓民正音 17, 24, 25, 27, 48, 49, 50, 52, 54, 84, 85, 130
訓民正音解例 12

【原本】

「世宗御製訓民正音」
『訓民正音』

「世宗御製訓民正音」(『月印釋譜』 권1, 서울대학교 규장각)
『訓民正音』(李相伯, 『한글의 起源』, 通文館, 1957)

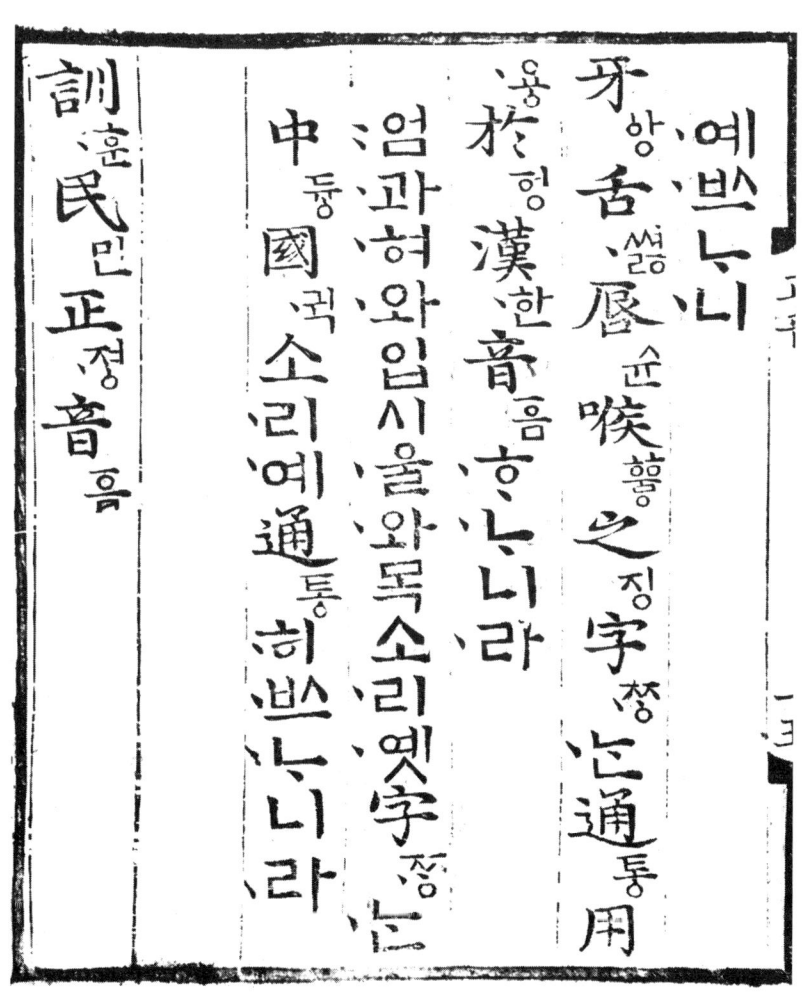

ㅈㅊㅉㅅㅆ字ㅉ논用ㆁ於헝正졍齒칭
ㅎㄴㆁ니터보니혓그티아랫닛므유메다
ㅈㅊㅉㅅㅆ字ㅉ논齒칭頭뚱ㅅ소리
예쓰고
ㅈㅊㅉㅅㅆ字ㅉ논用ㆁ於헝正졍齒칭
ㅎ고ㄴ니혓그티웃닛머리예다ㄴ니라
이소리는우리나랏소리예셔열보

ㅅㄹ니라
漢한音흠齒칭聲성은 有ᅙᅲᇂ齒칭頭뚱正졍
齒칭之징別ᄫᅧᇙᄒᆞ니 漢한音흠은 中듕
는 머리라 別ᄫᅧᇙ
은 골힐씨라
中듕國귁소리옛 니쏘리는 齒칭頭뚱
와 正졍齒칭왜 골히요미 잇ᄂᆞ니
ᅎᅔᅏᄼᄽ字ᄍᆞᆼ는 用ᅇᅭᇰ於ᅙᅥᆼ齒칭頭뚱

點뎜이둘히면上썅聲셩이오
無뭉則즉平뼝聲셩이오 無뭉는 업슬씨라 平뼝聲셩은
못ᄎ가ᄫᆞᆫ소리라
點뎜이업스면平뼝聲셩이오
入십聲셩은加강點뎜이同똥而ᅀᅵ促죡
急급ᄒᆞ니라 入십聲셩은 ᄲᆞᆯ리 긋돈ᄂᆞᆫ소리라 促죡急급은 ᄲᆞᆯ롤씨라
入십聲셩은點뎜더우믄ᄒᆞᆫ가지로ᄃᆡ

初_쟝加강一_힗點_뎜ᄒᆞ면則_즉去_컹聲_셩
이오初_쟝장눈왼녀기라加강ᄂᆞᆫ더을씨라
오一_힗은ᄒᆞ나히라去_컹聲_셩은ᄆᆞᆺ노
라ᄑᆞᆫ소
리라

왼녀긔ᄒᆞᆫ點_뎜을더으면ᄆᆞᆺ노ᄑᆞᆫ소리
오
二_싱則_즉上_썅聲_셩이오二_싱은둘히라
셔미ᄎᆞᆽ갑고乃_냉終_즁
이노ᄑᆞᆫ소리라

ㅣ와ㅏ와ㅓ와ㅑ와ㅕ와란 올ᄒᆞ녀기
브텨쓰라、
凡뻠字ᄍᆞㅣ必ᄠᅵᆯ合ᇹ而ᅀᅵ成쎵音ᅙᅳᆷᄒᆞ
ᄂᆞ니凡뻠은믈읫ᄒᆞ논ᄠᅳ디라必ᄠᅵᆯ은모
물읫字ᄍᆞㅣ모로매어우러ᅀᅡ소리이

右ᄛᆞᆫ올ᄒᆞ녀기라

첫소리돌어올워쁨디면골방쓰라ㆁ
ᅟퟄ終ᄍᆇᆼㄱ소리도ᄒᆞ가지라
징下ᅘᅡᆼᄒᆞ고附뿡는비
ㅡㅗㅜㅛㅠᄅᆞᆫ附뿡書셔初총聲셩之
ㆍ와ㅣ와ㅗ와ㅜ와ㅛ와ㅠ와ᄅᆞᆫ첫소
리아래브텨쓰고
ㅣㅏㅓㅑㅕᄅᆞᆫ附뿡書셩於헝右ᅌᅮᇢᄒᆞ라

슬ᄡᅳ라 下ᅘᅡᆼ는 아래라 則즉은 아니ᄒᆞ
면 ᄒᆞᄂᆞᆫ 겨체 ᄡᅳᄂᆞᆫ 字ᄍᆞᆼㅣ라 爲윙ᄂᆞᆫ ᄃᆞ욀
ᄡᅵ야 라 輕켱은 가ᄇᆡ야ᄫᆞᆯ씨라

○ 唇ᄉᆈᆫ소리 아래 니ᅀᅥᄡᅳ면 입시
울가ᄇᆡ야ᄫᆞᆫ소리 ᄃᆞ외ᄂᆞ니라

初총聲셩을 合ᅘᅡᆸ用용호ᇙ디면 則즉 並뼝
書셩ᄒᆞ라 終즁聲셩도 同똥ᄒᆞ니라 合ᅘᅡᆸ 은 어
울씨라 同똥은 ᄒᆞᆫ가
지라 ᄒᆞ논 ᄠᅳ디라

ㅋ는 엄쭝字ᄍᆼ 가온딧소리 ㄱ ᄐᆞ니라
乃냉終즁ㄱ소리는 다시 첫소리를 ᄡᅳ
라 ᄒᆞᄂᆞᆫ ᄠᅳ디라
終즁聲셩은 復뿡用용初총聲셩 ᄒᆞᄂᆞ
ㄴ니라
○를 連련書셩脣쓘音ᅙᅳᆷ之징下ᅘᅡᆼ ᄒᆞ면
則즉爲윙脣쓘輕켱音ᅙᅳᆷ ᄒᆞᄂᆞ니라 連련니

ㅛ는 欲욕字쫑 가온딧소리ㄱㆍ튼니라
ㅑ는 如ᅀᅧᆼ 穰ᅀᅣᆼㄱ字쫑 가온딧소리ㄱㆍ튼니
ㅠ는 如ᅀᅧᆼ 戌ᄉᆇᆼ字쫑 中듕聲셩ᄒᆞ니라
ㅠ는 戌ᄉᆇᆼ字쫑 가온딧소리ㄱㆍ튼니라
ㅕ는 如ᅀᅧᆼ 彆ᄲᅧᆯ字쫑 中듕聲셩ᄒᆞ니라

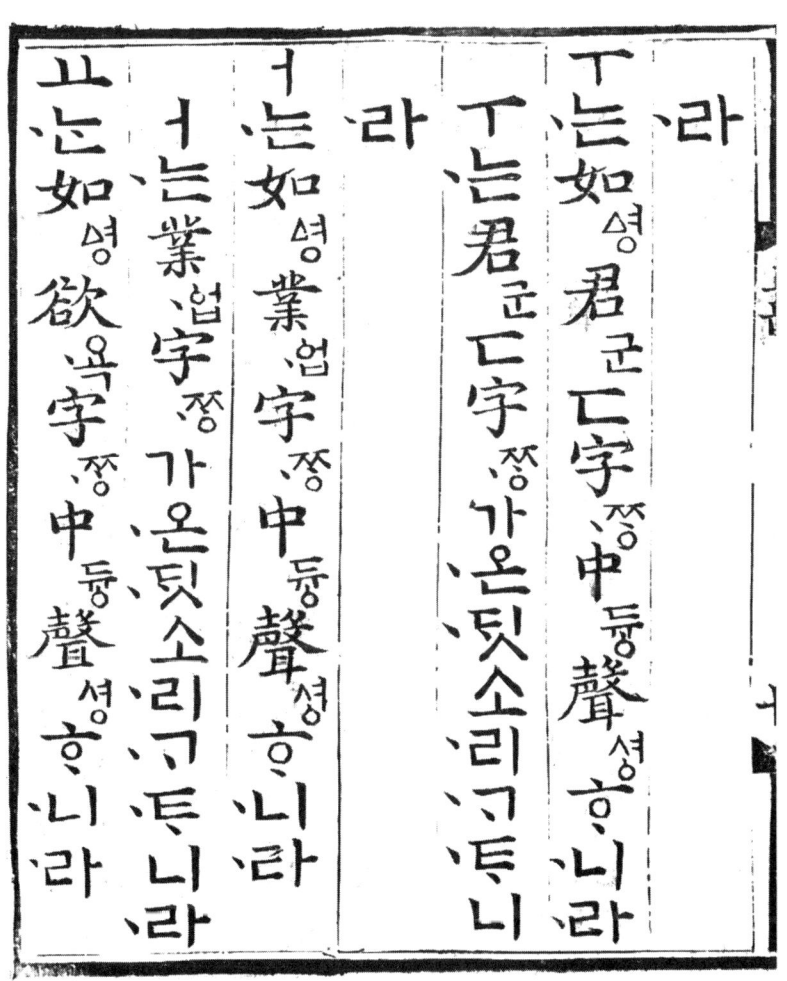

ㅡ는 侵침ㅂ字ᄍᆼ가온딧소리ㄱ틴니
ㅗ는 如영洪ᅘᅩᆼㄱ字ᄍᆼ가온딧소리ㄱ틴니라
ㅏ는 如영覃땀ㅂ字ᄍᆼ가온딧소리ㄱ틴니라

、 는 如영 呑툰 ㄷ字쫑 中듕 聲셩 ㅎ니라

、 는 如 呑툰 ㄷ字쫑 가온뒷소리ㄱ 트니
라

ㅡ는 如영 即즉 字쫑 中듕 聲셩 ㅎ니라

ㅡ는 如 即즉 字쫑 가온뒷소리ㄱ 트니라

ㅣ는 如영 侵침 ㅂ字쫑 中듕 聲셩 ㅎ니라

ㅈ初층發벓聲셩 ᄒᆞ니라
ㄹ는半반혀쏘리니 閭령ㆆ字ᅏᅵᆼ ·처엄
펴아나ᄂᆞᆫ소리ㄱ·ᄐᆞ니라
△는 半반 齒칭音ᅙᅳᆷ이니 如셩 穰ᅀᅣᆼㄱ字
ㅿ는 半반니쏘리니 穰ᅀᅣᆼㄱ字ᅏᅵᆼ ·처엄
ㅈ初층發벓聲셩 ᄒᆞ니라
펴아나ᄂᆞᆫ소리ㄱ·ᄐᆞ니라

ㄱ나ᄂᆞᆫ소리ᄀᆡ토ᄂᆞ니콜밤ᄡᅳ면洪ᅘᅩᇰㄱ字

ㆆ字처서ᇝ펴아나ᄂᆞᆫ소리ᄀᆡᄐᆞ니라

ㆁᄂᆞᆫ喉ᅘᅮᇢ音ᅙᅳᆷ이니如ᅀᅧᆼ欲욕字ᄍᆞᆼ初총

發ᄫᅡᇙ聲셔ᇰᄒᆞ니라

ㅇᄂᆞᆫ목소리니欲욕字ᄍᆞᆼ처서ᇝ펴아나

ᄂᆞᆫ소리ᄀᆡ토ᄂᆞ니라

ㄹᄂᆞᆫ半반舌쎠ᇙ音ᅙᅳᆷ이니如ᅀᅧᆼ閭려ᇰㄱ字

ㆆ는 엄쏘리니 君ㄱ字ㅈ字초ㅏ쯩ㅗ 소리 ㄱㅌㅏ니라
ㄱ는 엄쏘리니 虛ㅎㅏ字ㅈ字초ㅏ쯩ㅓ 섬펴ㅏ나

ㅅ는 齒칭音즘이니 如ᅀᅧᆼ戌슗字쭝初총
發벓聲성ᄒᆞ니 並뼝書셩ᄒᆞ면 如ᅀᅧᆼ邪썅
字쭝初총發벓聲셩ᄒᆞ니라
ㅅ는 니쏘리니 戌슗字쭝처엄펴아나
ᄂᆞᆫ소리기트니 골밥쓰면 邪썅ㅅ字쭝ㅣ
처엄펴아나ᄂᆞᆫ소리기트니라
ㆆ는 喉흫音즘이니 如ᅀᅧᆼ挹ᅙᅳᆸ字쭝初총

ㅈ는 니쏘리니 卽즉字쫑처섬펴아
나는 소리ㄱ티니 골방쓰면 慈쫑ㆆ字쫑
처섬펴아 나는 소리ㄱ티니라
大는 齒칭音흠이니 如셩 侵침ㅂ字쫑 初
총發벓聲셩ㅎ니라
大는 니쏘리니 侵침ㅂ字쫑 처섬펴아
나는 소리니ㄱ티니라

ㅁ는脣쑨音ᅙᅳᆷ이니如영彌밍ㅂ字쫑初
총發ᄫᅡᆯ聲셩ᄒᆞ니라
ㅁ는입시울쏘리니彌밍ㅂ字쫑처
ᅀᅥᆷ펴아나는소리ᄀᆞᄐᆞ니라
ㅈ는齒칭音ᅙᅳᆷ이니如셩即즉字쫑初초
發ᄫᅡᆯ聲셩ᄒᆞ니並뼝書셩ᄒᆞ면如셩慈쫑
ㆆ字쫑初초發ᄫᅡᆯ聲셩ᄒᆞ니라齒칭ᄂᆞᆫ

ㅂ는 입시울쏘리니 彆빒字쯩 처섬펴
아나는 소리ㄱ·트니골·바쓰면 步뽕
字쯩 처섬펴아나는 소리ㄱ·트니라
ㅍ는 唇쓘音흠 이니 如셩 漂푱ㅸ字쯩 初
ㅊㅐ 發벓 聲셩 ㅎ니라
ㅍ는 입시울쏘리니 漂푱ㅸ字쯩 처섬
펴아나는 소리ㄱ·트니라

ㄴ논舌ㆅ音즘이니如영那낭ㆆ字쫑
初총發벓聲셩ㅎ니라
ㄴ논혀쏘리니那낭ㆆ字쫑처섬펴아
나논소리ㄱㅌ니라
ㅂ논脣쓘音즘이니如영彆병字쫑初총
發벓聲셩ㅎ니並뼝書셩ㅎ면如영步뽕
ㆆ字쫑初총發벓聲셩ㅎ니라 脣쓘은입
시우리라

ㄷ는 혀쏘리니 斗둥字쫑 처엄펴아
나는 소리 ㄱ티니 곧방쓰면 覃땀ㅂ字
쫑 처섬펴아 나는 소리 ㄱ티니라
ㅌ는 舌쎯音흠이니 如영 呑톤ㄷ字쫑初
發병聲셩 ㅎ니라
ㅌ는 혀쏘리니 呑톤ㄷ字쫑 처섬펴아
나는 소리 ㄱ티니라

ㅇ는牙앙音흠이니如영業업字쫑初총
發벓聲성호니라
ㅇ는엄쏘리니業업字쫑처섬펴아나
는소리ᄀ트니라
ㄷ는舌쎯音흠이니如영斗듛ㅸ字쫑初총
發벓聲셩호니並뼝書셩호면如영覃
딱ㅂ字쫑初총發벓聲셩호니라 ㅕ舌쎯은

ㄱ는엄쏘리니君군ㄷ字쫑처섬펴아
나는소리ㄱ트니글발쓰면써ㅸ字
쫑처섬펴아나는소리ㄱ트니라
ㅋ는牙앙音흠이니如영快쾡ㆆ字쭝初
ㅋ는엄쏘리니快쾡ㆆ字쭝처섬펴아
나는소리ㄱ트니라
ㆁ는牙앙音흠

사〬룸〮마〮다〮 ᄒᆡ〯ᅇᅧ〮 수〮ᄫᅵ〮니〮겨〮 날〮로〮 ᄡᅳ〮메〮 便뼌安한킈〮 ᄒᆞ〮고〮져〮 ᄒᆞᇙ ᄯᆞᄅᆞ〮미〮니〮라〮

ㄱ〮ᄂᆞᆫ 牙앙音ᅙᅳᆷ이〮니〮 如ᅀᅧᆼ君군ㄷ字ᄍᆞᆼ 初총發벓聲셩ᄒᆞ〮니〮 並뼝書셩ᄒᆞ면〮 如ᅀᅧᆼ虯

끃 字ᄍᆞᆼ 初총發벓聲셩ᄒᆞ니〮라〮

ㅸ字ᄍᆞᆼ 初총發벓聲셩ᄒᆞ니〮라〮 ㅇ〮ᄅᆞᆯ 脣쓘音ᅙᅳᆷ 아래〮 니〮ᅀᅥ쓰〮면〮脣쓘輕켱音ᅙᅳᆷ

이〮 ᄃᆞ외ᄂᆞ니〮라〮

ㅸ성〮는 ㄱ〮들〮 ᄡᅥ〮라 初총發벓聲셩 은 처엄〮펴〮 아〮나〮는 소〮리〮라〮 並뼝書셩〮는 글〮발〮쓰〮

·은·새·라 制·졩·는 밍·ㄱ·르·실·씨·라 二
·싱 十·씹 八·밣·은 ·스·물·여·들·비·라

·새·로·스·물·여·듧 字·쭝·를 밍·ㄱ·노·니

欲·욕 使·ᄉᆞᆼ 人·ᅀᅵᆫ ᄋᆞ·로 易·잉 킈·씹 ᄒᆞ·야

便·뼌 於·ᅌᅥᆼ 日·ᅀᅵᆯ 用·용 耳·ᅀᅵᆼ 니·라

·리·라 人·ᅀᅵᆫ ·은 사·ᄅᆞ·미·라 便·뼌
·ᄏᆕᆸ·은 니·길·씨·라 安·한 ·ᄒᆞᆯ·씨·라
·라 於·헝 ·은 아·모·그·에 ᄒᆞ·논·겨·체
·ㅣ·라 日·ᅀᅵᆯ ·은 나·리·라 用·용 ·뽈·씨·라 耳·ᅀᅵᆼ
·ᄒᆞ·노·ᄯᆞ·르·미·라 ·ᄒᆞ·논 ·ᄠᅳ·디·라

눈말ᄡᅮ메
ᆞ쉽ᄃᆞ려ᄒᆞ야
ᄆᆞᄎᆞᆷ내 제ᄠᅳ들 시러 펴디 몯ᄒᆞᆯ노미하
니라
予영ㅣ 爲윙此ᄎᆞᆼ憫민然연ᄒᆞ야予영ᄂᆞᆫ
시노ᄡᅥ 디시니라 此ᄎᆞᆼ는 이라 憫민
然연은 어엿비너기실 ᄊᆡ라
내이를 為윙ᄒᆞ야 어엿비너겨
新신制졩二ᇫ십八밣字ᄍᆞᆼᄅᆞᆯᄒᆞ노니
新신制졩

ᄒᆞ야도 故공ᄂᆞᆫ젼ᄎᆡ라 愚웅ᄒᆞᆫᄂᆞᆫ어릴씨라 有ᄋᆞᆯᄒᆞᆯᄂᆞᆫ이실씨라 所송ᄂᆞᆫ배라 欲욕ᄋᆞᆫᄒᆞ고져ᄒᆞᆯ씨라 言언ᄋᆞᆫ니를씨라

이런젼ᄎᆞ로어린百빅姓셩이니르고져ᇙ배이셔도

而ᅀᅵ終즁不붏得득伸신其끵情쪙者쟝ㅣ多당矣ᅌᅴ라

而ᅀᅵᄂᆞᆫ입겨지라 終즁ᄋᆞᆫᄆᆞᄎᆞ미라 得득ᄋᆞᆫ시를씨라 伸신ᄋᆞᆫ펼씨라 其끵ᄂᆞᆫ제라 情쪙ᄋᆞᆫᄠᅳ디라 者쟝ᄂᆞᆫ노미라 多당ᄂᆞᆫ할씨라 矣ᅌᅴ

常썅談땀애 江강南남이라ㅎ느니라

中듕國귁에달아

與영文문字ᄍᆞ로不붏相샹流륳通통홀

씨_ 異영는이와뎌와ㅎ는겨체쁘는字ᄍᆞ
ㅣ라文문은글와리라不붏은아니ㅎ
논ᄠᅳ디라相샹은서르ㅎ논ᄠᅳ디
라流륳通통은흘러ᄉᆞᄆᆞᆺ출씨
라

文문字ᄍᆞ와로서르ᄉᆞᄆᆞᆺ디아니홀씨

故공로愚웅民민이有ᅌᅮᆯ所송欲욕言언

世⸰솅宗즁御⸰엉製⸰졩訓⸱훈民민正⸰졍音흠

製⸰졩논글지슬씨니御⸰엉製⸰졩논님금지스
ㄴ리라訓⸱훈民민正⸰졍音흠은百⸱빅姓⸱셩
이오音흠은소리니訓⸱훈民민正⸰졍音흠
은百⸱빅姓⸱셩그르치시논正⸰졍훈소리라

國⸱귁之징語⸱엉音흠이

國⸱귁은나라히라之징는ㆆ겨체쓰는字⸱쭝ㅣ라語⸱엉는말쓰미라

나·랏:말쌋·미

異⸱잉乎흥中듕國⸱귁ᄒᆞ·야

異⸱잉는다ᄅᆞᆯ씨라乎흥는아모그에ᄒᆞ논겨체쓰는字⸱쭝ㅣ라中듕國⸱귁은皇勢帝뎽겨신나라히니우리나랏

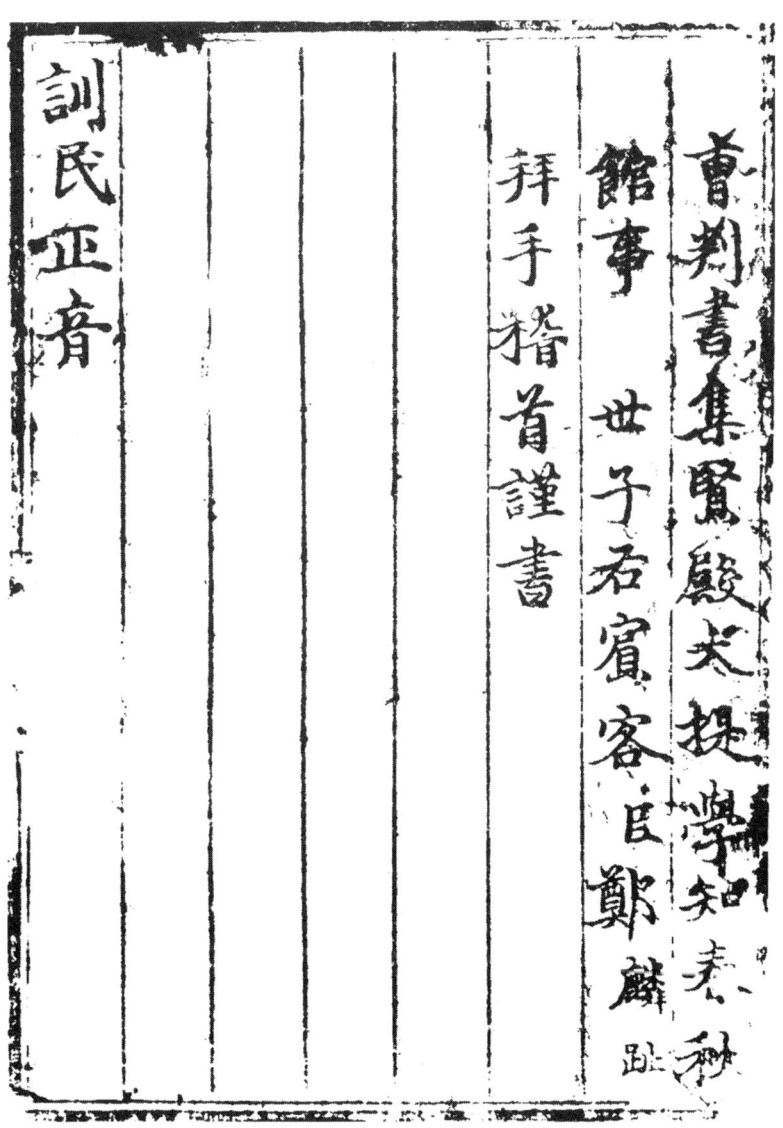

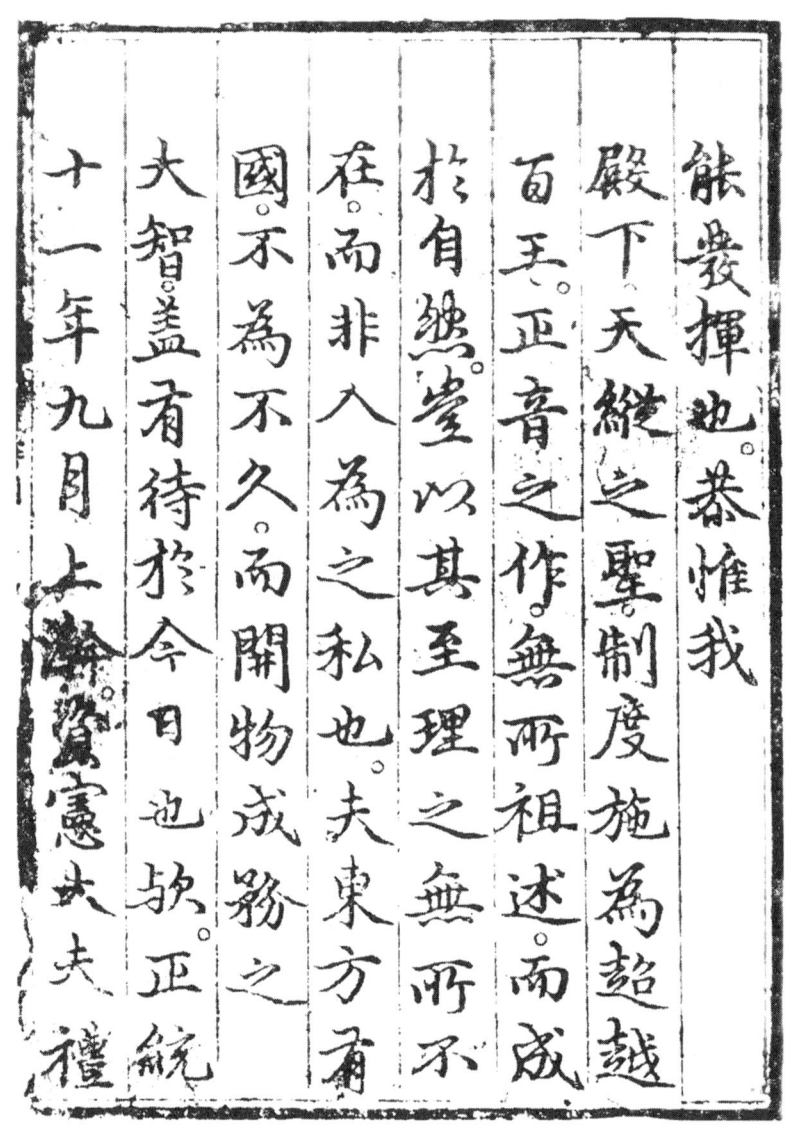

命詳加解釋。以喩諸人。於是。臣
與集賢殿應敎臣崔恒。副校理
臣朴彭年。臣申叔舟。俯撰臣成
三問。敦寧府注簿臣姜希顏行
集賢殿副俯撰臣李塏。臣李善
老等謹作諸解及例。以叙其梗
槩。庶使觀者不師而自悟。若其
淵源精義之妙則非臣等之所

括以二十八字而轉換無窮簡
而要精而通故智者不終朝而
會愚者可浹旬而學以是解書
可以知其義以是聽訟可以得
其情字韻則清濁之能辨樂歌
則律呂之克諧無所用而不備
無所往而不達雖風聲鶴唳雞
鳴狗吠皆可得而書矣遂

讀官府民間。至今行之。然皆假
字而用。或澁或窒。非但鄙陋無
稽而已。至於言語之間。則不能
達其萬一焉。癸亥冬我
殿下創制正音二十八字。略揭
例義以示之。名曰訓民正音。象
形而字倣古篆。因聲而音叶七
調。三極之義。二氣之妙。莫不該

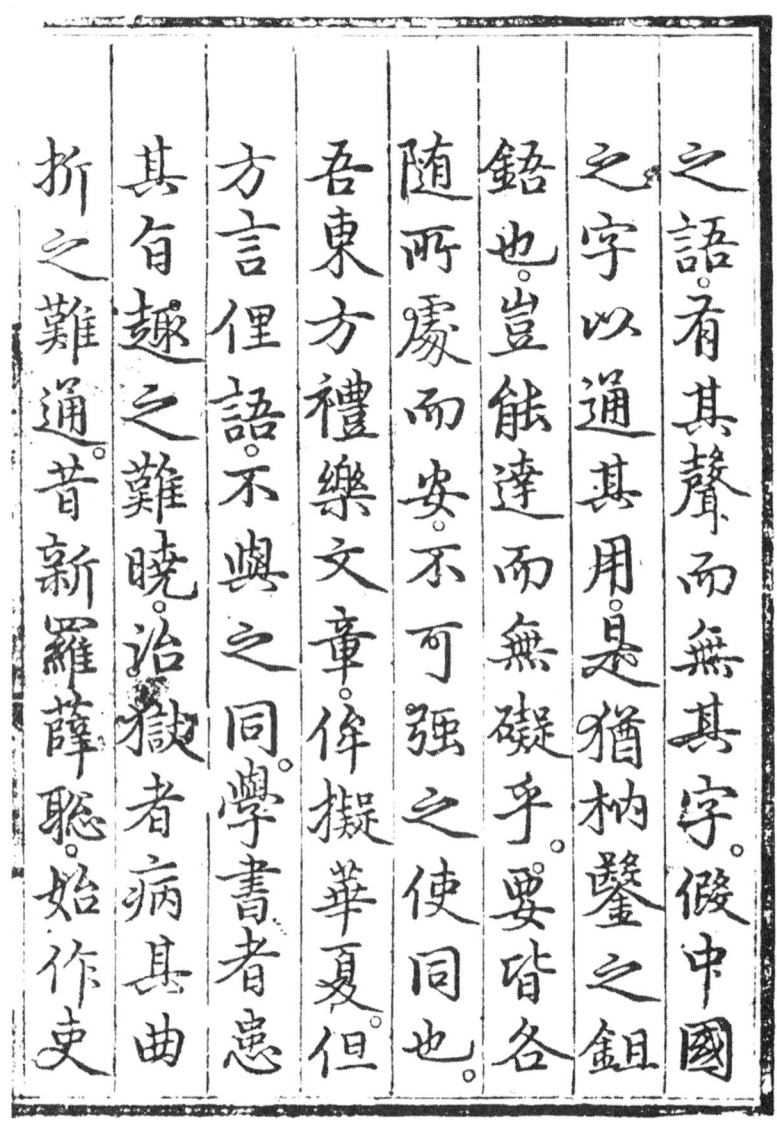

之語。有其聲而無其字。假中國
之字以通其用。是猶枘鑿之鉏
鋙也。豈能達而無礙乎。要皆各
隨所處而安。不可強之使同也。
吾東方禮樂文章。侔擬華夏。但
方言俚語。不與之同。學書者患
其旨趣之難曉。治獄者病其曲
折之難通。昔新羅薛聰。始作吏

되為螢。如為薪。귭為蹄。口如
뱀為虎。심為泉。ㅅ如ᄾᅩᆺ為海松。ᄝᅩᆺ
為池。ㄹ如ᄃᆞᆯ為月。별為星之類

有天地自然之聲則必有天地
自然之文。所以古人因聲制字
以通萬物之情。以載三才之道
而後世不能易也。然四方風土
區別聲氣亦隨而異焉。蓋外國

為梨。쇼為牛。삽됴為蒼朮菜。ᅡ。如
남샹為龜。약為鼊鼊。다야為匜。如
감為柹。蕎麥皮。ᆝ。如웃為薏苡。쟈
為飯。粟ᄉᆞᆯ為雨繖。ᅧ。如쥬련為帨。
如엿為飴餹。뎔為佛寺。ᅭ。為稲。져
비為燕。終聲ᄀ。如닥為楮。독為甕。
ᅌ。如굼뷩為蠐螬。올창ᅌ為蝌蚪。
如갇為笠。싣為楓。ᄂ。如신為屨。ᄇ

如믈爲水발측爲跟그력爲鷹드
레爲汲器 如ㅣㅣ爲巢밀爲蠟피
爲稷키爲箕 如ㄱ爲논爲水田톱爲
鉅호미爲鉬며로爲硯ㅏ如밥爲
飯낟爲鎌이아爲綜사合爲鹿
如슈ㅅ爲炭울爲籬누에爲蚕구리
爲銅ㅜ如브섭爲竈늴爲板서리
爲霜버들爲柳ㅠ如종爲奴고욤

如ᄆᆞ為薯藇ᄆᆡ如사ᄫᅵ為蝦드ᄫᅵ為瓠ᄌᆞ如자為尺조히為紙ᄎᆞ如체為籭채為鞭ㅅ如손為手셤為島ᄀᆞ如부헝為鵂鶹심為筋ㆁ如ᄇᆡ암為蛇ᄋᆡ為鷄雛ᄇᆞ얌為蛇ㄹ如ᄃᆞᆯ기為鼆어름為氷ㅿ如아ᅀᆞ為弟너ᅀᅵ為鴇中聲ㆍ如ᄐᆞᆨ為頤ㅡ如믈為水발측為跟ᄀᆞ래為楸ᄃᆞ리為橋ᄀᆞ래為楸

大東千古開矇矓

用字例

初聲ㄱ。如감為柿。골為蘆。ㅋ。如우
케為未舂稲。콩為大豆。ㅇ。如러울為
獺。서에為流澌。ㄷ。如뒤為芧。담
為墻。ㅌ。如고티為繭。두텁為蟾蜍。
ㄴ。如노로為獐。납為猿。ㅂ。如불為
臂。벌為蜂。ㅍ。如파為葱。풀為蠅。ㅁ。

音因左點四聲分
一去二上無點平
語入無定亦加點
文之入則似去聲
方言俚語萬不同
有聲無字書難通
一朝
制作侔神工

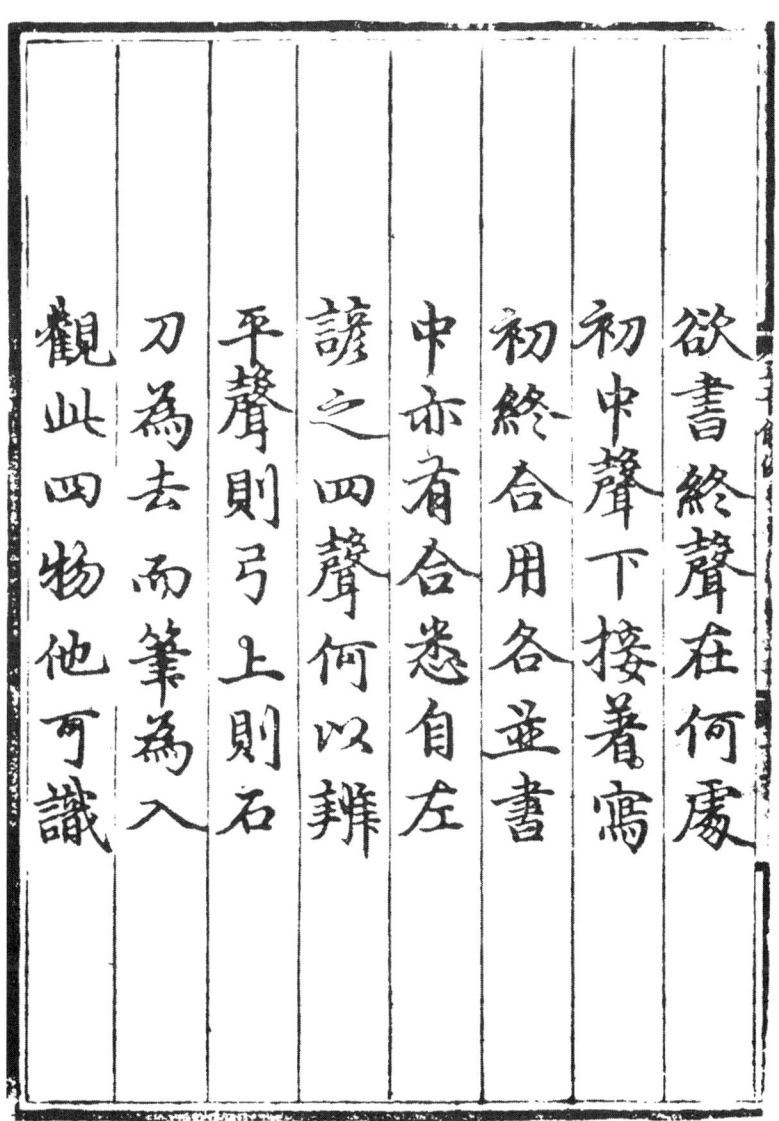

欲書終聲在何處
初中聲下接著寫
初終合用各並書
中亦有合悉自左
諺之四聲何以辨
平聲則弓上則石
刀為去而筆為入
觀此四物他可識

起一聲於國語無用。兒童之言過
野之語或有之。當合二字而用。如
ㄱㅣㄱㅗ
ㄱㅣㄱㅛ之類。其先縱後橫。與他不同。

訣曰

　初聲在中聲左上

　挹欲於諺用相同

　中聲十一附初聲

　圓橫書下右書縱

上ㆍ갈爲刀而其聲去ㆍ붇爲筆而其聲入之類凡字之左。加一點爲去聲。二點爲上聲無點爲平聲而文之入聲與去聲相似。諺之入聲無定。或似平聲。如긷爲柱ㆍ녑爲脅。或似上聲。如ː낟爲穀ː깁爲繒。或似去聲。如ㆍ몯爲釘ㆍ입爲口之類。其加點則與平上去同。平聲安而和。春也。

字三字合用。如諺語과為琴柱。홰
為炬之類。終聲二字三字合用。如諺
語흙為土。낛為釣。ᄃᆞᆲᄡᅢ為酉時
之類。其合用並書自左而右。初中
終三聲皆同。文與諺雜用則有因
字音而補以中終聲者。如孔子ㅣ
魯ㅅ사ᄅᆞᆷ之類。諺語平上去入。如
활為弓而其聲平。돌為石而其聲

下。即字ㅡ在ㅈ下。侵字ㅣ在ㅊ右
之類。終聲在初中之下。如君字ㄴ
在구下。業字ㅂ在어下之類。初聲
二字三字合用並書。如諺語ᄯᅡ爲
地。ᄧᅡᆨ爲隻。ᄣᅳᆷ爲隙之類。各自並書
如諺語혀爲舌而ᅘᅧ爲引。괴여爲
我愛人而괴ᅇᅧ爲人愛我。소다爲
覆物而쏘다爲射之之類。中聲二

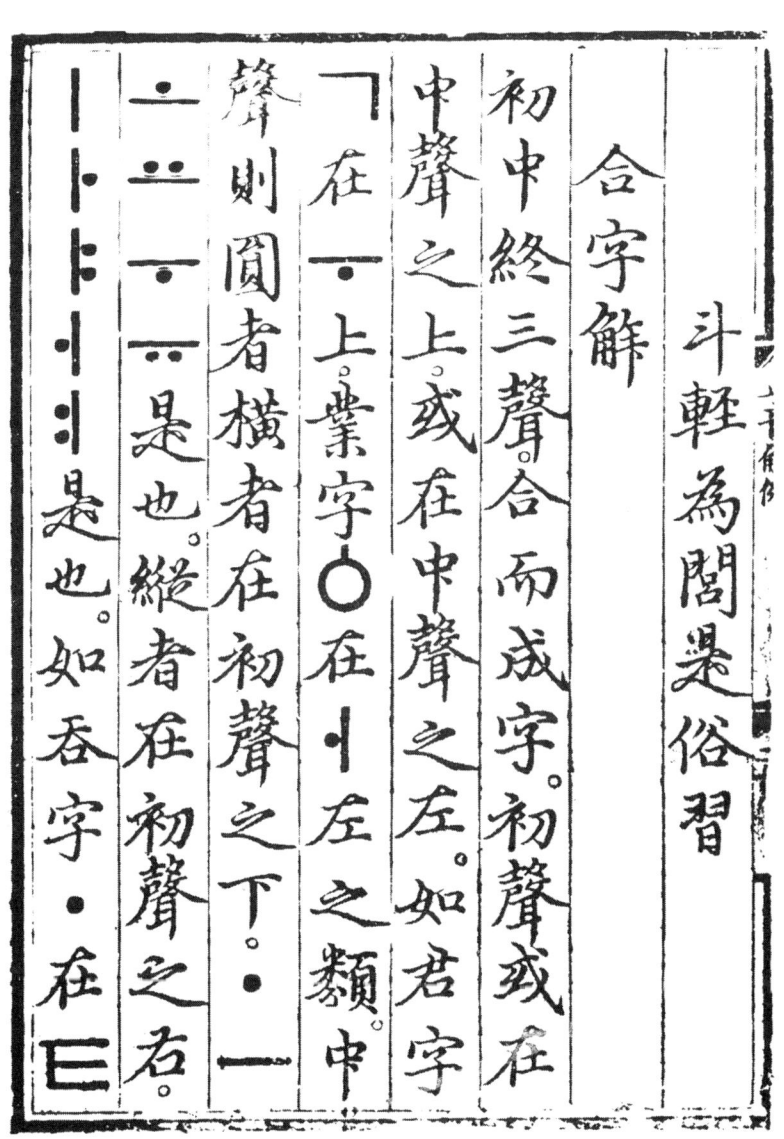

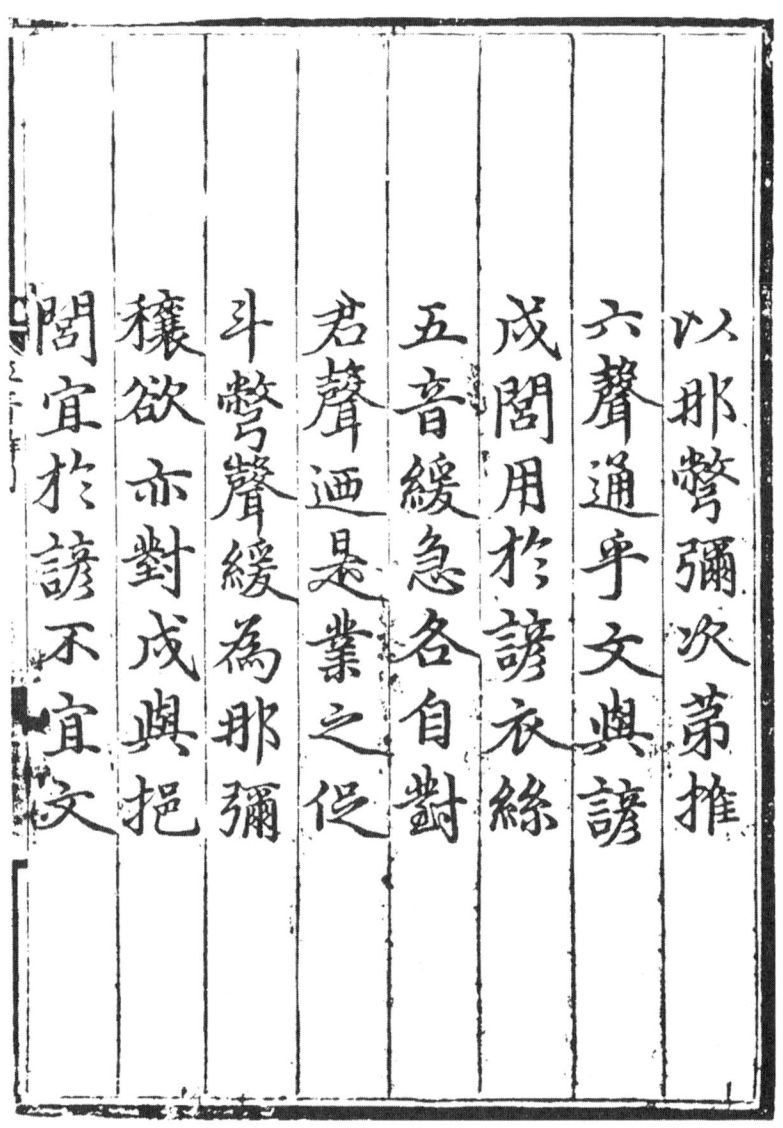

以那彆彌次第推
六聲通乎文與諺
戌閭用於諺衣絲
五音緩急各自對
君聲迺是業之促
斗彆聲緩為那彌
穰欲亦對戌與挹
閭宜於諺不宜文

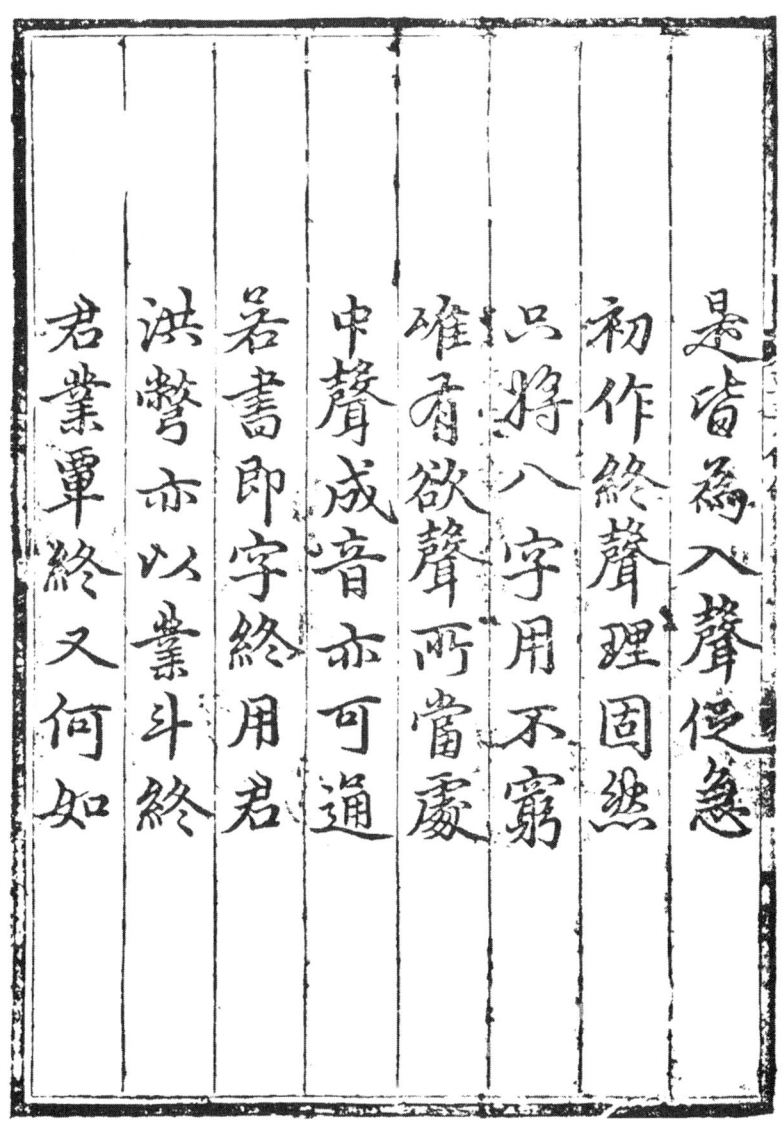

是皆爲入聲促急

初作終聲理固然

只將八字用不窮

唯有欲聲所當處

中聲成音亦可通

若書即字終用君

洪彆亦以業斗終

君業覃終又何如

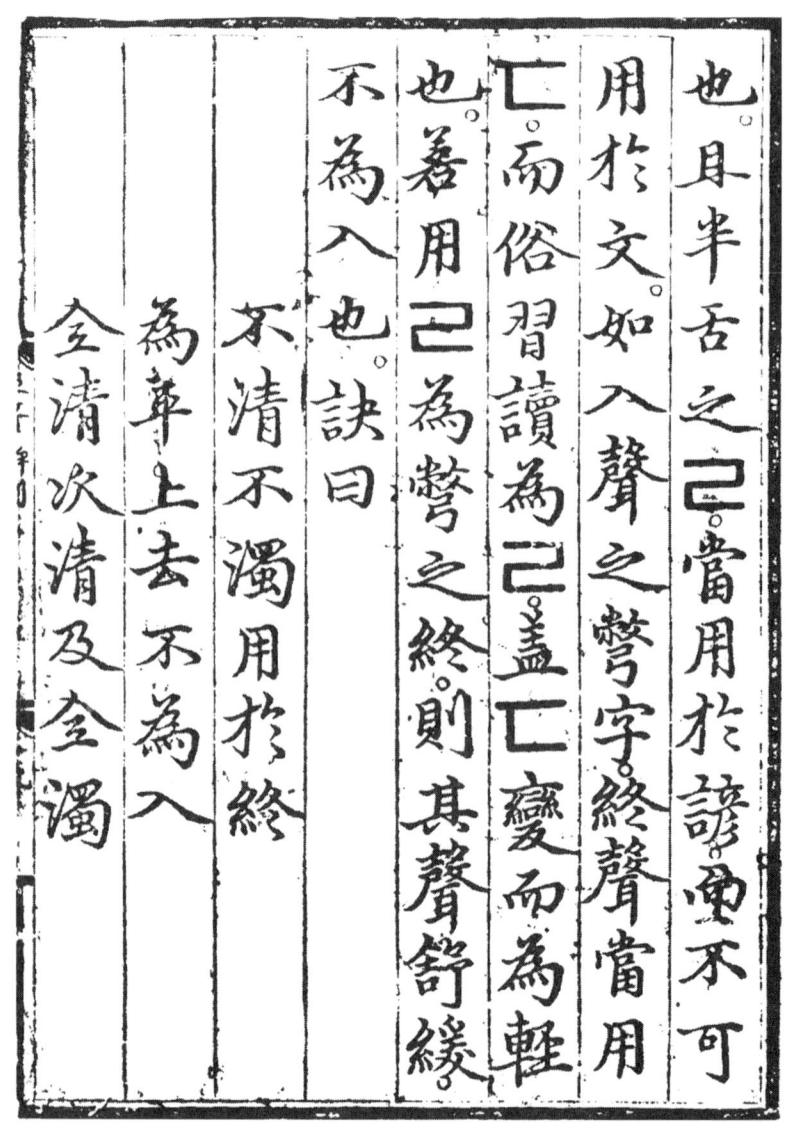

終則宜於平上去全清次清全濁
之字其聲為厲故用於終則宜於
ㅇㄴㅁㅇㄹ△六字為平
上去聲之終而餘皆為入聲之終
也然ㄱㆁㄷㄴㅂㅁㅅㄹ八字可
足用也如빗곶爲梨花영의갗爲
狐皮而ㅅ字可以通用故只用ㅅ
字也ㅇ聲淡而虛不必用於終而

終聲解

終聲者承初中而成字韻。如即字終聲是ㄱㄱ居즉終而爲즉之類。洪字終聲是ㆁㆁ居호ㅇ終而爲ㅎㆁ之類。舌脣齒喉皆同聲有緩急之殊。故平上去其終聲不類入聲之促急。不清不濁之字其聲不厲。故用於

也。訣曰

母字之音各有中
須就中聲尋闢闔
洪覃自吞可合用
君業出即亦可合
欲之與穰戌與彆
各有所從義可推
侵之為用最居多

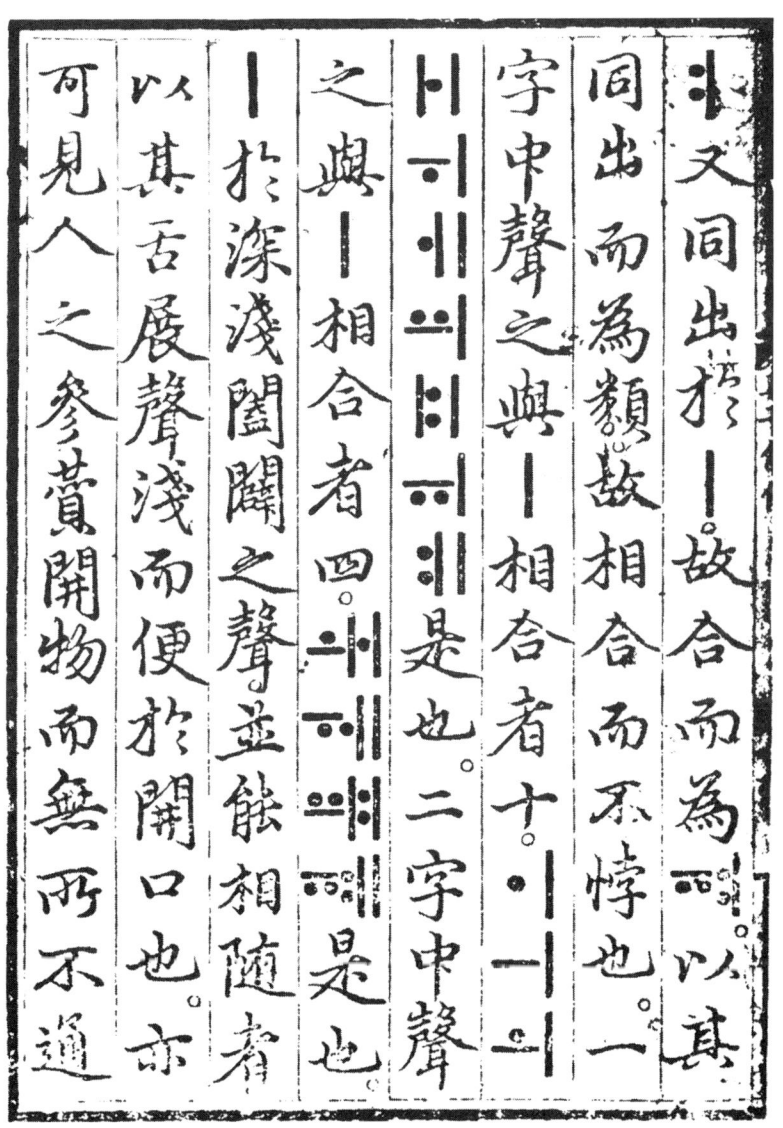

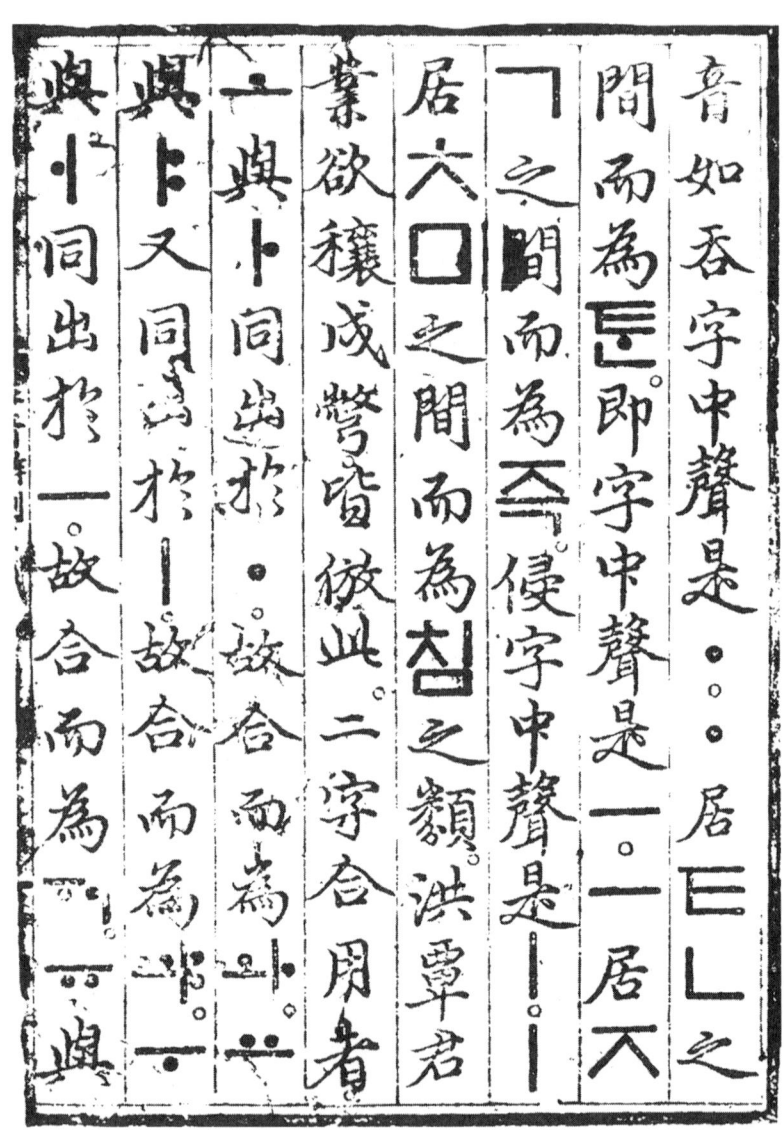

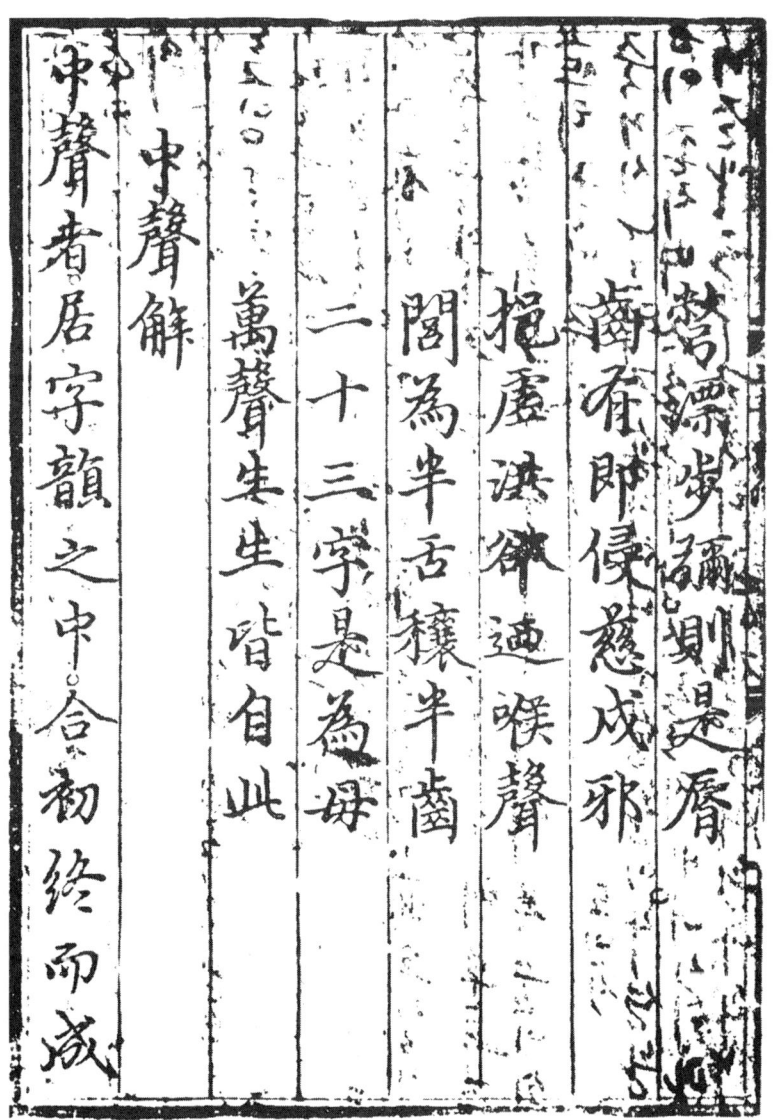

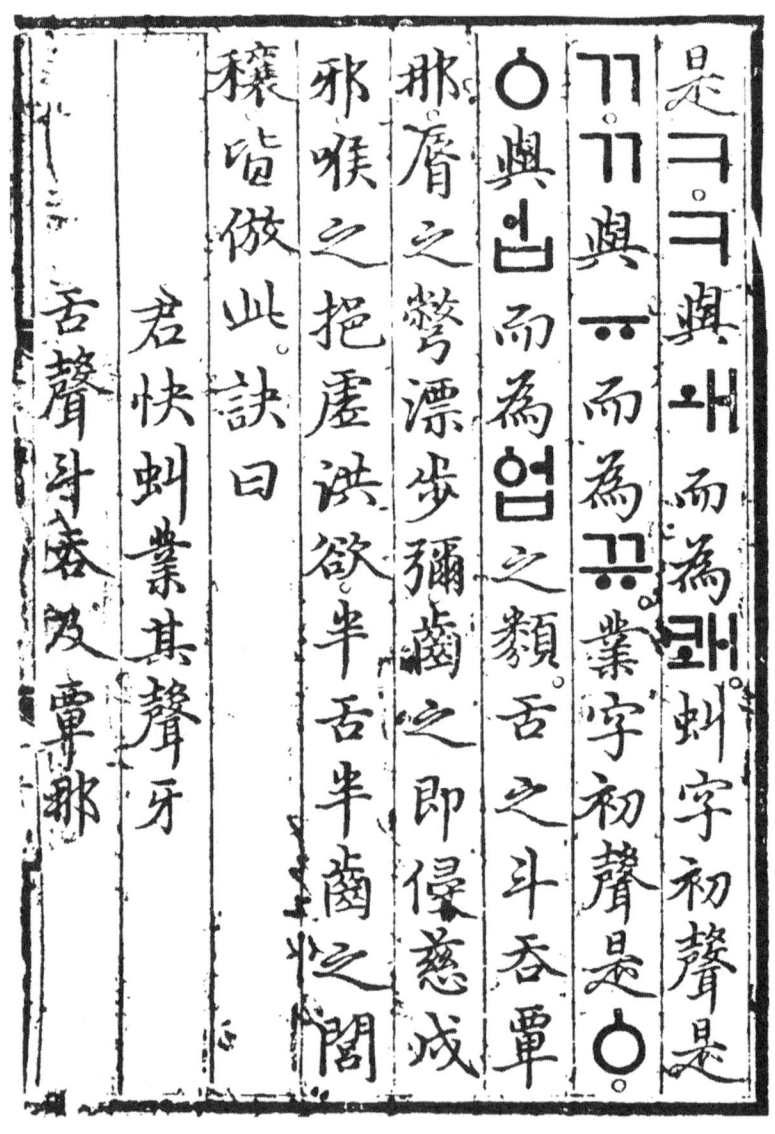

正音之字只廿八

探賾錯綜窮深幾

指遠言近牖民易

天授何曾智巧為

初聲解 其

正音初聲。即韻書之字母也。聲音
由此而生。故曰母。如牙音君字初
聲是ㄱ。ㄱ與ㅠ而為군。快字初聲

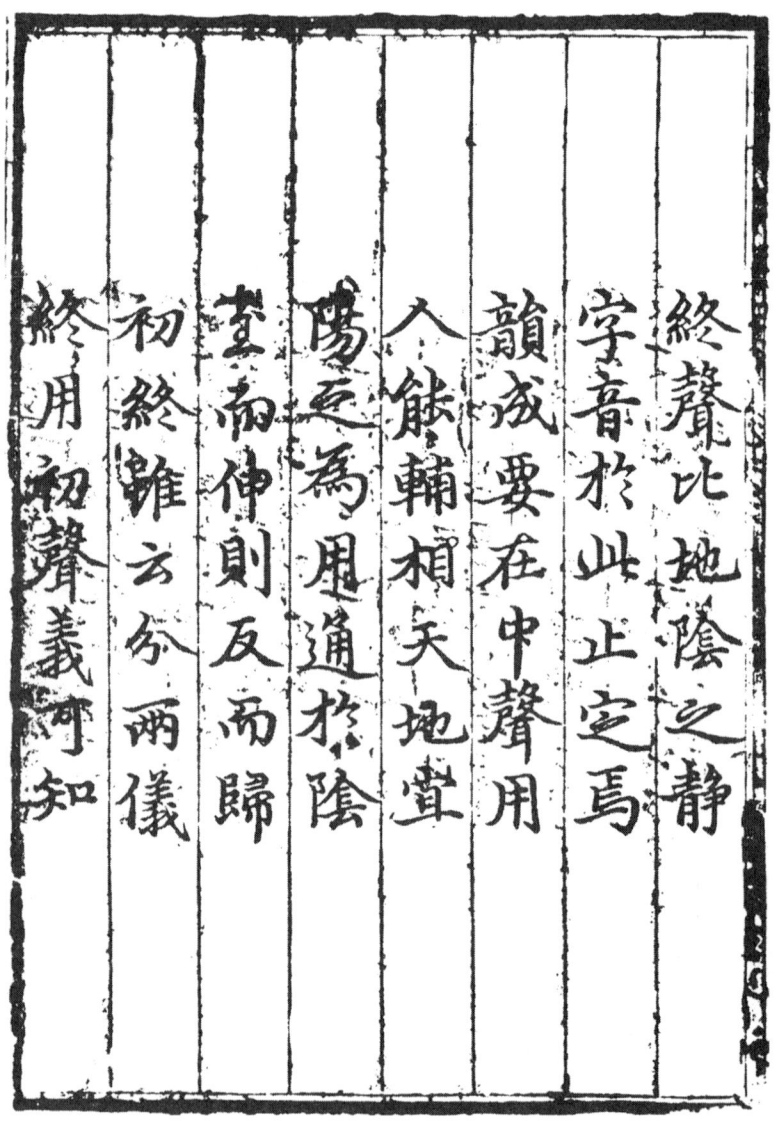

終聲比地陰之靜
字音於此止定焉
韻成要在中聲用
入能輔相天地宜
陽之為用通於陰
至而伸則反而歸
初終雖云分兩儀
終用初聲義可知

中聲唱之初聲和
天先乎地理自然
和者為初亦為終
物生復歸皆於坤
陰變為陽陽變陰
一動一靜互為根
初聲復有發生義
為陽之動主於天

384 『訓民正音』의 해체

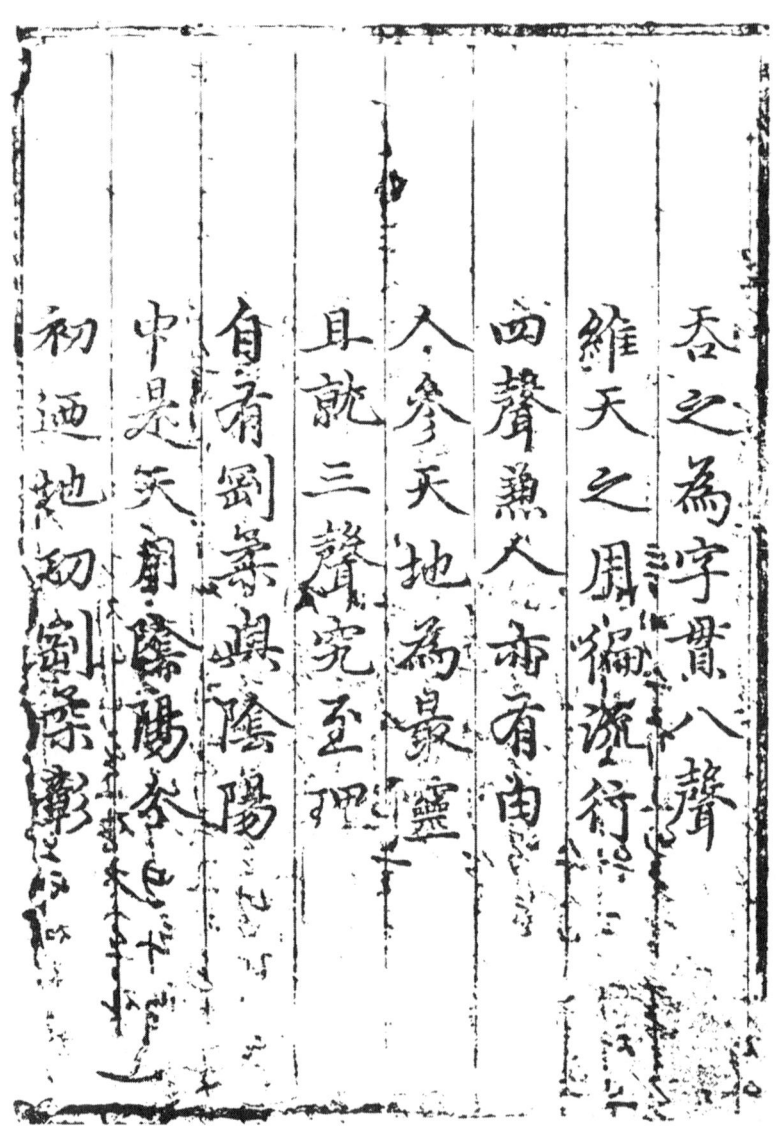

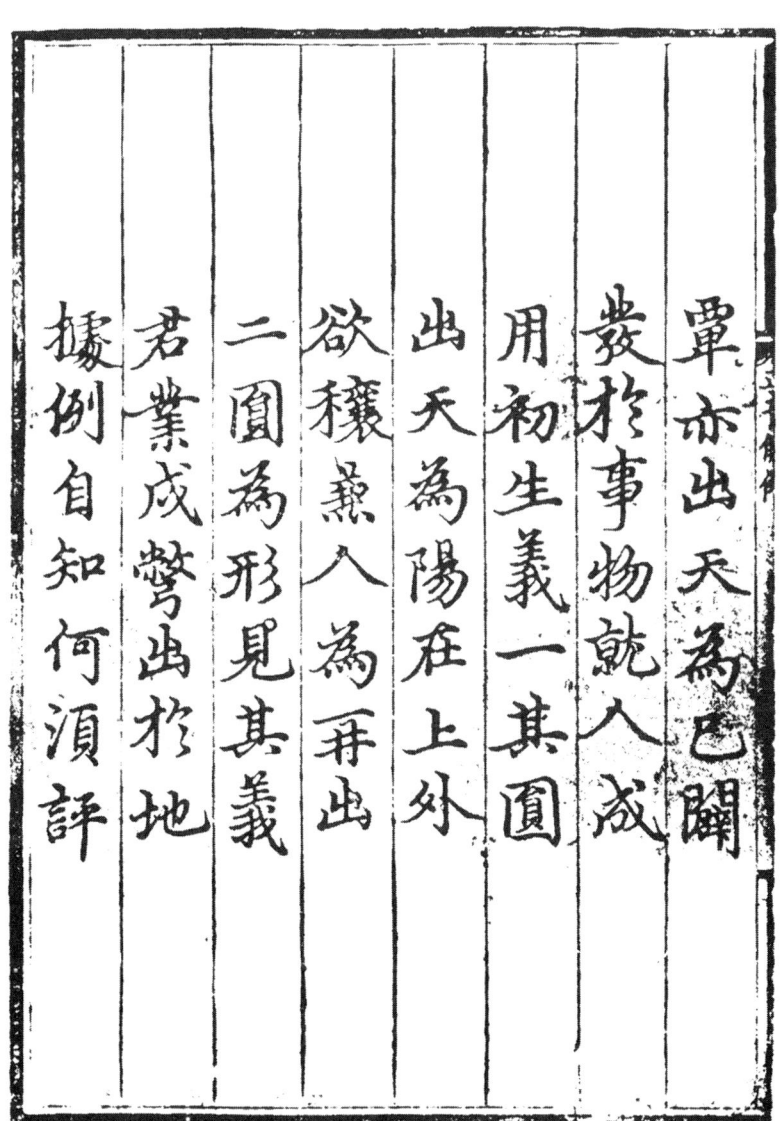

單亦出天為已闢
發於事物就人成
用初生義一其圓
出天為陽在上外
欲穰兼人為开出
二圓為形見其義
君業成營出於地
據例自知何須評

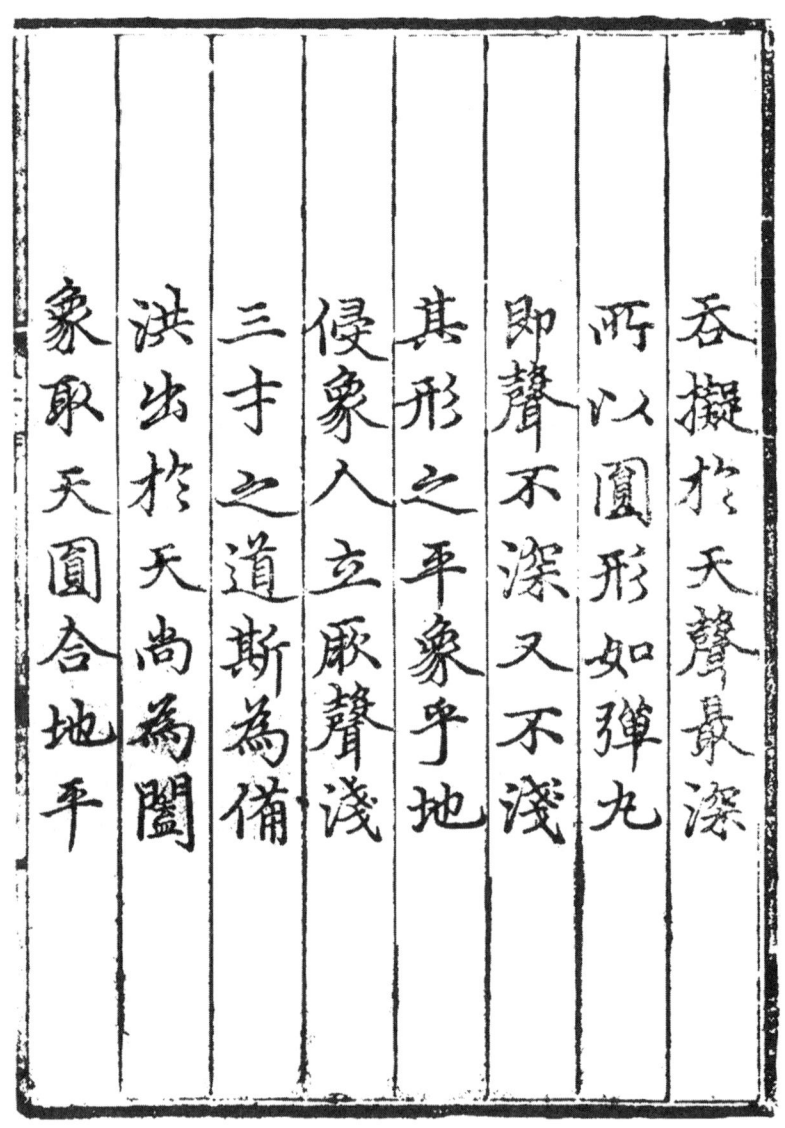

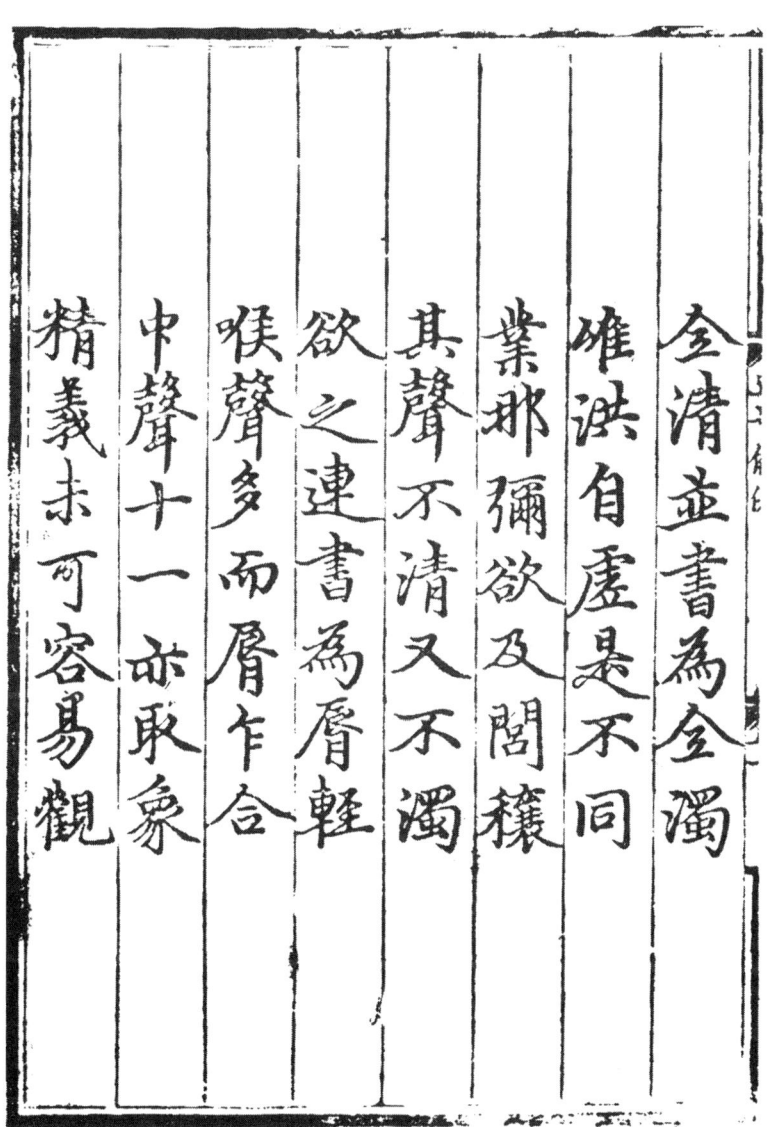

全清並書爲全濁
唯洪自虛是不同
業那彌欲及閭穰
其聲不清又不濁
欲之連書爲脣輕
喉聲多而脣乍合
中聲十一亦取象
精義未可容易觀

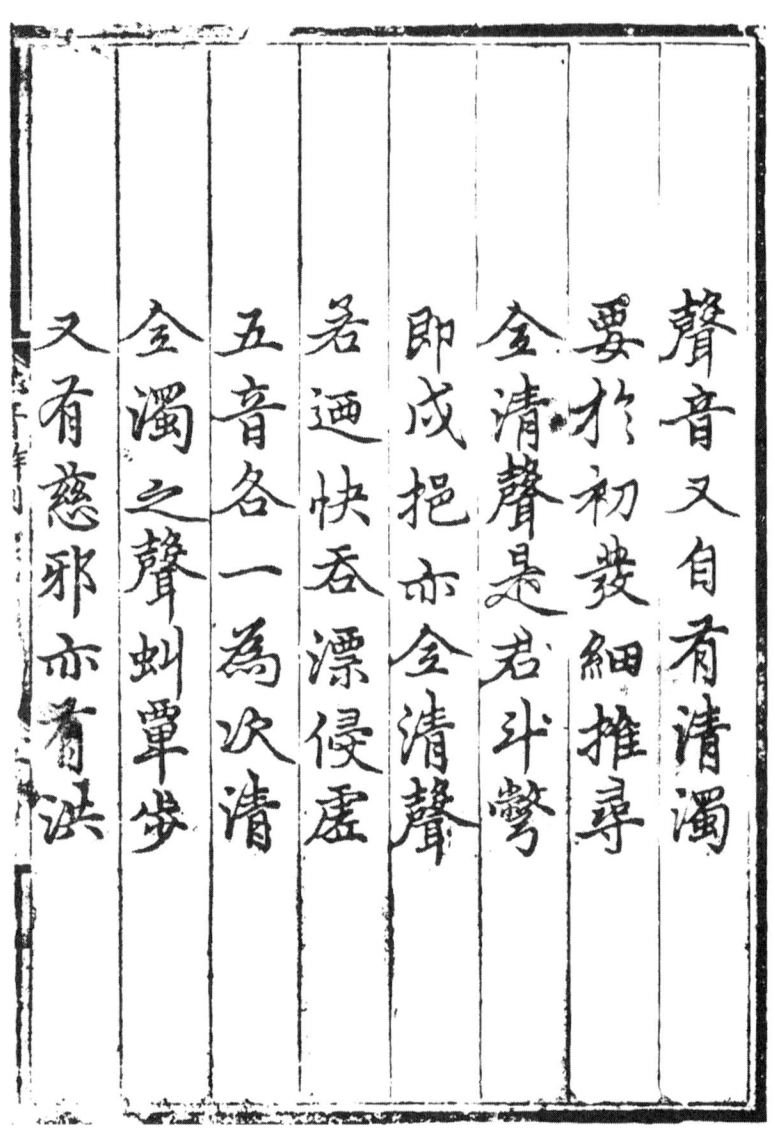

聲音又自有清濁
要於初發細推尋
全清聲是君斗彆
即戌挹亦全清聲
若迺快吞漂侵虛
五音各一為次清
全濁之聲虯覃步
又有慈邪亦有洪

配諸四時與冲氣
五行五音無不協
維喉為水冬與羽
牙迺春木其音角
徵音夏火是舌聲
齒則商秋又是金
脣於位數本無定
土而季夏為宮音

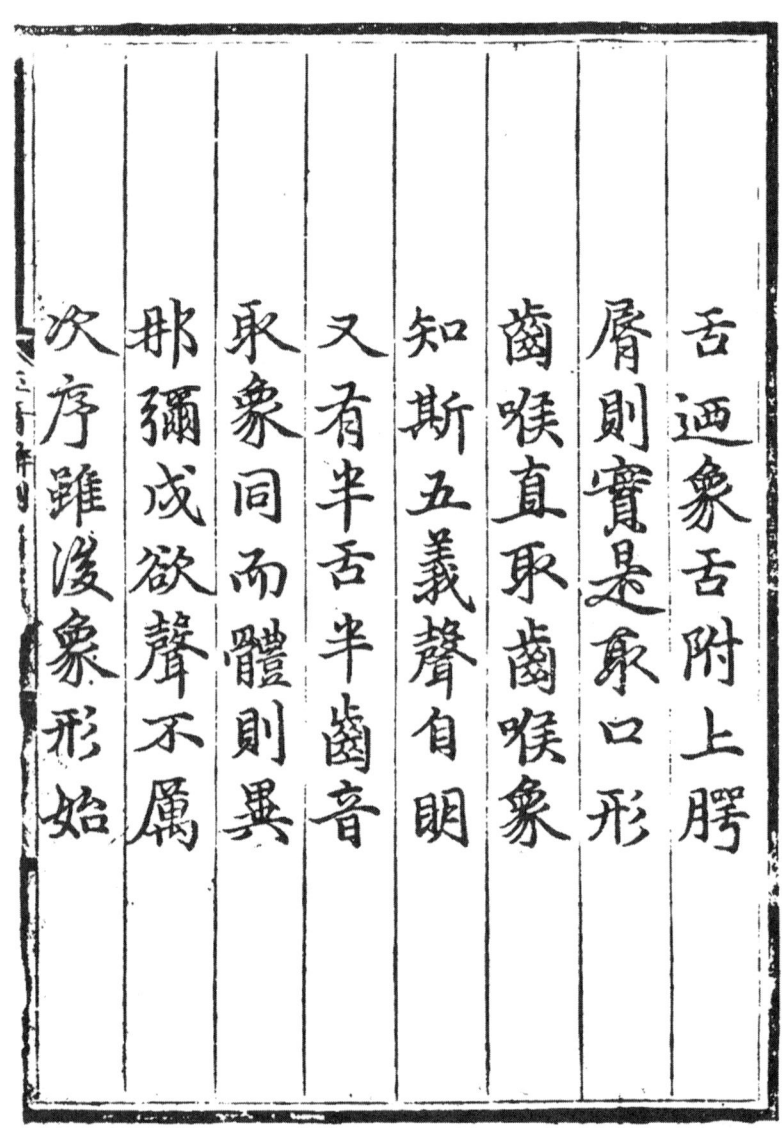

舌迺象舌附上腭
脣則實是取口形
齒喉直取齒喉象
知斯五義聲自明
又有半舌半齒音
取象同而體則異
那彌戌欲聲不屬
次序雖後象形始

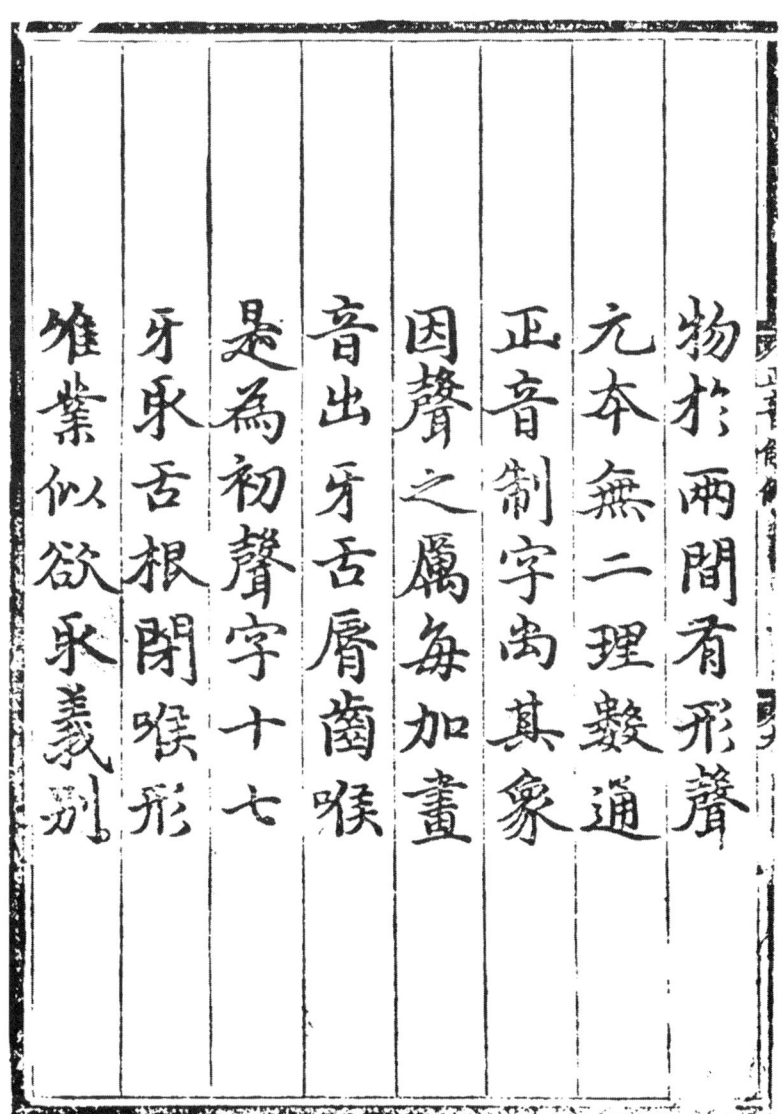

物於兩間有形聲
元本無二理數通
正音制字尚其象
因聲之厲每加畫
音出牙舌脣齒喉
是為初聲字十七
牙取舌根閉喉形
唯業似欲取義別

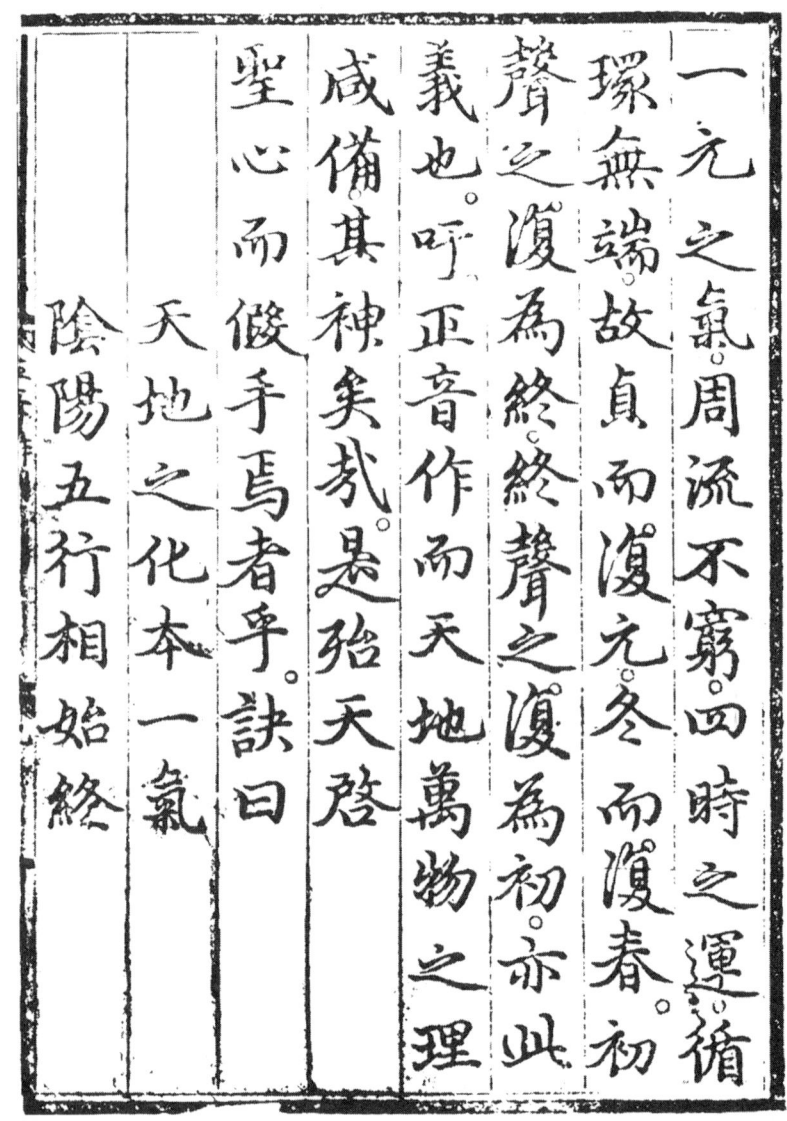

一元之氣。周流不窮。四時之運。循環無端。故貞而復元。冬而復春。初聲之復為終。終聲之復為初。亦此義也。吁。正音作而天地萬物之理咸備。其神矣哉。是殆天啓聖心而假手焉者乎。訣曰

天地之化本一氣
陰陽五行相始終

聲有終動之義天之事也。終聲有
止定之義地之事也。中聲承初之
生接終之成。人之事也。蓋字韻之
要在於中聲初終合而成音。亦猶
天地生成萬物。而其財成輔相則
必賴乎人也。終聲之復用初聲者。
以其動而陽者乾也。靜而陰者亦
乾也。乾實分陰陽而無不君宰也。

音清濁和之於後。而為初亦為終亦可見萬物初生於地。復歸於地也。以初中終合成之字言之。亦有動靜互根陰陽交變之義焉。動者天也。靜者地也。兼乎動靜者人也。蓋五行在天則神之運也。在地則質之成也。在人則仁禮信義智神之運也。肝心脾肺腎質之成也。初

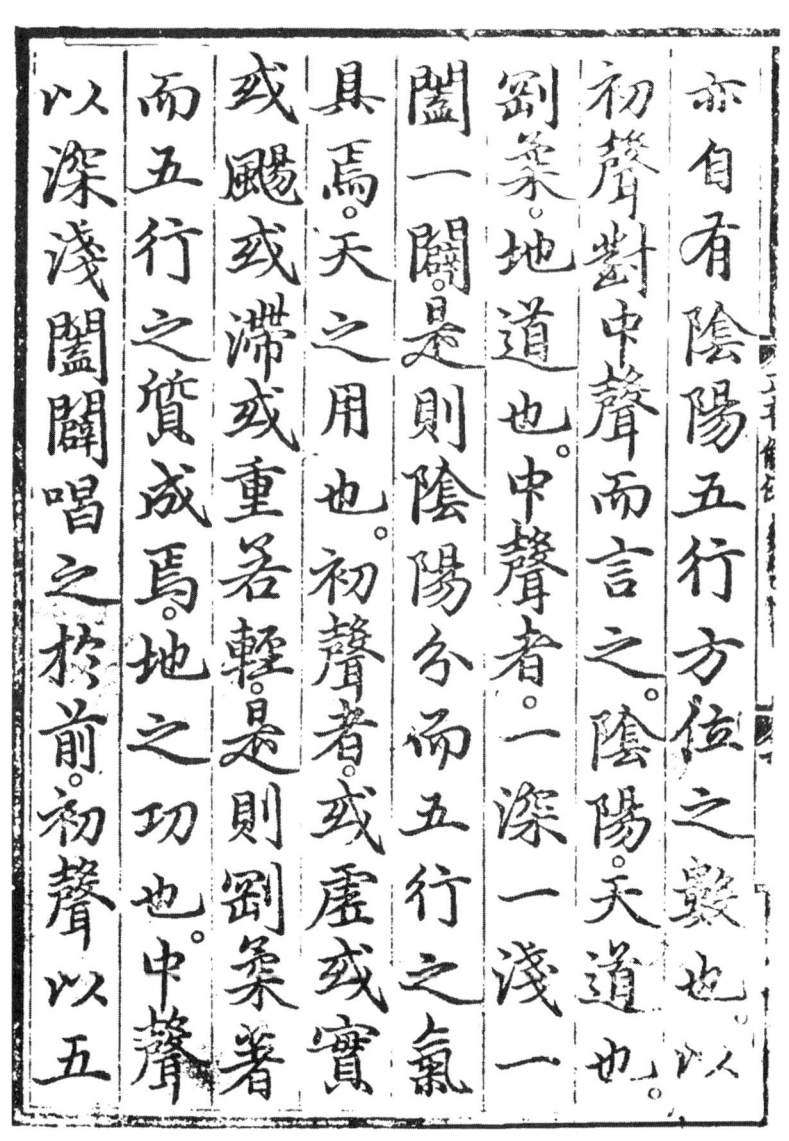

成金之數也。ㅛ再生於地。地六成水之數也。ㅕ次之。地八成木之數也。水火未離乎氣。陰陽交合之初。故闔。木金陰陽之定質。故闢。•天五生土之位也。一地十成土之數也。•一獨無位數者蓋以人則無極之真。二五之精。妙合而凝。固未可以定位成數論也。是則中聲之中

而三才之道備矣。然三才為萬物之先。而天又為三才之始。猶・一ㅣ三字為八聲之首。而・又為三字之冠也。・初生於天。天一生水之位也。ㅏ次之。天三生木之位也。ㅜ初生於地。地二生火之位也。ㅓ次之。地四生金之位也。ㅛ再生於天。天七成火之數也。ㅑ次之。天九

也。ㅗㅑㅠ之二其圓者。取其再
生之義也。ㅗㅏㅛㅕ之圓居上與
外者。以其出於天而爲陽也。ㅜㅓ
ㅠㅕ之圓居下與內者。以其出於
地而爲陰也。ㆍ之貫於八聲者猶
陽之統陰而周流萬物也。ㅛㅑㅠ
ㅕ之咘无乎人者。以人爲萬物之
靈而能參兩儀也。取象於天地人

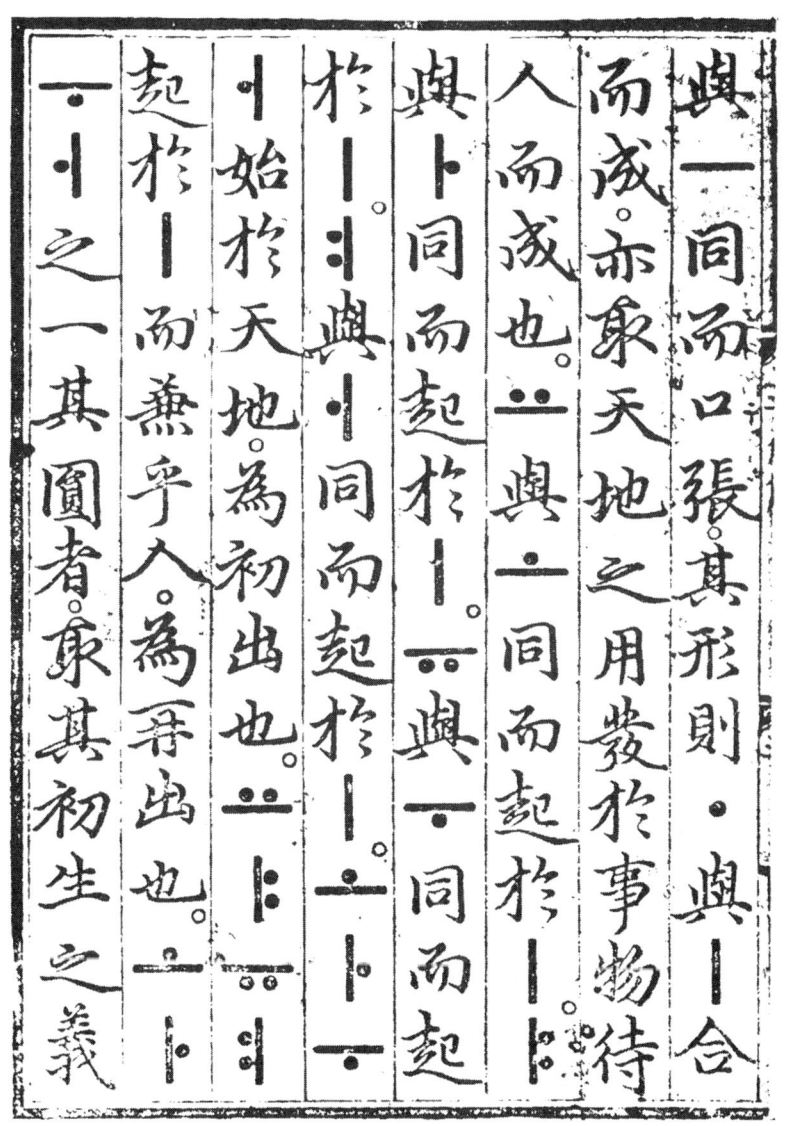

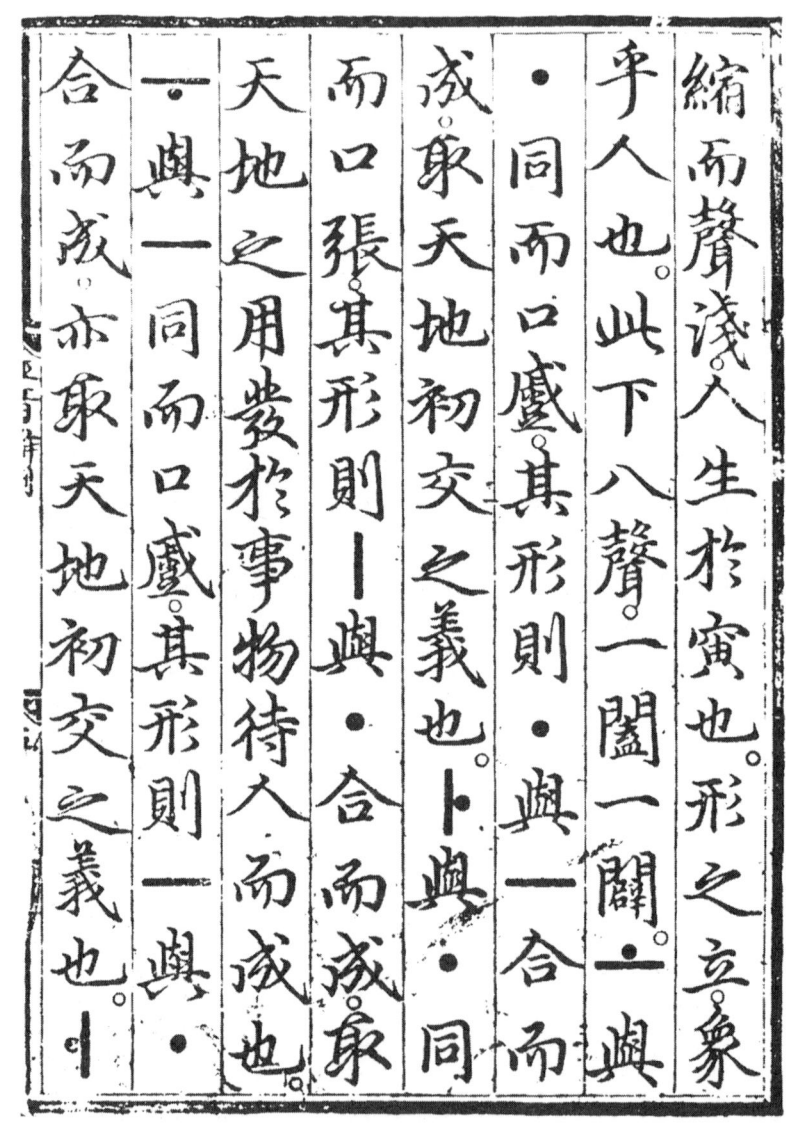

也。唯喉音次清為全濁者。盖以ᅙ聲深不為之凝。ㅎ比ᅙ聲淺。故凝而為全濁也。○連書脣音之下則為脣輕音者。以輕音脣乍合而喉聲多也。中聲凡十一字。•舌縮而聲深。天開於子也。形之圓。象乎天也。ㅡ舌小縮而聲不深不淺。地闢於丑也。形之平。象乎地也。ㅣ舌不相似。故韻書疑與喻多相混用。今亦取象於喉。而不為牙音制字之始。葢喉屬水而牙屬木。ㅇ雖在牙而與ㅇ相似。猶木之萌芽生於水而柔軟。尚多水氣也。ㄱ木之成質。ㅋ木之盛長。ㄲ木之老壯。故至此乃皆取象於牙也。全清並書則為全濁。以其全清之聲凝則為全濁

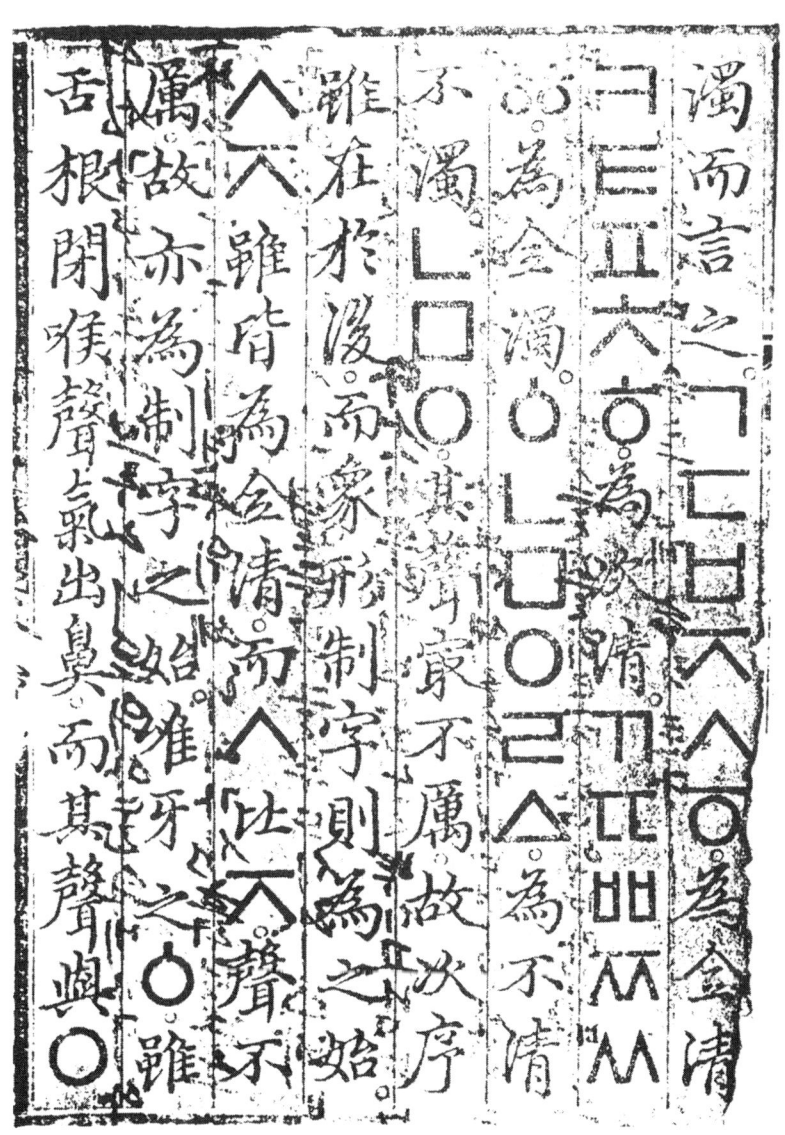

宮。然水乃性物之源火乃成物之用。故五行之中水火為大喉乃出聲之門。舌乃辨聲之管故五音之中喉舌為主也。喉居後而牙次之。北東之位也。舌齒又次之。南西之位也。脣居末。土無定位而寄旺四季之義也。是則初聲之中自有陰陽五行方位之數也。又以聲音清喉而實。如木之生於水而有形也。於時為春。於音為角舌銳而動。於時為夏。於音為徵齒剛而斷也。於時為秋。於音為商唇方而合土也。聲含而廣。如土之含蓄萬物而廣大也。於時為季夏。於音為

ㅈ。ㅇ而ㆆㅇ而ㆆ。其因聲加畫之
義皆同。而唯ㅇ爲異。半舌音ㄹ半
齒音△。亦象舌齒之形而異其體。
無加畫之義焉。夫人之有聲本於
五行。故合諸四時而不悖。叶之五
音而不戾。喉邃而潤。水也。聲虛而
通。如水之虛明而流通也。於時爲
冬。於音爲羽。牙錯而長。木也。聲似

理而已。理既不二。則何得不與天地鬼神同其用也。正音二十八字。各象其形而制之。初聲凡十七字。牙音ㄱ。象舌根閉喉之形。舌音ㄴ。象舌附上腭之形。脣音ㅁ。象口形。齒音ㅅ。象齒形。喉音ㅇ。象喉形。ㅋ比ㄱ。聲出稍厲。故加畫。ㄴ而ㄷ。ㄷ而ㅌ。ㅁ而ㅂ。ㅂ而ㅍ。ㅅ而ㅈ。ㅈ而

訓民正音解例

制字解

天地之道一陰陽五行而已坤復
之間爲太極而動靜之後爲陰陽
凡有生類在天地之間者捨陰陽
而何之故人之聲音皆有陰陽之
理顧人不察耳今正音之作初非
智營而力索但因其聲音而極其

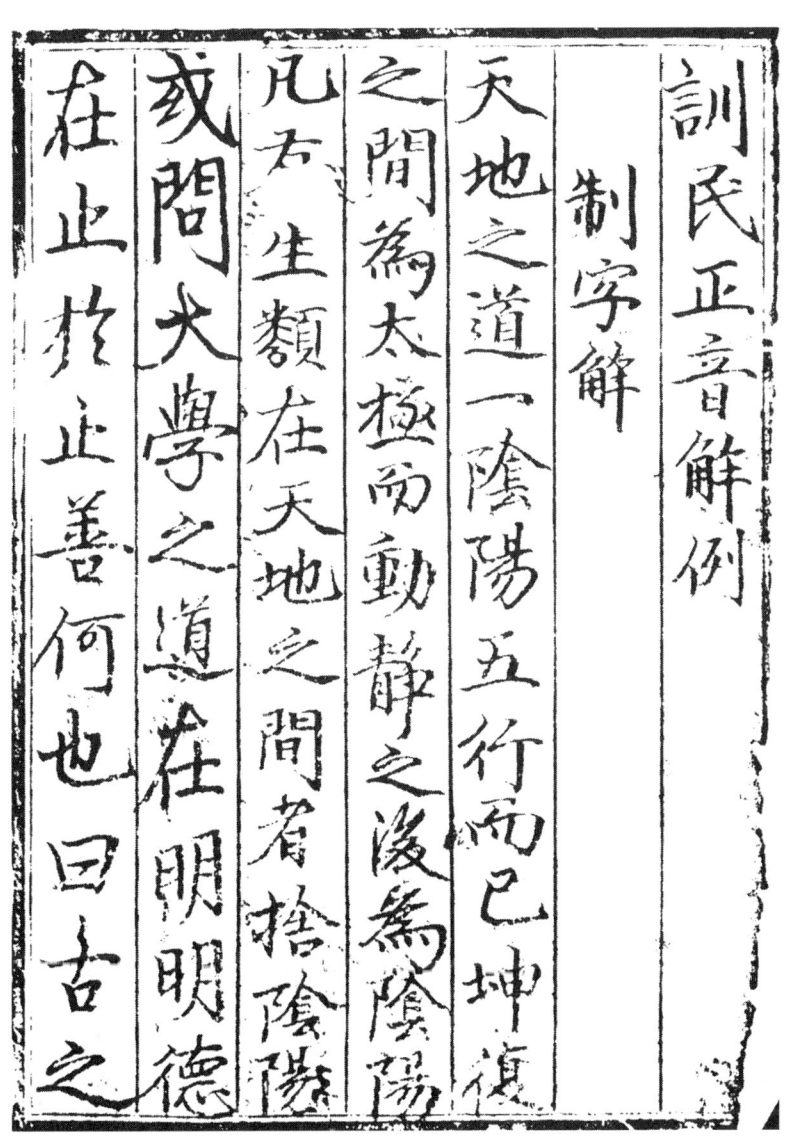

訓民正音解例

制字解

天地之道一陰陽五行而已坤復
之間爲太極而動靜之後爲陰陽
凡有生類在天地之間者捨陰陽
或問大學之道在明明德
在止於止善何也曰古之

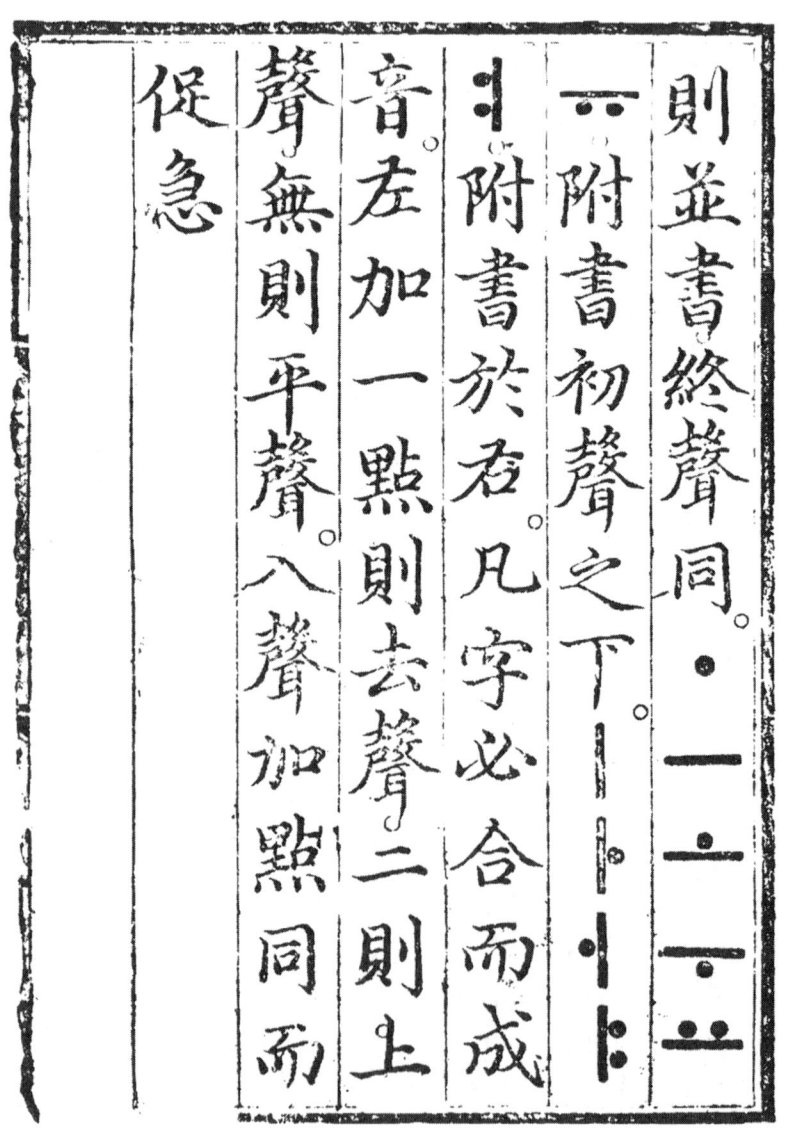

則並書終聲同。ㆍㅡㅗㅜㅛㅠ
附書初聲之下。ㅣㅏㅓㅑㅕ
附書於右凡字必合而成
音左加一點則去聲二則上
聲無則平聲入聲加點同而
促急

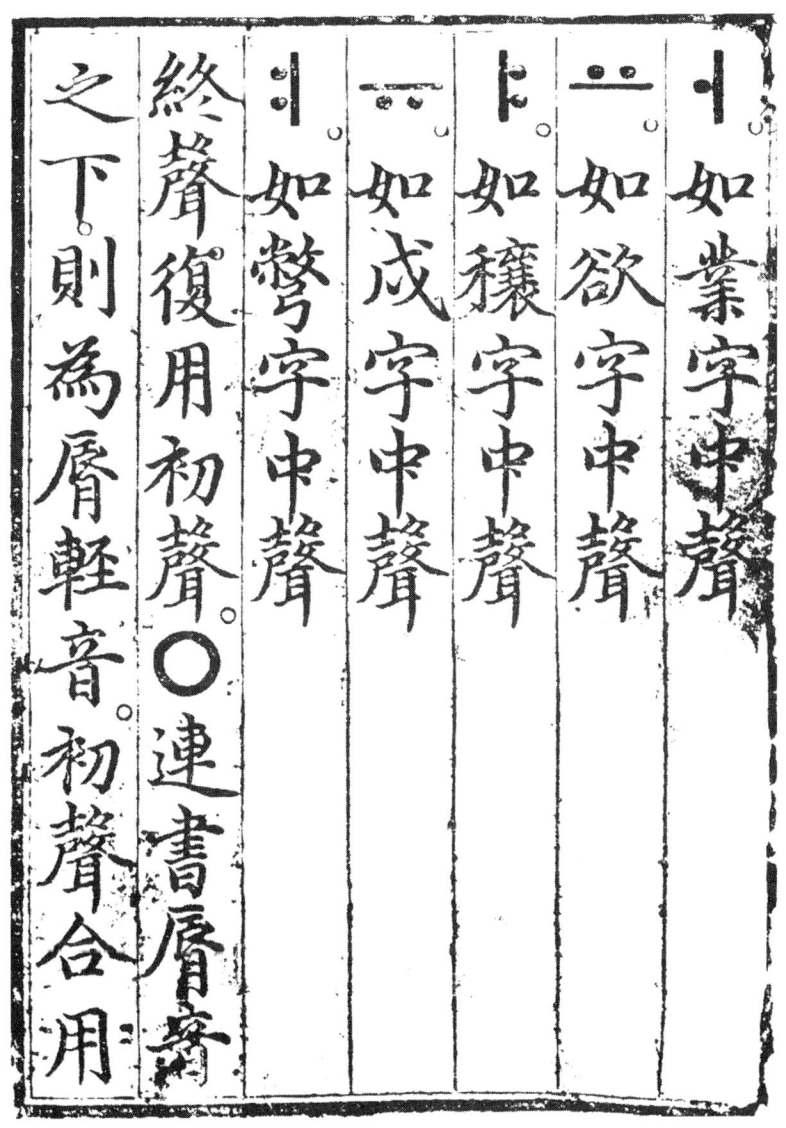

412 『訓民正音』의 해체

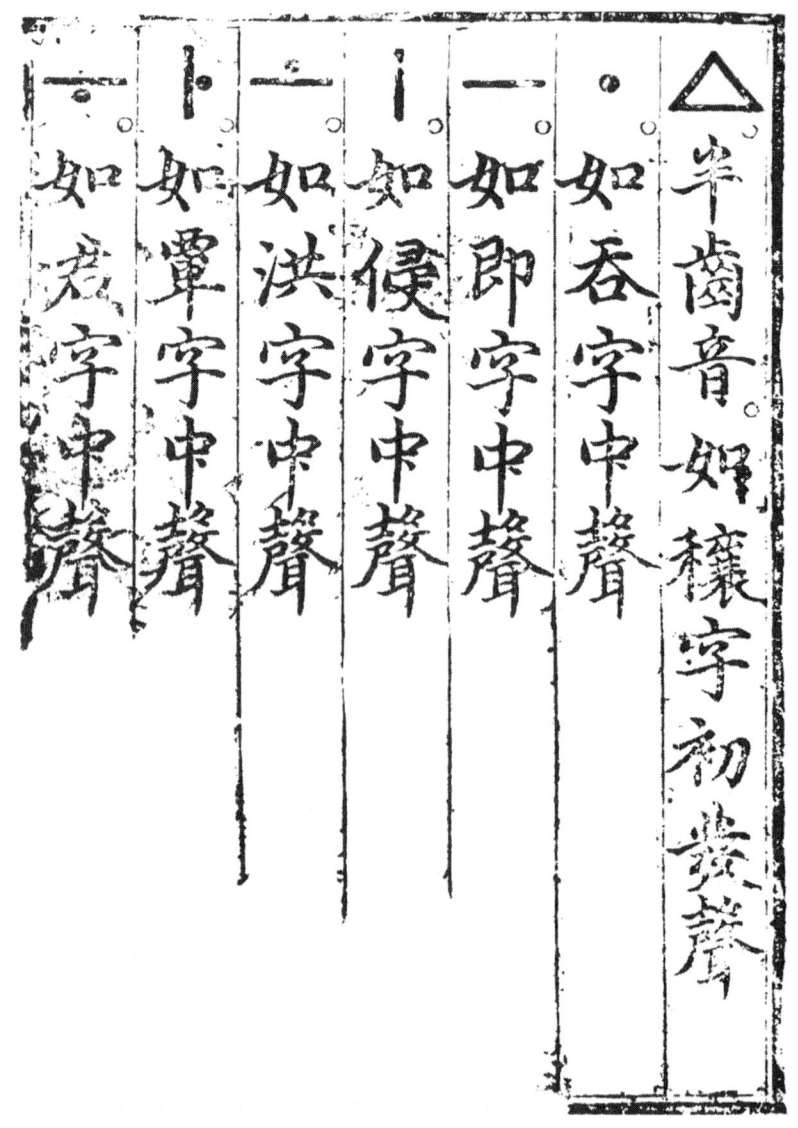

ㅅ. 齒音。如戌字初發聲
　並書。如邪字初發聲
ㆆ. 喉音。如挹字初發聲
ㅎ. 喉音。如虛字初發聲
　並書。如洪字初發聲
ㅇ. 喉音。如欲字初發聲
ㄹ. 半舌音。如閭字初發聲

ㅂ. 脣音如彆字初發聲
　並書如步字初發聲
ㅍ. 脣音如漂字初發聲
ㅁ. 脣音如彌字初發聲
ㅈ. 齒音如即字初發聲
　並書如慈字初發聲
ㅊ. 齒音如侵字初發聲

ㅋ。牙音。如快字初發聲
ㆁ。牙音。如業字初發聲
ㄷ。舌音。如斗字初發聲
並書。如覃字初發聲
ㅌ。舌音。如吞字初發聲
ㄴ。舌音。如那字初發聲

並書。如虯字初發聲

訓民正音

國之語音。異乎中國。與文字
不相流通。故愚民有所欲言
而終不得伸其情者多矣。予
為此憫然。新制二十八字。欲
使人人易習。便於日用矣。
ㄱ。牙音。如君字初發聲。

이등룡
성균관대학교 명예교수: 국어국문학과

『訓民正音』의 해체
언문 창제이념과 제자원리의 재조명

2025년 11월 20일 초판 1쇄 펴냄

지은이 이등룡
발행인 김흥국
발행처 보고사

책임편집 황효은
표지디자인 김규범

등록 1990년 12월 13일 제6-0429호
주소 경기도 파주시 회동길 337-15
전화 031-955-9797 **팩스** 02-922-6990
메일 bogosabooks@naver.com
http://www.bogosabooks.co.kr

ISBN 979-11-6587-943-3 93710
ⓒ이등룡, 2025

정가 32,000원
사전 동의 없는 무단 전재 및 복제를 금합니다.
잘못 만들어진 책은 바꾸어 드립니다.